组织行为学

主　编　巢莹莹
副主编　张正国　唐　丹　丁智萍　张楚乔

同济大学 出版社
TONGJI UNIVERSITY PRESS

图书在版编目(CIP)数据

组织行为学/巢莹莹主编.--上海：同济大学出版社，2016.12
ISBN 978-7-5608-6588-1

Ⅰ.①组… Ⅱ.①巢… Ⅲ.①组织行为学 Ⅳ.①C936

中国版本图书馆 CIP 数据核字(2016)第 261015 号

组织行为学

巢莹莹　主编

责任编辑　荆　华　　责任校对　徐春莲　　封面设计　张　微

出版发行　同济大学出版社　　www.tongjipress.com.cn
　　　　　(地址：上海市四平路 1239 号　邮编：200092　电话：021－65985622)
经　　销　全国各地新华书店
印　　刷　同济大学印刷厂
开　　本　787mm×960mm　1/16
印　　张　25.75
字　　数　515000
版　　次　2016 年 12 月第 1 版　2016 年 12 月第 1 次印刷
书　　号　ISBN 978-7-5608-6588-1

定　　价　58.00 元

本书若有印装质量问题，请向本社发行部调换　　版权所有　侵权必究

《应用型本科经管系列教材》

编审委员会

顾　问	陈小龙	同济大学教授
	黄自萍	同济大学教授
总主编	张逎英	同济大学浙江学院教授
编　委	（姓氏以拼音为序）	
	方耀楣	同济大学教授
	黄国庆	同济大学副教授
	刘燕敏	同济大学浙江学院教授
	李晓龙	同济大学浙江学院教授
	李月娥	同济大学浙江学院副教授
	孙　荣	同济大学教授
	吴泗宗	同济大学教授
	王瑞根	同济大学浙江学院副教授
	叶耀明	同济大学教授
	周平海	同济大学教授
	张科平	同济大学浙江学院教授
	张正国	同济大学浙江学院副教授

前　言

组织行为学于20世纪60年代中期最先在美国形成,随后得到蓬勃发展,每年出版不少相关的书籍。进入80年代后,组织行为学又进一步分为微观组织行为学和宏观组织行为学。前者主要研究个体和群体的心理与行为,后者主要研究组织的行为。目前该学科已经成为管理院校本科生和研究生的必修课,国外有些大学还专门设有组织行为学系。

编者跟踪国内外"组织行为学"研究成果,根据中国实际,编写了本教材。教材结构完整、例证丰富、体例活泼、学以致用,可供应用型本科院校经济学、管理学专业使用,也可供其他专业选修管理类课程或各类管理干部培训使用。为了延续传统,采用基本的组织行为学模型:个体—群体—组织。在此理论框架体系内,化繁为简、去伪存真、去粗取精,选取了13个研究主题:个体行为基础、价值观、态度和工作满意度、知觉与个体决策、压力和情境、激励理论与实践、群体行为基础、群体沟通、权利与政治、冲突、领导理论与领导行为、组织设计优化、组织文化、组织变革与发展。希望能给学生一个清晰的组织行为学体系的认识,让学生在庞大的体系中抓住重点,又不觉晦涩。本书具有以下一些特色。

管理名言　每章以一句古今中外的名人名言作为开篇,起到提纲挈领的作用。

学习目标　帮助学生一目了然地清晰把握整章的学习内容,既是导航也是检测学习效果的框架。

基本概念　开篇中配有本章的中英文关键词,利于学生快速知晓核心概念,对理解各章内容起到至关重要的作用。

导入案例　所选案例通常为组织行为学领域最新的资讯、知名企业可借鉴的成功管理经验等,能够调动学生的学习兴趣,激发学生的课前思考。

资料卡　各章节均插入课外小资料,旨在用小故事、小原理或小案例帮助学生理解和掌握教材中的知识点,可作为延伸阅读材料。

本章小结　再次罗列和梳理每一章核心理论和重要概念。

心理测试　供学生自测或教学时用,拓展学生对该学科的认识角度,帮助教师增加课堂的趣味性。

管理游戏 力求采用情景模拟、角色扮演和游戏等多种形式,让学生充分体悟该学科的基本原理和规律,增强课堂的互动性。

案例聚焦 编辑国内外具有时效性的案例,通过创设问题情景培养学生解决实际问题的能力,提供了组织行为学理论在现实管理中的应用。

复习与思考 将作为学生回顾本章内容的提纲,不仅是对知识点的梳理,更多的是要求学生会直接运用本章的理论来思考现实管理问题。

参考文献 在本书撰写过程中给予我们借鉴和帮助的研究,都附注在此,也可帮助学生查阅相关资料,进行拓展学习。

本书得以顺利完成,有赖于同济大学浙江学院经管系同仁们的精诚合作。具体分工为:第1、5、10、12章由巢莹莹撰写;第2章由胡晓玲撰写;第3章由张楚乔和丁智萍撰写;第4章由丁智萍撰写;第6章由张正国撰写;第7章由胡馨撰写;第8、14章由唐丹撰写;第9章由曹荣撰写;第11章由蒋诚撰写,第13章由张楚乔撰写。全书由张迺英教授统纂定稿。感谢同济大学方耀楣教授、黄国庆副教授对本书的撰写作出富有价值的贡献。感谢同济大学出版社的支持。

由于编写人员的理论水平和实践基础有限,本书的谬误和不妥之处在所难免,恳请有关专家和使用本教材的师生提出批评和改进意见。

编者

2016年9月25日

目 录

前言

第1章 导 论 … 1

导入案例 从组织行为学视角看中国女排的成功 … 1

1.1 组织行为学概述 … 3
- 1.1.1 何谓组织行为学 … 3
- 1.1.2 组织行为学的研究对象 … 3
- 1.1.3 组织行为学的学科特性 … 4
- 1.1.4 组织行为学的学科体系 … 5

1.2 组织行为学的产生与发展 … 7
- 1.2.1 组织行为学的缘起 … 8
- 1.2.2 组织行为学的形成 … 9
- 1.2.3 组织行为学的确立 … 11
- 1.2.4 组织行为学的发展 … 12

1.3 组织行为学的研究方法及模型 … 16
- 1.3.1 组织行为学研究的四个假设前提 … 16
- 1.3.2 组织行为学研究的过程和步骤 … 16
- 1.3.3 组织行为学的研究方法及模型 … 17
- 1.3.4 组织行为学模型 … 19

1.4 组织行为学面临的挑战与机遇 … 23

本章小结 … 24
心理测试 … 25
管理游戏 … 27
案例聚焦 揭秘 Facebook 的员工管理:挖掘员工的自身优势 … 29
复习与思考 … 30
参考文献 … 30

第 2 章　个体行为基础 ·· 33

导入案例　英特尔：提高员工的多样性 ··························· 33

2.1　个体特征 ·· 34
- 2.1.1　年龄 ··· 34
- 2.1.2　性别 ··· 35
- 2.1.3　任职时间 ··· 36

2.2　个性 ·· 37
- 2.2.1　个性概述 ··· 37
- 2.2.2　个性的分类 ··· 38
- 2.2.3　个性与工作行为 ······································· 44

2.3　能力 ·· 48
- 2.3.1　能力的概述 ··· 49
- 2.3.2　能力的分类 ··· 50
- 2.3.3　能力与工作行为 ······································· 54

本章小结 ·· 58
心理测试 ·· 58
管理游戏 ·· 59
案例聚焦　你来支招：如何征服刺儿头员工 ························· 60
复习与思考 ·· 62
参考文献 ·· 62

第 3 章　价值观、态度与工作满意度 ···························· 63

导入案例　为什么总是找不到满意的工作 ························· 64

3.1　价值观 ·· 65
- 3.1.1　价值观的概念 ··· 65
- 3.2.2　价值观的重要性 ······································· 66
- 3.2.3　价值观的类型 ··· 66
- 3.2.4　价值观、忠诚感和道德行为 ····························· 67
- 3.2.5　不同文化下的价值观 ··································· 68

3.2　态度 ·· 69
- 3.2.1　态度的心理结构 ······································· 69

3.2.2　态度的形成和改变 …………………………………… 70
　　3.2.3　主要的工作态度 ……………………………………… 72
3.3　工作满意度 ……………………………………………………… 73
　　3.3.1　人们对工作的满意度如何 …………………………… 73
　　3.3.2　影响工作满意度的因素 ……………………………… 75
　　3.3.3　工作满意度的测量 …………………………………… 75
　　3.3.4　工作满意度与工作绩效的关系 ……………………… 78
3.4　态度在管理中的应用 …………………………………………… 79
　　3.4.1　认识员工态度在管理应用中的复杂性 ……………… 79
　　3.4.2　运用多种方法定期进行员工态度调查 ……………… 80
　　3.4.3　改善对员工的态度 …………………………………… 81
　　本章小结 ………………………………………………………… 83
　　心理测试 ………………………………………………………… 83
　　管理游戏 ………………………………………………………… 84
　　案例聚焦　宜家用价值观与员工"联姻" …………………… 85
　　参考文献 ………………………………………………………… 87

第4章　知觉与个体决策 ……………………………………………… 88

导入案例　中国楼市有个"锚定效应" ……………………………… 88
4.1　知觉 ……………………………………………………………… 90
　　4.1.1　知觉的概念 …………………………………………… 90
　　4.1.2　知觉的特性 …………………………………………… 90
　　4.1.3　影响知觉的因素 ……………………………………… 93
　　4.1.4　知觉的防卫机制和错觉 ……………………………… 94
4.2　对人知觉：归因理论 …………………………………………… 96
　　4.2.1　归因理论 ……………………………………………… 96
　　4.2.2　归因模型 ……………………………………………… 96
　　4.2.3　归因失真错误或偏见 ………………………………… 97
4.3　知觉与个体决策之间的联系 …………………………………… 98
　　4.3.1　个人决策模型 ………………………………………… 99
　　4.3.2　在组织中如何做出决策 ……………………………… 101
　　本章小结 ………………………………………………………… 106
　　心理测试 ………………………………………………………… 107

管理游戏 ··· 109
案例聚焦　10个关于认知现象的奇怪例子 ························· 109
复习与思考 ··· 115
参考文献 ·· 115

第5章　工作压力与情绪 ·· 116

导入案例　把情绪劳动交给机器人 ······································ 116
5.1　压力的概述 ··· 117
5.1.1　压力及工作压力的界定 ·· 117
5.1.2　压力的反应过程 ·· 118
5.1.3　工作压力的来源 ·· 119
5.1.4　工作压力的结果 ·· 121
5.2　压力模型与工作压力管理 ······································ 122
5.2.1　压力模型 ··· 122
5.2.2　工作压力管理 ··· 125
5.3　情绪 ··· 128
5.3.1　情绪概述 ··· 128
5.3.2　情绪智力 ··· 131
5.4　情绪劳动与情绪劳动管理 ······································ 134
5.4.1　情绪劳动 ··· 134
5.4.2　情绪劳动管理 ··· 137
本章小结 ·· 140
心理测试 ·· 140
管理游戏 ·· 143
案例聚焦　善用负能量 ··· 144
复习与思考 ·· 146
参考文献 ·· 146

第6章　激励理论与实践 ·· 147

导入案例　海底捞：员工的创造力靠激励 ····························· 147
6.1　动机与激励 ··· 149
6.1.1　激励的含义 ·· 149

  6.1.2 激励的基本原理 ································· 149
  6.1.3 激励的作用 ····································· 151
 6.2 激励理论 ··· 153
  6.2.1 内容型激励理论 ······························· 153
  6.2.2 过程型激励理论 ······························· 155
 6.3 激励理论的应用 ····································· 158
  6.3.1 激励机制 ·· 158
  6.3.2 激励的原则 ····································· 160
  6.3.3 激励的方式 ····································· 162
 本章小结 ··· 165
 心理测试 ··· 166
 管理游戏 ··· 170
 案例聚焦 华为是如何有效激励人才 ············· 171
 复习与思考 ··· 173
 参考文献 ··· 173

第7章 群体行为基础 ···································· 174

导入案例 西南航空:"员工第一"的价值观 ········ 175
 7.1 群体概述 ··· 175
  7.1.1 群体的概念 ····································· 175
  7.1.2 群体的功能 ····································· 176
  7.1.3 群体的分类 ····································· 177
  7.1.4 群体发展的阶段 ······························· 178
 7.2 群体属性 ··· 181
  7.2.1 群体规模 ·· 181
  7.2.2 成员角色 ·· 182
  7.2.3 群体规范 ·· 184
  7.2.4 成员地位 ·· 186
  7.2.5 群体凝聚力 ····································· 187
 7.3 团队概述 ··· 191
  7.3.1 团队的含义 ····································· 191
  7.3.2 团队与群体 ····································· 191
  7.3.3 团队的类型 ····································· 192

7.4 创建高效的团队 · · · · · · 194
7.4.1 高效团队的特征 · · · · · · 194
7.4.2 团队角色理论 · · · · · · 195
7.4.3 塑造高效团队的途径 · · · · · · 197
7.5 群体决策 · · · · · · 199
7.5.1 群体决策的优缺点 · · · · · · 200
7.5.2 群体决策技术 · · · · · · 201
本章小结 · · · · · · 204
心理测试 · · · · · · 205
管理游戏 · · · · · · 206
案例聚焦 吉利文化塑造了更多的奋斗者 · · · · · · 206
复习与思考 · · · · · · 207
参考文献 · · · · · · 207

第 8 章 群体沟通 · · · · · · 209

导入案例 麦当劳快餐店创始人雷克罗克的走动管理 · · · · · · 209

8.1 沟通基本原理 · · · · · · 210
8.1.1 沟通的定义 · · · · · · 210
8.1.2 沟通的过程 · · · · · · 210
8.1.3 沟通的类型 · · · · · · 211
8.1.4 沟通的重要性 · · · · · · 215
8.2 人际知觉 · · · · · · 215
8.2.1 印象形成 · · · · · · 216
8.2.2 人际知觉偏差 · · · · · · 217
8.2.3 印象管理 · · · · · · 220
8.3 人际关系 · · · · · · 221
8.3.1 人际关系状态 · · · · · · 221
8.3.2 人际关系的类型 · · · · · · 223
8.3.3 影响人际吸引的因素 · · · · · · 224
8.4 管理沟通的障碍及其克服 · · · · · · 226
8.4.1 管理沟通的障碍 · · · · · · 226
8.4.2 克服管理沟通障碍的有效途径 · · · · · · 228
本章小结 · · · · · · 230

心理测试 ………………………………………………………… 231
　　管理游戏 ………………………………………………………… 233
　　案例聚焦　一次绝妙的推销 …………………………………… 233
　　复习与思考 ……………………………………………………… 236
　　参考文献 ………………………………………………………… 236

第9章　权力与政治 ……………………………………………… 237

导入案例　上海家化控制权之争 ………………………………… 238

9.1　权力 ………………………………………………………… 239
　9.1.1　权力的定义 ……………………………………………… 239
　9.1.2　依赖:权力产生的本质 ………………………………… 240
　9.1.3　权力与领导力 …………………………………………… 242

9.2　组织中权力的来源及权术的运用 ………………………… 242
　9.2.1　组织中权力的来源 ……………………………………… 242
　9.2.2　组织中最有效的权力来源 ……………………………… 246
　9.2.3　权术 ……………………………………………………… 246

9.3　政治 ………………………………………………………… 248
　9.3.1　政治行为的定义 ………………………………………… 248
　9.3.2　引发政治行为的因素 …………………………………… 249
　9.3.3　组织政治行为的结果 …………………………………… 251
　9.3.4　印象管理 ………………………………………………… 253

9.4　政治行为的道德规范 ……………………………………… 254
　本章小结 ………………………………………………………… 257
　心理测试 ………………………………………………………… 258
　管理游戏 ………………………………………………………… 259
　案例聚焦　股权争夺战:谁的万科? …………………………… 260
　复习与思考 ……………………………………………………… 262
　参考文献 ………………………………………………………… 262

第10章　领导职能 ………………………………………………… 264

导入案例　董明珠:2016年全球50大最具影响力女性 ………… 265

10.1　领导与领导者 ……………………………………………… 266

- 10.1.1 领导的概念 …… 266
- 10.1.2 领导的职责和作用 …… 267
- 10.1.3 领导者与管理者的区分 …… 267

10.2 领导理论 …… 268
- 10.2.1 领导品质理论 …… 268
- 10.2.2 领导行为理论 …… 270
- 10.2.3 领导权变理论 …… 273
- 10.2.4 领导理论的新发展 …… 278

10.3 领导艺术 …… 282
- 10.3.1 处理与人的关系 …… 282
- 10.3.2 处理与事的关系 …… 282
- 10.3.3 处理与时间的关系 …… 283

本章小结 …… 284
心理测试 …… 285
管理游戏 …… 288
案例聚焦 解读乔布斯的领导真经 …… 289
复习与思考 …… 290
参考文献 …… 291

第11章 冲突与谈判 …… 292

导入案例 Coach再次关闭天猫店 背后有怎样的利益冲突？ …… 293

11.1 冲突概述 …… 293
- 11.1.1 冲突的定义 …… 293
- 11.1.2 冲突观念的变迁 …… 293
- 11.1.3 冲突的类型 …… 294

11.2 冲突的产生 …… 295
- 11.2.1 冲突产生的原因 …… 295
- 11.2.2 冲突的过程 …… 297

11.3 冲突管理 …… 300
- 11.3.1 冲突管理策略 …… 300
- 11.3.2 冲突管理技巧 …… 302

11.4 谈判 …… 304
- 11.4.1 谈判的含义 …… 304

11.4.2　谈判战略…………………………………………………………… 304
　　11.4.3　谈判过程…………………………………………………………… 305
　　11.4.4　谈判的方法………………………………………………………… 306
　本章小结……………………………………………………………………… 307
　心理测试……………………………………………………………………… 308
　管理游戏……………………………………………………………………… 313
　案例聚焦　揭秘携程去哪儿谈判细节:庄辰超或妥协出局………………… 313
　复习与思考…………………………………………………………………… 316
　参考文献……………………………………………………………………… 316

第 12 章　组织设计与优化 …………………………………………………… 318

导入案例　海尔:从"正三角"到"倒三角"………………………………… 319
12.1　组织设计的基础………………………………………………………… 320
　　12.1.1　组织设计的基本任务……………………………………………… 320
　　12.1.2　组织设计的原则…………………………………………………… 321
　　12.1.3　组织设计的影响因素……………………………………………… 323
　　12.1.4　组织设计的关键技术……………………………………………… 324
12.2　组织结构的类型选择…………………………………………………… 328
　　12.2.1　直线制……………………………………………………………… 328
　　12.2.2　职能制……………………………………………………………… 329
　　12.2.3　直线职能制………………………………………………………… 330
　　12.2.4　事业部制…………………………………………………………… 330
　　12.2.5　矩阵制……………………………………………………………… 331
12.3　组织设计优化…………………………………………………………… 333
　　12.4.1　组织设计的新趋势………………………………………………… 333
　　12.4.2　组织结构的新类型………………………………………………… 334
　本章小结……………………………………………………………………… 338
　心理测试……………………………………………………………………… 338
　管理游戏……………………………………………………………………… 339
　案例聚焦　化繁为简:图解世界 500 强公司组织结构…………………… 341
　复习与思考…………………………………………………………………… 345
　参考文献……………………………………………………………………… 346

第13章 组织文化 ································ 347

导入案例　微软:别具一格的文化个性 ·················· 347
13.1 组织文化概述 ·································· 348
- 13.1.1 组织文化的含义 ·························· 348
- 13.1.2 组织文化的结构 ·························· 349
- 13.1.3 组织文化的类型 ·························· 350
- 13.1.4 组织文化的影响因素 ······················ 353
- 13.1.5 组织文化的构成要素 ······················ 354
- 13.1.6 组织文化的功能 ·························· 355

13.2 组织文化的创立 ································ 357
- 13.2.1 组织文化创立的一般模式 ·················· 357
- 13.2.2 组织文化创立的程序 ······················ 358
- 13.2.3 组织文化的维系 ·························· 359
- 13.2.4 组织文化塑造的误区 ······················ 360

13.3 企业组织跨文化管理 ···························· 361
- 13.3.1 跨文化管理的定义 ························ 361
- 13.3.2 企业组织的跨文化冲突 ···················· 362
- 13.3.3 企业组织的跨文化管理方法 ················ 363

本章小结 ·· 364
心理测试 ·· 364
管理游戏 ·· 365
案例聚焦　松下公司的组织文化 ······················ 366
复习与思考 ·· 368
参考文献 ·· 368

第14章 组织变革与发展 ···························· 369

导入案例　他只改了2个字,让腾讯免去了灭顶之灾 ······ 369
14.1 组织变革概述 ·································· 370
- 14.1.1 组织变革的概念 ·························· 370
- 14.1.2 组织变革的压力和动力 ···················· 371
- 14.1.3 组织变革的阻力 ·························· 372
- 14.1.4 克服组织变革的阻力 ······················ 375

14.2 组织变革模型 ··· 376
  14.2.1 卢因变革模式 ··· 376
  14.2.2 格雷纳模式 ··· 377
  14.2.3 新行动调查模式 ·· 378
  14.2.4 管理变革过程 ··· 379

14.3 组织发展过程 ··· 380
  14.3.1 组织发展的概念 ·· 380
  14.3.2 组织发展的过程 ·· 380

14.4 组织发展干预技术 ·· 385
  14.4.1 人类过程干预技术 ··· 385
  14.4.2 技术结构干预技术 ··· 385
  14.4.3 战略干预技术 ··· 386

本章小结 ·· 387
心理测试 ·· 388
管理游戏 ·· 389
案例聚焦　华为"不变"和海尔"之变" ·· 389
复习与思考 ··· 391
参考文献 ·· 391

第1章 导论

以正治国,以奇用兵,以无事取天下。

——《道德经》

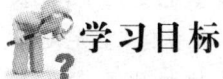

学习目标

1. 理解组织行为学概念。
2. 了解组织行为学发展历程。
3. 熟知组织行为学的相关理论。
4. 知晓组织行为学的研究方法。

基本概念

组织行为学 Organizational behavior　　个体 Individual
群体 Group　　组织 Organization
行为科学 Behavior science　　效果 Effectiveness
效率 Efficiency　　缺勤率 Absenteeism
离职率 Turnover　　工作满意度 Job satisfaction

导入案例

从组织行为学视角看中国女排的成功

2016年里约奥运会,中国女排时隔12年之后,在赛前并不被看好的情况下再度夺取奥运冠军。在欢呼与膜拜之余,我们更应该冷静分析女排的成功要素。

组织行为学关注的是个体在组织(团队)中的行为和这种行为如何影响组织绩效。中国女排的成功至少有以下三方面的因素。

1. 积极向上的组织文化

组织文化即组织成员共享的一套能够将本组织与其他组织区分开来的意义体

系。从女排来说就是大家经常讲的"女排精神"。女排精神的品牌就是拼搏二字,用郎平的话来说是:"女排精神不是赢得冠军,而是有时候知道不会赢,也竭尽全力。"这就是中国女排的灵魂,也应该是任何一个竞技团队不可或缺的灵魂!

2. 优秀的领导

中国女排的成功离不开优秀的教练员。一个成功的球队一定有一个优秀的教练。郎平的优秀不仅在于当她还是运动员时就已有身处世界之巅的体验,还在于荣耀之后能把自己归零,只身赴海外学习,八年的的海外生活不仅增长了知识更历练了心智。让郎教练学会了国外最先进的竞技体育科学体系和规律,从而具有国际范儿。从她选人用人的思路和临场指挥的艺术都可以看出她的领导艺术。这次比赛给人印象最深刻的是女排和塞尔维亚决赛的第四局:当时中国队2∶1领先1局,比分也领先3分,这时塞队使出最后一招,把表现不好的9号主攻换下,上来几个年轻队员,说白了就是死马当活马医。没想到的是换上来的队员打得很坚决,节奏也变化了,让塞队与中国队比分一分一分接近,追到20∶20。这时郎教练果断要求暂停,坚定地跟大家说:"(对方疯狂反扑)这很正常,我们不要着急,不要想着尽快把比赛拿下来……"当时慌乱的队员一看到郎教练那种尽在掌握的神态,都会不由自主地稳下来。果然,之后中国队稳打稳扎,直到结束比赛。这是只有经历过各种大赛洗礼和生活磨练的人才有的那种大将风度。一个好的教练关键时候应该是一个高明的心理辅导大师,郎平做到了!

3. 先进的体制机制

客观地说,郎平的成功还要归功于她是体制外的中国本土教练,这样她就可以大胆地和领导讨价还价,赢得充分支持。郎平一上任,就获得国家体育总局排球运动管理中心"充分放权",在打造团队上有了更多自主权后,郎平就首次将"大国家队"理念带入中国女排。"大国家队"理念,顾名思义就是增加国家队球员人数,中国女排以前十几个人代表一个国家,范围定义太狭隘。自从郎平接队之后,构建了"大国家队"概念,集训的国家队大名单扩大到30多人,每次参加国家队集训的也有20至30多人,老中青结合,每个位置总是保持三到四个人在竞争。不但储备人才,更促进队内的良性竞争。

有了自主权后,郎平还致力于打造一个国际化的教练服务团队:由主教练、助理教练、陪打教练、医生、康复师、体能师、营养师、科研、信息研究、数据统计等专业人才组成。由郎平掌印的中国女排教练组,在运行过程中注意与国际接轨。医疗团队中除了中国人还有美国人和澳大利亚人,通过动态监测队员体能体质,做好训练和赛后恢复,困扰中国多年的体能问题得以解决。

美国管理大师彼得·德鲁克先生早就预言:现代组织会越来越像运动队,组织领导要向运动队教练员学习领导力。从这个意义上来说,总结女排经验也有助于提升各类组织领导和管理水平。

组织行为学是系统地研究人在组织中所表现的行为和态度的学科。它是行为科学的一个分支，是一门以行为学为基础，与心理学、社会学、人类学、政治学、经济学、历史学和工程学等学科相交叉的边缘性学科。随着社会的发展，尤其是经济的发展促使企业组织的发展，组织行为学越来越受到人们的重视。

1.1 组织行为学概述

1.1.1 何谓组织行为学

组织行为学是一门新兴的学科，而且发展迅速，其内涵和外延都在发展变化。在组织行为学的发展过程中，有不少学者从不同角度对该学科下过定义。

美国学者杜布林（A. J. Dubrin）的定义是："组织行为学是系统研究组织环境中所有成员的行为的一门学科，以成员个人、群体、整个组织以及外部环境的相互作用所形成的行为作为研究的对象。"

蒙特利尔大学管理学教授和组织心理学家乔·凯利（Joe Kelly）给出的定义是："组织行为学是对组织的性质进行系统的研究：组织是怎样产生、成长和发展的，它们怎样对各个成员、对组成这些组织的群体、对其他组织以及对更大些的机构发生作用。"

美国学者斯帝芬·P. 罗宾斯（Stephen P. Robbins）认为，组织行为学是一个研究领域，它探讨个体、群体以及结构对组织内部行为的影响，以便应用这些知识来改善组织的绩效。

本书认为，组织行为学是研究组织中个体、群体和组织的心理和行为规律，提高管理者预测、引导、激励和控制人的行为的能力，以实现组织既定目标的科学。我们可以从以下三个方面来领会组织行为学的概念。

第一，组织行为学是一个研究领域，这意味着它是由共同指示体系构成的一门独立的专业知识领域，其主要研究内容是决定组织中行为的三类因素：个体、群体、组织。

第二，组织行为学研究的是在特定情境下的人的行为，尤其关注与雇佣有关的情境，所以本书强调的是与工作、岗位、缺勤、员工流动、生产率、工作绩效等与管理有关的行为。

第三，组织行为学的一个研究假设是行为通常是可以预测的，在管理实践中，通过将大量有关组织中人的行为的一般性概念和理论，加以调整后应用到特定的情境中，可以成为管理者作出准确、合理预测人的行为的重要手段。

1.1.2 组织行为学的研究对象

进入 20 世纪 80 年代以来，在美国，学者们将组织行为学划分为宏观组织行为学与微观组织行为学。宏观组织行为学主要以社会学、经济学和人类学的理论为基础，着重研究组织结构、组织设计以及在一定社会经济背景下的组织行为；微观组织行为学则以心理学的理论和原理为基础，着重研究个体的态度和行为，以及个体和群体与组织系统的相互作用和影响。

从研究对象来看，组织行为学对行为的分析在三个不同层次上进行：个体、群体和组织。

1. 个体行为研究

个体是构成群体和组织的基本单位。组织行为学对个体的行为进行微观的考察研究，考虑影响人的行为的各种心理因素，包括人的思维方式、归因过程、动机、个性、态度、情绪、能力、价值观等方面。所有这些又与实际活动中的需要、兴趣、达到目标的行为有着密切的关系。

个体行为研究的目的在于揭示不同个体的心理活动特点及其与行为和工作效率之间的关系，利于管理者认识和掌握组织成员共同的心理和行为规律，提高对员工行为的解释、预测和控制能力，掌握个体动机激发与行为选择、强化的规律，充分调动人的积极性，为其合理用人提供理论依据。

2. 群体行为研究

群体行为主要研究的是群体行为的特征、作用、意义；群体内部的心理与行为、群体之间的心理与行为；群体中的人际关系、冲突、沟通、权力等问题；群体对个体的影响，以及与个人和组织间的相互作用等。

群体行为研究的目的在于正确处理人际关系，提高人际管理和沟通水平，增强群体的凝聚力和向心力，为实现组织的目标服务。

3. 组织行为研究

个体和群体行为影响组织的生存与发展，同时，组织行为也直接影响组织中个人和群体的心理和行为。组织行为学主要依据社会学的相关概念和理论，对整个组织的心理和行为进行研究，主要包括组织结构和设计、组织决策、组织文化和组织变革与发展等内容。

组织行为研究的目的在于分析组织结构、管理体制、组织文化对组织成员心理和行为以及组织效率的影响，以期形成良好的组织气氛，促进组织管理效率的提高，探索组织变革、组织发展的原则和模式，促进组织不断完善和发展。

1.1.3 组织行为学的学科特性

组织行为学是一门跨学科、多层次相交叉的边缘性学科，又是具有两重性和应用性的学科。

1. 跨学科性

跨学科性表现为多学科相交叉性，组织行为学是以行为科学（主要指心理学、社会学和人类学）的概念、模式和方法为主要知识基础；同时吸取借鉴政治学、经济学、伦理学和系统科学等多门学科的概念、理论和方法。当然,该学科的发展也对这些基础学科起到重要的推动作用。

2. 层次性

层次性表现为组织行为学作为一个完整的知识系统,其研究可分为三个层次:个体行为、群体行为、组织行为。我们可以把组织中的个体看作一个系统,把个体放在群体这个较大系统中来研究,个体就是群体的子系统,个体的行为还会受到群体这个系统的影响和制约。诸多群体构成一个组织,群体又是组织这个大系统的子系统。每个组织又处在社会环境这个更复杂的系统中,组织又是社会环境这个更大系统的子系统。

3. 两重性

两重性表现为组织行为学既具有自然属性,又具有社会属性。组织行为学的研究对象—"人"具有两重性。人不仅有自然属性即人的心理与行为的一般规律性,又具有特殊规律性这种社会属性;同样作为组织行为学研究活动的主题—"管理"也具有两重性,既有同生产力相联系的自然属性,又具有同生产关系、社会制度相联系的社会属性。因此说组织行为学的两重性主要由人本身的两重性和管理的两重性决定的。

4. 应用性

应用性表现为组织行为学研究的直接目的在于联系组织管理者工作实际,提升其驾驭人的行为的能力,提高组织的工作绩效。组织行为学与心理学、社会学和人类学等理论性科学不同,它属于应用性科学。它在应用理论科学原理的基础上,探索和揭示组织中人的心理与行为规律性,在掌握这些规律性后还要进一步研究评价和分析人的心理与行为的方法,掌握保持积极行为,改变消极行为的具体技术和措施,它的直接目的是使个体、群体和组织都获得成功。

1.1.4 组织行为学的学科体系

组织行为学是一门应用性的行为科学,它在众多行为科学分支的研究成果上发展而来,主要是心理学、社会学、社会心理学、人类学和政治学等领域。这些分支的共同构成组织行为学的基础,并使其逐步发展成一门独立的学科,见图1-1。

1. 心理学

心理学是一门研究人类心理现象规律的科学。所谓心理现象的规律性包括心理活动的规律和心理特征的规律两部分。一般认为,心理活动是内省的,行为是外显的。要研究组织中人的外显行为的规律性,必须以心理学作为理论基础,因为心理活动和心理特征是人们产生行为的重要原因和内动力。

心理学研究的重要内容包括认知、情感、意志等心理活动和需要、能力、气质、人格等个性差异。心理学为组织行为学提供了诸如工作动力、工作满意、态度测量、决策偏好、绩效评估、员工选拔、工作设计、工作压力等方面的使用指示,从而构成了组织行为学的重要基础。

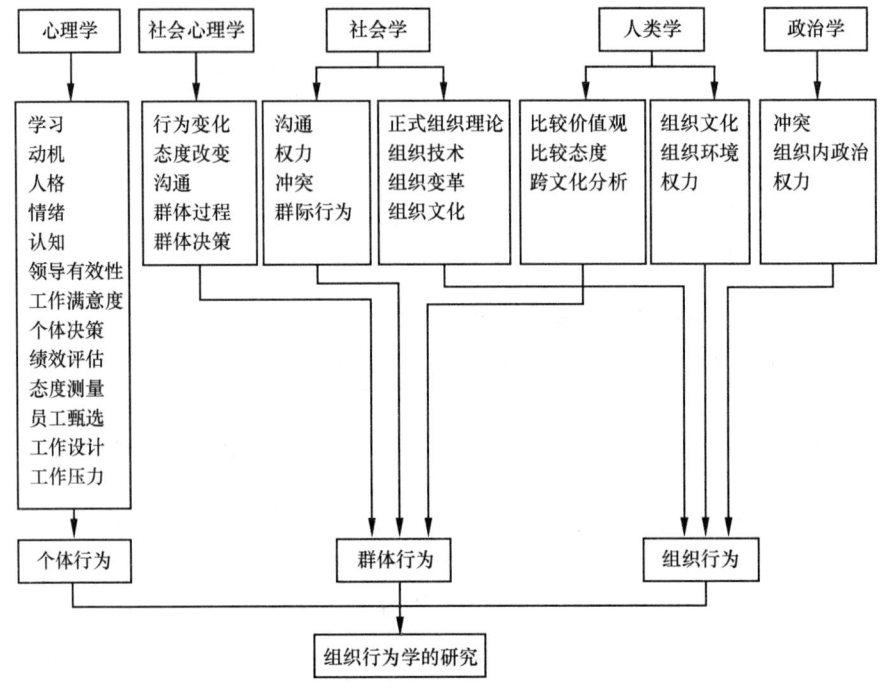

图 1-1　对组织行为学有贡献的学科

2. 社会学

社会学是研究社会、社会制度和社会关系及其发展变化规律的科学。任何社会或群体都是有组织的,而社会的组织又是由各种制度维系的。所以一般地说,社会学是研究社会关系的科学。社会关系又可分为动态和静态的两种。动态是指社会中人们的互动,如合作与冲突等;静态的是指社会现象的关系模式,如家庭结构、群体、组织、阶级等。

组织中人的行为是离不开社会关系的,因此研究组织行为学就是要运用社会学的知识来探索人在社会关系中表现出来的行为,这样才能全面认识人的行为规律。如研究组织中个人的行为受组织内外社会环境的影响,个人在社会中所担任的角色和社会地位,群体动力、结构、交往、权力和冲突,分正式组织、群体之间的合作配合和人与人之间的相互关系等,都需要社会学的知识。

3. 社会心理学

社会心理学是心理学的一个研究领域,但它是心理学和社会学相结合的产物,关注人与人之间的相互影响,是关于社会相互作用背景中人的社会行为及其心理依据的科学。

社会心理学研究较多的一个领域是变革——怎样实施变革及如何减少变革的阻力。社会心理学的重要贡献还在于对行为和态度改变的研究,以及沟通、群体决策、群体过程等方面的研究,而这些内容又正是组织行为学的研究对象。

4. 人类学

人类学是社会认识人类及其活动的研究。人类学家对于文化和环境的研究,使得我们能够了解不同国家和不同组织内人们的基本价值观、态度和行为的差异。我们现在对组织文化、组织环境和民族文化差异的认识大多来自人类学家的研究结果,或是采用人类学方法的研究结果。

5. 政治学

政治学研究政治环境中的个体和群体的行为,组织是政治的实体,因此政治学对于组织行为学的贡献是至关重要的,其主要贡献在于对冲突、权力分配及个人为了自身利益如何控制权力等方面的研究。

资料卡

对组织行为学有贡献的教材

《津巴多普通心理学》作者:[美]菲利普·津巴多,[美]罗伯特·约翰逊,[美]安·韦伯。

短评:其实,每个人都应该学习一下心理学的基础知识,这是为了更好地理解我们自己的行为和思维。

《社会心理学》作者:[美]戴维·迈尔斯。

短评:本书不是心理学和社会学的简单结合体。它介绍的是群体行为背后的心理学,如从众、偏见、冲突等等。

《越轨社会学》作者:(美)梯尔。

短评:这本书让大家能正确认识越轨行为。越轨行为有轻有重,有好有坏。比如穿奇装异服也算一种越轨行为,不过这种行为也代表这个社会更加活跃。但有一条底线是不能超越,那就是侵犯他人!

1.2 组织行为学的产生与发展

组织行为学是在管理科学发展的基础上产生和发展起来的。管理是人类社会的永恒主题,它是人类社会有序发展的推动力。人是管理的主体,也是管理的对象,研究人的行为规律便成为管理学的重要内容。社会的进步促使组织中的管理者必须重视对人的管理,组织管理学、人事管理学这些管理学的分支越来越显示出在管理体系中的地位,组织行为学就是在此基础上产生和发展起来的。

近几年许多北美的组织行为学家把自20世纪初以来组织行为学的发展划分为三个阶段:以泰勒为代表的古典管理理论阶段(1900—1927年);以霍桑实验开始的

人际关系学派以及后来行为科学理论阶段(1927—1965年);以权变态度和方法来看待人及其组织行为的现代管理理论阶段(1965—现在),见表1-1。

表 1-1　　　　　　　　　　　西方组织行为学的发展史

阶段	理论基础	时间	名称演变	大事件
缘起	古典管理理论	20世纪初至20年代	工业心理学	1913年,"工业心理学之父"雨果·闵斯特伯格出版名为《心理学和工业效率》一书
形成	人际关系理论	20世纪20—30年代	工业心理学	1927—1933年,美国哈佛大学心理学教授梅奥主持了霍桑实验,研究结果形成人际关系理论,成为行为科学研究的先声
确立	行为科学理论	20世纪40—60年代	管理心理学、组织心理学	1947年,美国建立了全国性的"工业关系研究会" 1949年,在美国芝加哥大学召开的一次跨学科的讨论会上,提出了"行为科学"的概念 1953年,美国福特基金会正式把这门综合性极强的学科定名为"行为科学"(Behavior Sciences) 1958年,美国斯坦福大学莱维特教授正式开始用"管理心理学"这一名称代替旧的"工业心理学" 莱维特在《心理学年鉴》所写的一篇文章标题中首先采用了"组织心理学"这个名词
发展	现代管理理论	20世纪60年代一至今	组织行为学	20世纪60年代美国心理协会第十四分会—工业心理学分会改名为工业和组织心理学学会,各大学开始采用"组织行为学"的名称开课

1.2.1　组织行为学的缘起

组织行为学得以兴起的一个重要原因是为劳资关系矛盾斗争寻求解决办法的结果。为此一批企业家、工程师进行积极的探索和研究,形成古典管理理论学派,代表人物有"科学管理之父"—泰勒、"管理理论之父"—法约尔、"组织管理之父"—马克斯韦伯以及"工业心理学之父"—闵斯特伯格。

1. 泰勒的科学管理理论

泰勒(Frederick Winslow Taylor,1856—1915)于1911年出版了《科学管理原理》一书,重点研究在工厂管理中如何提高效率的问题。他认为效率、标准化和纪律源于对工作任务的科学化管理过程。更准确地说泰勒认为:

(1) 应该明确区分规划工作、管理角色与执行工作、工人角色;

(2) 人员需要科学选拔以确保合适的人去执行相应的任务;

(3) 工作应该尽可能标准化和简明化;

(4) 将整个工作流程细分为每个工人从事的身体运动最小的一部分;

(5) 任何有待执行的任务都存在一个最优的工作组织模式,管理的任务就在于通过精准测量找到最为理想的状态。

泰勒运用"时间—动作分析"的方法进行大量的试验,提出"劳动定额""工时定额"、"工作流程图"、"计件工资制"等一系列科学管理制度和方法,在很大程度上调动工人的积极性,提高了生产效率。泰勒认为实施科学管理的结果是提高了生产率,而高效率是提高产出和利润,改善工资和条件,满足劳资双方诉求的根本。

2. 法约尔的管理理论

法约尔的理论贡献体现在他的著作《工业管理与一般管理》(1916年)中。他提出管理的5大职能,包括计划、组织、命令、协调和控制;管理的内容包括6项,即技术、推销、财务、安全、会计和经营。管理不是专家或经理独有的特权和责任,而是企业全体成员(包括工人)的共同职责,只是职位越高,管理责任越大。他在管理实践的基础上总结出14条管理原则,即分工、权力、纪律、命令一致、指挥统一、公益高于私利、报酬、集权或分权、层级制、秩序、公正、安全、主动、集体精神。

3. 马克斯·韦伯的组织管理理论

韦伯是德国著名的社会学家、政治经济学家(1864—1920),著有《社会组织和经济组织理论》一书。韦伯主张一种高度结构化、正式的、非人格化的"理想的行政组织体系",他认为这是对个人进行强制控制的最合理手段,是提高劳动生产率的最有效形式,而且在精确性、稳定性、纪律性和可靠性方面优于其他组织。

4. 闵斯特伯格的工业心理学研究

从20世纪20年代起,人们开始逐步认识到心理学在研究工作环境中越来越重要,工业心理学开始兴起。雨果·闵斯特伯格(Hugo Munsterberg,1863—1916)被人们称之为"工业心理学之父",首次在英国伦敦出版的具有里程碑意义的名为《心理学和工业效率》(Munsterberg,1913)一书中,芒斯特伯格明确提出,他的目标在于去发现:

(1)寻求如何使人们的智能与其所从事的工作最适合;

(2)在什么样的心理条件下,才能从每个人的工作中获得最大和最令人满意的产出;

(3)企业如何去影响工人,以便从他们那里获得最好的结果。

上述发现又得到莉莲·吉尔布里斯(Lillian Moller Gilbreth,1878—1972)创新思想的补充。在1914年出版的《管理心理学》(Gilberth,1980)一书中,吉尔布里斯就想把早期的心理学概念应用到科学管理实践中去。她强调,在应用科学管理原理时,必须首先看到工人,并且要了解他们的个性和需要,但在当时并未引起人们足够的重视。

1.2.2 组织行为学的形成

在西方国家,"工业心理学"一直延用到第二次世界大战前,工业心理学的主要内容是对工作中个体差异的测定,它以个体为研究对象。20世纪20年代,在组织行为学的发展史中被称为里程碑式的研究就是美国哈佛大学心理学教授梅奥主持的霍桑实验,该实验发现工作中群体的重要性,梅奥等人的重要研究成果形成人际关系理论(Human Relations Theory),成为行为科学研究的先声。

1. 霍桑实验

1924年,由美国研究委员会与西部电器公司联合该公司所属的芝加哥霍桑电话机工厂进行的一系列的心理学研究,也就是著名的霍桑实验。霍桑实验共分为四个阶段:第一阶段被称作"照明实验"。当时的实验假设是:提高照明度会有助于减少疲劳,提高生产效率。但不管是提高照明度,还是降低照明度,一个组的照明已经降到月光的程度,工人的产量仍然提高,专家无法解释是什么原因促使产量的增加。

1927年,梅奥开始主持霍桑实验。主要进行三方面的实验,即福利实验、随访实验、观察实验。新的研究小组通过改变作息时间、设置奖励工资、变换监督方式等变量来测试6名女工对继电器装配的生产率,总的结果是产量持续上升,与试验所安排的工作条件并不对应。

从1928年起,研究小组的注意力从物质条件转移到人事关系方面。为了解更多工人的感情和态度,研究转入职工访问。到1930年为止,共访问了21 226人。在实验过程中,研究小组感到职工中存在某种无形的社会性组织,对个人起约束作用,为了验证这一发现,1931年11月—1932年5月,他们安排布线观察实验,并设置计件奖励工资制。按照研究小组的想法,这个小组的14名男工都有超过他们实际产量的可能,可是经过7个月的观察,一般产量基本上都维持在一定水平。研究小组发现有一种团体的约束力制约着生产量的水平。

2. 人际关系理论的核心观点

1933年,梅奥就实验结果进行总结,并于同年出版《工业文明中人的问题》一书,概述提出许多新的管理理念:

(1)以前的管理把人假设为"经济人",认为金钱是刺激积极性的唯一动力;霍桑实验证明人是"社会人",社会和心理因素也影响着人的积极性。

(2)以前的管理认为生产效率主要受工作方法和工作条件的制约;霍桑实验证明生产效率主要取决于职工的积极性和"士气",而积极性和"士气"则取决于职工的家庭和社会生活以及企业中人与人的关系。

(3)以前的管理只注意组织机构、职权划分、规章制度等"正式群体"的问题;霍桑实验发现除正式群体外,职工还存在着"非正式群体"。这种非正式的群体有它特殊的感情和倾向,影响着成员的行为。

(4)新型领导者应能提高职工的满足感,善于倾听和沟通职工的意见,使职工在正式群体中经济需要与非正式群体中的社会需要之间取得平衡。

霍桑实验及早期人际关系学家提出了许多关于组织中人的行为的概念,如:民主式领导模式;强调参与管理、有效的沟通渠道、员工的社会—心理需求,对组织行为学的发展产生了巨大的影响。

1.2.3 组织行为学的确立

梅奥的人际关系理论引起管理学者对人的行为的兴趣,开辟组织管理研究的新领域,在美国引起很大的轰动。1947 年,美国建立全国性的"工业关系研究会"。1949 年在美国芝加哥大学召开的一次跨学科的讨论会上,提出"行为科学"的概念。1953 年美国福特基金会邀请一些大学的著名学者研讨后,正式把这门综合性极强的学科定名为"行为科学"(Behavior Sciences)。行为科学主要在人的需要和动机理论、管理中的"人性"理论、企业中非正式组织以及人际关系理论、领导方式理论 4 个领域有了新的发展,行为科学的产生和发展促成了行为科学学派的形成。

1. 马斯洛的"需求层次理论"

社会学家马斯洛于 1943 年在他的著作中提到,人的各种需要分为 5 个层次,即生理需要、安全需要、社交需要、尊重需要和自我实现需要。他认为,只有当人的较低层次需要得到满足后才会去寻求更高层的需要。尽管马斯洛一开始并没有试图将该理论作为管理或组织的工具,但该理论对管理者具有新的启示意义,工作中个人对结果的评价取决于他们的具体需要,而这些需要是工作动力的来源。

2. 赫茨伯格的双因素理论

双因素理论将影响人员行为绩效的因素分为"保健因素"与"激励因素",前者指"得到后没有不满,得不到则产生不满"的因素,后者指"得到后满意,得不到则没有满意"的因素。管理的核心是抓住促进员工满意的因素。

3. 麦格雷戈的 X－Y 理论

它是专门研究企业中的人的特性问题的理论。X 理论是对"经济人"假设的概括,认为人的行为就是为了获得最大的经济利益,工作的目的是为了获得经济报酬。而 Y 理论是根据"社会人""自我实现人"的假设,认为人们重视的是工作中与周围人友好相处,物质利益是相对次要的因素。

其他具有代表性的理论还有:勒温的"群体动力理论"、布雷德福德"敏感性训练"、坦南鲍姆和施密特的"领导方式连续统一体理论"以及布莱克和莫顿的"管理方格图理论"等。

"霍桑实验"已发现工作群体的重要性,但建立在群体理论基础上的社会心理学研究的真正起步还是 20 世纪 50 年代的事情,人们清楚地看到,作为群体特别是小群体为研究对象的社会心理学,对员工工作绩效的影响作用变得越来越大。因此,1958 年,美国斯坦福大学莱维特(H. J. Leavitt)教授正式开始用"管理心理学"这一名称代替旧的"工业心理学"。60 年代初期,他和另一位专家巴斯(B. Bass)在《心理学年鉴》所写的一篇文章标题中首先采用了"组织心理学"这个名词。

资料卡

好制度就是为了规避人性之恶

明太祖朱元璋初定天下时,需要多造些船只用来运送粮食。有一件事情,让朱元璋十分头疼,那就是造船需要很多钉子,但负责造船的工匠,往往会利用造船的时机,虚报所用钉子的数量。因为船已经造好,钉子全部钉到了木头里面,到底用了多少钉子,根本没有办法计算,只能任凭工匠们说了算。

一次,朱元璋又下令让工匠们造船。为了从中谋利,这些人在造好船之后,照例又像往常那样上报超支了很多钉子。这次,朱元璋却不同意补偿钉子,而是率领文武百官来到河边,让工匠们把刚刚造好的船拉到岸上,然后下令把这只船放火烧掉。当时,大家都十分吃惊,谁也不明白朱元璋这样做究竟是什么意思。

可是,没有人敢违抗朱元璋的命令。很快,大火将这只船上的木头烧得干干净净,只落下一堆铁钉。这时,朱元璋又命人将这些钉子收集起来全部过秤,得出的重量仅仅是工匠们所报数量的十分之一。这下,工匠们害怕了,他们一个个吓得胆战心惊,急忙磕头求饶。朱元璋没有处罚他们,却定下造一只船所需钉子的数量,以后就按照这个标准造船,再也不敢有人从中谋利了。

有时,采取极端的办法去解决,短期看这样做会有一些损失,但从长期看却是意义深远,甚至影响整个团队的文化和风气。同时,好的制度会让坏人变好,而坏的制度可能会诱使好人变坏。

1.2.4 组织行为学的发展

20世纪60年代美国心理协会第十四分会——工业心理学分会改名为工业和组织心理学学会,这意味着当时的研究已从群体扩大到整个组织,随着这一学科研究领域的演变,其研究和实验的机构也发生了变化,它从各大学的心理学转入管理学院系,教师队伍中加入社会心理学家、社会学家和人类学家,各大学开始采用"组织行为学"的名称开课。自此以后,"组织行为学"这一名称就被沿用至今。

1. 系统理论

组织研究的系统方法融合古典学派和人际关系学派截然不同的观点和立场,并且包含了组织技术和社会层面的分析方法。它也意识到不确定的环境因素的存在,即使他们可能存在于组织的边界范围之外,但是却能对组织活动产生影响。该观点认为,组织是一个开放的系统。开放意味着他和其他组织外更为宏观的系统之间的相互作用。这些外部系统是组织环境的一部分。当我们把组织堪称一个系统时,它就是经过整合了的,机构、技术、雇员与各式各样的技术和社会影响因素之间的复杂的关系网络。

英国塔维斯托克人际关系研究所的研究表明,煤矿工人与他们所使用的技术之间的相互作用是决定生产力的关键因素。技术的进步往往打破本来很脆弱的心理和社会平衡,所以它并不总能增益生产力。技术进步改变了旧的工作方式,因此破坏了工作团队的社会结构,生产率随之就比预期的要低。这项研究对组织的技术系统和社会系统之间的关系给予特别的关注。该研究成果中最值得一提的是,以群体方式来工作能使参与者更加感受到工作的意义,如果运用得当,技术本身并不必对这种工作的组织方式产生太大的影响。因此,在组织结构的变革中特别强调团队或群体的作用也就不足为怪了。

2. 权变理论

在这之前的研究,目的就是为如何有效组织和管理寻找无所不包且唯一最佳的解决方案。20世纪60年代大量的研究,都在很大程度上构想"唯一最佳"的管理哲学,它们指出,组织在很多方面反映了它们所处的环境和追求的策略,并且存在很多本质上可以带来组织成功的组织和管理的方法。换句话说,组织结构、工作设计、管理实践和组织的诸多方面都依赖于或与许多组织内部和外部的确定和不确定的变量存在权变关系。这就意味着组织是社会团体,因此组织行为对组织构成及其环境的许多复杂变量来说,既是一种回应,也是一种决定因素。

伯恩斯和斯托克(Burns & Stalker,1961)在一项基于英国多家电子公司的研究中,试图回答为什么有些公司能够从容应对环境变化,特别是它们在产品市场上的自我调适,而其他一些公司却不能做到这点。他们发现但凡成功的变革者都发展一套"有机"的组织结构,而"机械"往往不能适应组织变革。

伍德沃德(1965)认为,根据所采用的生产技术类型来设计其组织结构的公司更有可能取得成功。她发现不同公司的组织结构间存在明显差异,并且任务这些差异多与制造过程中所采用的不同技术有关,比如,从事定制和小批量生产的公司,与那些采用大规模生产技术与方法的公司在组织结构上就有所不同。其特别之处,随着生产技术的进步,如下变量也应随之作出调整:控制的标准幅度、组织层级数量、管理人员与其他人员的比率和总薪水与总成本的比率。

阿斯顿小组系列研究揭示,组织规模对组织设计有重要影响。该小组以及波特(Porter,1975)等人和蔡尔德(Child,1988)的研究发现:

(1) 组织单元规模对工作满意度、员工离职率和缺勤率有消极影响;

(2) 规模较大的组织更有可能通过规则和程序来实施标准化管理;

(3) 规模更大的组织内部沟通与合作因为要经过诸多程序而变得更加困难,也就是说,直线管理者有责任与雇员交流并且交流时应遵循既定的程序;

(4) 组织规模与生产力之间的关系并不明朗且变化不断;

(5) 组织规模的增大与其层级的增长有关。

3. 文化的视角

组织可被一种文化,即使其中看起来很机械的一些特征,如组织结构、组织规则、组织政策和组织系统等,都可视为文化的产物。这些因素决定组织成员当前的共同特质。摩根(Morgan,1986)证实文化象征的力量,他的研究直接关注组织行为的象征意义,甚至其最理性的方面,特别是组织中人的方面。他的研究提供了一个新的思路,对影响组织的符号性元素,比如语言、标准、仪式和其他传递核心价值和信仰的时间就有可能进行管理,或至少积极影响,由此文化产生了。摩根曾这样界定,文化被看做是所有事物捆绑在一起的不可触摸的"社会黏合剂"或"规范黏合剂"。文化和组织被视为"冰山",这一比喻说明你看到的表面现象掩盖了一个更加深刻、神秘和有力量的内涵。这对那些组织变革的引领者的启示在于,成功的组织文化变革,表面现象的改变是必要的,但更为关键的是要对深层次的东西进行持续影响。

4. 学习型组织

从学习型组织的视角或范式来看,我们可以将组织界定为复杂的信息、沟通、决策和学习系统。现代组织行为学最引人关注的一个领域是组织的学习能力(相对于一个组织中一系列个体的学习能力和容量)。当前备受争论并引发诸多研究兴趣的问题是组织能否学习?如果它们能够学习,那么它们就能更好地适应组织的变革,因为它们能够学会管理并且应对此前从未遭遇过的环境。

1990年,彼得圣吉所著的《第五项修炼》出版。该书的主要内容旨在说明:企业唯一持久的竞争优势源于比竞争对手学得更快更好的能力。学习型组织正是人们从工作中获得生命意义、实现共同愿望和获取竞争优势的组织蓝图。更想建立学习性组织,系统思考是必不可少的"修炼"。

在阿里德赫斯(Arie de Geus)所著的《长寿公司》一书中,作者通过考察40家国际长寿公司,得出结论:成功的公司是能够有效学习的公司。在他看来,知识是未来的资本,只有学习才能为不断的变革做好准备。此外,澳伯莱(R. Aubrey)与科恩(P. M. Cohen)合著的《管理的智慧》则描述管理者在学习型组织中角色的变化,他们不仅要学会管理学习的技巧,也要使自己扮演学习的领导者、师傅和教师的多重角色。

5. 积极组织行为学

传统组织行为学更多地关注组织、团队、管理者和员工等负面障碍问题的解决,研究怎样引导和激励消极、懒惰的员工;研究更有效地解决冲突、压力和工作倦怠;改进不良的态度和对组织变革的抵制。积极组织行为学的提出弥补了传统组织行为学的不足。

积极组织行为学(Positive Organization Behavior)的理论基础源于积极心理学的研究成果。西方积极心理学的发展始于20世纪60年代,到90年代,有关积极心理学的研究成果大量涌现。塞利格曼和席克珍特米哈依(Seligman&Csikszentmihalyi,2000)在美国心理学家杂志撰文,正式提出"积极心理学"的概念。受积极心理学理论的影响,鲁森斯(Luthans,2002)提出了积极组织行为学的概念。积极组织行为学是对积极心理品质和能力的测量、开发和有效管理的研究和应用,从而实现提高个体、群体和组织的绩效。它强调积极心理品质和能力的可测量、可开发和绩效相关性。自我效能感、希望、乐观、主观幸福感和恢复力被认作是积极组织行为学有关积极心理能力的典型代表。

资料卡

传统管理思想在现代管理领域的应用

既然传统管理思想有价值,如何用到管理领域呢?我们遵循中国传统文化"修、齐、治、平"的思想,提出了传统管理思想在现代企业管理中的应用框架,试图做到一个体系上和语言范式上的对接。

"修"指的是"修身"。西方现代管理说管理的时候,往往说的是如何管别人,而中国传统管理思想首先说的是如何管好自己。所以,我们把这一块称之为"修己"——对自我的管理。而恰恰是这块内容弥补了西方现代管理学的不足,这是中国传统管理思想对现代管理学的贡献。

"齐"在古代关注的是"齐家",小到家庭,大到一个家族。在古代中国社会,最基本的单位是家。而现代社会除了家这个社会单位之外,还有组织,比如商学院关注的企业。所以,我们完全可以把"齐家"的很多手段用来管好你的员工队伍,用来建设好你的团队,我们称之为"安人",这对应的是现代管理中的人力资源管理、组织行为学等等课程。

"治"关注的是"治国"。春秋战国时期,假设你是一个诸侯国的国君,你关注什么?你一定关注两点:第一,如何攫取更多的土地;第二,如何让更多的老百姓归顺你。因为在春秋战国时期,人才流动极其频繁。而攫取更多的土地像不像今天企业攫取更多的市场份额一样。让更多的老百姓归顺你呢?像不像今天让更多的顾客来购买你的产品,使用你的服务一样。所以,我们把这一块称之为"谋攻",关注的利益相关者是竞争对手、顾客,对应的现代管理学,比如战略管理,企业竞争、市场营销。

"平"关注的是"平天下"。当然,当时平的是周天下,而今天的"平天下"关注的是企业的社会责任话题。"平天下"关注的是如何跟各种利益相关者和谐互动,对应的是社会责任建设的问题。

"修、齐、治、平"的背后构筑一个传统管理思想在现代企业管理中的运用框架。"修己""安人""谋攻""平天下"——我们称之为"定邦",关注社会责任。所以,如果把传统管理思想运用在现代管理中,我们完全可以从以上四个方面入手,打造企业的人文底蕴,提升企业的管理境界。

1.3 组织行为学的研究方法及模型

传统组织行为学家关心的是组织理论内部的逻辑一致性，即设法保证得出的结论是从一系列数据中合乎逻辑地推衍出来，在大多数情况下，这些数据来自实验室实验，而不是来自现实的组织及其行为。20世纪30年代至70年代末，这种实验室研究方法在组织行为研究中颇为盛行。但到70年代末和80年代初，组织行为学以实验室实验为基础的传统方法论体系受到质疑和挑战，人们认为这种方法得出的结论并不适合现实的组织，理论脱离实际。由此引发了组织行为学研究方法转向外部有用性的体系。这种以现实有效性为基础的研究方法面向现实的组织，强调研究的现实意义，发展一种直接与现实组织相联系的概念模型和研究方法。

1.3.1 组织行为学研究的四个假设前提

组织行为学研究的基础是基于一定的假设前提而成立的，这些假设前提在其他学科（如心理学、社会学）中已经被证明是正确的命题。它们包括以下几个方面。

1. 行为的可预测性

研究者们通过对自己的行为和别人的行为进行观察，认为人的行为不是变化无常的，而是有一定可以观察的规律性的。这种规律性也使得人的行为具有可预测性。例如，容易跳槽的员工不加班、不安心工作；新来的一批员工经常聚集在一起，大概他们需要一段熟识和同化的过程。

2. 行为的因果性

人的行为是有原因的，前后的行为之间往往存在因果关系。学者们研究行为的因果关系，常常以人的反应能力为例，如当人们碰到热的会马上把手缩回来。这种行为不是偶然，而是一种反应。

3. 行为的多样性

人的行为有多样性，组织行为的研究必须设想许多影响行为的原因，并从复杂的因果过程中解析组织成员的行为，但其中重要的原因是有限的。

4. 行为的可概括性

人的行为是可以一般化概括的。虽然研究对象的每种情况的基本单元不同，但是可以做出一般概括。例如，企业内员工的个性各不相同，每个人都有与他们不同的工作经历和经验，也有不同的需求。但是当企业遇到某种情况，如削减工资或降低福利时，大多数员工会做出相同或相近的反应，尽管他们有着不同的职位、经验、需求等。

1.3.2 组织行为学研究的过程和步骤

美国管理学教授西拉季（Andrew D. Szilagyi, Jr.）和华莱士（Marc J. Wallace，

Jr.)把组织行为学的研究过程分为六个环节(步骤)。

1. 弄清要研究的问题

这是组织行为学研究的第一步,如果管理学和在没有弄清事情原委的情况下就仓促开展研究或下结论,研究效果就会较差,甚至会得出错误的结论或产生误导。当然,组织中人的行为问题通常涉及个人的个性、以往经历、组织本身的复杂结构等,对问题的确定依赖于管理者的经验和知识结构。

2. 查阅与某行为有关的理论和信息资料

从文献里查阅信息资料可能会找到相对完善的解决问题的方法。但有时某个问题需要立即解决,而没有时间去查阅大量的有关理论和材料,这就要求管理者迅速决策,以解决面临的问题。

3. 形成假设

假设是一种实验性的阐述和解决问题的方式。其作用在于指导问题的解决。

4. 选择正确的设计和方法来开展研究工作

在管理者对问题的实质有一定的了解,并且已经知道应该采用什么理论和哪些信息来解决问题后,接下就是要确立研究方法。具体研究方法除了实验室实验或现场实验等传统方法外,包括经验总结法、观察法、测验法、研究者与实践者相互参与的准实验方法、案例比较法、现场研究法等。

5. 实际的观察、测试或实验等活动

这是整个研究过程中工作量最大、耗时最多的一个环节,其中包括做出研究结论并对结论进行检验。

6. 解释研究结果

这这一步骤中,我们要求对问题的各种解释、结论、解决方案都要具体全面,对管理者而言,解释研究结果的目的是应用它进行管理。

1.3.3 组织行为学的研究方法及模型

组织行为学的研究方法可以按研究的性质、研究的深度和研究变量的可控程度三种情况情况进行分类。

1. 按研究的性质分类

(1)理论性研究。这种研究重点在于发现规律和构建理论,尽管也关注理论成果的应用,但不着眼于眼前,而是更关注理论长远的意义。例如,对人性的探索,对激励的心理规律的研究等。

(2)应用性研究。这种研究主要受到一定现实和普遍性问题的驱动,旨在提出某种解决问题的框架的研究,比理论性研究更强调研究结果的潜在应用价值。例如,在信息技术时代,大量组织面临变革,为了提高变革的成效,学者们对各种组织变革的成败进行研究,总结出某种规律,并提出应用这些规律的方法。

(3)工作性研究。这种研究是指针对某个特定现实问题进行的研究性调查,使

人们认清问题并采取相应的解决问题的措施,强调的是解决问题,产生效益。这种研究的主体可以是专业管理咨询人员或顾问人员,也可以是管理者本身。

2. 按研究的深度分类

（1）描述性研究。这种研究主要是为了解客观事物的特点和出现频率。这种研究一般只反映组织行为的现实,不涉及事物变量之间的关系,研究者也不施行干预措施。企业中经常采用的人员基本情况调查、职工态度调查、心理挫折的各种表现分析等都属于此类。

（2）预测性研究。这是实际管理人员提前考虑今后可能发生情况的方法。如经理对他所主管的人员的行为、工作绩效及整个组织总目标的完成情况作出预测。这种预测性研究对有计划地控制人的行为和绩效具有重要意义。

（3）因果性研究。这种研究要求弄清楚各个变量之间相互关系的发展趋势,如研究态度与行为间的关系。有人认为,态度是因,行为是果;有人认为行为是因,态度是果;也有人认为,态度和行为互为因果。因果研究就要解决这类问题。

3. 按研究变量的可控程度分类

（1）文献研究。这主要是通过查阅和分析已经发表的文献资料,进行分析、综合、归纳,得出结论的研究。研究者完全依据现有文献资料进行研究,对研究和变量都无法控制。这种方法有分为两种情况:理论综述和元分析。

理论综述是通过定性的方式对文献进行分析、总结,得出一些综合性和评价性的结论。例如,研究人员对前人关于员工满意度如何影响其工作绩效方面所做的研究文献进行系统阅读和分析,对研究进展进行评价,并总结出员工满意度影响员工绩效的各种不同方式。

元分析(Meta－analysisi)属于一种研究评价方法,由格拉斯(Glass)在1976年首次提出。元分析运用测量和统计分析技术,对前人做过的一些实验或研究进行定量化的总结,找出一组相同课题研究的结果所反映的共同效应。因此,元分析是对原有分析的进一步分析自正式提出,在心理学和组织行为学领域得到越来越广泛的应用。

（2）案例研究。案例研究是对个体、群体或组织整体的情况进行深入调查而得出结论的方法。研究人员通过查阅各种原始记录、访问、发调查表和实地观察来收集有关某一个人或某个群体的情况,用文字如实地记录下来,并写出分析意见。个案研究还可应用一下的具体研究方法。

观察法是指在未受控制的日常生活中,了解和分析人的言行、表情等,借此判断管理者心理活动的一种研究方法。我们可以利用各种电影、录像、录音设备等进行观察、记录。

谈话法是按照事先拟定的问题,通过谈话,了解管理者心理过程与个性心理的某些特征,例如管理者的思维、记忆、首创精神、权力与威望。

活动产品分析法是通过管理者的活动结果(产品、产物)来观察管理者的一种方法。管理者的活动结果，就是能以数量与质量形式表现的工作成果，包括在管理者领导下的工作群体的工作效率等。

（3）实验法。这是研究者有目的地在严格控制的环境中或创造一定条件的环境中，诱发被试者产生某种心理现象或行为，以研究人的心理活动规律和行为规律的一种方法。按实验地点的性质可分为实验室实验法和现场实验法。

实验室实验是通过认为建立一个完全人工的环境，研究者可以控制自变量，并观察、记录因变量，然后分析这些自变量和因变量之间的关系。实验室实验最科学的方法是随机指派受试者，让其加入实验组或对照组。

现场实验是在日常生活的情境中，适当地控制条件，并结合经常性的业务工作，从而研究心理现象的规律性。现场实验是将实验室的方法运用于正在发生的现实情境。现场实验允许控制一个或更多自变量。现场实验的参与者一般都知道自己正在被观察。因此研究者必须采取措施尽量减少被试者由于知道自己被观察而改变行为的可能性。

（4）现场调查研究。这是采用一定的方法对一定规模的样本对象进行全面调查、收集和分析数据，从而得出结论的方法。现场调查包括从有代表性的样本群体中通过访谈和问卷收集数据，使用样本可节省人力和时间。研究所用资料包括观察者记录的组织成员的行为、组织成员填写的问卷、谈话记录或录音、书面文件、各种有关产量和质量的报表等。

（5）心理测验。这种方法根据事先制定的测验量表，测定被试者在智力和其他心理特征上的个体差异。心理测验是一种测量手段、标尺，通过取得心理变化的量的数据，来比较、鉴别和评定不同个体之间心理上的差异，或者同一个体在不同时期、不同条件、不同场合下的心理反应和心理状态。

心理测验所使用的各种技术，成为心理测验的量表。目前流行的测量量表种类繁多，大致可以归纳为一下几种类型：以测验的目的来分，可分为智力测验、个性测验、特殊能力测验和判断测验四大类；以测验的性质来分，可以概括为文字与非文字两大类；以测验的方法来分，有问卷测验、操作测验和投射测验三大类。

1.3.4 组织行为学模型

组织行为学模型就在于通过定量的数学方法揭示个体、群体或组织心理和行为及其行为有效性之间的相互关系（如相关关系或者因果关系）。个体、群体和组织心理和行为的结果总是通过特定的外部有效性表现出来，从而显示心理和行为（自变量）与行为有效性（因变量）之间的某种因果关系。自变量有时通过中间/中介变量影响因变量。

1. 因变量(Pependent variable)

根据哈克曼（Hackman，1983）对行为有效性（Performance Effectiveness）的研究，如果以下三个标准得到满足，就可以说个体、群体或组织在有效地从事工作：第一,组织的产出(产品或服务)超过那些接受、评价或使用这种产出的个体或群体所需要的最低质量或数量标准;第二,从事目前工作的经历有助于提高组织进一步完成新工作的能力;第三,组织中的人在本组织中工作所获得的经验,有利于他们自身的成长和满足程度的提高。表现这种行为有效性的指标比较常见的有:

(1) 生产率(Productivity)。生产率意味着对效果(Effectiveness)和效率(Efficiency)两方面的关注。效率注重的是目标执行的过程;效果注重的是结果。效率是管理的极其重要的组成部分,它是指输入与输出的关系。对于给定的输入,如果你能获得更多的输出,你就提高了效率。类似的,对于较少的输入,你能够获得同样的输出,你同样也提高了效率。然而,仅仅有效率是不够的,管理还必须使活动实现预定的目标,即追求活动的效果。当管理者实现了组织的目标,我们就说他们是有效果的。因此,效率涉及的是活动的结果。例如:一家电子商务公司如果能实现其销售目标或市场份额目标,它就是有效果的,但它的生产率还取决于实现这些目标的效率如何。对组织效率的测量指标可以是投资回报率、单位销售额的盈利和人均单位时间的产出。

组织行为学关系的问题之一是生产率,我们希望知道哪些因素会影响个体、群体及整个组织的效果和效率。

(2) 缺勤率(Absenteeism)。缺勤率是指在一定时间内,员工缺勤时间与制度工作时间的比例。缺勤率可以与本单位的历史最好水平、计划指标比,与同行业先进指标比,也可以在企业内部各部门之间对比,用以反映企业的经营状况、生产管理和员工健康等情况。缺勤率过高,不但影响员工个人的经济收入,而且将打乱企业的正常生产秩序。员工缺勤的形式是很多样的,休假、病假、迟到早退、延长休息等。国内知名招聘网站对270家企业和348个个人所做的缺勤调查显示,所调研企业平均缺勤率为2.3%,年度人均缺勤天数为5.6天。员工缺勤带来的生产损失69.6%,缺勤员工工资及福利支出55.9%,为赶工而支付的加班费用48.5%,替代人员的成本支出37.8%,主管处理员工缺勤的时间及成本23.0%,影响产品质量19.6%等[1]。

(3) 流动率(Turnover)。流动率指员工永久离开一个组织,这可能是主动行为也可能是非主动行为。在今天不断变化的工作环境中,员工主动提出的流动要求只要在一个合理的水平,都是有利于组织的灵活性和员工的独立性的,增加组织内部的晋升机会,给组织增添新生力量和新思想。然而,人员流动常常意味着组织失去他们不想失去的人。高流动率导致招募、选拔和培训费用的提高,同时会降低企业的生产率,降低企业员工的工作积极性。

(4) 工作满意度(Job satisfaction)。我们简单将其界定为,由于工作特点进行评估而产生的对工作的积极感觉。在现代社会中,企业不应该只关心生产数量,既要关心高生产率和利润的获得,还应该关心员工生活质量。那些持有强烈人本主义价值

---

[1] 昌慧,中国企业员工平均缺勤率为2.3%,深圳特区报,2015-2-11

观的研究者认为,满意感应该是一个组织的合理目标。工作满意度不仅与缺勤和流动负相关,而且作为组织,有责任为员工提供富有挑战性的工作,使员工从工作中获得满足。

(5) 工作场所中的越轨行为(Deviant workplace behavior)。是指违反重要的组织规则,从而威胁组织和个人健康的主动性行为。这里所指的规则既有明令禁止某些行为的公司政策,也有大家共享的隐形规则。例如同事、行窃、过度传播谣言、蓄意破坏,所有这些都会使组织遭受严重破坏。为避免工作环境的混乱,管理人员要找到工作场所越轨行为的根本原因。

(6) 组织公民行为(Organizational citizenship behavior)。是一种由员工自由决定的行为,它不包括在员工的正式工作要求当中,但这种行为无疑会促进组织的有效运作和作用。成功的组织需要那些愿意比他们通常的工作职责做得更好的员工,这些员工对他们工作群体中的成员提供帮助、主动多做工作、回避不必要的冲突、对规章制度除了尊重其表面意思之外还尊重其实质、可以容忍与工作有关的偶尔不快和麻烦。

2. 自变量(Independent variable)

哪些因素决定生产率、缺勤率、流动率、工作满意度等因变量呢?这个问题的回答涉及自变量。自变量是因变量变化的假设性原因。组织行为学要求要在三个层面理解人的行为。

(1) 个体水平的变量。当个体进入组织时,他们都带有鲜明的个人特点,这些特点将影响到他们在工作中的行为。比较明显的特点包括个人特征(年龄、性别、婚姻状况等)、人格特征、知觉、价值观和态度以及能力水平。这些特征基本上是定性的,其中的大部分很难改变,他们会对员工的行为产生极大影响。

(2) 群体水平的变量。人们在群体中的行为远比个人单独活动的总和要复杂。如果考虑到个体在群体中的行为与其独处时的行为不一样,我们的模型就更具复杂性了。因此理解组织行为的下一步是研究群体行为。主要研究沟通模式、领导方式、权力和政治、群体间关系和冲突水平如何影响个体和群体行为。

(3) 组织水平的变量:当我们把正式结构加入前面有关个体和群体的知识中时,组织行为就达到了复杂性和成熟性的最高水平。正如群体大于个体成员之和,组织也大于其构成群体之和。这一水平中有很多变量,例如正式组织的设计、技术和工作过程、组织文化、组织变革等都对个体、群体和组织行为有影响。

3. 组织行为学模型

组织行为学模型可以简化和抽象概括组织有效性和自变量与因变量之间的互动关系,如图1-2所示,组织行为学有三种分析水平,随着个体水平到组织系统水平的讨论,我们对组织行为的理解会越来越系统。这三种基本的分析水平如同建筑上用的砖块——每种水平都建立在前一种水平之上。自变量是根据分析水平来排列的,研究表明,这些自变量对因变量的影响是不一样的。虽然并不能明确地把所有的权变因素都包括在内,但它可以提高组织行为学模型中自变量和因变量之间关系的解释力。

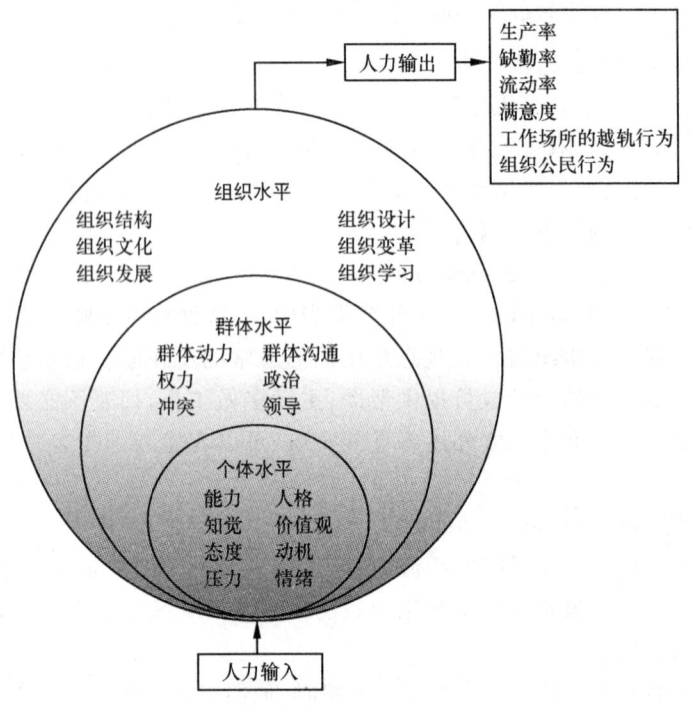

图 1-2　组织行为学模型

资料卡

扎克伯格:提高员工工作效率的 20 条箴言

1. 时间一直都有,就看你如何清晰规划。

2. 每天只给自己安排 4~5 小时的工作——不要一天安排得太满。

3. 有时候你可能一整天什么也没干,有时候你能不间断连续工作 12 小时,这都很正常——在状态的时候多工作,不在状态就多休息。

4. 你的时间价值一小时为 1000 美元,你做的事情可要对得起这么高昂的代价——尊重时间,时间才会尊重你。

5. 一心二用看起来不错,但是一心一意你才能按时下班回家——别三心二意啦,那只会分散你的注意力,让你效率低下。

6. 建立一套工作程序并且严格遵守,相信我,你会适应的。

7. 要做项目就得先开始工作。从小任务做起,你会发现整个大项目的完成并非遥不可及。

8. 开始去做总比完美的构想强多了——工作,工作,再工作。想法再好也始终是泡影。

9. 时间投入与实际产出并不成正比,将自我约束当成提高效率的法宝。

10. 将思考和执行分成两步走,你会想得更好,做得更快——将任务归类细分可以提高效率。

11. 在一天的早些时候组织开会。对一件大事的等待会导致时间浪费。

12. 让一天里做的事情上下连接。在做项目和接待客户之间转换会导致低效。

13. 没有两件事有同样的重要性,首先明确事情的优先级,对将要去做什么事情一定要小心、再小心。

14. 只去做那些你能够施加最大影响的事情——只琢磨那件你这天必须要完成的事情。

15. 如果这件事别人也能完成个八成,托付给别人做——学会托付事情,并且借助来自他人的外力。

16. 昨天的成就不能保证今天的成功——昨天那页翻过去吧,只去思考今天和明天。

17. 每件事都定一个最后完成期限,别让任务无限期地拖下去。

18. 使用手机的事件提醒功能,别太相信大脑的记忆功能——保持记笔记的习惯。

19. 将分散你注意力的事情都写下来,比如上网搜索、胡思乱想、新的主意等。但重点是,在你写完这些以后,它们就不会在工作的时候干扰你了。

20. 总要适度休息休息。

1.4 组织行为学面临的挑战与机遇

组织中的人类行为由于与管理活动、不断变化的竞争环境和新技术的使用等诸多因素之间相互影响而变得极为复杂。组织行为学的研究领域面临众多新的挑战,如全球化竞争,劳动力多元化、员工忠诚度减弱、工作承压能力低等等。

1. 组织变革已成为全球化经济竞争中组织行为学研究的首要问题

随着经济全球化的潮流和经济结构调整,对企业重组、战略管理、跨国公司或国际合资企业管理的研究呈现强劲势头,由复杂性增加而导致研究的注意力全面转向整个组织层面。这个方面的研究主要探索组织变革的分析框架、理想的组织模式、干预理论以及变革代理人的角色。

与组织变革密切相关的是领导行为研究。受权变理论的影响,先后出现了多种领导理论。在组织变革中,管理决策显得十分重要。在个体层面上,组织行为学比较注重决策和判断中所采用的认知策略和判断决策问题;在组织层面上,组织行为学主要分析不同背景下的决策模式、权力结构和参与体制,并特别重视决策技能的开发和利用。与组织变革密切相关的还有激励机制和企业文化,它们也成为组织行为学研究的热点。

2. 员工多元化带来的挑战

对组织而言,员工队伍的多元化一直是一个重要的课题。劳动力多元化是指组织的构成在性别、种族、国籍方面正变得越来越多样化。组织所面临的挑战是通过澄清不同的生活方式、家庭需要和工作风格来使自己适应各种各样的人群。 劳动力多元化对管理实践意义重大。管理人员需要改变他们的经营哲学,从把员工作为相同的人来对待,转变为承认差异,并以能够保证员工稳定和提高生产率的方式对差异作出反应。如果管理得当,多元化会提高组织的创造性和革新精神,通过鼓励不同的观点来改善决策质量。如果管理不当,就有可能出现流动率高,沟通困难和更多的人际冲突。

在今天的组织中,还有一个重要的现实是代际多元化。"80 后""90 后"已经成为组织管理中的面临的新问题,过去行之有效的管理方法在他们身上应用时效果完全不同。一些管理学认为"80 后""90 后"是一个很矛盾的群体。他们一方面很上进、知识信息量大、自信、创新;但另一方面他们工作期望值很高,能够承受的工作压力相对较低,这也降低了员工的稳定性。

3. 组织结构的变化要求组织行为学重新审视组织背景

信息技术和互联网技术的迅速普及以及团队化的工作方式的广泛兴起,推动组织从构筑明确刚性的组织边界转变为无边界管理或渗透边界管理,虚拟组织、扁平化组织、网络化组织等各种全新的组织结构形态纷纷涌现。这对组织的管理者们提出了新的挑战。

传统经济中,组织行为学研究人在封闭组织中的行为,而随着知识经济的到来,组织在信息话、网络化革新进程中越来越趋向与开放,组织内的物理、技术、社会和个人等因素持续和外部环境中的各种因素发生联系,尤其是外部的经济、文化环境。这使得传统的组织行为学研究必须转向对开放型组织的考察。

4. 组织行为学研究更加关注工作生活质量

组织行为学认为强调生产率与强调工作生活质量并非相互排斥的。如果工作生活质量不令人满意,是很难实现高生产率的。相反,高的生产率是拥有改善工作生活质量所必需资源的先决条件。组织行为学越来越重视有关工作满意度、雇员安全与健康、组织文化、组织承诺、心理契约、压力管理、工作—生活平衡等方面内容的研究。

本章小结

组织行为学是研究组织中个体、群体和组织的心理和行为规律,提高管理者预测、引导、激励和控制人的行为的能力,以实现组织既定目标的科学。组织行为学综合运用了心理学、社会学、人类学,还有经济学、政治学等学科有关人的行为的知识与理论,来研究一定组织中的人的行为规律。

自20世纪初以来组织行为学的发展分为三个阶段:以泰勒为代表的古典管理理论阶段(1900—1927年);以霍桑实验开始的人际关系学派以及后来行为科学理论阶段(1927—1965年);以权变态度和方法来看待人及其组织行为的现代管理理论阶段(1965—现在)。

组织行为学的研究方法可以按研究的性质、研究的深度和研究变量的可控程度三种情况情况进行分类。常见的有案例研究、实验法、心理测验法等。

组织行为学模型可以抽象概括组织有效性和自变量(个体水平、群体水平和组织水平)与因变量(生产率、缺勤率、流动率、满意度、工作场所的越轨行为和组织公民行为)之间的互动关系。

 心理测试

从行为透视心理

本心理测试是中国现代心理研究专家以美国兰德公司(战略研究所)拟制的经典心理测试题为蓝本,根据中国人心理特点加以适当改造后形成的心理测试题。目前已被一些著名大公司,如联想、格力、海尔等公司作为对员工心理测试的重要辅助试卷,你也来测测自己吧。(每题只能选择一个答案,不必多想,按第一反应选择即可,最后计算总得分。)

1. 你更喜欢吃哪种水果?
   A. 草莓(2分)　　　B. 苹果(3分)　　　C. 西瓜(5分)
   D. 菠萝(10分)　　　E. 橘子(15分)
2. 你平时休闲经常去的地方是?
   A. 郊外(2分)　　　B. 电影院(3分)　　C. 公园(5分)
   D. 商场(10)　　　　E. 酒吧(15分)　　　F. 练歌房(20分)
3. 你认为容易吸引你的人是?
   A. 有才气的人(2分)　B. 依赖你的人(3分)　C. 优雅的人(5分)
   D. 善良的人(10分)　　E. 性情豪放的人(15分)
4. 如果你可以成为一种动物,你希望自己是哪种?
   A. 猫(2分)　　　　B. 马(3分)　　　　C. 大象(5分)
   D. 猴子(10分)　　　E. 狗(15分)　　　　F. 狮(20分)
5. 天气很热,你更愿意选择什么方式解暑?
   A. 游泳(5分)　　　B. 喝冷饮(10分)　　C. 开空调(15分)
6. 如果必须与一种你讨厌的动物或昆虫在一起生活,你能容忍哪一种?

A. 蛇(2分) B. 猪(5分) C. 老鼠(10分)
D. 苍蝇(15分)

7. 你喜欢看哪类影视作品?
   A. 悬疑推理类(2分) B. 童话神话类(3分) C. 自然科学类(5分)
   D. 伦理道德类(10分) E. 战争枪战类(15分)

8. 哪种是你必带的随时物品?
   A. 打火机(2分) B. 口红(2分) C. 记事本(3分)
   D. 纸巾(5分) E. 手机(10分)

9. 你出行时喜欢坐什么交通工具?
   A. 火车(2分) B. 自行车(3分) C. 汽车(5分)
   D. 飞机(10分) E. 步行(15分)

10. 你更喜欢哪种颜色?
    A. 紫(2分) B. 黑(3分) C. 蓝(5分)
    D. 白(8分) E. 黄(12分) F. 红(15分)

11. 哪种运动你最喜欢(不一定擅长)?
    A. 瑜伽(2分) B. 自行车(3分) C. 乒乓球(5分)
    D. 拳击(8分) E. 足球(10分) F. 蹦极(15分)

12. 如果你拥有一座别墅,你想建在哪里?
    A. 湖边(2分) B. 草原(3分) C. 海边(5分)
    D. 森林(10分) E. 城中区(15分)

13. 你喜欢以下哪种天气?
    A. 雪(2分) B. 风(3分) C. 雨(5分)
    D. 雾(10分) E. 雷电(15分)

14. 有一座三十层大厦,你希望住在哪几层?
    A. 七层(2分) B. 一层(3分) C. 二十三层(5分)
    D. 十八层(10分) E. 三十层(15分)

15. 你愿意在以下哪个城市生活?
    A. 丽江(1分) B. 拉萨(3分) C. 昆明(5分)
    D. 西安(8分) E. 杭州(10分) F. 北京(15分)

评析:

180分以上:意志力强,头脑冷静,有较强的领导欲,事业心强,不达目的不罢休。外表和善,内心自傲,对有利与自己的人际关系比较看重,有时急躁,咄咄逼人,得理不饶人,不利于自己时顽强抗争,不轻易服输。思维理性,对爱情和婚姻的看法很现实,对金钱的欲望一般。

140—179分:聪明活泼,善于交朋友,心机较重,渴望成功。思维较理性,崇尚爱情,但爱情与婚姻发生冲突时,会选择有利于自己的婚姻。金钱欲望强烈。

100—139 分:爱幻想,思维较感性,以是否与自己投缘为标准来选择朋友。性格显得较孤傲,有时较急躁,有时优柔寡断。事业心较强,喜欢有创造性的工作,不喜欢按常规办事。性格倔强,言语犀利,不善于妥协。崇尚浪漫的爱情,但想法往往不合实际。金钱欲望一般。

70—99 分:好奇心强,喜欢冒险,人缘较好。事业心一般,随遇而安,善于妥协。善于发现有趣的事物,但耐心较差,敢于冒险,但有时又较胆小。渴望浪漫的爱情,但对婚姻的要求比较先生。不善理财。

41—69 分:性情温良,重友谊,性格踏实稳重,有时也较狡黠一下。事业心一般,对本职工作能认真对待,但对自己专业以外的事物没有太大的兴趣,喜欢有规律的工作和生活,不喜欢冒险,家庭观念强。比较善于理财。

40 分以下:散漫爱玩,富于幻想。聪明机灵,待人热情,爱交朋友,对朋友没有严格的选择标准。事业心较差,善于享受生活,意志力和耐心都较差,我行我素。有较强的异性缘,但对爱情不够坚持,容易妥协。甚少理财观念。

管理游戏

我有一个梦

这个游戏可以发挥学员的最佳水平,停止拖延,设立和达到学员的个人目标。克服焦虑和对失败的担心,激励学员发挥他们的最高水平,帮助别人杜绝拖延,帮助别人度过难关,激励长期表现欠佳的员工,激发团队达成最佳的绩效,帮助团队设立和实现目标,激励大型组织的成员。

参与人数:集体参与。

时间:20 分钟。

道具:笔和纸。

场地:不限。

应用:(1)员工激励;(2)激发创造力。

游戏规则和程序

第一部分:

让人们进入放松的状态。当你用舒缓的语调复述下面的内容时,让他们自由地呼吸并闭上眼睛。

自由呼吸,心无杂念。我将带你进行一次想象之旅。集中注意力于我的语音,并感觉你的身心开始越来越放松……继续放松……

你周围是一片黑暗……你完全被夜色所包围……你感到温馨、放松和自如。集中神志于你的呼吸,轻松地慢慢呼吸。集中神志于你周围的令人舒服的夜色,在远处,你仿佛看到了一个圆圆的小物体。慢慢地、逐渐地,它离你越来越近,最后离你只有 1 米远;它悬挂在黑色夜中,就在你的眼前。这个物体上有一个钟表,它的时针和分针都指向了12，这是一个普通的表，普通有黑色指针和普通的……白色的……表盘。

当你继续集中神志于表盘和指向12的指针的时候，你开始感到时间好像开始凝固了。现在，慢慢地，分针开始沿着表盘走动，开始的时候很慢，然后稍快，后来更快。在几秒钟的时间之内，它已转了一圈，时针现在指向1点了。分针继续转动，而且速度越来越快，因此时针也从一个数字跳到另一个数字，速度越来越快……当指针继续绕着表盘旋转的时候，你感到自己正被轻轻地拉……轻轻地被拖进未来之城……当你穿越时间的时候，缕缕的空气轻轻地擦着你的肌肤……直到最后，你开始慢下来……表针终于停下来了，整整10年已经过去了。

你向左边的远处看去，你看到在光亮的地方有个人。那个人就是你，10年后处在理想的工作环境中的你。对你来说万事如意。将你的意识融入未来的你身上，感受未来的温馨和积极。现在环顾四周，谁和你在一起？你看到了什么样的工作环境？你看到了什么样的设施和家具？周围的人们在说什么？这里有一扇窗户吗？你能看到窗外吗？如果能，你看到了什么？集中神志于你能看到的、感觉到的和听到的细节，并让自己感受未来之你的成就和纯粹的满足……

现在你感到自己又被拖进黑暗中，直到在远处，另一个场景开始浮现。就在正前方，你看到自己在另一个光明之地。这次是整整10年之后，你处于一个理想的家中，诸事完美……万事如意……你的身心洋溢着温馨、自豪的感觉……在光明之地环顾四方。谁和你在一起？你看到了什么家具？尽量集中神志于声音，让意象越来越清晰。集中神志于你能看到的、感觉到的和听到的细节，并让自己感受未来的你的成就和纯粹的满足。

当你又被轻轻地拉向黑暗时，光明之地开始暗下来……当我告诉你睁开眼睛时，你将重新回到现在，你将回忆起你美好的未来形象，那些美妙的成就感和满足感将在心中留驻……好了，慢慢地、慢慢地，睁开你的眼睛，你又回到了现在。

第二部分：

让参与者记下某些意象中的细节。让他们写下一个简短的计划，表明从现实到想象意象的过程中，他们有什么收获。

最后，就想象和为激励做规划的重要性展开讨论。

相关讨论

1. 在光明之地你看到了什么？
2. 当看到这些形象的时候，你感觉如何？
3. 你睁开眼睛之后，成就感和满足感还延续吗？
4. 展望美好的未来怎样改进了你的生活？

总结

这是一个充分激发学学员想象力和生活热情的游戏，通过向着水晶球憧憬美好的未来，学员可以暂时忘掉压力和不愉快，得到一定的放松和休息。同时，学员对未来的憧憬也不会白费,他们可以带着这份美好的希望投入学习和工作中,潜移默化地向着这个目标奋斗。

 **案例聚焦**

揭秘 Facebook 的员工管理:挖掘员工的自身优势

对于许多美国公司来说,千禧一代是"刺儿头"般的人群。但是到了 Facebook,他们就成为"香饽饽"。

出生在 1980 年以后的千禧一代,常常无拘无束,并抱有一种幻想——工作应该是一件有趣的事情。Facebook 8000 名员工中,他们占据了大多数。薪酬调研公司 PayScale 发布的研究报告显示,Facebook 员工的中值年龄为 28 岁。相比之下,谷歌为 30 岁,苹果为 31 岁。

强调发现员工优势

Facebook 非但没有墨守成规,还接受这群年轻人的特点,并为他们精心制定管理方法。Facebook 告知经理,在对千禧一代进行业绩评估时有 80% 应该专注于他们的优势。员工们不是要听命于谁,而是拥有"强烈的主人翁精神"。他们在选择、调整任务方面被赋予了不同寻常的自由,甚至超出了他们的专业领域。与平行的职业发展轨迹相比,任职管理层甚至都不算"晋升"。

Facebook 的企业文化受到马库斯·白金汉(Marcus Buckingham)的影响。白金汉是一名出生在英国的研究人员,也是管理专家。他呼吁人们"扬长避短",建议经理们在分配员工职务时要迎合他们的优势。

Facebook COO 谢丽尔·桑德伯格(Sheryl Sandberg)在 2008 年将白金汉招致公司麾下。白金汉负责对 Facebook 多位顶级高管进行 StrengthsFinder 2.0(优势发现)测试,包括桑德伯格和 Facebook CEO 马克·扎克伯格(Mark Zuckerberg)。

Facebook 接受这种企业哲学。马库斯—白金汉公司现在负责培训 Facebook 所有经理的优势、发现能力。Facebook 负责员工的学习。

鼓励"以下犯上"

Facebook 甚至鼓励低级别员工质疑和批评经理。丹·福尔(Don Faul)在 2008 年从谷歌跳槽至 Facebook 在线运营团队担任负责人后不久,计划与员工在早上 8 点开会。结果,员工们对此抵制,这让福尔这个前海军陆战队特种部队指挥官十分恼火。

"上任开始,我就如履薄冰,"福尔说。员工最后还是服从福尔的决定,原因是他表示,为了让员工适应即将在爱尔兰投入运营的办事处,提前开会是有必要的。

福尔表示,谷歌的管理结构更为森严,成为一名"经理"意味着拥有更大的权力。而在 Facebook,"职称毫无用处,"他说,"大家只看你的工作质量、信念的力量以及影响其他人的能力。"

硅谷研究员、顾问阿妮卡·斯泰博(Annika Steiber)曾写过一本关于谷歌的书。她表示,谷歌和Facebook的企业文化之所以不同,部分原因是Facebook更年轻、规模更小。"谷歌在组织结构发展道路上走的更为长远,"她说,"Facebook还没有这种正规化或严格的管理层结构。"

Facebook人力资源副总裁罗莉·格勒尔(Lori Goler)表示:"公司的关注点在于确保所有员工能够在一个包容和具有挑战性的环境里工作,使得他们可以在人生任何一个阶段出色工作。对于能够创造一个适合所有人的企业文化,我们感到自豪。"

变换工作岗位

在Facebook供职意味着你可以经常变换工作岗位。今年28岁的帕蒂·安德伍德(Paddy·Underwood)在2011年以律师的身份加盟Facebook隐私团队。两年后,安德伍德决定去开发产品,不再做律师。

安德伍德把他的主管约到会议室,并提出变换工作的想法。两周后,安德伍德被任命为隐私和信任分部的产品经理。安德伍德非常喜欢他的新职务,他说:"无论需要我干多少小时的工作我都十分高兴。"

Facebook的很多管理方法已经在其他地方尝试过,其高管也承认借鉴顾问和管理专家的建议来创造他们自己的企业文化。比如,桑德伯格就表示,她受到网飞(Netflix)的影响。Netflix在员工中强调创新,会力劝表现不佳的员工离职。

但是,不管是Facebook的现员工还是前员工,他们都认为,即便是在硅谷,Facebook的企业文化也是独一无二的。"这是《财富》500强中首家由千禧一代创建的公司,"Facebook前人力资源和产品经理莫里·格雷厄姆(Molly·Graham)表示。

问题讨论:

对于很多公司来说,对年轻一代员工的管理是个令人头疼的问题,然而,Facebook却采取"放纵"的策略,结合案例,谈谈决定"80后"员工行为的因素有哪些?管理者如何挖掘"80后"员工优势?

复习与思考

1. 如何理解组织行为学的跨学科性?
2. 你同意"行为一般是可以预测的"这种说法吗?为什么?
3. 如何理解组织行为学和行为科学?它们之间有何联系?
4. 举例说明如何用个案分析法研究个体、群体、组织中心理和行为规律。

参考文献

[1] Gilbert, Lillian Moller. The psychology of management: The function of the mind in determining, teaching and installing methods of least waste[M]. Eas-

ton,USA.: Hive Pub. Co,1980.

[2] Hackman,J. R. Doing Research That Makes A Difference. In Edward,L. (Eds.). Doing Research That Is Useful for Theory and Practice[M]. San Francisco:Tossey—Bass,1983.

[3] Leavitt,Harold J. Managerial psychology:An introduction to individuals, pairs,and groups in organizations[M]. Chicago:University of Chicago Press, 1964.

[4] Mayo,Elton. The human problems of an-industrial civilization[M]. New York:Viking Press,1960.

[5] Munsterberg,Hugo. Psychology and industrial efficiency[M]. London:Constable,1913.

[6] Roethlisberger,F. J. Management and morale[M]. Cambridge,Mass.:Harvard University Press,1941.

[7] Roethlisberger,F. J. ,& William J. Dickson. Management and the worker: An account of a research program conducted by the Western Electric Company,Hawthorne works,Chicago[M]. Cambridge,Mass.:Harvard University Press,1966.

[8] Scott,Walter Dill. The psychology of advertising:A simple exposition of the principles of psychology in their relation to successful advertising[M]. Boston:Small,Maynard,1908.

[9] Scott,Walter Dill. Personnel management:Principles,practices,and point of view 6th ed[M]. New York:McGraw-Hill,1861.

[10] Taylor,F. W. Scientific management:Comprising Shop management;The principles of scientific management;Testimony before the Special House Committee[M]. New York:Harper & Row,1964.

[11] 案例来源:揭秘Facebook的员工管理:挖掘员工的自身优势.中国人力资源网[EB/OL]. http://www.chinahrd.net/article/2015/12－07/228955－1.html,2015-12-7)

[12] 陈春花,杨忠,曹洲涛.组织行为学[M].2版.北京:机械工业出版社,2014.

[13] 鄢琰.组织行为学在现代企业人力资源管理中的运用[J].人才资源开发,2009(05).

[14] 卢盛忠.管理心理学[M].杭州:浙江教育出版社,1985.

[15] (美)斯蒂芬·P.罗宾斯.组织行为学[M].孙建敏,等,译.北京:中国人民大学出版社,2011.

[16] (美)麦考密克(McMormick,E. J.),伊尔根(Ilgen,D. R.).工业与组织行为学[M].北京:科学出版社,1991.

[17]　(美)马斯洛. 动机与人格[M]. 许金声,等,译. 北京:中国人民大学出版社,2005.

[18]　(美)薛恩. 组织心理学[M]. 余凯成,译. 北京:经济管理出版社,1987.

[19]　苏方国,赵曙明. 组织承诺、组织公民行为与离职倾向关系研究[J]. 科学学与科学技术管理,2005(08):111-116.

[20]　时勘,卢嘉. 管理心理学的现状与发展趋势[J]. 应用心理学,2001,7(2):52-56.

第 2 章 个体行为基础

尽其心者,知其性也,知其性,则知天矣。

——《孟子·尽心上》

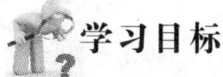
学习目标

1. 理解不同个体特征与个体行为的关系。
2. 了解个性的概念、特点以及形成。
3. 掌握个性的种类。
4. 理解个性与工作行为的关系。
5. 了解能力的概念、分类。
6. 理解能力与工作行为的关系
7. 了解胜任力的模型及应用

基本概念

能力 Ability

个性 Personality

心理能力 Intellectual abilities

体质能力 Physical abilities

胜任能力 Competency

胜任能力模型 Competence model

导入案例

英特尔:提高员工的多样性

面试谷歌时通常会看到坐在桌前的面试官团队里有女性管理者,参观微软时会发现有那么多跨专业、跨地域的研发人员。这些都是科技公司引以为傲的文化符号。现在几乎所有知名的全球型企业都在标榜自己的多元文化和企业包容性，尤其是这些科技公司，它们业务覆盖全球、期待发散性的创意思维，因此也愿意吸收不同性别、种族、宗教的人才加入团队。

Genevieve Bell 是在 1998 年加入英特尔的，如今是英特尔研究院副总裁兼用户体验研究总监，同时也是人类学家。她说："现在的公司跟五年之前相比发生很大变化。"她是英特尔雇佣的首位社会科学家，进入企业实地研究为什么女性和少数群体会被职场主流文化边缘化。"曾有不只一位高管忠告我，如果停止讨论多样性我的事业会发展得更好。" Bell 说，"但是我现在还在公司而那位给我衷告的人反而已经离开了。"

英特尔的员工肖像跟大部分科技公司一样——白皮肤、男性，而公司内十万个技术岗位上 85% 都是这种形象。2015 年英特尔公司 CEO Brian Krzanich 曾公开承诺将在 2020 年让美国地区员工比例与整个社会多样人口的比例吻合，尤其是女性和少数群体员工在企业内所占的比例。

美国最近一次人口普查是在 2010 年，结果显示社会上女性占 50.8%，略高于男性，同时 64% 为白人。根据上个月英特尔向政府和社会公开的 EEO-1 报告显示，美国区域包括西班牙裔、印第安裔等在内的少数族裔员工占 12.3%；女性员工占 25.4%，其中管理层中有 18.7% 为女性。Krzanich 的承诺是科技公司管理者首次立下明确军令状。

为了加快员工多元化的实现，2015 年英特尔还为内部员工设立了奖金。如果哪位员工成功引荐了一名女性或少数群体的人才，就可以获得 4 000 美元奖励。同时，英特尔进一步关注薪酬问题：同样的职位和经验，黑人的薪酬可能只是白人的 99%；而西班牙裔和印第安员工只能达到 98%。英特尔表示将用 2016 年一年时间落实员工同工同酬的制度。

(资料来源：席春慧.员工的多样性：英特尔这类科技公司走在最前面[EB/OL]. http://www.jiemian.com/article/856360.html. 2016-9-21)

组织行为学以研究员工心理和行为的特点及规律，如何提高管理员工的水平，调动员工积极性为宗旨；组织行为学可以从三个层面分析，组织由群体或部门构成，部门或群体由员工个体组成。员工的个人行为选择决定着群体或组织的绩效水平，员工的个人行为受个性与组织环境的影响；组织管理者要较准确预测和调节员工行为，首先应当从了解员工的个性、个性差异和个体行为开始。

2.1 个体特征

个体特征包括年龄、性别、为组织服务年限等，它们是造成员工之间差异的最明显区分特征。

2.1.1 年龄

不同阶段的年龄会带来不一样的工作绩效，年长的员工在工作中有大量好的品质,如经验、判断力、较强的工作道德感以及对质量的承诺。然而,与此同时,年长的员工也被视为缺乏灵活性和对新技术有抵触情绪。所以,当组织在积极寻求可以接纳和认可变革的个体时,与年龄有关的一些消极信息明显阻碍了年长员工的受聘机会,并且,在企业裁员时会增加这些员工被裁掉的机会。

年龄越大,越不愿意离开现有的工作岗位。随着员工年龄的增长,他们的技能越来越专业化,更加适应某种特定的工作,但他们可供选择的其他工作机会也会越少。他们在职时间长,因此可以获得更高的工资率,带薪休假时间更长,养老福利更具吸引力。这些条件也使得年长的老员不像年轻员工那样容易辞职。因此年龄越大,离职的可能性越小。

年龄对生产率有何影响?普遍的看法是,随着年龄的增长,生产率会不断下降。很多人认为,个体的技能水平,尤其在速度、力量、敏捷性和协调性方面。随着时间的推移而不断衰退。另外,一种工作干的时间过长所产生的厌倦感和缺乏刺激性也同样影响生产率。然而,研究所得到的证据却与这种普遍的看法相反。例如,在3年时间里,一家大型电脑硬件连锁店中的一个分店全部聘用50岁以上的员工,并将其结果与其他5个聘用更年轻员工的分店进行对比。结果发现,全部为50岁以上员工的分店,其生产率(以除去劳动力成本之后的销售额为测量指标)明显高于2家对照店,而与其他3家对照店的成绩相当。从中我们可以得出结论,绝大多数工作(即使是那些要求重体力劳动的工作),所需要的身体技能也不会随年龄的增长而急剧下降,从而对生产率造成影响。人们的身体技能可能会出现一定程度的衰退,但可以因工作经验而得到弥补。

2.1.2 性别

性别是否会影响工作绩效?在所有问题中,争论最为激烈、观点也最五花八门的要数下面这个问题了,即女性能否将工作做得跟男性一样好?

有研究证据表明,男性与女性之间没有什么重要的差异(如果一定要说有的话)会影响到工作绩效。比如,男女在问题解决能力、分析技能、竞争驱力、动机、社会交往能力、学习能力方面都没有表现出明显的不一致。虽然不少心理学研究发现,女性更乐于遵从权威,男性更具有进取心并且比女性有更高的成功预期,但这些差异都很小。尤其在近几十年里,随着女性参与工作的比例不断增加,这方面的情况也发生了相当显著的变化。因此,当我们重新思考男性与女性的角色构成时,我们有理由假定,女性与男性之间在工作生产率方面没有显著差异。同样,也没有证据表明性别这一因素会对工作满意度有影响。不过在个问题上似乎存在着性别差异,尤其当员工有一个学龄前的孩子时,这就是对工作时间安排的偏爱。在职妈妈更可能喜欢兼职工作、弹性工作制、在家办公,因为这样可以协调她们的家庭责任。

那么缺勤率和离职率的情况如何呢?女性员工是否不如男性员工稳定?在离职率问题上,我们所得到的证据表明没有显著差异,女性的离职比例与男性相似。但在缺勤率方面,研究一致表明,女性与男性相比缺勤率更高。对这一结果最合逻辑的解释是:这些研究是在北美进行的,而北美的文化中女性历来要呆在家里和担负家庭责任。当孩子有病或家里需要留人等待修理下水管道时,传统上都需要女性请假来做这些工作。显然,这一结果无疑具有时间的局限性。今天,一部分男性也分担照顾孩子的义务,也有越来越多男性声称自己感到家庭与工作之间存在冲突。

2.1.3 任职时间

除了性别与种族差异之外,恐怕人们误解最多、思考最多的一个问题就是任职时间对工作绩效的影响了。

大量研究探讨任职时间与生产率之间的关系。如果我们把任职时间界定为:在某项具体工作上持续的时间,那么我们可以说,很多的研究证据表明,任职时间与生产率之间存在着正相关。因此,任职时间,通常被称做工作经验,可以说是员工生产率的一个良好的预测指标。

有关任职时间与缺勤率关系的研究结果十分明确,研究一致表明二者之间呈负相关。事实上,对于缺勤率和工作中缺勤的总天数来说,任职时间是唯一一项最重要的解释变量。

同样,任职时间也是解释离职率的一项有效变量。在一项工作中干得时间越长,个体越不容易离开。另外,研究也一致表明,过去行为是未来行为最好的预测指标,有证据表明,员工在过去工作中的任职时间是未来工作离职率最有力的预测指标。

资料卡

个人对裁员的不同反应

在连续几个季节销售不如人意并预测到产品需求将进一步下降以后,公司最近进行一次大裁员。让我们听听公司的两位中层管理者对所看到的雇员行为所表示的困惑。安娜说:"今天又是这样。艾米发脾气,并威胁不干了,这也许是这个星期的第六次了。自从那次裁员后,简直就没法跟她共事。我也知道她的最好的两个朋友被裁减了,但是……""我知道你的意思,"大卫答道。"泰里这阵儿也这样。鸡毛蒜皮的事都会引发他的脾气。真叫人搞不懂。他无法与部里的其他人相处。原以为裁员以后大家会担心失去工作而加倍努力工作呢。""是啊,有些人正是这样,"安娜说。"比如说,凯特的生产率近来直线上升。她可成了组里的好手——她很清楚我们都要以较少的资源干更多的工作。她成了一个真正的明星。"大卫不致可否地"哼"了一声,说:"我这里做出积极反应的人可不多,尽管我猜有少数几个是如此。我这儿也有因裁员引起的怪反应。裁员以来,雷莉就一直落落寡欢。她说那么多人都被裁减而她却留下来,她为此感到内疚。这似乎使她失去了曾经从工作中得到的乐趣。不可思议!"

2.2 个性

2.2.1 个性概述

1. 个性的界定

在日常生活中,我们常常这样来评价一个人:这个人对待工作勤勤恳恳、一丝不苟;为人处世正直诚恳、热情助人;谦虚谨慎、严于律己、自信自重;等等。诸如正直、诚恳、勤奋、坚强、勇敢、谦虚以及懒惰、虚伪、狡猾、自私、粗心等词语都是个体个性特征的表现。每个人都有这样或那样一些个性特征,这些个性特征互相结合成一个整体,就构成了一个人的个性。关于个性的概念,心理学家们从不同的角度来定义,奥尔波特在20世纪30年代探讨了有关个性的定义,发现学者们对个性的定义有50多种,说明个性的概念具有多义性。目前我们一般把个性理解为一个人的整个心理面貌,它是指个体身上特有的、经常而稳定地表现出来的各种心理特征的总和。

个性概念描述的内容不仅仅限于心理和行为的差异,它还包括人们之间的共性,因为有了共性,人们的行为才有可能预测。根据预测进行统一管理。从另一方面看,正是因为独特性,人的行为又有难以预测的方面,这就给组织对个人行为的管理带来了巨大挑战。管理人员不能成功管理下属,是因为他们常常掉入两个陷阱。第一,他们常常忽视个性差异,不假思索地认为所有人都是一样的,而且都和自己一样。第二,管理人员常常怀有各种各样的偏见,例如男性和女性如何,年老的人和年轻人怎样等等。

2. 个性的形成

个性的形成受遗传和环境因素的影响,是在遗传和环境相互作用的过程中形成的。

(1) 遗传。遗传因素指由遗传基因决定的因素,它是个性发展的自然前提。人的个性特征在很多方面可以从染色体上的基因分子结构得到解释。先是由父母把遗传基因传给后代,然后在后天环境的影响下,人的个性才获得发展。近年来由于基因工程的发展,许多研究证实了遗传和个性之间确实存在相当密切的关系。如智力、敏感性、语言、数学、音乐等才能都与遗传有关。还有研究结果表明神经系统的某些遗传特征可能影响到某些个性的形成,加速或延迟某些行为方式的产生和发展,研究发现,母亲的某些心理病理症状与儿童的胆小、退缩的性格特征有关。例如,母亲患有恐惧失调和旷野恐惧症或焦虑和抑郁,她们的孩子胆小、退缩的比例明显高于其他孩子。由此可见,遗传因素对人个性的形成是有影响的。

(2) 环境。环境因素指个体成长过程中的外部因素,包括当时的社会、文化、政治、经济背景、家庭社会经济地位、父母教养方式、朋友和社会群体的互动,它是决定个性的主要因素。儿童接受社会的教化,获得社会允许的观念、行为方式、态度和价值观念,在社会实践活动中,这些态度和行为方式经过长期强化,逐渐形成了稳固的态度体系和与之相应的行为方式,从而表现出一个人的个性特征。我们可以从成长中的个体身上观察到相应的力面,如勤奋、礼貌、独立、合群等。比如,起初,由于事物的新奇性引起儿童对它的兴趣,或者是由于家长和老师的鼓励和督促,儿童以认真细致的态度完成了任务,后来,由于儿童不断受到的强化作用,他逐渐就能认真细致地做所有的事情。这样,"认真细致"这种态度和行为方式逐渐被概况化和定型化,成为人的个性特征,研究发现,中国儿童胆小、退缩的程度比美国儿童高,胆小孩子的比例也比美国儿童多。这种不同国家儿童胆小、退缩特性之间的差异,在一定程度上也说明社会环境对个性的影响。美国父母认为开朗大方、好交往的行为比害羞、胆怯行为更合乎社会需要,而中国的妈妈则认为儿童要顺从、听话。这也许是美国儿童胆大、进取的比例高于中国儿童的原因之一。

总之,个性是在遗传和环境的交互作用过程中发展起来的。遗传决定了个性发展的可能性,而环境和教育则决定个性发展的实际水平。在遗传决定的发展潜力范围之内,个性发展的各个方面表现出不同的水平。

3. 个性的基本特点

个性具有整体性、独特性、稳定性和社会性的特点。

(1) 个性具有整体性。个性是一个统一的整体结构。在任何人身上,孤立的个性特征是不存在的,它们总是有机地结合在一起,构成人的整个心理面貌。个性是由各个密切联系的成分所构成的多层次、多水平的统一整体。

(2) 个性具有独特性。正如世界上没有两片完全相同的树叶,世界上也没有两个个性特征完全相同的人。由于遗传和环境的影响,每个人总具有不同于别人的个性特征,正因为如此,我们才能把不同的人区分开来。

(3) 个性具有稳定性。个性的稳定性是指个性是在长期的家庭、学校、社会环境下,受内外因素相互影响潜移默化形成的心理特征,一旦形成就不易改变,是长期的、持续的、稳定的心理特征。

(4) 个性具有社会性。由于人的本质是一切社会关系的总和,个性的本质特征是由人的社会关系决定的,因此个性具有社会性。个性的社会性是指个性的形成在受生物因素制约的同时,更受社会因素的影响。事实表明,即使是同卵双生子,如果生活在小同的家庭和社会条件下,他们的个性特征往往也会大相径庭。

2.2.2 个性的分类

我们经常按照个性把人分为几种类型。当一个人的个性趋向定型的时候,在客观条件相似的情况下,往往会对某种环境刺激做出相似的反应,即表现出某种类型的行为。因此,对一个人个性类型的了解,不仅可以说明他现在的行为,也可以预见和把握他未来的行为。

关于个性类型的理论,主要有类型论和特质论两种。类型论强调将个体划分为不同类别,这些类别往往是独立的、不连续的,可用特定术语描述特定的个性类型。特质论则强调个体的多种不同特质,认为个体是由多个特质要素构成。特质的来源可能是遗传的也可能是获得的。下面分别介绍这两种理论。

1. 类型论

个性类型是指在一类人身上所共有的某此个性特征的独特结合。按照一定的原则和标准把个性加以分类,并用特定的术语描述特定的类型。许多心理学家试图划分人的个性类型,但是由于个性结构的复杂性和研究观点的不同,对个性的分类很难有一个统一的划分。下面是几种常见的个性类型。

(1) 外向型与内向型

外向和内向的分类方法是由瑞士心理学家荣格提出来的,他根据个体心理活动倾向于外部还是内部,把人的个性分为外向型和内向型。外向型的人,心理活动倾向于外部世界,通常表现为关心外部的事物,感情流露在外,活泼,开朗,善于交际,当机立断,不拘小节,独立性强,容易适应环境的变化。内向型的人,心理活动倾向于内部,通常表现为做事谨慎,深思熟虑,沉静,孤僻,交际面窄,反应缓慢,适应环境的能力比较差。

英国心理学家艾森克也对外向型和内向型特点作了描述。如表 2-1 所示,除了以上内向、外向的典型性格外,还兼有外向和内向特点的中间型性格。在实际生活中,绝大多数人都属于中间型性格。

表 2-1　　　　艾森克对外向型和内向型特点的描述[1]

外向型特点	内向型特点
1. 总是注意外界所发生的事情,追求刺激,敢于冒险;	1. 倾向于事先计划,严格控制自己的感情,很少有攻击行为;
2. 无忧无虑,随和,乐观,爱开玩笑,易怒也易平息,不假思索地行动;	2. 性情孤独,内省,生活有规律;
3. 有与别人谈话的需要,好为人师,容易冲动;	3. 对书的爱好甚于对人的交往,除亲密朋友外,对人总是冷漠,保持一定距离;
4. 喜欢变化,有许多朋友;	4. 很重视道德标准,但有些悲观;
5. 善于交际,不喜欢读书学习	5. 安静,不善交际

(2) 个性的机能类型

英国心理学家培因和法国心理学家利波特根据理智、情绪、意志三种心理机能在个性结构中何者占优势,把人的个性分为理智型、情绪型和意志型。比如一个人的理智超出情绪和意志而占优势,他就是理智型的人。这三种不同类型的人的表现是不同的。理智型的人通常以理智来支配自己的行为,他们处事比较冷静,能深思熟虑地处理问题,情绪型的人言行易受情绪的控制,凭感情办事,不善于冷静思

[1] 资料来源:顾琴轩.组织行为学[M].4 版.上海人民出版社,2014.

考,情绪体验深刻;意志型的人行为目标明确,勇于克服困难,行动积极、果断,自制力强。生活中我们不难发现各种个性类型的人,他们常常会在同一件事上有不同的表现。另外,还有一些人的个性处于混合型,比如理智—意志型、情绪—意志型等。

(3) 独立型和顺从型

美国心理学家威特金根据个体独立型的程度,把人的个性分为独立型和顺从型。独立型的人通常表现为:独立程度高,善于独立地发现问题、分析问题和解决问题,有坚定的个人信念,不易受外界事物的影响,能独立地作出判断,遇事比较有主见,但容易固执己见,有时喜欢把自己的意见强加于人。顺从型的人表现为:依赖性比较大,容易受环境的暗示,没有主见,对别人的意见常常不加分析地全盘接受,缺乏果断性,不善于适应紧急情况。

(4) DISC

DISC 是由四个英文单词的首字母组成:D—domestic,意为支配;I—Influence,意为影响;S—Steady,意为稳健;C—Compliance,意为服从。

DISC 是一种"人类行为语言"。DISC 的核心理念可以追溯至古希腊时期的"医学之父"希波克拉底。他是最早以四种不同元素来诠释个体行为模式的人。希波克拉底以四种体液:血液质、黄胆汁质、黏液质和黑胆汁质为基础,提出多血质、胆汁质、黏液质、抑郁质四种类型的基本气质。DISC 类似于四因素分类方式,见表 2-2。

美国心理学家马斯顿在其 1928 年发表的《正常人之情绪》一书中提出 DISC 理论,用以解释人的情绪反应。该书首次尝试将心理学从纯粹的临床应用向外延伸,应用于一般人身上。人有四种基本的性向因子,这些性向因子以复杂方式组合在一起,构成每个人独特个性。马斯顿发现行事风格相似的人会显现相似行为。这些复杂的行事风格是可辨认、可观察的正常的人类行为,而这些行为也会表现为一个人处理事情的特定方式。DISC 中每一维度的特征描述如下:

D 型个体的主要特征:大胆、爱冒险、果断、坚持、喜欢控制、干劲足、独立、自信。不太顾及别人的感受,显得没有耐心、易怒,不太善于与别人进行感情交流,可能缺乏圆滑和变通。

I 型个体的主要特征:有魅力、自信、有说服力、热情、鼓舞人心、乐观、情感丰富而外显、好交际、容易获得别人信赖和好感。可能表现为过多的言语、不太现实和不注意细节。

S 型个体的主要特征:待人和气、悠闲、平和、亲切、有耐心、热诚、情绪稳定、善解人意、感情内藏、乐于倾听。可能会犹豫不决、比较冷淡。

C 型个体的主要特征:有分析力、谨慎、谦恭、善于发现事实、敏感、深沉、有耐心、严谨、容易情绪低落、过分自我反省、挑剔。

表 2-2　　　　　　　　　　　　　DISC 特点的描述

类型	主要特征
D 型	大胆、爱冒险、果断、坚持、喜欢控制、干劲足、独立、自信。不太顾及别人的感受、显得没有耐心、易怒,不太善于与别人进行感情交流,可能缺乏圆滑和变通
I 型	有魅力、自信、有说服力、热情、鼓舞人心、乐观、情感丰富而外显、好交际、容易获得别人信赖和好感。可能表现为过多的言语、不太现实和不注意细节
S 型	待人和气、悠闲、平和、亲切、有耐心、热诚、情绪稳定、善解人意、感情内藏、乐于倾听。可能会犹豫不决、比较冷淡
C 型	有分析力、谨慎、谦恭、善于发现事实、敏感、深沉、有耐心、严谨、容易情绪低落、过分自我反省、挑剔

值得提出的是,现实中许多人的个性不是单一的,而是复合型的,比如 DSC 型 SI 型、CS 型等,具有多种特征。

2. 特质论

"特质"一词基本上可理解为"特性",它是指一个人所具有的带有一贯性和倾向性的心理结构。人们对特质的共同看法是:个性是由个体的一组特质组成的,特质是构成个性的基本单位,特质决定个体的行为;人的个性特质在时间上具有稳定性,在空间上具有普遍性;对个性特质的了解可以预测个体的行为。

个性特质的理论很多,每种理论所包括的特质数量不同,特质性质也各异。一些是对自然语言作语义分析而获得的个性维度,另一些是基于理论构想和实证研究所建立的的个性结构。传统的个性特质理论主要包括:奥尔波特的特质论、卡特尔的 16 因素理论和艾森克的三因素模型。特质论发展到今天,"大五"理论占统治地位。

(1) 奥尔波特的特质论

美国心理学家奥尔波特是特质理论的创始人。他认为,特质是一种神经心理结构,这种神经心理结构除了能对刺激产生行为外,还能主动地引导行为。它使许多刺激在机能上等值起来。使反应具有一致性。如,具有谦虚特质的人,在不同的情境中会作出类似的反应:和领异一起工作—留意、小心、顺从;访友——文雅、克制、依从;遇见陌生人——笨拙、尴尬、害羞;同伴给予赞扬——不露面、不愿为人注意。奥尔波特将人的特质分为共同特质和个人特质。共同特质(包括表现特质和态度特质)是同一文化形态下群体都具有的特质,它普遍存在于每个人身上,是一种概括化的个性倾向。

个人特质则为个人所独有,代表个人的个性倾向,是表现个人的真正特质。奥尔波特还进一步把个人特质分为首要特质、重要特质和次要特质。其中最重要的是首要特质,它在个性结构中处于支配地位,代表着整个人格。

(2) 卡特尔的特质论

特质论发展到 20 世纪 40 年代受因素分析法等的影响,必须着重回答两个问题:一是决定个性的是哪些特质;二是用什么方法来测定这些特质。美国心理学家卡特尔在这两个方面作出贡献。卡特尔主要用因素分析法来研究个性,他把个性特质分为表面特质和根源特质。表面特质是指经常发生的,从外部可以直接观察到的各种行为表现。卡特尔认为共有 35 个表面特质。他进一步对这 35 个表面特质进行因素分析得出 16 个根源特质。根源特质是隐藏在表面特质后面的并且制约着表面特质的特质,是个性的基本因素。例如,某个人在日常生活中,表现出好强、固执、自负、武断的特点,这些都是个性的表面特质。通过因素分析,我们发现这些特质之间有很高的相关度,实际上有某个共同的因素在起作用,这个因素就是"恃强性"这一根源特质。卡特尔还编制 16 种人格因素测验来测试人的个性,这 16 种根源特质的名称及其解释如表 2-3 所示。

表 2-3　　　　　　　　卡特尔的 16 种根源特质

因素	特质名称	得分含义	
		低分者特征	高分者特征
A	乐群性	孤独、冷淡、缄默	外向、热情、容易相处
B	聪慧性	迟钝、智力较差、学识浅薄	聪明、智力较好、富有才识
C	稳定性	情绪不稳定、容易激动、烦恼	情绪稳定、平静、能面对现实
E	恃强性	谦逊、顺从、随和、慎重	好强、固执、自负、武断
F	兴奋性	严肃、谨慎、寡言	轻松、兴奋、健谈
G	有恒性	权宜敷衍、优柔寡断	有恒负责、做事尽职
H	敢为性	畏怯退缩	冒险敢为
I	敏感性	理智、注重实际	敏感、感情用事
L	怀疑性	信赖、随和、轻信	怀疑、刚愎、固执
M	幻想性	现实、合乎成规	幻想、自我陶醉
N	世故性	坦白直率、天真、朴实	精明能干、世故、机灵
O	忧虑性	安详、沉着、自信	好担心、自责、忧虑
Q_1	激进性	保守、服从传统	有实验精神、自由、激进
Q_2	独立性	依赖、随和	自立、足智多谋
Q_3	自律性	矛盾冲突、不顾大体	知己知彼、自律严谨
Q_4	紧张性	松弛宁静、心平气和	紧张困扰、激动挣扎

(3) 艾森克的特质论

艾森克以个体在生理和气质维度上的差异为基础,提出了互相垂直的个性的三个基本维度:外向—内向、神经质(又称情绪性)和精神质。他认为这三个因素已能充分、全面地说明个性的总体。艾森克又根据外向—内向和神经质这两个相互垂直的维度,将人的个性划分为四种组合类型:稳定外向型、稳定内向型、不稳定外向型和不稳定内向型。每一种组合类型都包含八种个性特质,并与传统的四种气质类型(多血质、黏液质、胆汁质、抑郁质)相对应。艾森克的个性二维模型得到许多心理学家的认同。

在类型和特质的关系上,艾森克认为,特质是观察到的个体的行为倾向的集合体,类型是观察到的特质的集合体,即把个性类型看作某些特质的组织。许多心理学家认为,艾森克对类型和特质的关系处理得相当出色。他在对个性进行广泛研究的基础上,提出个性的层次模型,即把人的行为分为:类型、特质、习惯性反应和特殊性反应四个水平。如图2-1所示,艾森克还根据三因素模型构建了他的艾森克个性问卷,该量表在个性测量和评鉴中得到了广泛应用。

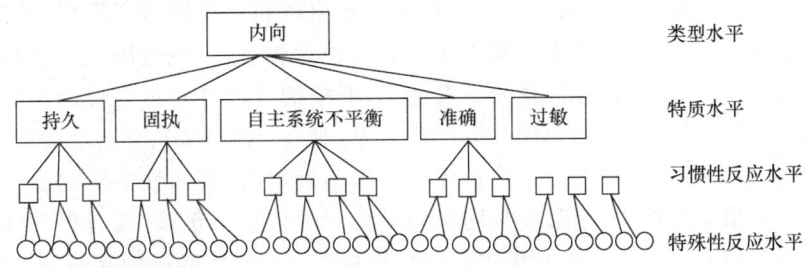

图 2-1 艾森克个性层次

(4) 五因素模型

自20世纪80年代以来,在个性领域逐渐兴起了一种新的特质理论。称作五因素模型((five factor model,简称FFM),又称"大五"(big five)个性理论。"大五"理论考斯塔和麦格雷于1989年提出五因素模型,并编制了五因素测量问卷NEO PI-R个性量表,每个维度量表设置了6个测量特质水平的层面量表,以后又对该量表进行修订。他们提出的五因素的主要内容如下:

① 神经质:也称情绪稳定性,这是从两个不同的方向来命名的,神经质则情绪稳定性低。包括焦虑,生气敌意,沮丧,敏感害羞,冲动,脆弱。

② 外向性:包括热情,乐群,支配,忙忙碌碌,寻求刺激,兴高采烈。

③ 开放性:包括想象力,审美,感情丰富,尝新,思辨,不断检验旧观念。

④ 宜人性:包括信任,直率,利他,温顺,谦虚,慈悲。

⑤ 尽责性:包括自信,有条理,可依赖,追求成就,自律,深思熟虑。

这五个因素的首个字母可组合为 OCEAN,意味着"大五"系统的广发代表性。维度水平的测量可提供对个体行为倾向的广发描述,特质水平的测量则可帮助了解一些更具体、更特异的个性特征,两者相互补充。

个性的"大五"因素理论提出以后,在心理学领域产生了巨大的影响。它影响到心理语言学、跨文化心理学及行为学和管理学等领域,在解释个性特质、个体行为等方面有重要意义。作为一种个性结构理论,它经过许多心理学家反复的研究,达成共识。

特别指出的是,许多研究表明:大五个性维度和工作绩效有积极的密切关系,它可用于选拔、培训和评估员工。巴里克和莫恩对117项研究、涉及从事多种职业的23 994名对象进行的综合分析表明:"外向性"因素在经理和销售员中具有预测效度;"情绪稳定性"因素对警察对技术工人样本的工作绩效有一定作用;"宜人性"因素在经理和警察样本中表现出效度;"尽责性"因素则对所有职业的人员都具有较强的预测作用;而"开放性"因素只对经理样本具有一定的作用。在大五维度中,尽责性与工作绩效、培训绩效关系最为紧密。麦克丹尼尔等人研究发现:就服务业而言,宜人性和情绪稳定性对工作绩效的预测效度为0.50,由此可见宜人性和情绪稳定性的个性特质对服务工作从事人员的工作绩效的重要性。

另外,大五维度还与个人职业成功有关。塞伯特和克莱默研究发现:外向型(一个热情的个性)与晋升、薪酬水平和职业满意度积极相关,神经过敏(情绪稳定性)与低职业满意度相关。乔治和周京研究发现:大五中的开放性和尽责性两维度会与一些工作情景因素相互作用而影响个体创新行为,如果个体员工得到主管的积极反馈,而工作目标不太清楚或者完成工作目标的方法不确定时,开放性会对创新行为产生积极影响;如果主管严密监督,而从同事那里得到的信息不正确,或者得不到同事的支持,或者工作在一个消极的环境中,这时,尽责性则会对创新行为起消极作用。

2.2.3 个性与工作行为

1. 个性与工作匹配

个性代表一个人独特的心理行为和兴趣模式,它们主要在未成年期形成。一旦成型,它们就决定个体喜欢什么和不喜欢什么。例如,有人喜欢科学研究,而有人则讨厌研究工作,有人喜欢没有结构性的创造性工作,另外一些人则喜欢高结构性工作,例如记录档案。

由于个性反映个人兴趣,在从事符合个人兴趣的工作时,个人会表现得精力充沛、充满热情,与别人讨论自己喜欢的工作也会兴趣盎然。

在个性与工作匹配问题的研究中,代表人物当首推美国心理学家霍兰德。霍兰德以个人偏好和兴趣为基础将职业分为六类:现实型(R型)、研究型(I型)、艺术型(A型)、社会型(S型)、管理型(E型)和常规型(C型)。

(1) R型:喜欢技术和身体活动,乐于使用手、工具从事建造、修理、种植以及一些户外活动,不喜欢教育、治疗、自我表达等与人打交道的活动。突出特点包括稳定、现实、坦诚、自立等。适合的典型职业群包括机械师、工业设计师、电子工程师、牙医助理、花匠、职业运动员等。

(2) I型:喜欢解决抽象问题,乐于独自工作,喜欢观察、学习、探究、解决问题,喜欢科学领域。不喜欢重复性活动,不喜欢与人一起工作。突出特点包括善于分析、独立、好奇和精确等。适合的典型职业群包括海洋生物学家、心理学家、化学家、化学工程师、经济学家、系统分析师、数学家、生物学家等。

(3) A型:喜欢提出创意,乐于运用自己的智慧进行创新和创造,不喜欢结构性工作环境,不喜欢遵守规则,不喜欢身体活动。突出特点包括想象力丰富、理想化、有创造性、感悟能力强、善于表达等。适合的典型职业群包括音乐创作、戏剧表演、室内装饰、哲学研究、建筑、广告、设计、新闻报道等。

(4) S型:喜欢助人,乐于和人一起工作,喜欢传递信息、启发别人、帮助、训练、培养、治疗等活动,不喜欢机械和身体活动。稳定特点:合作、善解人意、乐于助人、世故、喜欢社交、有道德感等。适合的典型职业群包括护理、教育、人事管理、社区工作、教育心理学、职业咨询、心理咨询等。

(5) E型:喜欢影响他人,乐于和人一起工作,对他人施加影响,领导和管理别人,不喜欢精细性工作,不喜欢高度集中精力的智力活动,不喜欢系统性的活动。突出特点包括善于劝说、精力充沛、喜欢支配、野心勃勃、轻佻等。适合的职业群包括管理、地产、零售、宾馆服务、国际关系、市场、销售、政治、法律、公共管理。

(6) C型:喜欢数据和细节,乐于与文字和数字打交道,喜欢按照详细的指导完成工作。不喜欢不确定性,不喜欢没有结构的工作环境,不喜欢没有系统性的活动。突出特点包括秩序、自我控制、有责任心等。适合的典型职业群有会计、秘书、商业管理、投资、计算机编程等。

这六种职业类型组成一个六边形,如图2-2所示。六边形上彼此相邻的职业个性拥有相似的特征,比如R、I和A型喜欢独自完成工作,而S、E和C型则更喜欢通过与他人交往完成工作。A型和I型喜欢运用脑力从事非结构性的活动。

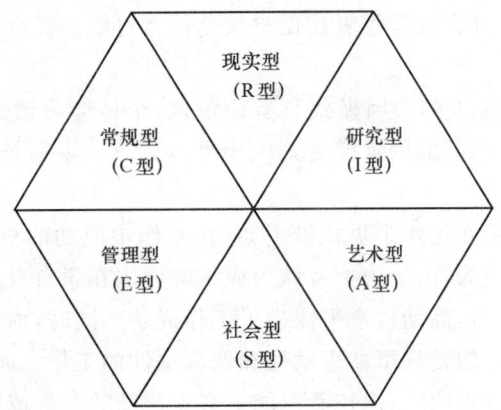

图2-2 六种职业个性

S型和E型喜欢语言为主的活动,喜欢群体活动,喜欢与人打交道。C型和R型喜欢结构性明确的工作环境,喜欢有明确的角色定位和期望标准。

六边形对角线两端的个性类型几乎没有任何相同点。例如,S型和R型是相反的:S型喜欢与别人一起工作,R型却喜欢独自工作;S型不喜欢与机器打交道,而R

型却喜欢与机器和工具打交道;S型喜欢群体社交活动,而R型则喜欢一个人看看电视或者独自从事户外活动。

六边形上职业个性类型之间的距离大小,反映出不同职业个性之间相似或者相异的程度。距离越近,两个类型就越相似,反之亦然。例如,R型和I型相邻,它们就有很多相似性,拥有相同的特征。虽然两者也有差异,但是,这种差异远不如I型和E型之间的差异大。

2. 个性与工作行为表现

(1) 自我监控。自我监控指个人根据外部情境适当调整自身行为的能力,是较新近的研究成果备受人们关注。高自我监控者对外界环境敏感,能够根据环境的变化适时调整自已行为,熟练表现出相应的角色行为,并能够实现不同角色之间的灵活转换。低自我控制者几乎在所有环境中都表现出自己一贯的和真实的行为方式,他们的行为表现出高度一致性,很多情况下不能适应环境的要求。

在现实中,高自我监控和低自我监控都可能受到批评。高监控者由于常常根据周围的环境来改变自己的自我表现,因而有时被称为反复无常的人。另一方面,低监控者常常因为只顾自己,对别人漠视而遭到批判。自我监控并不是一个二选一的命题,而是一个关于程度的问题,是有关自我表现范式的相对高或低的问题。因此,如同其他个性差异一样,没有好与坏或对与错的问题,而是一个多样化的问题,需要管理者的充分理解。

关于自我监控与工作行为表现之间的关系,研究结果表明,高自我监控者更能够关心他人的言行,行为表现更能够适应不同情境和文化要求,能更好地胜任领导岗位。另外,研究发现:高自我监控者比低自我监控者可能会拥有更多的内部和外部提拔机会。

(2) 控制倾向。个人的归因模式具有稳定性,个体会习惯性地将行为成功或失败的原因归结为个人内部的因素或者归因于外部因素。前者被称为内控者,后若被称为外控者。

一般来说,内控者在工作中更积极主动,在工作中成功的机会更多,工作满意度更高,抱怨少。这是因为,由于内控者认为成败的原因在于自身,自己能够控制局面,因而在工作中更加努力,高动机水平促进了工作成功。同时,内控者可能反对管理者密切监督他们的工作,偏爱从事高主动性和低服从性的工作。此外,由于内控者相信他们的努力会带来绩效,因此,内控者可能更喜欢像绩效薪资或销售佣金这样的报酬激励。而外控型的个体往往将成败结果归因于环境因素,如运气或命运等,因而在工作中发挥主观能动性不够,更愿意去做那些需要服从性、高结构性的工作,并需要得到更多的指导。直接参与也能够鼓励外控者的态度和表现。

(3) 内向与外向。荣格关于个性内向和外向的概念描述了个体如何与外部世界和内部世界打交道。每个人都有自然倾向于外部世界或者内部世界的偏好。在自已偏好的世界中生活会让人精力充沛,而在相反的世界中生活则使人感到疲惫不堪。

内向和外向的含义远远超出人们日常所理解的腼腆和健谈。外向者把注意力和能量集中于外部世界,他们寻找别人以感受人与人之间的相互作用。外向者经常,而且是自然而然地被外部的人和事物吸引。因为外向者需要通过感受来了解外部世界,因而会更多趋向于参加外部活动。外向者喜欢成为活动的焦点,容易被人接近,更容易结识陌生人。内向者的注意力和能量集中于内心世界,他们的多数活动都是精神上的。内向者偏好小范围的社交活动,要么是一对一的,要么是小群体的。他们避免成为注意的中心,比外向者更为沉默。外向带给人的是广博,而内向带给人的是专深。通常,外向者对许多事物感兴趣,但不肯花时间做深层次的研究;内向者没有太多的爱好,但他追求深层的了解。

研究表明,任何工作的顺利完成都需要某种程度的内向和外向,极端的外向和内向都会妨碍任务的执行。所幸的是,极端内向和极端外向的个体为数极少,大多数人都在两个极端中间。综合了许多研究结果之后,人们发现,在管理、激励、领导等工作,以及需要高度灵活性的工作当中,外向型的个体表现更好,而在信息处理、复杂脑力劳动、简单重复工作、创造性工作当中,内向型的人有更优秀的表现。

(4) 自尊。自尊是一个人对自己的评价,以及个人对自己的喜爱程度。自尊在很多方面都影响个人行为。自尊与职业和任务的选择有关。自尊高的人倾向于选择风险性高、社会地位高和非传统性的职业,喜欢选择难度高的任务,设置较高的目标。自尊高的个体更加重视目标的实现,不大受别人意见的影响,决策和行动更坚决。在不利的工作条件下,比如在工作压力、冲突、低水平的管理、恶劣的工作条件下,高自尊的人比低自尊的人受到的干扰更少。一般来说,高自尊的人不大会迎合别人,而且工作满意度较高。

培养和维持人们自尊的并不是他人如何对待自己,而是自己在面对生活中的挑战时如何应对,即人们所作的选择及所采取的措施。布兰登提出了支持人们自尊的六个支柱。这六个支柱如表2-4所示。在自尊和支持自尊的行为之间,有互惠的因果,也就是说,良好的自尊行为同样也是良好的自尊表现。

表 2-4　　　　　　　　　　　　布兰登的自尊六支柱

支　柱	主　要　内　容
有意识地生活	积极并充分地参与到你所从事的活动中,以及与你有相互影响的人中间
自我接受	不要对自己的想法和行为过于苛刻和挑剔
承担个人责任	对于你的人生中所作的决定和行为承担全部的责任
有自己的主张	当与别人公事时,有信心并且主动去维护自己的意见,不要为了让别人接受或是喜欢而屈服于他们的意愿
有目的地生活	有明确的短期和长期目标与现实计划来掌控自己的生活
有个人诚信	终于自己的承诺和价值观

(5) A 型人格与 B 型人格。A 型人格的个体总是希望在最短的时间内做更多的事情,他们说话、走路、做事速度快,总是试图同时做很多事情,闲不住,总觉得事情的进度太慢,不耐烦。B 型人格则很少有时间上的紧迫性,充分享受休闲时间、享受生活,从来不会为了实现高水平目标而不惜代价。最优秀的销售员常常是 A 型人格,而高级管理人员往往是 B 型人格。这是因为,A 型人格追求的是数量,而忽视了质量,很少抽出时间来进行创造性思考。

资料卡

西游记团队要裁员,先辞退谁?

故事背景:为了完成西天取经任务,组成取经团队,成员有唐僧、孙悟空、猪八戒、沙和尚、白龙马。其中,唐僧是项目经理;孙悟空是技术核心;猪八戒和沙和尚是普通团员;白龙马是老板座驾。这个团队的高层领导是观音。团队的组成很有意思:

(1) 唐僧作为项目经理 PM,有很坚韧的品性和极高的原则性,不达目的不罢休,又很得上司支持和赏识(直接得到唐太宗的任命,既给袈裟,又给金碗;又得到以观音为首的各路神仙,广泛支持和帮助)。

(2) 沙和尚言语不多,任劳任怨,承担项目中挑担这种粗笨无聊的工作。

(3) 猪八戒这个成员,看起来好吃懒做,贪财好色,又不肯干活,最多牵下马,好像留在团队里,没有什么用处,其实他的存在,还是有很大用处的,因为他性格开朗,能够接受任何批评,而毫无负担压力,在项目组中,起到了润滑油的作用。

(4) 最关键的还是孙悟空,由于孙悟空是这个取经团队里的核心,但是他的性格极端,回想他那大闹天空的历史,恐怕作为普通人来说,没有人会让这种人待在团队里。

(5) 白龙马是唐僧办公、出差用的座驾,身份地位的象征。

既然如此,这话题就很有趣,也很经典,原本是缺一不可的"五人帮",堪称"完美团队",但是要节约成本,唐太宗必须裁掉一个人。该裁掉谁呢?

2.3 能力

观察和研究表明,人的的各种能力各不相同。以人的感觉能力为例,炼钢工人的辨色能力很高,他们能非常精确地辨别出浅蓝色的细微差别;在呼伦贝尔草上奔驰的鄂温克族牧民,他们的嗅觉和味觉特别发达,只要闻或尝一下草的味道,就能判断牧草的营养价值;而长期从事医疗工作的内科医生,他们对音量的感受性特别高,借助于听诊器,他们就能感知心肺的噪声和纯音强度的变化,判断内脏器官的活动状况,从而对病情作出正确的判断。

2.3.1 能力的概述

1. 能力的界定

能力一词到底是什么意思?当我们把它作为一个专业术语时,能力指的是个体能够成功完成工作中各项任务的可能性。它是对个体现在所能做的事情的一种评估。能力是人们能够胜任某种任务和活动的条件,特别是掌握知识和技能的程度、速度方面所必备的个性心理特征。能力具有两种含义,其一是指实际能力,即现在已经具备的和表现出来的能力;其二是指潜在能力,即以后可能发展的能力,它是各种实际能力展现的可能性。

任何活动都是复杂的、多方面的,因此要完成某种活动往往需要多种能力的结合。比如,学习活动需要观察力、理解力、记忆力和抽象概括能力等,企业管理需要组织协调能力、人际交往能力、语言表达能力等。如果一个人具备完成某种活动所必需的各种能力,那他就能胜任这方面的工作,表现出从事这种工作的才能。

2. 能力与知识、技能

能力和知识、技能是不相同的。

第一,能力是为顺利完成某种活动而在个体身上经常、稳固地表现出来的心理特征,因此,从形成上看,它是在个体身上固定下来的概括化的东西。一个人的知识、技能虽然也是巩固了的概况体系,但它们与能力概括化的性质不同。知识是人类社会历史经验的总结,是对客观现实相应经验的概括。技能是由于练习而巩固了的行为方式,是相应行为为方式概括的结果。而能力是调节行为和活动的相应心理过程概括化的结果。它既不是这些经验系统本身,也不是这些行为方式本身,而是对这些经验材料进行加工的活动过程的概括化,是调节这些行为方式的心理活动的概况化。

第二,正是由于能力和知识、技能概括化的程度不同,在迁移的程度上看,能力迁移的范围较广、知识和技能迁移的范围较窄。

第三,从生理机制和发展特点来看,知识、技能的生理机制是暂时神经联系系统和动力定型,而能力的生理机制是暂时神经联系在形成和巩固过程中所表现出来的某种特性。知识和技能在相当大的程度上可以随着年龄的增长不断积累和提高,而能力在人的一生中随着年龄的增长有一个形成、发展、衰退的过程。

能力和知识、技能又有着密切的联系。一方面,知识、技能的掌握是以一定的能力为前提的,能力是掌握知识、技能的内在条件和可能性,它制约着掌握知识、技能的速度和难易、巩固程度。另一方面。知识、技能的掌握又能使能力得到提高。但两者的发展不是完全一致的。能力水平相同的人不一定具有水平的知识、技能;相反,具有相同水平知识、技能的人,他们的能力也不一定相同。

3. 能力的个别差异

由于遗传和环境、教育等因素的影响，个体表现出能力上的差异。能力的个体差异主要表现为以下三个方面：

（1）能力水平的差异。人与人之间能力的发展水平存在差异。全人类智力差异表现为从低到高许多不同的层次。智力在整体上是常态分布的，即两头小，中间大。大部分人的智力属于中等水平，只有少部分人的智力超常或低常。

（2）能力类型的差异。这是个体能力在质上的差异。人们在知觉、表象、记忆、言语、思维等方面存在类型上的差异。例如，在知觉方面，有的人属于分析型，有的人属于综合型，有的人属于分析综合型；在表象活动和记忆方面，有的人属于听觉型，有的人属于视觉型，有的人属于运动型，还有的人属于混合型；在言语和思维方面，有的人属于生动的思维言语型，有的人属于逻辑联系的思维言语型，也有的人属于中间型。这些都是人们在能力类型上表现出来的差异。

（3）能力表现早晚的差异。能力的发展有早晚。有的"早慧"，少年时期就才华横溢。例如，我国唐代的王勃在少年时就著有《滕王阁序》；宋代的黄庭坚7岁作牧童诗；李白5岁通六甲，7岁观百家。另外也有"大器晚成"的情况。如齐白石40岁才显露出绘画才能，摩尔根60岁才发表了基因遗传的理论。但很早或很晚发展能力的人只占极少数。大多数人的能力发展集中在某一阶段，一般认为，30—45岁是人智力的最佳年龄阶段，也是成才的黄金时期。

2.3.2 能力的分类

根据不同的维度，我们可以对能力进行不同的分类。常见的分类方法有以下几种：

1. 心理能力和体质能力

一个人的总体能力可以分为心理能力和体质能力两大类。

（1）心理能力

心理能力（intellectual abilities）即从事那些如思考、推理和解决问题等心理活动所需要的能力。多数社会中，人们都很重视智力因素，并且原因各异。例如，他们认为：聪明人一般都会赚更多的钱、接受更高水平的教育。聪明人也更容易脱颖而出，成为群体领导者。智力测验主要用于确定个体总体的心理能力。

心理能力的构成包括7个经常被引用的维度，即算术、言语理解、知觉速度、归纳推理、演绎推理、空间视知觉以及记忆力。如表2-5列出这7个维度。

不同的工作要求员工运用不同的心理能力。一项工作，从信息加工要求的角度来看越是复杂，成功完成此项工作所必需的总体智力水平和语言能力就越高。当然，高智商并非所有工作的前提。其实，在很多工作中，员工的行为具有高度规范性，很少有机会表现出差异。此时，高智商对能否出色完成工作影响并不大。但是，这并不是说，在传统性低复杂度的工作中高智商的人就无用武之地。

表 2-5　　　　　　　　　　　　　心理能力维度

维度	描述	工作范例
算术	快速而准确的运算能力	会计：在一列项目中计算营业税
言语理解	理解读到的和听到的内容，理解词汇之间的关系能力	工作管理者：推行企业雇用政策
知觉速度	迅速而准确地判断辨认视觉上的异同能力	火灾调查员：鉴别纵火责任的证据和线索
归纳推理	确定一个问题的逻辑后果，以及解决这一问题的能力	市场调查员：对未来一段时间内某一产品的市场需求量进行预测
演绎推理	运用逻辑来评估，某种观点的价值的能力	主管：在员工提供的两项不同建议中做出抉择
空间视知觉	当物体的空间位置变化时，能想象出物体的形状的能力	室内装饰师：对办公室进行重新装饰
记忆力	保持和回忆过去经历的能力	销售人员：会议顾客的姓名

你认为高智商对环卫工人的工作重要吗？当然重要。让我们来看一个小案例。美国佛罗里达州首府塔拉哈西的一名环卫工人提出了这样一个建议：生活用垃圾桶由市政府提供。采用这种方式，环卫工人的工作流程得以简化。在他们开始工作的时候，首先用一个空的垃圾桶替换住户 A 的垃圾桶，随后把住户 A 原来的垃圾桶带到卡车那里清空，无需归还，用它继续按照如前做法处理住户 B 的垃圾……这种方法大幅度增加垃圾收集的次数，从而可以用更少的人清洁更多的地区。这个例子也说明聪明人能够出色完成工作的另一个关键原因：他们更具有创新性。聪明人会更快掌握所要从事的工作，更容易适应环境的变化，更善于提出改善绩效的解决方案。换句话说，在各种各样的工作中，智力都是较好的绩效预测因素之一。这一点可以解释为什么像亚马逊和微软这样的公司会重视评估求职者的智力水平，并把它作为招聘过程的一个重要组成要素。有趣的是，虽然智力因素对更好地完成工作有很大帮助，但是它并不能提高人们的工作满意度。智力与工作满意度之间几乎毫无关系。为什么呢？研究表明，虽然聪明的员工表现很好，并且容易获得更有趣的工作，但是他们对工作环境的要求也更苛刻。即使条件已经很好，他们还是会期望更好。

研究者开始进一步把智力的意义扩展到心理能力以外。研究者认为，把智力划分为 4 个亚成分可以更好地理解它，包括：认知智力、社会智力、情绪智力和文化智力。认知智力包括传统智力测验中人们经常关心的那部分潜能。社会智力是指一个人与他人建立有效联系的能力。情绪智力是一种识别、理解和管理情绪的能力。文化智力则是对跨文化的差异具有敏感性，并能够在跨文化的情境中成功运作的能力。但是要知道，对这种多维智力的研究尚处于起步阶段，所提出的各种主张未必都有相应的科学依据。此外，测量认知智力之外的其他几种智力水平并非易事。那些所谓的聪明人士（有高认知智力水平的人）未必都能很好地适应日常生活、与他人友好共事,在领导岗位上也未必都能取得成功。现实生活中,总不乏这样的例子。

(2) 体质能力

在要求信息加工的复杂工作中,心理能力起着极为重要的作用;同样,对于那些技能要求较少而规范化程度要求较高的工作而言,体质能力(physical abilities)对工作的成功是十分重要的。比如,一些工作的成功要求耐力、手指灵活性、腿部力量及其他相关能力,因而需要管理层判断员工的体质能力水平。

研究人员对上百种不同的工作要求进行了调查,最后确定。体力活动包括9项基本能力。表2-6列出了这些内容。不同个体在每项能力上都存在着一定程度的差异。而且,这些能力之间的相关性极低。对这一点比较容易理解:一个人在某一项能力中得分高并不意味着在另一项能力中得分也高。如果管理者能确定某一工作对这9项中每一项能力的要求程度,并能保证从事此工作的员工具备这此能力水平,那么无疑就会提高工作绩效。

表 2-6　　　　　　　　　　　9 种基本的体质能力

力量因素	
1. 动力力量	不断重复或持续运行肌肉力量的能力
2. 躯干力量	运用躯干部肌肉(尤其是腹部肌肉)已达到肌肉强度的能力
3. 静态力量	产生力量阻止外部物体的能力
4. 爆发力	在一项或一系列爆发活动中产生最大能量的能力
灵活性因素	
5. 广度灵活性	尽可能远地移动躯干和背部肌肉的能力
6. 动力灵活性	进行快速、重复的关节活动的能力
其他因素	
7. 躯体协调性	躯体不同部位进行同时活动时相互协调的能力
8. 平衡性	收到外力推拉时,依然保持躯体平衡的能力
9. 耐力	当需要延长努力时间时,持续保持最高努力水平的能力

2. 一般能力和特殊能力

从能力的倾向性上,我们可以把能力分为一般能力和特殊能力,这是最常见的一种分类方法。一般能力也称普通能力,它是指在多种基本活动中所表现出来的共同能力,是人们从事大多数活动听必需的最基本的能力。一般能力也就是我们通常所说的智力,观察力、注意力、记忆力、想象力、思维力等都是一般能力。一般能力是有效掌握知识和顺利完成活动必不可少的心理条件,即使是最简单的活动,也离不开这种一般能力。特殊能力则是人们成功完成某种专门活动所必需的能力,如绘画能力、音乐能力、数学能力、管理能力等。特殊能力在特殊的活动领域内发挥作用,是完成某种专业活动必不可少的条件。

3. 认知能力、操作能力和社交能力

从能力的功能上，我们可以把能力分为认知能力、操作能力和社交能力。

认知能力是人们在认知活动中所表现出来的学习、研究、理解、概括和分析的能力；操作能力是在操作性技能基础上发展起来的能力，包括劳动能力、运动能力、艺术表现能力、实验操作能力等等。认知能力和操作能力之间没有明显的界线，不能截然分开。社交能力是人们在社交活动中表现出来的能力，如组织管理能力、语言表达和感染能力等。

4. 模仿能力与创造能力

从创造的程度上，我们可以把能力分为模仿能力和创造能力。

模仿能力是指仿照他人的言行举止以使自己的行为方式达到和被模仿者相同的能力。模仿能力能使个体从被模仿者那里学会应付生活事件，从而为以后独立、创造性地解决问题提供基础。心理学家班杜拉认为，模仿能力是人学习所必需的一种重要能力，人的许多行为都是通过模仿获得的。创造能力是指产生新思想，发现和创造新事物的能力。它是成功完成某种创造性活动所必需的条件。新颖性和独创性是创造能力区别于模仿能力的主要特征。

资料卡

你知道纽约的中心公园里有多少棵树吗

亚马逊与微软至少在三个方面是一样的：第一，总部都位于华盛顿地区的雅图；第二，都是高科技公司成功的典范；第三，公司经理人员在雇用新员工时都把智力水平者作是第一位的。

多数会司在选拔新员工的时候都看重更偏重于智力。例如，亚马逊公司会详细核查拟招客服代表的在校成绩单及 SAT 成绩。为什么呢？因为面试官认为公司成功的关健是创新，而最聪明的人，无论他们从事什么工作，都是最优秀的创新者。因此亚马逊公司的面试官更关注应聘者对这样的问题的回答："旧金山有多少窗户？""纽约的中心公园里有多少棵树？"而不是诸如"你的上一份工作教会了你什么？"之类的问题。重要的是，亚马逊的面试官对应聘者的回答与正确答案的接近程度并不关心，他们在意的是应聘者的推理过程。即使是招聘勤杂工，他们同样看重智力因素。公司创始人杰夫·贝佐斯大力支持这种做法，并把它作为淘汰庸才的一种手段。他说："如果你及先招进的是人才，就会继续得到人才；如果你最先招进的是庸才，就会继续得到庸才。"

微软公司的应聘者也会被问及类似的问题。诸如："下水道的盖子为什么是圆的？""美国有多少加油站？""密西西比河日流量是多少？"与亚马逊公司一样，

> 这里的面试官看重的也是应聘者如何思考而不是提供正确答案的能力。微软共同创始人之一、现任首席执行官比尔·盖茨认为：人的智商比经验重要，"你可以教一个聪明人任何事情"。
>
> 亚马逊和微软都把员工的集体智力资源看作他们最宝贵的资产。因此，他们不断地寻找和雇用他们所能找到的最聪明的人。

5. 认知能力和元认知能力

从认知的对象上，我们可以把能力分为认知能力和元认知能力。

认知能力是指在客观世界的认知活动中表现出来的个体接受、加工和运用信息的能力。认知能力的活动对象是认知信息。元认知能力是指个体对自己的认知活动进行认知的能力，元认知能力的活动对象是元认知本身，即个体对自己内心的认知活动功进行认识、体验和监控。比如个体能对自己记忆英语单词的过程进行认识、评价和监控。

2.3.3 能力与工作行为

1. 胜任力的概念

"胜任力"概念最早由哈佛大学教授戴维·麦克利兰（David·McClelland）于1973年正式提出，是指能将某一工作中有卓越成就者与普通者区分开来的个人的深层次特征，它可以是动机、特质、自我形象、态度或价值观、某领域知识、认知或行为技能等任何可以被可靠测量或计数并且能显著区分优秀与一般绩效的个体特征。

另一位研究者斯潘塞于1993年在《工作胜任力》中给胜任力下了定义：胜任力就是个体所具备的某种或某些潜在特质，这些特质与高绩效员工的工作表现具有高度的因果关系。1994年，斯潘塞在《胜任素质评估方法》中再次丰富了胜任力的内涵，他认为胜任力可以是动机、特质、自我概念、态度或价值观、具体知识或行为技能，也就是可以被准确测量或计算的某些个体特质，这些特质能够明确地区别出优秀绩效执行者和一般绩效执行者。

国内学者赵曙明总结了国内外许多学者对胜任力的定义后认为，胜任力的界定主要有三个特点，包括"与特定的工作相关""创造高绩效""包含了人的个性特征"。

总的来说，胜任力是指能将某一工作中有卓越成就者与普通者区分开来的个人的深层次特征。它可以是动机、特质、自我形象、态度或价值观、某领域知识、认知或行为技能等任何可以被可靠测量或计数的，并且能显著区分优秀与一般绩效的个体特征。

2. 胜任力的类型

麦克利兰曾经列出20项在管理职位和专业职位上有着普遍观测效度的胜任力，共分6个类群（表2-7）。有的学者从更广泛的角度定义胜任力，认为胜任力包括职业、行为和战略综合三个维度。职业维度是指处理具体的、日常任务的技能;行为维度是指处理非具体的、任意的任务的技能;战略综合维度是指结合组织情境的管理技能。还有学者将胜任力分为门槛类胜任力、区辨类胜任力和转化类胜任力。门槛类胜任力仅指为保证工作取得成功而界定出的一些最低标准要求;区辨类胜任力是那些能将同一职位上的高绩效者和绩效平平者区分开来的素质;转化类胜任力通常是指管理人员和员工普遍都缺乏的那些胜任素质,一旦他们在这种胜任力上得到改善和提高,那么将会大大提高他们的工作绩效。

表 2-7　　　　　　　　　麦克利兰的普遍观测效度的分类

胜任力类群	具体项目
成就类群	成就导向、品质和秩序意识、主动性
服务类群	人际理解能力、客户服务导向
影响力类群	组织意识、关系营造的能力、影响能力
管理类群	指导能力、团队合作意识、开发他人的能力、团队领导能力
认识思考/问题解决类群	专业技术、信息搜索能力、分析性思考能力、概括性思考能力
个人效能类群	自我控制/压力对抗能力、自信的品质、组织责任感、适应性/灵活性

3. 胜任力模型与应用

胜任力模型可以理解为"对组织或企业中的某一个职位,依据其职责要求所提出的,为完成本职责而需要的能力特征的集合",也可以被认为是将高绩效工作者和一般绩效工作者区分开来的胜任力特征的组合。国外学者戴维·D. 杜波伊斯认为,胜任力模型是对某一职务类别、工作团队、科室、部门或组织的绩效达标者或成就卓越者所需的胜任力特征的结构化描述。

根据以往学者的研究,胜任力模型分为一般模型和具体模型。下面将从这两个方面介绍胜任力模型。

(1) 一般模型

通常学者们把胜任力特征分为 5 个层次:知识、技能、自我概念、特质、动机/需要,这 5 个方面的胜任力特征组成一个整体的胜任力结构,通常用水中漂浮的冰山来描述,被称为素质冰山模型,是由麦克利兰提出的,如图 2-3 所示。

其中,知识和技能是可以看得见的,相对较为表层的、外显的个人特征,漂浮在水上;自我概念、特质、动机/需要则是个性中较为隐蔽、深层和中心的部分,隐藏在水下,而内隐特征是决定人们行为表现的关键因素。麦克利兰认为,水上冰山部分(知识和技能)是基准性特征,是对胜任者基础素质的要求,但它不能把表现优异者与表现平者准确区别开来;水下冰山部分可以统称为鉴别性特征,是区分优异者和一般者的关键因素,但不同层次的个人特质之间存在相互作用的关系。

运用冰山模型进行胜任力识别,进而帮助解决人力资源问题,可以遵循如下步骤:

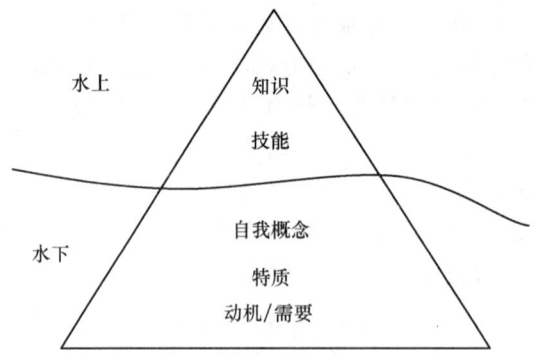

图 2-3　胜任力的冰山模型

第一,确定哪一类型的素质是该工作岗位所需要的胜任素质。确定胜任素质主要有两条基本原则——有效性和客观性。这就要求该胜任素质能够显著区分工作业绩,同时必须以客观数据为依据。

第二,在确定胜任素质后,组织要建立能够衡量个人胜任素质水平的测评系统,这个系统要建立在客观数据的基础上,能够经过客观检验,同时也能够区分工作业绩。

第三,设计出胜任素质测评结果在各个工作中的具体应用方法。

(2) 具体模型

具体模型是指针对具体的职务类别、工作团队、部门或组织的胜任力组合。因为胜任力是一组行为集合,因此与其相关的恰当的行为就不可能是千篇一律,这取决于组织文化,具体组织的胜任力表现方式也与组织独特的文化联系在一起。因此不同的组织应该有不同的胜任力模型,表现出不同的组织文化、价值观或战略背景。但对于某些职业来说,因其共性而有一些通用的模型,比如人力资源经理,如图 2-4 所示。

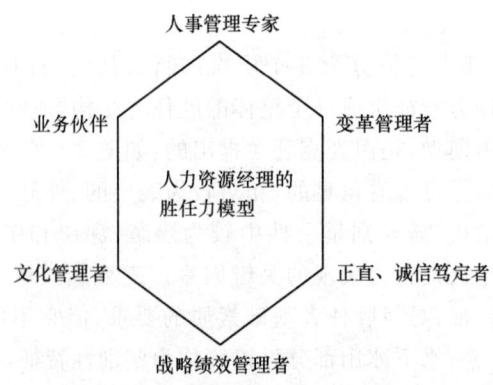

图 2-4　人力资源经理的胜任力模型

要提高员工的胜任力,可以从 5 个方面出发,包括评估、解释、计划、培训和再评估。首先,通过调查问卷、图表等方式,同时借助计算机进行统计,让员工对自己的胜任力和素质进行分析,了解员工目前的需求,得出报告。报告出来后,每个员工对结果进行分析,了解高胜任力员工的特征是什么,随后与各自的职业培训师进行交流,明确自身的优势和劣势,进行相应的培训。得到专业的培训之后,每个员工也可以根据自身的情况制订计划,改善自我。在经历一段时间的培训之后,通过员工的业绩衡量,来进一步评估员工的胜任力。胜任力模型和对员工的胜任力提升情况,都应该根据岗位与组织的不同而进行相应的调整。

资料卡

肯德基员工和两名秘书:下属是检验领导力的唯一标准

在肯德基,当餐厅运营遇到问题时,肯德基的员工经常会自发组织,甚至直接把领导叫过来开会,这个时候并没有领导与员工之分,大家各抒己见;得出解决方案后立即分散,然后迅速执行,效率之高令人钦佩。

肯德基的员工在自己的领域内拥有相当的自由,在与上级发生分歧也敢于提出自己的意见,这表明员工有足够的信心,并被赋予了强烈的责任感,"羊群"已经变成"狮群"。

还有一个例子。一位领导聘请过两个秘书,从第一个秘书的表现上,领导看出了自己领导力的不足。早先这位领导接受一家学校邀请前去讲课。出发前一天,他问秘书是否已经把讲义送到主办方那里,她告诉领导说已经在两小时前送出快递,正常情况下半小时就到,所以,讲义"应该"到了。

同样的事情发生在第二个秘书身上,答案完全不同。当领导问讲义是否已经送到主办方那里时,她告诉领导两小时前,她已经和主办方确认过,对方已经收到了快递。

这件事看似与领导没有关系,应该是这两个秘书自身的差距造成的,其实不然,员工的表现恰恰反映了个人领导力的变化。

首先,第一个秘书很有可能对领导所从事的工作不太认同,也不具备相应的使命感,所以快递送没送到无所谓;其次,在工作细节上领导自身也存在着问题,领导的行动可能直接影响了她。所以,当领导取得进步时,下属也发生了微妙的变化。

本章小结

组织行为学以研究员工心理和行为的特点及规律，员工的个人行为选择决定着群体或组织的绩效水平，而员工的个人行为受个性与组织环境的影响。组织管理者要较准确预测和调节员工行为，首先应当从了解员工的个性、个性差异和个体行为开始。本章从三个方面探讨了个体行为基础：第一是个体特征，个体特征从年龄、性别、种族、任职时间等探讨个体行为基础；第二是个性，本章首先界定了个性的概念、个性的形成及特点；然后介绍个性的主要分类理论；最后分析了个性与工作行为的关系；第三是能力，包括能力概念的界定、能力的类别；分析能力与知识、技能的关系；阐述胜任力的概念、类型、模型及应用。

 **心理测试**

你的自我监控倾向如何？

说明：在诚实的自我评估中，判断以下各陈述，以正确（T）或者错误（F）来表示，然后参考评分表。

1. 我想我是表演自己，为了给别人留下好印象或是取悦他们。
2. 在一群人之中，我很少是引人关注的核心。
3. 在不同的情境，面对不同的人时，我总是表现得不同。
4. 我不会为了取悦某人或是赢得他们的喜欢而改变我的观点（或我的故事方式）。
5. 我想过做一个表演者。
6. 我不善于根据不同的人和不同的情境来调节自己的行为。
7. 在聚会中，我总是让别人说笑话和讲故事。
8. 在公众场所我总是觉得有点尴尬，不会表现出我应有的平静。
9. 我可以看着任何一个人的眼镜，一本正经地说着谎话（如果是为了一个合适的目的）。
10. 当我实在不喜欢某些人时，我可能假装很友好。

评分表：按以下每个答案记一分：

1.T；2.F；3.T；4.F；5.T；6.F；7.F；8.F；9.T；10.T

得分：

1～3＝低自我监控

4～5＝比较低自我监控

6～7＝比较高自我监控

8～10＝高自我监控

思考与讨论：
你的个人得分与你本人的符合程度如何？为什么？

管理游戏

创意之"星"的性格特征

形式：集体参与。
时间：20~30分钟。
材料：无。
场地：不限。
应用：创造力培养。
目的：使学生了解那些创意之"星"的性格特点。
程序：

1. 告诉大家每个人都具有创意的潜质。但是，去了解那些我们认为是处在创新之巅的人们的性格特征，对于我们来讲难道不是一件有趣的事吗？
2. 让每个学生各自列出一些他们所知的创新之"星"的性格特点。
3. 组成4~5人的小组，并让他们相互比照一下各自列出的内容。
4. 10分钟以后，让他们回复到大班的形式。问：
   - 你们刚才发现什么？有哪些相同点？哪些不同点？
   - 你了解到创新之"星"有那些特点？

大家可能提及的部分性格特点包括如下：
- 有上进心。
- 与众不同。
- 爱开玩笑。
- 不墨守成规。
- 反应快。
- 独立性强。
- 热情洋溢。
- 感官灵敏（视、嗅、听、触及味觉）。
- 独具慧眼。
- 善于行动。
- 不怕险阻。
- 勇于探求奥秘。

此外，他们列举的某些词眼可能恰好相反：
- 具有耐心和缺乏耐心。
- 大胆和胆怯。

- 风趣和严肃。
- 精准和大约。
- 准时和迟到。
- 恰到好处和非正规。
- 小处着手和放眼大处的。

以上这些结果很好地表明了你们所有的人——不管其个性如何——都具有创意潜质这一事实。

5. 你可能会希望提供以下的信息:那些以他们独特的创新能力著称世界的名人(比如:爱迪生(Edison)、爱因斯坦(Einstein)、福特(Ford)、弗兰克林(Franklin))。他们有其共通之处,但以下事实可能会令你惊讶不已:

- 他们中的许多人在传统的教育体制下并没有表现出非常人的一面。相反,许多人甚至没有读过大学或获得学士学位。
- 他们热衷于和社会这个大家庭接触,喜欢结交不同的人并和他们进行交流。
- 他们从不轻易放弃,而且他们具有高度的上进心。
- 在没有成名以前,他们长期孜孜以求、不辞辛劳地在他们所感兴趣的领域里工作着。
- 他们的早期经历是丰富多彩的,充满了自由大胆、探索一切的精神。
- 他们具有极佳的幽默感。

总结与评估:这些对于自己的创新能力的培养有什么启迪呢?

 **案例聚焦**

你来支招:如何征服刺儿头员工

几乎每家企业都有这样一些人:他们或拥有某一方面的不可替代资源(比如背景),或聪明、好动,是某一方面或某几方面的专家,充满创新精神或者野心勃勃,对成功以及与成功相关的东西(金钱、职位、权力等)具有极其浓厚的兴趣。他们不会循规蹈矩,也不会轻易被权威所折服,更让管理者头痛的是,这些人不但在专业上有一套,往往在组织内的"兴风作浪"上也很有一套。

这些人在很多管理者眼里,是个不折不扣的"刺头"。如何处理与这些人之间的关系,如何应对由这样的人引发的组织冲突,对于管理者来说,实在是一个相当有难度的挑战。如果做一下细分的话,我们可以将这些较为典型的"棘手"人物分为三类:

有背景的员工

这些员工的背景对管理者来说,是一个现实的威胁。

"背景"就是他的资源,可能是政府要员,可能是老板,可能是你的上司,可能是公司里面一个有权势的人,也可能是你工作中的某个具有重要意义的"合作伙伴"。他们可能因此而得到更多的资源和机会，他们在做出了相同的业绩时也会得到更多的褒奖，即便是犯了错，某些的"背景"也可能使他们得到从轻处理甚至免于处罚。

但是，"背景"这种资源往往在某些关键的时候起着不可替代的作用，一些用常规的方法无法处理的困扰，到了这类员工手里，有可能只是一句话的问题。他们就像你身上的"肿瘤"一样，一旦处理不好，你时常担心它会恶化，但真的割掉，可能又会有生命危险，实在是不好处理。

有优势的员工

实际上，这些人往往是那些具有更高学历、更强能力、更独到技艺、更丰富经验或在本公司工作时间更长的群体。正因为他们具有一些其他员工无法比拟的优势，所以能够在工作中表现不俗，当然，他们的优越感也因此得到进一步的彰显。这种优越感发展到一定的程度时，直接体现为高傲、自负以及野心勃勃。

比如，他们具有很强的权欲，至少会认为自己比其他同事强，认为自己是"权威"，认为自己是为公司立下汗马功劳的功臣，所以，他们不屑于和同事们做交流和沟通，独立意识很强，协作精神不足，不把领导放在眼里，甚至故意无条件地使唤别人以显示自己的特殊性。

从工作能力上看，他们中的大部分都是"精英"，是领导们倚重的骨干，但从公司管理角度来看，这些人很多时候（可能是无意的）扮演一个"组织破坏者"的角色，他可能会因此而造成其他同事的反感，也可能因为与其他同时越走越远而成为团队冲突的源头。

想跳槽的员工

他们很显然是一些"身在曹营心在汉"的不安分者，这些人往往是具有很强占有欲（对金钱、权力等）的、非常现实的家伙。由于在其他地方的预期收益与发展机会可能优于你的公司，他们多会选择"人往高处走"，而且，这些人中间确实也有相当一部分是身怀绝技的"抢手货"。如果仅此而已，也就罢了，毕竟，从双向选择的社会以及个人发展的角度来考虑，这是无可厚非的一件事情。但是，偏偏有些人觉得，反正是要走的，不怕你公司拿我怎么样，所以干脆摆出一副"死猪不怕开水烫"的姿态，不把公司的制度和管理规范放在眼里，工作消极态度恶劣，甚至为了以前工作中的积怨，故意针对某些领导和同事挑起组织冲突，到最后，人虽然走了，但留下的消极影响却很长时间也消除不了。

以上三类员工，都是组织中令管理者十分头痛的"刺头"。你可以采取断然措施，比如，你可以寻求公司领导的支持，将这类员工全部炒掉，以保持组织的纯洁度——但是，这是你做管理的最终目的吗？这样做能使你不断挑战更高的管理绩效吗？是的，你可以通过你认为最合适的方式保证组织不出问题，但到最后，你得到的可能真的是一个非常听话然而平庸无比的团队——根本无从创造更高的管理绩效。

（资料来源：德隆．当代经理人）

问题讨论：

分析这三类员工的个性特点，假如你是一名管理者，如何融合各种各样的员工，让适合的人做适合的事，并且激励他们不断挑战更高的工作业绩？

复习与思考

1. 年龄、性别等个体特征对工作行为会有什么影响？
2. 什么是个性？个性可以改变吗？
3. 个性对组织行为有什么影响？
4. 什么是知识、技能、能力？他们之间是什么关系？
5. 能力的个体差异表现在什么方面？

参考文献

[1] Organizational Behavior, 15th Edition By Stephen P. Robbins, Timothy A. Judge Published by Prentice Hall Copyright © 2013Published Date: Jan 6, 2012.

[2] Organizational Behavior, 15th Edition By Stephen P. Robbins, Timothy A. Judge Published by Prentice Hall Copyright © 2013Published Date: Jan 6, 2012.

[3] 朱长丰.组织行为学[M].2版.浙江:浙江大学出版社,2007.

[4] 顾琴轩.组织行为学[M].4版.上海:上海人民出版社,2015.

[5] 陈春花.组织行为学[M].北京:机械工业出版社,2009.

[6] 斯蒂芬·P.罗宾斯,蒂莫西·A.贾奇.组织行为学[M].14版.孙健敏,等,译.北京:中国人民大学出版社,2012.

[7] 魏国江,李碧珍.组织行为学[M].福建:厦门大学出版社,2009.

第3章 价值观、态度与工作满意度

人类能通过改变他们思维的态度来改变他们的生活。

——威廉·詹姆士

 学习目标

1. 比较终极价值观与工具价值观。
2. 识别霍夫斯泰德国家文化的五大价值观维度。
3. 理解态度基本概念。
4. 将态度的三要素做对比。
5. 对比和比较主要的工作态度。
6. 明确什么是工作满意度并掌握其测量方法。
7. 总结工作满意度的主要原因。
8. 识别员工不满意的4个反应及解决措施。

 基本概念

价值观 Values

终极性价值观 Terminal values

工具性价值观 Instrumental values

工作满意度 Job satisfaction

态度 Attitude

认知成分 Cognitive component

行为倾向成分 Behavioral component

情感成分 Affective component

员工投入 Employee engagement

组织承诺 Organizational commitment

 **导入案例**

为什么总是找不到满意的工作

"我为什么总是找不到满意的工作?"阿成坐在职业顾问陈功面前,提出这个一直困扰他的问题。

阿成当时已33岁,已有11年的工作经验。大学毕业分配到广州一家国有企业,熬了1年半,就跳槽去了一家美资生产企业,收入还比较高。但他不喜欢工厂,因为很少与外界接触,想象自己一辈子就这样日复一日做同样的工作?

阿成的好朋友开了家市场研究公司,他感觉做市场研究很有意思,认为自己也应该做得好,于是就在朋友这家市场研究公司做项目策划和组织市场调查,做起来感觉还得心应手。在与广告公司的合作中,他发现做广告也挺有意思,而且业务的范围比市场研究公司广得多,于是去了一家广告公司,1年后又去了另一家广告公司。在接下来的3年里,阿成总共去过6家广告公司,包括本土4A广告公司和欧美4A广告公司,做过客户主任、策划总监,常务副总经理。

在每家公司,阿成都感觉得不到重用,自己的策划水平在广告界不是数一数二也应该是超一流的,但是,感觉很有水平的策划方案,经常不是被上司所篡改,就是得不到客户的认可。

阿成决定自己开广告公司,可以实现自己的想法和创意。刚开始公司业务还可以,到后来业务拓展越来越困难,亏损了10几万元,最后不得不停业。

阿成又不得不去打工。他总结教训,认定广告业业务很不稳定,不是一个好行业。他发现房地产业很红火,自己做房地产策划也应该是擅长的。所以这次找工作,他专找房地产发展商和房地产策划代理公司。找了3个多月,终于找到一家著名的房地产策划代理公司做营销策划。他发现,这些做房地产策划的人其实还不如广告公司的人懂策划,他们只懂得夸大其辞的炒作,自己的策划水平远高于他们,但与发展商、上司、销售部门的协调却很有难度。刚好三个月,阿成就离开了那家公司。

现在,阿成面临着又要找工作,再找什么工作呢?做过几个行业,还是觉得市场研究行业最适合自己。但面试过几个市场研究公司,要么觉得自己年纪大,不适应市场研究的工作压力;要么认为阿成资历不够高,客户关系资源又很少,不适合负责一个项目组。就这样,堂堂一个重点大学的本科生、十几年的工作经验,连找一个普通的工作都困难,以至阿成的家人责备他说:你有没有想过自己为什么总是在找工作!?

职业顾问陈功分析说:你每去一个新行业,都是因为自己感兴趣,而且认为自己适合,结果发现自己喜欢的工作并不一定是适合自己的工作,所以你始终没有找到适合自己的职业,这就是你为什么总是找不到满意的工作的主要原因。

很多人像阿成这样,凭着自己的兴趣和感觉,不断地跳槽换公司、换行业,就这样跟着感觉走,没有明确的职业定位。到了30岁才发现,高职位的工作找不到,就算愿意屈就普通职位的工作,也因为年龄大等原因而失去很多职位的应聘机会。

陈功测试了阿成的天赋和性格,发现他思维很有逻辑、思想很有深度、很有理论素养,但不擅长沟通协调。

阿成在职业顾问陈功的建议下,半年后开了间小公司,自己的理论优势得到充分发挥,开张仅三个月,业务就已经忙不过来,利润虽然不算很高,但已远远超出打工时的最高记录。现在的阿成,由里到外更透出自信。

(资料来源:陈功.为什么总是找不到合适的工作[EB/OL].
http://www.hroot.com/contents/76/170739.html)

知觉是个人对客观事物、对他人的一种认知心理过程。在知觉的基础上,与人交往、与客观事物接触,就会逐渐形成态度。

我们对所有的事物都持有一定的态度。但是由于每个人的社会生活环境、知识经验不同,待人处事的态度也往往迥异。态度差异是个体差异的一个重要方面,为人的行为有很大的影响。我们将在本章讨论价值态度、它与行为之间的联系,以及员工对工作的满意或不满意等态度是如何影响工作环境的。

3.1 价值观

3.1.1 价值观的概念

死刑这种惩罚是对还是错?如果一个人喜欢权力,是好还是坏呢?对这些问题的回答都涉及价值观的问题。价值观代表人们最基本的信念,从个人或社会的角度来看,某种具体的行为模式或存在的最终状态比与之相反的行为模式或存在状态更可取。这个定义包含着判断的成分,反映出个体关于正确和错误、好与坏、可取和不可取的看法与观念。价值观包括内容和强度两种属性。内容属性指的是某种行为模式或存在状态是重要的;强度属性界定的是它有多重要。当我们根据强度来对一个人的价值观进行排序时,就可以得到一个人的价值系统。所有人的价值观都具有层级性,这就构成了人们的价值系统,通过对诸如自由、快乐、自尊、诚实、服从、公平等价值观按相对重要性进行排列,就可以认识和了解这个系统。

价值观是相对稳定和持久的。价值观中很大一部分内容在我们早年生活中就已经形成——从父母、老师、朋友和其他人那里获得的。当我们还是孩子时就被告知,某种行为或结果要么好,要么不好,没有中间状态。例如,人们告诉你应该诚实和有责任感,你从没有受到过这样的教育:要有一点点诚实性,或要有一点点责任感。这种绝对的、黑白分明的价值观学习方式,一定程度上保证了价值观的稳定性和持久性。当然,对价值观提出质疑的过程,则可能会带来变化。不过,通常的情况是,对价值观的质疑只不过更强化了已经拥有的价值观。

3.2.2 价值观的重要性

价值观对于组织行为的研究很重要,它是了解员工态度和动机的基础,同时,它也影响到对人对事的知觉和判断。每个人在加入一个组织之前,早已形成什么是应该的,什么是不应该的思维模式。显然,这些观点都与价值观有关,其中包含着对正确与否的解释。而且,它们还意味着,某种行为或结果比其他行为或结果更可取。因此,价值观淡化了客观性和理性。

价值观从总体上影响一个人的态度和行为。假设你刚进入组织时认为以绩效作为报酬分配的基础是正确且合理的,而以资历作为报酬分配的基础是错误、不合理的。那么,当你发现这一刚刚加入的组织恰恰根据资历而不是绩效进行奖励时你很可能感到失望——这将使你对工作不满意,并且导致你不会付出更多努力,因为"不论怎么说,这样做不太可能让你挣到更多的钱"。如果你的价值观与组织的报酬政策一致,你的态度与行为又会有差异。

3.2.3 价值观的类型

根据罗克奇价值观调查,价值观可以分为终极价值观和工具价值观两种类型。米尔顿·罗克奇(Milton·Rokeach)编制罗克奇价值观调查问卷,这一调查问卷包括两种价值观类型,每种类型当中有18个具体项目,第一种类型称为终极价值观,指理想的终极存在状态,这是个体愿意用生命去实现的目标。第二种类型称为工具价值观,指的是个体更偏好的行为模式或实现终极价值观的手段,见表3-1。

表 3-1　　罗克奇的终极价值观和工具价值观

终极价值观	工具价值观
舒适的生活(富足的生活)	雄心勃勃(辛勤工作、奋发向上)
振奋的生活(刺激的、积极的生活)	心胸开阔(开放)
成就感(持续的贡献)	能干(有能力、有效率)
和平的世界(没有冲突和战争)	欢乐(轻松愉快)
美丽的世界(艺术和自然的美)	清洁(卫生、整洁)
平等(兄弟情谊、机会均等)	勇敢(坚持自己的信仰)
家庭安全(照顾自己所爱的人)	宽容(谅解他人)
自由(独立、自主的选择)	助人为乐(为他人的福利工作)
幸福(满足)	正直(真挚、诚实)
内在和谐(没有内心冲突)	富于想象(大胆、有创造性)
成熟的爱(性和精神上的亲密)	独立(自力更生、自给自足)
国家的安全(免遭攻击)	智慧(有知识、善思考)
快乐(快乐的、休闲的生活)	符合逻辑(理性的)

续表

终极价值观	工具价值观
救世(救世的、永恒的生活)	博爱(温情的、温柔的)
自尊(自重)	顺从(有责任感、尊重的)
社会承认(尊重、赞赏)	礼貌(有礼的、性情好)
真挚的友谊(亲密关系)	负责(可靠的)
睿智(对生活有成熟的理解)	自我控制(自律的、约束的)

不同人群在罗克奇的价值观上差异很大。相同职业或工作类别的人(如公司管理者、工会成员、父母、学生)趋向于拥有相似的价值观。例如,对公司经营者、钢铁业的工会成员和社区工作者进行比较表明,尽管三组人的价值观有很多部分是重叠的,但是,三组人群的差异也十分明。社区工作者的价值偏好与其他两类人群存在很大差异,他们认为平等是最重要的终极价值观;而公司经营者和工会成员却分别将这种价值公司经营者、工会成员和社区工作者的价值观列在第1、2位和第1、3位。社区工作者将"乐于助人"排在工具价值观的第2位;其他两组人都将其排在第14位,这些差异十分重要,因为经营者、工会成员和社区工作者对于公司有着不同的兴趣。这些差异使得组织间的谈判变得困难,当他们针对公司的经济和社会政策进行谈判时,也会产生严重的冲突,见表3-2。

表 3-2　　公司经营者、工会成员和社区工作者的价值观排列

公司经营者		工会成员		社区工作者	
终极价值观	工具价值观	终极价值观	工具价值观	终极价值观	工具价值观
1. 自尊	1. 诚实	1. 家庭安全	1. 负责	1. 平等	1. 诚实
2. 家庭安全	2. 负责	2. 自由	2. 诚实	2. 和平的世界	2. 乐于助人
3. 自由	3. 能干	3. 快乐	3. 使人鼓舞	3. 家庭安全	3. 使人鼓舞
4. 成就感	4. 雄心勃勃	4. 自尊	4. 独立	4. 自尊	4. 负责
5. 快乐	5. 独立	5. 成熟的爱	5. 能干	5. 自由	5. 能干

3.2.4　价值观、忠诚感和道德行为

近年来商业道德有衰落的迹象,例如由会计操纵、包庇、利益冲突等造成的公司丑闻。

这个问题引起众多争论。不少人认为道德标准的退步始于20世纪70年代末期。总体来说,管理者始终认为,他们上司的行为是影响组织中道德行为和不道德行为的最重要因素。基于这个事实,那些中高层管理者拥有的价值观应该对组织内的整体道德气氛产生重要作用。

3.2.5 不同文化下的价值观

管理者必须具备和不同文化下的人们打交道的能力。因为不同文化下价值观存在差异,面对这些差异的理解有助于我们对来自不同国家员工的行为进行解释和预测。

1. 霍夫斯泰德评估文化的构架

在分析文化间的差异时,最被人们广为引用的观点之一是吉尔特·霍夫斯泰德(Geert Hofstede)20世纪70年代末期提出的观点。他曾对40个国家为IBM公司工作的超过11.6万名员工进行调查,了解他们与工作有关的价值观。他发现,管理者和员工在有关民族文化的五个维度上存在差异。下面我们分别列出并界定这五个维度。

(1) 权力距离。一个国家的人民对于机构和组织内权力分配不平等这一事实的接纳和认可程度。高权力距离意味着权力和财富的巨大不平等以及文化对这一问题的高容忍度,这种文化体制下,存在等级制度,阻碍下层市民向上层流动,低权力距离意味着,这种文化禁止权力和财富方面的差异。这样的社会强调平等和机会。

(2) 个人主义和集体主义。个人主义是指人们喜欢以个体为活动单位而不是成为群体成员进行活动的程度,他们认为个人权利高于一切。集体主义是指,人们生活在具有严谨架构的社会中,期望得到同一群体的其他人的照顾与保护。

(3) 男性气质和女性气质。国家文化支持传统男性角色如成就、权力及控制力的程度及支持男女平等的国家文化。高男性气质的国家文化,男女角色不同,社会由男性主导,高女性气质的国家文化男女之间差异很小,强调男女平等,在这种文化中,男女在社会生活的各个方面都是平等的。

(4) 不确定性规避。一个国家的人民喜欢结构化而不是非结构化情境的程度。在不确定性规避上得分高的国家,人们对于不确定性和模糊性的焦虑水平更高,这种文化重视法律、法规和控制,以减少不确定性。不确定性规避程度低的国家,人们不易受模糊和不确定性的影响,能够容纳各种意见,并且规则导向不明显,人们更容易采取冒险行动、接受变革。

(5) 长/短期取向。这是霍夫斯泰德文化架构中新增的部分,主要关注社会对传统价值观的长期取向,生活在长期取向文化中的人们,总是想到未来,而且看重节俭、持久与传统。而短期取向的人们看重的是此时此地,人们更容易接受变革,忠诚度也不会对其造成阻碍。

2. 用于文化评估的 GLOBE

从1993年开始,"全球领导与组织行为有效性"(Global Leadership and Organizational Behavior Effectiveness,简称GLOBE)的研究项目一直进行着有关领导与民族文化的跨文化调查,数据来自62个国家的825个组织,针对民族文化的差异,GLOBE团队确认九个维度:决断性、未来取向、性别差异、不确定性规避、个人主义/

集体主义、组内集体主义、绩效取向、人本取向。

(1) 决断性。决断性是指一个社会鼓励人们竞争、对抗、不妥协、自我肯定,而不是谦虚、平和的程度。这一维度与霍夫斯泰德的生活数量维度相对应。

(2) 未来取向。未来取向是指一个社会鼓励和奖励未来取向行为(如做出规划、投资未来、延迟满足)的程度。这一维度与霍夫斯泰德的长/短期取向相对。

(3) 性别差异。性别差异是指一个社会最大化性别角色差异的程度。这与霍夫斯泰德的男女性气质相同。

(4) 不确定性规避。与霍夫斯泰德的界定相同,GLOBE 团队把这一概念界定为一个社会对社会规范和程序的依赖,以降低对于未来事件的不可预知性。

(5) 权力距离。与霍夫斯泰德一样,GLOBE 团队把它界定为:一个社会中,成员预期权力分配的不平等程度。

(6) 个人主义/集体主义。这一概念也与霍夫斯泰德的界定一致,即个体受到社会公共机构的鼓励而融入组织与社会群体当中的程度。

(7) 组内集体主义。组内集体主义是指它不关注社会公共机构,这一维度包括,社会成员对于小群体(诸如家庭、亲密朋友圈、他们所在的组织)成员身份的自豪程度。

(8) 绩效取向。绩效取向指的是一个社会对群体成员的绩效提高或绩效优异给以鼓励和奖赏的程度。

(9) 人本取向。人本取向指的是一个社会对于公正、利他、慷慨、关怀、对他人友善等的个体给予鼓励和奖励的程度。

对 GLOBE 维度与霍夫斯泰德的维度进行对比可以发现,前者是后者观点的扩展而不是替代。GLOBE 的研究进步证实了霍夫斯泰德的五个维度依然有效。不过,它还加入了其他一些维度,而且提供了每个国家在各个维度上的最新测量数据。

3.2 态度

态度(Attitude)是对物体、人或事件做出的有力或不利的评价。态度反映我们对事物的感觉。当我说"我喜欢我的工作"时,我在表达我对工作的态度。

态度是很复杂的。每个人对自己以及所处环境的各个不同方面都会持有不同态度,或者非常赞成,或者有些赞成,或者不赞成,其结果是导致人们做出不同的行为反应。如果你询问人们对宗教信仰或者对他们所在组织的态度,你所得到的答案可能会很简单。但简单的回答背后可能存在着复杂的原因。为了完整地理解态度的概念,我们必须考虑它最根本的属性或构成。

3.2.1 态度的心理结构

态度的心理结构由三种成分构成。

1. 认知成分（Cognitive Component）

认知成分指的是指人对事务的看法、评价以及带评价意义的叙述。它包含有关的事实、知识和信念等。如你可能认为你同事的薪酬比你高，或者你的上司对工作知之甚少，却是你的上司。不管这些信念是否正确，都包含着态度的认知成分。这些评价是一种认知体系，与人的世界观、价值观有着密切关系，直接或间接地涉及态度的表达。

2. 情感成分（Affective Component）

态度的情感成分即人对事物的好恶，带有感情色彩和情绪特征，人的喜爱或讨厌、热情或冷淡、尊敬或蔑视等，都反映出人的态度。态度和情感不能画等号，但态度会有情感倾向，情感情绪可以直接反映出态度。它是态度的核心，如常常会听到"我喜欢我的工作"或"我不喜欢我的工作"。

3. 行为倾向成分（Behavioral Component）

它是指个人对外界的人或物所预备采取的反应或行动倾向。它不同于行为，但态度会有心情倾向，人的行为反映态度，如"我打算换一份新的工作"。

态度的三种构成成分之间的关系是复杂的。其中认知成分是基础，情感成分是核心，行为倾向性则决定行为的外在表现。一般情况下，态度的三种成分是协调一致的，也就是说，一个人有什么样的认知就会产生什么样的情感，导致什么样的行为意向。但是，在某些情况下，态度的三种构成成分也可能是不一致的。你可能热衷于找一份工作，但如果没有更好的职位或者工作的其他方面抵消了你的消极感受，那你就不会去换一份新的工作。换句话说，你的某一行为方式的意图并不一定能预测你的实际行为方式。

态度对人的行为具有指导性和动力性的影响，它可以支配和确定人们的行为。但行为本身又不是态度，它是态度的外显，是在人的态度的影响下表现出来的对态度对象的具体化。通常情况下，了解一个人的态度，不能只靠直接观察，还要借助其外显行为去推测，这样才能了解其复杂的心理活动倾向。

3.2.2 态度的形成和改变

1. 态度的形成

态度的形成受到多种因素的影响，大致分为主观因素和客观因素。主观因素包括个体的特质、经验、需求等，对态度的形成存在直接影响；客观因素包括群体、社会文化，对态度的形成起制约作用。心理学家凯尔曼（H. C. Kelman）把态度的形成过程概括为服从、同化、内化三个阶段。服从又称顺从，这是态度转化的第一阶段，即一个人从表面上转变自己的观点。这是给在遭受外部压力的情况下造成的。同化则是自愿地接受他人的观点、信念、态度与行为，使自己的态度与他人的态度相接近。内化是一个人从内心深处相信和接受他人的新观点，而彻底转变自己的态度。这意味着把他人的新观点新思想纳入自己的价值体系，使之成为自己态度体系中的一个有机组成部分。

（1）服从。服从是指个体在外在的社会力量的影响下，表现出某种态度的外显行为，但还没形成深刻的认知和情感成分。个体形成这种表面的态度可能是为了获得某种物质的或精神的报酬或者逃避惩罚。一旦外部的控制失去，个体的态度就会发生改变。如企业员工或是出于本人的意愿，有意识地去理解管理者的目的而主动服从；或是受到管理者制定的企业群体规范的压力，从而产生被迫的服从行为。

（2）同化。在这个阶段，个体不是像顺从阶段那样被迫地接受某种态度，而是自愿地接受。这时，他已产生一定的情感成分，他愿意接受某种态度是因为他希望得到别人的赞许和接纳，想要与别人建立良好的关系。因此，在这一阶段，企业员工的态度不再是表面的改变，也不是被迫的服从，而是开始自愿地接受管理者的观点、信念、行为或新的信息，这一阶段已经与管理者所要形成的态度相接近，但没有同自己全部态度体系相融合。

（3）内化。企业员工的内心发生质的变化，新的观点、新的情感和新的意愿已经纳入自己的价值体系之内，成为自己态度体系中的一部分，比较稳固，也不太容易改变。

凯尔曼的理论很好地解释了态度的形成从外到内、由浅入深的过程，并且使我们认识到态度的形成仅仅停留前两个阶段是不够的，只有到了生化阶段，态度才会稳定持久。

2. 态度的改变理论

（1）认知失调理论。美国社会心理学家利昂·费斯廷格（Leon Festinger）于1957年提出认知失调理论。该理论认为态度与行为之间存在不和谐的情况。他认为，任何形式的不和谐都会导致个体心理上的不适感，从而使得个体试图去寻找减少不适感的稳定状态。费斯廷格认为个体减少失调的愿望的强烈程度取决于以下三个因素：导致失调的因素的重要性；个体认为他对于这些因素能够施加的影响和控制程度；失调可能带来的后果的严重性。随着认知失调的不断增加，要求减少和消除这种由失调而缠身的压力和心理紧张，通常采用以下三种途径：减少不协调的认知成分；增加协调的认知成分；改变一种不协调的认知成分，使之不再与另一个认知成分矛盾。

（2）平衡理论。心理学家弗里茨·海德（F Heider）于1958年提出改变态度的平衡理论。该理论强调，不平衡的状态会导致紧张的产生，并产生恢复平衡的力量。理论所说的平衡的状态，是指"在这种状态中被感知的个体与所感觉的情绪无压力地共存"。海德认为，人类普遍地有一种平衡、和谐的需要。一旦人们在认识上有了不平衡和不和谐性，就会在心理上产生紧张和焦虑，从而促使他们的认知结构向平衡和和谐的方向转化。显然，人们喜欢完美的平衡关系，而不喜欢不平衡的关系。

3.2.3 主要的工作态度

我们每个人都有成千种态度。在组织中,人们对各种事物中会形成不同的态度。如,员工对自己的工作环境、工资报酬、工作内容等有不同的态度。这些态度中,有的对组织及员工的本身影响不大,而有些态度则有着非常重要的影响。通常认为,对待工作最重要的态度包括工作满意度、员工投入以及组织承诺。

1. 工作满意度(Job Satisfaction)

当人们谈到员工态度时,他们通常指的是工作满意度,它描述人们对工作的积极情感,来源于对工作特点的评价。我们可能会发现,他们的观点很鲜明,包括他们的情感,如"我真的很不喜欢我的工作""他们认为我们为社区提供了很重要的服务",以及"我正打算找一份新的工作"。

工作满意度是员工对自己所从事工作的一般态度。一个人的工作的满意度越高,对工作可能就持一种积极的态度;对工作不满意,可能就对工作持一种消极的态度,这种态度会反映在工作行为上,并会对组织的工作绩效产生影响。工作满意度是一个组织员工管理状况的重要测度指标,与员工流动率、工作积极性和劳动生产率密切相关。

2. 员工投入(Employee Engagement)

员工投入是一个新的概念,它是指个体对自己工作的投入程度、满意度和热情。投入程度高的员工对工作有很高的激情,他们感到自己与公司有紧密的联系;而投入程度不够的员工根本心不在焉,他们只不过是为工作投入了时间,而没有投入精力和注意力。对于大多数组织来说,员工投入度成为一个重要问题,因为调查显示只有很少的员工高度投入工作中。一项针对 36 个公司中大约 8 000 个商业机构的研究显示,如果员工投入程度高,那么客户满意度较高、工作效率较高、利润较高、而且离职率和事故发生率比其他公司更低[1]。致力于提高员工投入程度的卡特彼勒公司根据记录发现,该做法降低 80% 的客户投诉并将高度满意客户的数量提高 34%。[2]

3. 组织承诺(Organizational Commitment)

组织承诺通常是指员工对组织及其目标的认同感,以及对组织的归属感。组织承诺代表了员工对组织的忠诚度。组织承诺通常包括三个方面:保持组织成员身份的强烈期望;愿意做出更多的努力来代表组织;对组织的价值观和目标的信任和接受。因此,可以对组织承诺进行测量。具体表现如下为:①情感承诺(Affective

---

[1] J. K. Harter, F. L. Schmidt, and T. L. Hayes, "Business—Unit—Level Relationship Between Employee Satisfaction, Employee Engagement, and Business Outcomes: A Meta—Analysis," Journal of Applied Psychology 87, no. 2 (2002), pp. 268-279.

[2] N. R. Lockwood, Leveraging Employee Engagement for Competitive Advantage (Alexandria, VA: Society for Human Resource Management, 2007); and R. J. Vance, Employee Engagement and Commitment (Alexandria, VA: Society for Human Resource Management, 2006).

Commitment)是指对组织目标和价值观的信仰,以及为组织付出更多努力的意愿和希望保持组织成员身份的愿望,如"我喜欢把组织看作我的家"。②持续承诺(Continuance Commitment),即员工因考虑到跳槽的成本而不愿离开组织的理由。③规范承诺(Normative Commitment)是指员工觉得应该留在组织中的责任与义务,如"组织应当获得我的忠诚"。

高组织承诺意味着员工希望保持组织成员的身份,低组织承诺意味着员工往往倾向于与组织隔离。对组织的认同感与流失率和缺勤率呈负相关关系,对组织的认同感越低,员工的流失率和缺勤率就越高(前提是员工有选择的机会)。有研究表明,用组织承诺作为指标来预测员工的离职行为,比工作满意度更准确。原因可能在于,不满意工作可能不等于不满意组织。如有人因为烦于寻找新工作而一直寻找同一份工作,或者因为离开某一组织的代价太大,因为人们在某一组织工作的时间越长,他们再次的投资就越多,而一旦离开,其损失也就越多。许多人也正因为此而宁愿保留原来的工作。

3.3 工作满意度

在组织行为学中,工作满意度是使用最广泛的术语之一。随着经济全球化趋势的逐渐形成,我们比以往任何时候都更强烈地意识到,企业组织不仅要追求效率和利润最大化,也要追求员工满意度的最大化,达到以利益为中心和以人为本、高满意度的双重管理目的。同时,工作满意度也是生活满意度的一个组成部分。工作满意度的提高会促进生活满意度的提高,反过来,生活满意度的提高也会促进工作满意度的提高。

3.3.1 人们对工作的满意度如何

大多数人是否对自己的工作感到满意呢?对于美国和大多数其他发达国家来说,答案是肯定的,一项针对30年来美国工人的独立研究总体显示出越来越多的工人对自己的工作是满意的。但我们还是不能轻易相信这个结论。

研究显示,从工作的不同侧面来看满意度差异很大。如图3-1所示,人们一般来说对工作岗位总体、对工作任务本身以及对上司和同事感到满意。然而,他们对薪酬和晋升机会却感到不太满意,目前还不清楚为何人们对薪酬和晋升机会感到不如其他方面满意。[1]

虽然工作满意度在不同文化背景下呈现相关性,但这并不意味着工作满意度不存在文化差别。

---

[1] M. J. Gelfand, M. Erez, and Z. Aycan, "Cross- Cultural Organizational Behavioral," Annual Review of Psychology 58(2007), pp. 479-514; and A. S. Tusi, S. S. Nifadkar, and A. Y. Ou, "Cross-National, Cross-Cultural Organizational Behavioral Research: Advances, Gaps, and Recommendations," Journal of Management (June 2007), pp. 426-478.

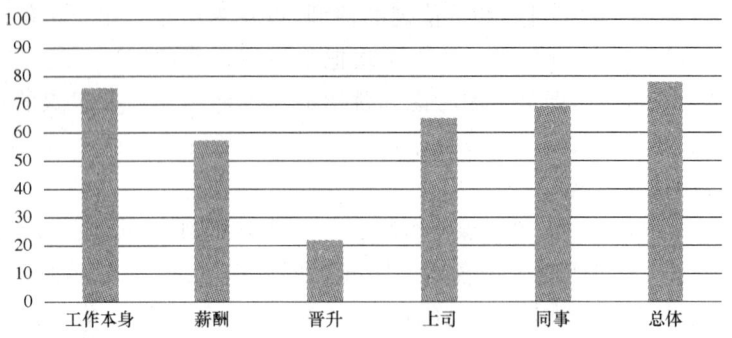

图 3-1　按工作各方面分类的平均工作满意度

资料卡

各国平均工作满意度

有证据显示，西方文化背景中员工的工作满意度高于东方文化背景下的员工。如图 3-2 展示了一项对 15 个国家的员工工作满意度的全球性研究。这项研究包括 23 个国家，但是为了将其更好地展示出来，我们只在此列出最具代表性的结果。正如图中所显示的，美国和西欧国家的工作满意度最高。西方文化背景下的员工是否拥有更好的工作？还是他们只不过人格更加积极（和自我批评相对）？虽然两个因素都可能在起作用，但是有证据显示，东方文化的个体比西方文化的个体更认为负面情绪不会导致别人的厌恶，而西方文化的个体则倾向于强调积极的情绪和个人的幸福。这可能揭示为何西方文化背景下的员工更倾向于拥有更高的满意度，例如美国和斯堪的纳维亚等国。

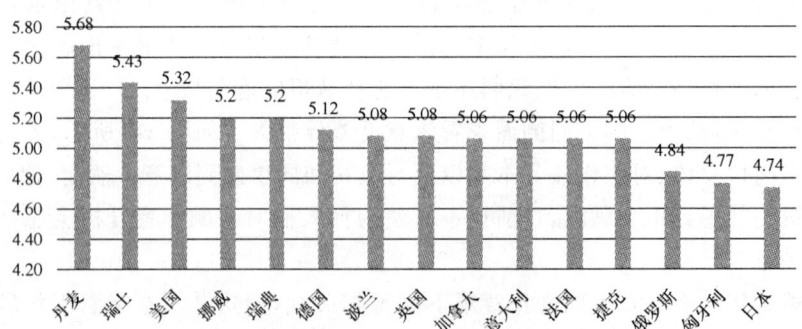

图 3-2　各国平均工作满意度

注：用于评价各国平均工作满意度的分数范围是：1＝非常不满意，10＝非常满意。

3.3.2 影响工作满意度的因素

1. 心理挑战性的工作

员工更喜欢这样的工作:这些工作能够为他们提供机会使用自己的技术和能力,能够为他们提供各种各样的任务,有一定的自由度,并能够对他们的工作提供反馈。这些特点使得工作更具有挑战性。挑战性第的工作世人感到厌烦,但是挑战性太强的工作往往会世人产生挫折和失败的感觉。在中毒挑战性的条件下,大多数员工将会感到愉快和满意。

2. 公平的报酬

报酬是影响员工工作满意度的重要因素之一。影响工作满意度的通常不仅仅是其绝对报酬得多少,而是分配制度和政策。如果分配制度和晋升政策能让他们觉得公平、明确,并与他们的期望一致,就会导致对工作的满意;反之,满意度就会下降。此外,与报酬相关的满意度还有一个社会比较问题,意识与社会上的同行相比,如果在社会平均之上,满意度就高;反之,满意度就低。二是与职业安全感相关,如果经济增速减缓,社会失业率较高,那么只要能保住饭碗,即便是收入低一些,满意度也会较高。如果把报酬的含义再扩大,把晋升和奖励也包括进来,那么组织中公平晋升的政策和实践,对个人业绩的公正评价和承认都会对员工的满意度产生很大的影响。

3. 支持性的工作环境

这里的工作环境既包括员工工作的物理环境,如工作环境是否安全和无污染,温度、灯光是否适宜,办公设施是否完善等,同时还包括工作的社会环境,如离家远近、交通通信、商业服务设施以及社交场所等。这里的员工对工作环境的关心既是为了个人的舒适,也是为了更好地完成工作。

4. 融洽的人际关系

人际关系对工作满意度的影响主要表现为与上司的关系和同事的关系。人们工作不仅是为了获得收入或实现个人的价值,还希望从工作中获得满足。因此,一个支持性的环境和融洽的人际环境对提升员工的工作满意度是至关重要的。领导行为和组织文化对人际环境的影响最大。如果领导对下属是公正、友好和善解人意的,鼓励员工参与并奖惩严明,那么就易形成良好的人际氛围,提高员工的工作满意度。

5. 人格和工作的匹配

根据霍兰德的人格与工作匹配理论,如果员工的人格与其从事的职业能够高度匹配,那会给他带来高度的满意感。因为当人们的人格特征与其选择的职业相一致时,他们会发现自己有合适的才能和能力来适应工作的要求,并且在这些工作中更有可能获得成功。同时,由于这些成功,他们更有可能从工作中获得较高的满意感。因此,在安排员工的工作时要注意其人格特征与工作类型相匹配。

3.3.3 工作满意度的测量

员工满意度测量已经成为许多跨国大企业管理诊断的评价标准。

1. 态度调查

了解员工态度，对人力资源政策的制定具有重要的指导意义。管理者如何获得员工态度的信息呢？最普遍的方法是通过态度调查来获得。

典型的态度调查针对管理层希望了解的问题确定调查目的，由此设计出能反映职工态度的一系列陈述或问题，形成态度调查表，由被调查者填写。根据个人对题目的反应给分，分数代表他对该时间的态度以及强弱程度，根据被调查者的态度总分，从而看出员工的态度和变化趋势。当然，以个人的态度分数为基础，还可以对群体、部门、组织的总体态度进行研究。为了准确地反映真实的态度，心理学家先后开发了多种专业性的量表。表 3-3 是态度调查表的一般形式。

表 3-3　　　　　　　　　　　　态度调查表示例

使用下面的评价标准回答每一个问题：
5＝非常同意　　4＝同意　　3＝不确定　　2＝不同意　　1＝强烈反对

问题	分数
1. 这个公司是非常好的工作场所	
2. 如果我努力的化，我可以在这家公司里出类拔萃	
3. 这家公司的薪酬水平比其他公司有竞争力	
4. 员工晋升的决策都很公平	
5. 我了解公司提供的各种福利待遇	
6. 我的工作能充分发挥我的能力	
7. 我的工作具有挑战性，但负担不重	
8. 我相信并信任我的上级	
9. 我可以随时将我的想法告诉我的上级	
10. 我知道我的上级对我的期望	

后来，通过专业人员设计的员工满意度调查发现，导致员工不满意的主要因素是因为这个家族企业在干部任命上存在一定问题，员工对一些干部不满，进而认为管理层不公正，所以在积累了一定的技术能力后纷纷跳槽。这次调查才使管理层发现了真正问题所在，使问题逐步解决。

2. 工作满意度测量

按照测量的内容，目前国家上为企业普遍接受和采纳的"员工满意度调查"的调查方法主要有两种：

（1）单一整体评估法。这种方法只要求被调查者回答对工作的总体感受，如"就各方面而言，我满意自己从事的工作"。许多研究表明，这种方法比较简单明了，因为满意度的内涵太广，单一整体评估法成了一种包容性更广的测量办法。不过，这种方法因只有总体得分，虽然可以知道企业的相对满意度水平，但无法对企业存在的具体问题进行诊断，不利于管理者改进工作。

（2）工作要素综合评分法。这种方法将员工满意度划分为多个维度进行调查，通常是通过员工对薪酬、晋升、管理、工作本身和公司群体的满意度等评级评定，得出企业员工满意度的结果。其一般程序是：首先，需要确定工作中的关键维度，然后编制调查问题，再根据标准量表来评价这些维度。调查既对各具体要素进行深入调查，同时又通过统计方法计算出整体的满意度状况。相比而言，它比单一整体评估法操作起来复杂一些，但能获得更精确的评价和诊断结果，有利于企业管理者根据存在的问题，制定相应的对策，提高员工的满意度。

那么，这两种方法孰优孰劣？凭直觉判断，将各种工作因素加总的方法往往更容易得到对一个工作满意度的精确评价，然而，结果并不支持这种直觉。这就是一种罕见的情况，既非简胜于繁，也非繁胜于简，而是简单方法与复杂方法同样奏效。对此最好的解释是，工作满意度概念的内涵太广，一个问题就可以捕捉到它的精髓。两种方法都十分有用。综合评价法不耗时耗力，而工作各方面相加总的方法能够帮助管理者找到并关注问题所在，从而更迅速和准确地解决问题。

3. 组织承诺的测量

在信息技术和全球化浪潮的冲击下，面对变化加快、工作保障减少、竞争加剧、工作压力增大等问题，建立一种关心人的、有生气的工作场所，将激发员工的承诺，提升组织的有效性，所以组织承诺得到越来越多的认可。表 3-4 所示的是组织承诺调查问卷（Organizational Commitment Questionnair，OCQ）的一个例子。

研究表明，组织承诺与好绩效、低离职率和低缺勤率之间有正相关关系，组织承诺的预测结果比工作满意度要好，因而值得管理者们加以注意。

表 3-4　　　　　　　　　组织承诺调查问卷

下面列出的是代表员工可能持有的、对他为之工作的公司或组织所感受到的一系列表述。根据你对目前工作的特定组织的亲身感受，请选择每一句表述下的 7 个备选项之一，以表明你对这句表述的赞同或者不赞同的程度。

1. 为了有助于这个组织获得成功，我愿意付出比一般的期望更多的努力。＿＿＿＿
2. 我和朋友谈及这个组织时，把它表述为一个非常值得为之工作的组织。
3. 我对于这个组织没有什么忠诚度。（R）
4. 为了使这个组织的工作得以开展下去，我愿意接受几乎任何类型的工作任务。
5. 我发现我的价值观和组织的价值观非常相似。
6. 我自豪地告诉别人，我是这个组织的一部分。
7. 只要工作类型相似，我就能在另外一个组织中工作得很好。（R）
8. 在工作绩效方面，这个组织确实把我激发到了最佳状态。
9. 我目前所处环境非常小的变化都会导致我离开这个组织。（R）
10. 我非常高兴我在当时抉择时选择了这个组织而不是其他组织。
11. 一直留在这个组织不会有太多收益。（R）
12. 我经常发现很难赞同这个组织关于员工的重要事情的政策。（R）
13. 我确实很关注这个组织的命运。
14. 对于我来说，这是可能选择的组织中最好的一个。
15. 对我而言，决定在这个组织工作肯定是一个错误。（R）

＊对每个陈述项目的答案由一个 7 点量表来评点，这个 7 点量表的各个值的意义表示：①非常反对；②比较反对；③有一点反对；④既不反对也不赞成；⑤有一点赞成；⑥比较赞成；⑦非常赞成。"R"表明一个反面表述，需要反向计分的项目。

3.3.4 工作满意度与工作绩效的关系

管理者对工作满意度的兴趣主要集中在工作满意度对工作绩效的影响上。人们普遍认为,提高员工的工作满意度,可以提高员工的工作热情,降低人才流失率,从而提高企业的竞争力和绩效。所以,企业老板以及高层管理人员,就花费很多心思研究如何提高员工的工作满意度。但是,我们对企业的实际调查的结果告诉我们,试试并不总是如此。员工的工作满意度与绩效没有必然联系,并且为了提高员工满意度而努力,有时反而会对公司的绩效起反作用。

在20世纪30年代就有人对这个问题进行了研究,但到目前为止还未取得公认的答案。目前,关于工作满意度与工作绩效的关系有以下四种组合,如图3-3所示。

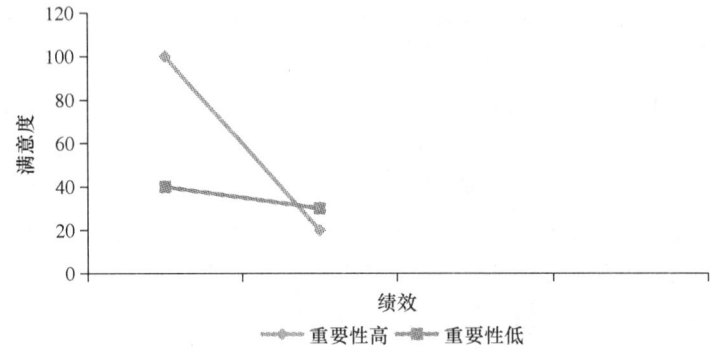

图 3-3 工作满意与债效关系

(1) 员工追求的满意同企业追求的高效率之间没有必然的联系。员工满意可能是因为工作很有趣、轻松,或同自己喜欢的人一起,或者有很高的待遇,更甚于在追求一些自认为有价值的东西。而这些东西并不一定都能使他为企业创造更高的效益。如,公司里往往又一些人,他们拥有很大的权力,很高的收入,他们的满意度很高,但是他们的工作绩效并不高,并且给他们提高收入、增加权力会增加他们的满意度,但是并不会提高他们的工作绩效,因为也许没有这样的能力,或者没有提升绩效的动力。

(2) 满意度虽低,绩效却很高。相反,有的时候,员工并不满意,甚至很不满意。例如,压力很大的情况下,或者职位受到威胁的时候,但是他们却能够有很高的绩效,因为必须有高绩效,才能摆脱威胁、减少压力。极端的例子是,在生活中或者战场上,当人的生命安全受到威胁的时候,人做事的效率会极高,但是人们的满意度会极低。心理学的理论表明,人们摆脱不满的愿望,比获得满意的愿望更强烈。所以,有时可以适当地制造一些不满,然后让员工通过努力摆脱不满。

(3) 满意度低,绩效也低。这种状况会令组织和员工都失望,却并不罕见。员工不满意组织所付的奖酬,组织则不满意员工的绩效。

(4) 工作满意度和绩效都很高。这是最理想的状态。实现的关键是在抓紧完成生产任务的同时,不断地满足员工多样而由不断变化着的需要。

> **资料卡**
>
> ### 让食堂"酒店化",职工宿舍"宾馆化"
>
> 日本住友商社正是这样做的。商社在东京的办公大楼约有2000名职工,因场地限制,新装修的食堂虽在地下二层,但由于运用间接采光技术同室外一样明亮。整个面积为1640平方米,厨房占地很小,餐厅显得十分宽阔,不仅铺有地毯,墙壁上还悬挂着40多幅油画,四周有盆景相衬,古典乐曲低回荡漾。与主餐厅相映成趣的是拥有130个席位的和式餐厅,其内部装修以黑色为基调,职工在这里用餐"能以现代的感觉体会日本的精神"。餐厅采用到桌服务方式,每天有4套菜谱供选择。夜晚,这里又是酒吧间和咖啡馆,职工既可在此约会知己,也可在此招待主顾,还能承办职工举行的新年会、忘年会以及欢迎会、欢送会等。
>
> 住友商社总务部副部长崛尾先生说,长期以来,日本企业虽在提高工作效率、增强商品的国际竞争力方面取得相当的成功,但对职工的健康和福利未能引起足够的重视。大企业虽都设有职工食堂,但给人的印象却是"环境阴暗、态度冷漠、饭菜单调。"过去,人们常把厕所作为观察企业管理状况的"窗口",而今,人们又把食堂看作企业有无活力的标志。住友商社就不仅实现了食堂"酒店化"的标准,还做到了职工宿舍"宾馆化"的水平。

3.4 态度在管理中的应用

态度是组织行为研究中的一个重要议题。态度有复杂的结构,不能直接观察,只能通过人表现出来的语言、文字、表情、行为推测人对事物的认知、情感和意向。这就要求管理者充分重视态度在管理中的作用,深入研究与态度有关的问题,正确分析,采取切实有效的措施改进管理工作。

3.4.1 认识员工态度在管理应用中的复杂性

由于组织层级制的存在,管理幅度的限制,价值态度本身的内在性质,管理者很容易忽略员工的态度和内心感受。被一些表象迷惑,就事论事采取一些治标不治本的管理措施。例如,有一些管理者听到人们抱怨沟通不畅,就匆忙采取措施,规定每月或每周召开几次会议加强沟通,这样的措施可能没有改善沟通,反而加剧文山会海现象。实际上,决策权的分配方式不仅影响沟通成本,而且影响基层管理人员和员工对于沟通的态度。所以,因决策权的分配不当而形成的沟通障碍是难以通过会议沟通消除的。因此,观察管理现象,必须充分认识员工态度对认知、行为的影响作用。

1. 态度影响认知与判断

认知对态度的形成有作用,态度一旦形成也会对认知产生反作用,有正向作用,也有负向作用。以正确的价值观为基础的科学态度会对人的社会认知、判断产生积极的影响;而如果态度形成使人产生心理反应的惰性(如对人、对事物形成了僵化、刻板的态度)就会干扰、妨碍认知与判断的准确性,容易产生偏见、成见,导致判断事务。例如,对犯错误的人产生厌恶的态度,即便改好了也表示怀疑;少数人常常效仿多数人的观点,不管观点是否正确;有的人盲目模仿别人的言行,不管其是否适用。

2. 态度影响行为效果

一个人热爱自己的工作,以稳定的、积极的态度对待工作,就会在态度持续的时间内努力提高工作绩效。例如,一个人以积极主动的态度对待学习,就容易激发强烈的求知欲望,使人感知敏锐、观察细致、思维活跃、提高学习效果。反之,如果对学习抱厌恶的态度,效率就会很低。

3. 态度影响忍耐力

忍耐力指人对挫折的感受、适应能力,它和人对所从事活动的态度有密切关系。例如,追求真理、热爱科学的人,对试验的失败有较强的忍耐力;对团队有认同感、抱有忠诚态度的员工,当团体遭遇挫折时,能够休戚与共、风雨同舟,表现出较强的忍耐力。反之,出现挫折就会产生抱怨、牢骚甚至辞职而去。

4. 态度影响相容性

在社会交往活动中,一个人对自己、对他人、对集体的态度,往往影响他于群体的融合程度;同样,团体成员之间的相互态度,也影响团体的相容性和凝聚力。一般说来,如果人与人之间持有真诚、友好、热情、谦和、宽容、互助的态度,那么社会成员之间会和睦相处,形成很高的相容性,组织内也会形成很强的凝聚力。反之,虚伪、冷漠、敌视、傲慢、苛求、尖刻的态度则会导致人际关系紧张,凝聚力降低。

3.4.2 运用多种方法定期进行员工态度调查

运用多种方法定期进行员工态度调查,能够提醒管理层潜在的问题,及时了解员工的意图,为管理层提供有价值的信息。一方面,通过相关因素的测量来综合反映员工总体的态度;另一方面,通过各种具体调查把握具体人员在具体问题上的他态度。在态度测量时,将各种测量方法与人的一贯表现结合起来,综合评定,才能得出比较可靠的结论。为此必须注意以下几个方面。

1. 科学地设计员工态度调查表

在设计员工态度调查表时,一方面要深入分析态度的结构,注意态度类型的分析选择,如前所述的员工满意度、员工投入和组织承诺等类型的着重点是不同的;另一方面要注意不同专业测量法的应用,如态度量表法、自由反应法和生理反应法等。

(1) 态度量表法。根据测量的需要,针对特定的调查目的,由专业管理人员设计出包括若干题目的量表。在心里学中,为了准确测量,先后出现瑟斯顿式、利克特式、语义分析等专业的量表。

（2）自由反应法。就是要创设一定的条件,让被测者自觉或不自觉地表明自己对某对象的态度,从而直接得到或经过分析得到被测者的态度。可以提出一些开放式的问题,如"你对本单位的改革有何看法"等,由被测者自由反应。也可以提出未完成的句子,由被测者写完,这样可以看出被测者的态度。

（3）生理反应法。它是通过个体的生理反应指标来测量个体态度的方法。从心理学研究来看,通过运用一定的一起测量人们身体的指标(如血压、脉搏、呼吸、体温等),由此探求身体的生理指标和个人的情绪、认知、行为的关系。而胜利反应测量正式从生理指标变化的状况来测量一个人对某问题的真实态度。这种方法又称测谎术,长期以来受到不少误解,要么被神秘化,要么被绝对排斥。实际上,使用仪器与其他科学方法一样,生理反应法有其特殊功能,但又不是万能的。

2. 采用多种调查方法掌握人的态度

除了应用前面介绍的态度调查法来反映员工总体的态度外,还有主管人员或者同事平时观察法、有关资料统计法、面谈法等。

主管人员和同事与员工来往关系最密切,通过彼此来往和杰出最容易观察到所属员工的态度及其变化倾向。

组织内的某些资料也能反映员工态度的好坏,要加强相关性强的敏感指标的研究,有效分析员工态度。例如,惩处人数和次数越多,就表明员工态度越恶劣;反之,则表示员工态度良好。

由主管人员与职工进行个别谈话,也是了解员工态度的方法之一。为了取得更好的效果,要注意面谈对象的代表性和把面谈内容事先通知面谈者,特别重要的是使面谈者无所顾忌地直言无讳。主管人员谈话过程中必须注意善于倾听。特别要重视人员调离前的面谈和调入厚的面谈,这时最容易了解到真实的情况。

3.4.3 改善对员工的态度

由于态度对人的行为影响是多方面的。所以,管理者面临的另一项重要任务是要通过改善对员工的态度来增强其动力作用,还要通过对员工的教育来达到自我态度的改善,以激其他们最大限度的热情与工作积极性。为此,要注意如下几个方面。

宣传法。宣传主要是借助于一定的手段,如简报、网络、讲座、广播等,把信息向员工传递,试图改变他们原有态度,以形成新态度的方法。在宣传过程中,既可以借助理性说服,也可以借助感情的唤起来影响员工,做到晓之以理,动之以情。一般来说,能够唤起人们感情的宣传能更好地改变员工的态度。管理者的权力和威望对员工态度的转变有着重要的影响。

此外,适当的恐惧唤起有助于改变员工的态度。在进行宣传而运用恐惧唤起手段时,一般可采用中等强度的恐惧。

资料卡

恐吓戒严法

国外一家公司考虑到员工和预防火灾,用各种请示宣传吸烟的害处,劝员工不要吸烟。半年后,收效甚微。后来,董事会开会决定,准备采用惊吓手法,即到处张贴血淋淋的脑部照片和展示血管内脂肪累积及肺内癌肿瘤的图片,让烟民目睹吸烟对身体带来的伤害。半年后或在事故明显下降,员工的健康水平也有了一定的提高。许多员工对戒烟开始保持积极态度。

(1)培训法。培训是进行转变员工态度的一个主要方法。认知心理学认为,个体不可能去做自己认为做不到的事情。因此,在很多情况下,员工具有完成任务的知识和技能,但是由于缺乏正确的态度,导致不能完成任务。

(2)排除障碍。研究改变员工态度的方法,排除改变态度的障碍,这符合组织中员工的共同利益。排除障碍,改变态度的常用方法有:提供新的信息;朋友和同伴的影响或劝说;解决态度和行为间的分歧等。

(3)员工参与法。员工参与法是指让员工参与某些活动来转变其态度的一种方法。它又氛围两种:强迫参与法和诱导参与法。强迫参与法是指不管个体是否愿意,规定其一定能够要参加某些活动,来改变其态度的一种方法。而诱导参与法则指的是通过某些方法使员工对某些活动感兴趣、资源参加后改变其态度的一种方法。

(4)组织规范法。组织的准则、价值、规范化的规则都可以有效地影响人的态度。组织规范法就是利用群体规范的强制力、约束力,或者采用一定的行政手段、经济手段和规章制度,迫使员工了解管理者发出的信息,促使其逐步改变态度的一种方法,员工可能开始是在压力强制下被迫地去接受规定,随着时间的推移,变得越来越习惯,进而越来越自觉,以至于改变原来的态度。这种方法一般运用在当管理层与员工的态度立场严重对立,采取一般的宣传说服难以奏效的时候。

(5)整理资料,深入分析。通过各种调查方法取得资料后,就要对所取得的资料进行系统整理,比较分析。在此基础上,制定相适应的管理措施,这对提高组织士气具有重要作用。一个组织可以根据实际情况选择增强员工满意度的方法。例如,西南航空公司在员工中推行一种有趣的文化:管理者清楚地表明对他们不尊敬也是没有关系的;做自己想做的,一定程度上减少了厌烦,提升了员工满意度。有效的人力资源管理公司,如迪士尼、福特、GE,把大量的经理用于了解将要雇佣的新员工与现有老员工的兴趣和技能,目的就是要获得人和工作的恰当的匹配。

综上所述,组织的领导人应当仔细地观察了解下属人员的态度,并通过教育和各种影响去改变他们的不正确态度,进一步发扬巩固正确态度,提高士气,以增进员工对组织的忠诚度与向心力,使员工对工作更热忱,对同事更和谐,对管理措施更支持,使每个人工作更为满意,表现得更好。这样,整个组织就会达到更好的效能。

资料卡

通用电气公司"大家出主意"

世界著名的通用电气公司在各工厂车间召开"大家出主意"会议,公司成立"大家出主意"领导班子,并聘用一些大学教授参加,对预定作为讨论重点的业务问题,邀请熟悉情况的各级员工来参加这一会议,每年全公司有2万~2.5万名员工参加此会议。在群策群力基础上形成的领导决策,贯彻执行起来的阻力就小。

本章小结

态度是个体对某一对象所出游的评价和行为倾向。包括认知、情感、行为等三个方面。价值观是个体对事务的总的看法和评价尺度,不同文化背景下的价值观具有差异性。

态度会影响员工的工作效率、学习效果和员工对挫折的适应能力等。工作满意度是一种由于对一个人的工作或工作经理的赞赏而产生的快乐或积极的情感状态。它是对工作情境的一种情绪反映。工作满意度会对工作行为的方方面面产生具体而深入的影响。

态度改变的理论主要有海德的人之平衡理论、费斯廷格的认知失调理论、凯尔曼的态度转变与形成三阶段论。员工态度转变的三种主要方法有宣传法、培训法、员工参与法、组织规范等。

组织承诺包含三种基本成分:情感承诺、持续承诺以及规范承诺。让员工参与决策,提高工作安全感与工作内容的趣味性,以及提高员工自主权与责任感,都可提高员工的组织承诺。

心理测试

工作满意度自测

这是明尼苏达满意度问卷短式量表(Weiss, Dawis, England & Lofquist, 1967)中的一些项目,能够大致体现工作满意度的含义。可依据下述项目与自身的契合程度,来判断自身的工作满意水平。

1. 能够一直保持忙碌的状态。
2. 独立工作的机会。
3. 市场有做一些不同事情的机会。
4. 有在集体成为重要角色的机会。
5. 上司对待下属的方式。
6. 上司的觉得能力或者胜任能力。
7. 能够做不违背良心的事情。
8. 工作的稳定性。
9. 能够为其他人做些事情的机会。
10. 有让他人做事的机会。
11. 能够充分发挥自己工作能力的机会。
12. 公司战略实施的方式。
13. 我的报酬与我的工作量的比较。
14. 职位晋升的机会。
15. 有能够自己做出判断的自由。
16. 自主决定如何完成工作的机会。
17. 工作条件。
18. 同事之间相处的方式。
19. 工作表现出色时所获得的奖励。
20. 我能够从工作中获得的成就感。

管理游戏

组织承诺测验

和你自己所属的学生组织成员一起做一下下面的测试,看看大家对组织承诺的情况。

请判断以下内容跟你的情况的符合情况(A. 非常符合;B. 比较符合;C. 较符合;D. 非常不符合)。符合程度越高,成员的组织承诺越高。

1. 愿意为组织尽额外的努力。
2. 把组织当作工作的理想场所。
3. 接受组织的任何任务。
4. 与组织的价值观相似。
5. 骄傲地告诉他人在组织的某部门工作。
6. 组织能激发人们最大的工作成绩。
7. 愿意选择本组织而不是其他组织。
8. 确实关心组织的命运。

9. 这是一个最值得工作的组织。

案例聚焦

宜家用价值观与员工"联姻"

宜家是一家有鲜明价值观的公司,同时也是一家创业型公司,其创始人英格瓦·坎普拉德的印记镌刻在公司的每个角落。以成本注意为例,虽然荣列《商业周刊》评出的全球首富,但他70多岁高龄坐飞机仍然选择经济舱。在宜家,成本概念深入经营方式、产品生产等各个方面。比如,大部分加剧产品都需要顾客手工组装以节省成本,顾客要自行开车运送家具等。

宜家的这种风格吸引同样有"成本注意"情节的人。在宜家,即使是管理层员工,也鲜有开着奔驰宝马、穿着昂贵服装上班的。创始人—公司—员工,让他们表现一致的纽带就是价值观。他们都强调自我意识和团队合作,成本意识强烈,并具亲民性。

就像稳定的婚姻是以相同的价值观为基础一样,在宜家,企业与员工一旦因为共同的价值观二走到一起,这种关系就很难破裂。据宜家中国人力资源经理常扬介绍,几年来宜家的员工流失率一直维持在10%,远低于26%的行业平均水平。

下面是调查者对宜家公司领导者访谈时的对话记录,充分反映了宜家公司的价值观体系。

价值观是"婚姻"的基础

调查者:宜家最看重员工的价值观,原因是什么?

领导者:学历可以提升,经验可以积累。改变一个人的价值观是不太可能的。比较可行的方法是在开始时就找到合适的人。宜家员工在价值观上都有很多共同点,首先都有很强的自我意识,有明确的发展规划,指导自己通过这份工作能得到什么。

另外要有团队工作的能力。有很强自我意识的人可分为两种,有些人希望成为个人英雄,另一些人希望通过团队的努力取得成就。前一种人不适合在宜家工作。

宜家还有其他的价值观,包括亲民性、成本意识等。

同样的,不能适应宜家价值观的人也会主动离开。我们曾在别的国家招聘一个高管,一名应聘者满足我们所有的技能要求,但他三次面试过程中都穿特别好的西服,打精致的领带,我们觉得很难抉择。宜家的风格比较随意,无论是高管还是普通员工,一律都是T恤、牛仔裤的类似装扮。不过后来他自己选择了放弃,这就是宜家价值观作用下的结果。

用价值观"相亲"

调查者:宜家在招聘上有没有特殊的方法,以找到有逐渐并且符合团队要求的员工?

领导者:首先是团体面试,我们和英国SHL测试公司合作进行。我们请应聘者在团队里共同完成一项或者几项任务,我们观察每个个人体在团队里面是怎样的。

个人在团体里和在个体情况下的表现是不一样的。团体里会有压力,有其他人的影响。团队面试我们做了两年,发现是很有效的。

其次,我们特别强调在面试过程汇总不是一个人做决定,我们叫做"Grandfather Principle"。字面意思是不仅父母做决定,父母的父母也要看。比如有一人来宜家,当时的亚太区总裁、中国区总裁都面试过他,上海店店长跟他谈过,我将要一起工作的两三个同事也跟他谈过。在宜家,面试的时间会长一些,那人前前后后用了6个月才完成面试。对一个人来说,换一个工作是非常重要的事,对宜家来说招聘员工也是非常重要的。

靠价值观共同发展

调查者:宜家重视员工有很强的自我发展意愿。但宜家是一家架构上比较扁平的公司。员工进来后都有哪些发展渠道?

领导者:员工如果只把自己限制在更高的职位升迁上,机会不是很多。但宜家给员工在不同地点工作的机会。我们全球所有招聘的机会都是首先面向内部员工的,不论在哪个国家,员工都可以看到其他国家的工作机会,并且可以提出申请。比如,有深圳人力资源部的员工到瑞典工作了两年;成都新店开业,也有一些员工申请到成都去。现在,在中国工作的外籍同事来自70多个不同国家。曾经有一名外籍同事说,他在宜家工作十几年,终于实现小时候的来中国的梦想。

另外,宜家也给员工参与不同工作的机会。比如,有专业设计的员工看到宜家美国新店需要有人做3个月内部装饰的工作,他就申请过去做项目。

调查者:在宜家,一名经理做得好坏不体现为公司赋予他的职位,而体现为下属赋予他的信任程度。我们希望经理应该具备领导力,在团队当中建立信任、建立清楚的方向,能够不断在团队中帮助员工成长。如果一名经理有很好的业务成绩但做不到这一点,他就不可能在领导者的位置上,他可以做一名专家。因此,在领导力的培养上,公司付出了很多的投资,无论是高层经理还是低层经理都有不同的培训项目,比如情境领导课程。我们还给经理们安排一对一的教练,在日常工作中对他们进行指导。

对于普通员工来说,公司特别强调自我管理,也安排自我情境管理的课程给员工。因为不同就职时间的员工工作需求会不一样,我们要求员工根据自己的情况来选择培训内容。

(资料来源:Ding Jenny.《人才资源开发》,2008.)

问题讨论:

1. 该案例中宜家公司为什么如此注重公司与员工价值观的匹配?
2. 根据案例归纳宜家公司人力资源管理的特点。

参考文献

[1] J. K. Harter, F. L. Schmidt, T. L. Hayes. Business-Unit-Level Relationship Between Employee Satisfaction, Employee Engagement, and Business Outcomes: A Meta-Analysis[J]. Journal of Applied Psychology, 2002, 87(2), pp. 268-279.

[2] N. R. Lockwood, Leveraging Employee Engagement for Competitive Advantage (Alexandria, VA: Society for Human Resource Management, 2007); and R. J. Vance, Employee Engagement and Commitment (Alexandria, VA: Society for Human Resource Management, 2006).

[3] M. Benz, B. S. Frey. The Value of Autonomy: Evidence from the Self-Employed in 23 Countries[J]. Journal of Economic Behavior and Organization, 2008, 68, pp. 445-455.

[4] M. J. Gelfand, M. Erez, and Z. Aycan, "Cross— Cultural Organizational Behavioral," Annual Review of Psychology 58(2007):479-514; and A. S. Tusi, S. S. Nifadkar, and A. Y. Ou, "Cross-National, Cross-Cultural Organizational Behavioral Research: Advances, Gaps, and Recommendations," Journal of Management (June 2007):426-478.

[5] 陈国海.组织行为学[M].4版.北京:清华大学出版社,2013.

[6] 陈春花,杨忠,曹洲涛.组织行为学[M].3版.北京:清华大学出版社,2013.

[7] (美)斯蒂芬·P.罗宾斯,蒂莫西 A. 贾奇.组织行为学[M].12版.北京:清华大学出版社,2015.

[8] Ding Jenny. 宜家用价值观与员工"联姻"[J].人力资源开发,2008(5):71-72.

[9] 段万春.组织行为学[M].2版.北京:高等教育出版社,2015.

[10] 肖余春.组织行为学[M].2版.北京:机械工业出版社,2016.

[11] 袁凌,吴文华,熊勇清.组织行为学[M].北京:高等教育出版社,2015.

第 4 章 知觉与个体决策

人类一生的工作,精巧还是粗劣,都由他每个习惯养成。

——富兰克林

学习目标

1. 了解知觉的概念。
2. 列出知觉的特征。
3. 理解影响知觉的因素。
4. 理解知觉的防卫机制和错觉。
5. 掌握归因理论。
6. 掌握知觉和个体决策之间的联系。
7. 列出理性决策模型的六个步骤。

基本概念

知觉 Perception
社会知觉 Social perception
选择性知觉 Selective perception
刻板印象 Stereotype
晕轮效应 Halo effect
归因理论 Attribution theory
归因偏差 Fundamental attribution error

导入案例

中国楼市有个"锚定效应"

在消费者的购买决策中,"估测值"显然受到"起始值"极大影响,"起始值"设置得足够高,"估测值"也水涨船高,那么东西最后就可以卖得贵。

这并不是一个故弄玄虚的题目,而是中国楼市长期被忽视的"高房价逻辑"。

何谓锚定效应(Anchoring effect)?它是"行为金融学"常用的一个概念,指的是当人们需要对某个事件做定量估测时,会将某些已知数值作为"起始值",而这个"起始值"会先"锚"一样制约着"估测值"。

听起来有点玄,用现实例子来说就简单多了。比如,一些欧美奢侈品公司经常会搞个新品推介会,模特儿挎着个其貌不扬的包,在T台上走来走去。这个包是新推款式,凝聚着设计师的奇思妙想,标价20万美元!

你瞬间就蒙了,怎么这么贵?但你不要惊慌,这个价格只是"限量款"的价格,它的"平民款"只要20万元人民币,马上有售。

这个例子就是"锚定效应"的奢侈品营销"应用版"。在这里,20万美元就是"初始值",而富裕的中国消费者认为,20万美元的确有点离谱,如果是20万元人民币,那就"物美价廉"了。于是,20万元人民币就成了"估测值",当消费者在商场看到真的只要20万元人民币时,一定会感动涕零。

可以看出,在消费者的购买决策中,"估测值"显然受到了"起始值"极大影响,"起始值"设置得足够高,"估测值"也水涨船高,那么东西最后就可以卖得贵。

世界上的奢侈品多数都采取了这个营销套路,车展上面目乖张的豪车"定价"上亿元,贵到"富二代"和"拆二代"都买不起,就是这个原因。但别忘了,厂商在车展上并不是真的要卖车,而是要设定一个足够高的"起始值"。

"锚定效应"还经常被运用到股市中。当一只股票价格过高时,上市公司就会拆股,比如一拆五,就是一股变五股,那么股价就会降低。以前100元,一拆五后,理论上会变为20元。那么,一些算术不好的股民就会认为,以前要100元,现在只要20元。赶紧买!

以上例子,丝毫没有怀疑股民智商的意思,在一些治理糟糕的市场,资本大佬的这种做法太常见了,而且屡试不爽。他们最清楚,"锚定效应"和股民的行为模式之间完全可以深度契合。

同样,在中国楼市,"锚定效应"也有着极为神奇的功效。这段时间,继一线城市暴涨之后,二线城市也飞了起来。国家统计局6月最新数据显示,2016年5月,全国70个大中城市(主要是二线)中,房价环比(这个月比上个月)上涨60个,持平6个,下降仅4个。房产从业者高呼:涨势一起,势不可挡。

在二线城市的上涨过程中,让人隐隐感觉到了"锚定效应"的影响。在中西部一些省会城市,这段时间的一些新盘已经超过了5万元/平方米。有购房的朋友说,深圳、北京都普遍10万元/平方米了,我们这里的好地段打个对折,应该不过分。

实际上,地产商、中介在推盘过程中,也不断利用了这种一线城市暴涨对二线城市的"锚定"作用,来推出各种"诱导式"广告。"北上深10万元,我们5万还会远吗?睁大眼睛,现在我们两万!"

对购房者而言,一边是对家庭资产贬值与日俱增的焦虑,一边是"锚定效应"对自己的不断说服。于是,省会城市、二线城市各种"踩踏式"的购房盛况开始在朋友圈流传。有的是假的,但更多的火爆场景的确是真的。

下一步,省会城市房价是否又会"锚定"地级市的房价呢?从一线到二线,再从二线到三四线,这样层层"锚定"的链条,最后谁来接盘呢?

最后必须告诉你,"锚定"其实是在营造一种心理上的幻像。真实情况是,不同城市的房价差异不是"加减级"的,生产要素要通过城市进行空间上的集聚,而这种集聚必然导致资产价格的"聚变",最终的房价差异不是"加减级",而可能是"乘除级"的。

(资料来源:谭保罗. 中国楼市有个"锚定效应"[N]. 南风窗,2016-07-05)

4.1 知觉

4.1.1 知觉的概念

知觉(Perception)指的是,个体为了对自己所在的环境赋予意义而组织和解释他们感觉印象的过程。但是,一个人所知觉的东西可能与客观现实差距很大。虽然并不总是如此,但却常常如此。比如,或许会有一家工厂的所有工人都觉得他们工作的工厂是最佳工作场所——良好的工作条件、有趣的工作任务、较高的工资待遇、优厚的福利、善解人意而且富有责任心的管理层。但是,所有员工都持完全一致看法的现象实在少见。

知觉对于组织行为的研究十分重要,因为人们的行为是以他们对现实的认知,而不是以现实本身为基础。这个世界是人们知觉到的世界,这对行为来说十分重要。

4.1.2 知觉的特性

人的知觉活动表现出四种基本特性。

1. 知觉的选择性

人所处的环境复杂多样。在某一瞬间,人不可能对众多事物进行感知,而总是有选择地把某一事物作为知觉对象,与此同时把其他事物作为知觉背景,这就是选择性。分化对象和背景的选择性是知觉最基本的特性,背景往往衬托着、弥漫着、扩展着,对象往往轮廓分明、结构完整。

知觉的对象从背景中分离,与注意的选择性有关。当注意指向某种事物的时候,这种事物便成为知觉的对象,而其他事物便成为知觉的背景。当注意从一个对象转向另一个对象时,原来的知觉对象就成为背景,而原来的背景转化为知觉的对象。因此,注意选择性的规律同时也就是知觉对象从背景中分离的规律。

有时人可以依据自身目的进行调整,使对象和背景互换,例如双关图(图4-1)中的男人。有人看到的是男人的半边正脸,有人看到的则是男人的半边侧脸。

2. 知觉的整体性

虽然事物有多种属性,由不同部分构成,但是人们并不把知觉对象感知为个别的、孤立的几个部分,而倾向于把它们组合为一个整体。例如,呈现一个由许多小写字母 s 组成的一个大写字母 H,通常人们首先反映到大脑的是字母 H,然后才细辨它是由许多小写字母 s 组成的。再如,同样一个图形"13",当它处在数字序列中时,我们把它知觉为 13,而当它处在字母序列中时,我们又把它知觉为 B。这些都反映了知觉把对象组合为整体的特性。

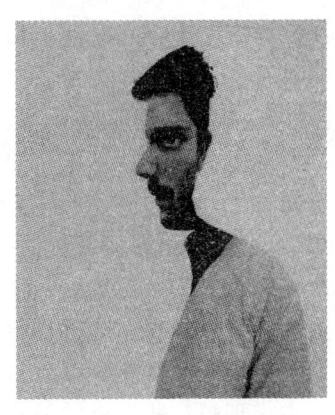

图 4-1 双关图

正因为如此,当人感知一个熟悉的对象时,哪怕只感知它的个别属性或部分特征,就可以由经验判知其他特征,从而产生整体性的知觉。例如,面对一个残缺不全的零件,有经验的人还是能马上判知它是何种机器上的何种部件。这是因为过去在感知该事物时,是把它的各个部分作为一个整体来知觉的,并在头脑中存留部分之间的固定联系。当一个残缺不全的部分呈现到眼前时,人脑中的神经联系马上被激活,从而把知觉对象补充完整。而当知觉对象是没经验过的或不熟悉时,知觉就更多地以感知对象的特点为转移,将它组织为具有一定结构的整体,即知觉的组织化。其原则是视野上相似的、邻近的、闭合的、连续的易组合为一个图形,见图 4-2。

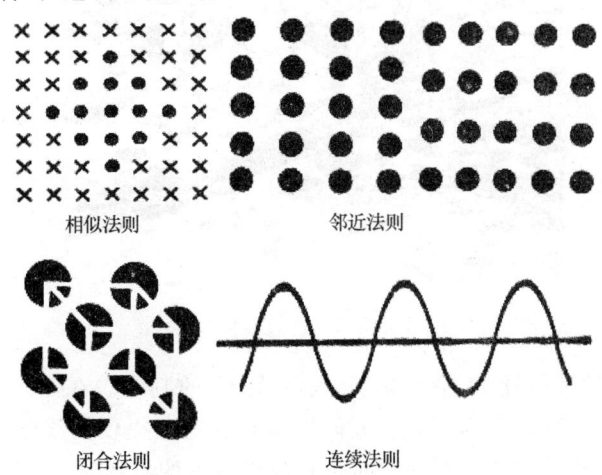

图 4-2 知觉组织法则

知觉对象作为一个整体,它不是各部分的机械均等的堆砌,而是取决于关键性强的部位(例如,歌曲中的旋律与歌词),非关键性的部分(例如音调与音色)一般被遮蔽。这里,知识经验是识别关键部分、准确把握知觉对象的重要因素。学生的知识经验缺乏,为提高其知觉的效能,教师应指点他们在观察时把注意力放在关键特征上。

知觉的整体性尤其是关键部位的作用提高了人们知觉的速度,例如,辨别个别笔画和辨别整个字的时间是相同的。但这也使人们容易忽略部分和细节,例如,校对时对整个文句的感知会抑制对个别错别字和错误标点的感知。

3. 知觉的理解性

知觉的理解性是指在知觉过程中,人用过去所获得的有关知识经验,对感知对象进行加工理解,并以概念的形式标示出来。其实质是旧经验与新刺激建立多维度、多层次的联系,以保证理解的全面和深刻。在理解过程中,知识经验是关键。例如,面对一张X线片,不懂医学的人很难知觉到有用的信息,而放射科的医师却能获知病变与否。教师也应通过言语启发,提供线索,帮助学生提取知识经验,组织知觉信息。

当第一次看隐匿图形(如图4-3)时,人并不是消极地观看图片上的黑白斑点,而是力求理解这些斑点的关系,提出种种假设,对它作出合理的解释。例如:"这是一片雪地吗?雪地里有什么?中间好像有个动物!它是什么?是熊吗?不像!是狼吗?也不像!哦,对,我看出来了,它是一条狗!"可见,人在知觉的过程中,不是被动地把知觉对象的特点登记下来,而是以过去的知识经验为依据,力求对知觉对象作出某种解释,使它具有一定的意义。

图4-3 隐匿图形

正因为知觉的理解性,人会作出"不可能图形"的判定。在图4-4的不可能图形中,知觉的理解性表现得更为明显。人们根据知觉对象提供的线索,提出假设,检验假设,最后作出合理的解释。当知觉对象是我们熟悉的事物时,人们对对象的理解往往采取压缩的形式,知觉者直接给对象命名,把它纳入一定的范畴之内,如说"这是一个三角形","这是一部山地车"等。

4. 知觉的恒常性

当知觉条件发生变化时,知觉的印象仍然保持相对不变,这就是知觉的恒常性。在视知觉中,知觉的恒常性十分明显。

视知觉的恒常性包括大小恒常、形状恒常、亮度恒常、颜色恒常。从不同的角度

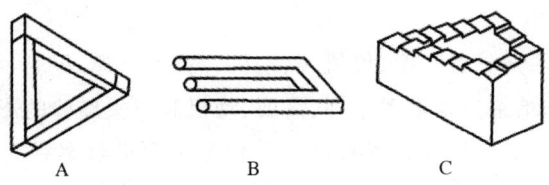

图 4-4 不可能图形

看同一扇门,视网膜上的投影形状并不相同,但人们仍然把它知觉为同一扇门,这是形状恒常性。一个人由近及远而去,在视网膜上的成像是越来越小的,但是人们并不会认为这人在慢慢变小,这是大小恒常性。煤块在日光下反射的光亮是白墙在月色下反射的光量的 5 万倍,但看上去我们仍然认为煤是黑的,墙是白的,这是明度恒常性。家具在不同灯光的照明下颜色发生了变化,但人对它颜色的知觉保持不变,这就是颜色恒常性。

恒常性使人在不同的条件下,仍然产生近似实际的正确认识,这对正常的生活与工作是必要的。

4.1.3 影响知觉的因素

很多因素会影响到知觉的形成,甚至有时是知觉的歪曲,这些因素可以归纳为知觉者、知觉目标或对象知觉进行的情境三个方面,如图 4-5 所示。

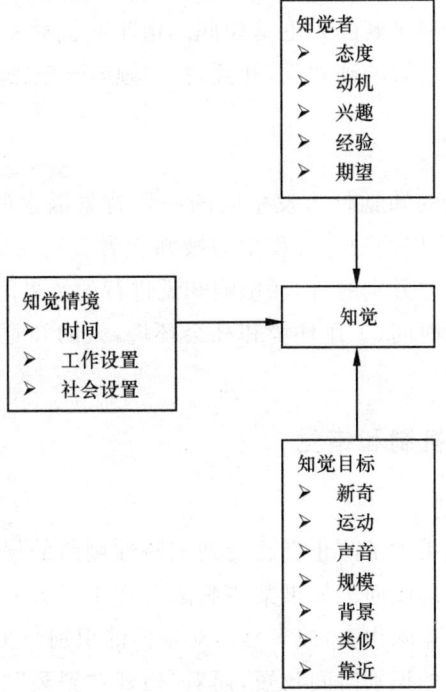

图 4-5 影响知觉的因素

1. 知觉者

知觉者因素包括知觉者态度、价值观、动机、需要、兴趣、经验、期望、个性特点,有不少实验表明,知觉结果受知觉者生理、需要、动机和过去经验的影响。

当个体看到一个目标物并试图对自己看到的东西进行解释时,这种解释受到了知觉者个人特点的明显影响。影响知觉的个人因素包括态度、人格、动机、兴趣、过去经验和期望。例如,如果你预期警务人员是独断专行的,年轻人是懒惰的,占用公共办公室的个体是缺乏道德的,那么,即使他们实际上不具备这些特质,你也会这样感知他们。

2. 知觉目标

知觉目标因素包括运动、新奇、对比、声音、背景、临近、大小、重复等。

(1) 大小法则:尺寸、空间越大,则越容易引起注意、重视。例如,一个高大醒目的广告牌比普通小广告牌要更引人注意。

(2) 强度法则:强度越高,则越容易被感知。

(3) 对比法则:与背景相反和出乎意料的事物最容易被感知。

(4) 动感法则:活动的事物比静止的事物更易于被感知。

(5) 重复法则:经常重复的事物比只出现一次的事物更容易被感知。

(6) 新颖法则:新颖、新鲜的事物容易被感知。

知觉目标的特点也能影响到知觉内容。在群体里,热闹的人总比安静的人更容易受到注意。漂亮的人和丑陋的人也是如此。由于我们并不是孤立地看待目标,因此目标与背景的关系也会影响到知觉,并且,我们倾向于把密切和相似的事物组合在一起看待。

3. 知觉情景

情景因素指的是人的知觉行为发生时的一切背景因素的总和。或者更确切地说,情景因素指的是在人们的知觉过程中与被知觉者直接关联因素的总和。由于人的知觉的发生场景是千差万别的,因而影响知觉进行的情景因素也就是千差万别的。

知觉情景因素包括时间、工作环境和社会环境,人的知觉总离不开一定的情景,也离不开对情景的分析。

4.1.4 知觉的防卫机制和错觉

1. 知觉的防卫机制

知觉的防卫机制是指为了防止自己受到威胁性刺激的侵扰,人们自动地抑制自己对它们的知觉和反应的倾向。如果某些刺激会产生很大的精神压力,人们会倾向于把这些刺激从大脑中排除出去,或者延迟对他们的识别。实验表明,人们对"跳舞""儿童""火炉"等中性词的识别时间较短,而对"强奸""猥亵""侵略"等词的识别时间比较长。

2. 知觉错觉

错觉是指一种不正确、被歪曲了的知觉。产生错觉的原因主要有知觉者生理和心理的状况以及知觉对象和背景的特点。知觉者在过度疲劳、饮酒过度、幻觉、催眠等状态下容易产生错觉。由知觉对象和背景的特殊性，导致知觉能力受限也可能导致错觉的产生。

例如在图4-6的赫尔曼黑白网格图中，当你注视网格中央时，你会看到交叉处有很多灰色模糊的点在跳动，但是如果你注视其中一个交叉点的时候，灰色点就会全部消失。

图4-6　赫尔曼黑白网格图

资料卡

缪勒莱耶错觉

前提为两条长度相等的线段，假如一条线段两端加上向外的两条斜线，另一条线段两端加上向内的两条斜线，则前者要显得比后者长得多，见图4-7。

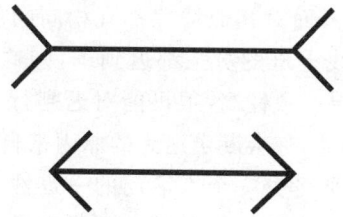

图4-7　缪勒莱耶错觉图

4.2 对人知觉:归因理论

对人知觉是与组织行为学关系最密切的知觉概念,正是通过这一点,才有了别人眼中的自己。

4.2.1 归因理论

对人知觉不同于对无生命客体,如桌椅、机器、建筑物的知觉,我们总是对人们的活动进行推断,其结果是,当观察人时,总是试图解释他以某种方式行动的原因。而对于个体活动的知觉和判断,又在很大程度上受到对其内部状态的假设的影响。所谓归因,就是指观察者为了预测和评价人们的行为并对环境和行为加以控制而对他人或自己的行为过程所进行的因果解释和推论。

归因理论认为,我们对个体的不同判断取决于把特定行为归因于何种意义的解释。当观察某一个体行为时,人们总是试图判断它是由于内部原因还是外部原因引起的。内因导致的行为是指那些个体认为在自己控制范围内的行为;外因导致的行为则是由外部原因引起的,也就是说,个体因为情境因素而被迫行动。对于一名上班迟到的员工,如果把迟到归结为他在昨天的晚会上玩到凌晨而睡过了头,这就是内部归因。但如果认为迟到的原因是他常走的路线交通堵塞,那么你进行的就是外部归因。

4.2.2 归因模型

在判断外因还是内因主导时,决定因素主要包括区别性、一致性和一贯性。

(1) 区别性。区别性指个体在不同情境下是否表现出不同的行为。一名迟到的员工是否也常常被同事抱怨为"逃避工作之人"? 如果是,则观察者可能会对行为进行外部归因,如果否,则可能将活动归于内部原因。

(2) 一致性。如果每个人面对相似情境都有相同的反应,认为该行为表现出一致性。比如,所有走相同路线上班的员工都迟到了,则这一迟到行为就符合上述标准。从归因的观点来看,如果一致性高,很可能对迟到行为进行外部归因;如果走相同路线的其他员工都准点到达,你会断定迟到的原因来自内部。

(3) 一贯性。观察者需要考察一个人活动的一贯性。不论时间怎样变化,此人是否都表现出相同的行为呢? 如果一名员工并不是在所有情境下都上班迟到10分钟,则表明这是一个特例(比如,她有好几个月从未迟到过);而对于另一种情况(比如,她每周都会迟到两三次),则说明迟到行为是固定模式中的一部分。行为的一贯性越高,观察者越倾向于对其作内部归因。

归因理论中的关键因素。如果你的一名员工小林,完成当前工作的水平与其他类似的工作相同(低区别性),而在这项工作中其他员工的水平总与小林的水平十分不同(或者比他低或者比他高)(低一致性),并且小林的这一工作绩效无论何时都是稳定的(高一贯性),则你或其他任何人在判断小林的工作时都会认为他自己对这一工作绩效承担主要责任(内部归因),见图 4-8。

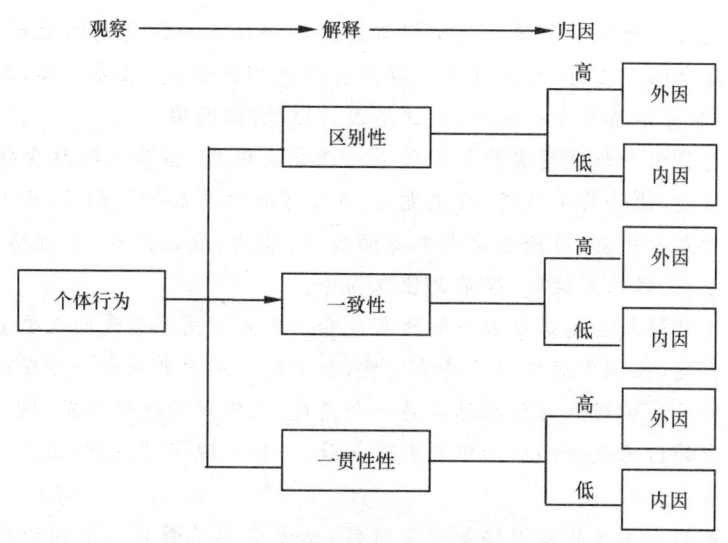

图 4-8　归因理论

4.2.3　归因失真错误或偏见

归因理论还有一项很有趣的发现,即人们常常存在归因失真的错误或偏见。比如,尽管在评价他人的行为时有充分的证据支持,但我们总是倾向于低估外部因素的影响,而高估内部或个人因素的影响,这称为基本归因错误。这种现象解释了当销售人员的业绩不佳时,销售经理更倾向于归因于下属的懒惰而不是竞争对手拥有革新产品,个体和组织则倾向于把成功归因于内部因素(如能力或努力),而把失败归因为外部因素(如运气或同事),这称为自我服务偏见。

这些歪曲归因的错误偏见还存在着一定程度的文化差异。比如,对韩国管理者进行的研究发现,与自我服务偏见正好相反,他们倾向于主动承担群体失败的责任——"因为我不是一个称职的领导人",而不是把失败归因于群体成员。归因理论在很大程度上以美国人和西欧人的实验研究为基础,但对韩国人的研究说明,在对美国之外的国家运用归因理论进行预测时应该慎重,尤其是那些有着强烈集体主义传统的国家。

资料卡

失恋后的归因偏差

恋爱失败是大家在大学生活中经常遇见的事情。一段恋情结束后，人们在回忆恋情结束的原因时，总会找出这样那样的原因。但是，很多时候，人们在进行归因时，却并不总是合乎逻辑的，这是因为出现"归因偏差"。

首先是行为者与观察者的归因偏差。恋爱失败后，当事人往往会将原因归结于某个情境，比如某次吵架、某次失约、发生了什么变故等。但是，旁人却更可能从恋爱的本身出发，讨论恋爱者本身的性格、能力、处世态度，如性格太倔强、有大男子主义、容易发脾气、经常无理取闹等。

形成这种偏差主要是双方所站的角度和出发点不同。恋爱的人更多地是从具体情况出发，强调实际行为的特殊情境，如出现了第三者或者一方发现了另外一方的秘密等。旁观者则往往站在另一个角度，从常规的逻辑出发，假设恋爱本人在恋爱中的行为表现和生活中的表现一致，一旦出现问题，就归因于恋爱本人的个人因素。

其次是利己主义的归因偏差。有时候，恋爱者为了避免人们因为恋爱的失败而对自己产生偏见，往往作出将错误归因于对方的解释。所谓利己主义归因偏差，是指人们一般对良好的行为或成功归因于自身，而将不良的行为或失败归因于外部情境或他人。

产生这种归因偏差一是情感上的需要。因为成功和良好的行为总是与愉快、自豪的情绪相联系的，而失败和不良行为总是与痛苦、悲哀相联系的。恋爱失败者处于情感的低落期，需要进行心理和情感上的调整。将错误归因于对方，可以帮助自己从低谷中走出来。另一个原因是为了维护自尊心和良好形象。因为成功能体现并维护自身的价值，也可以给别人留下良好的印象。

最后还有一些其他方面的因素。诸如迷信、宿命论及行为者的社会地位、长相及性格差异等也会导致归因偏差。

4.3 知觉与个体决策之间的联系

组织中的个体都要做出决策，即他们要在两个或多个备选方案中进行选择。例如，高层管理者要决定组织目标、所提供的产品或服务、最为合理的财务运作，建设新厂的地址等等；中低层管理者要决定生产日程安排、选择新员工、合理分配薪水的增长。当然，决策并不仅仅是管理者的特权。非管理层的员工所做出的决策同样影响到他们的工作和他们为之工作的组织。其中比较明显的决策可能包括：工作日的今天是否去上班,在工作中付出多大努力,是否遵守上司提出的要求等等。另外,近年来,越来越多的组织把工作相关的决策权授予非管理层的员工,在过去,只有管理者拥有这些权力。可见,个体的决策成为组织行为中非常重要的一部分。但是,组织中的个体做出决策的方式,以及他们最终做出决策的质量,在很大程度上都受到知觉的影响。

4.3.1 个人决策模型

1. 理性决策模型

理性决策过程指的是至少从理论的角度,个体为了获得最佳结果应该如何行动。通常认为最优化决策者是理性的。即它在具体的限定条件下做出稳定的、价值最大化的选择。这些选择的做出遵循理性决策模型的六个步骤如图 4-9 所示。

(1) 界定问题所在

该模型以界定问题开始,当期望状态与实际情况存在某种程度的不一致时,问题便出现了。如果你在计算自己的月支出时发现你比预计支出多花了 1000 元,你就确定了自己的问题所在。很多不良决策都是因为决策者忽视了问题所在成界定了一个错误的问题而导致的。

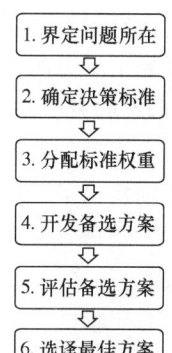

图 4-9 理性决策模型的步骤

(2) 确定决策标准

一旦决策者界定了问题,接着就要确定对决策来说十分重要的标准。决策者需要确定那些与做出决策有关的决定因素。在这一步中,决策者把兴趣、价值观和类似的个人偏好也带进过程之中,识别这些标准非常重要,因为一个人认为有关的因素,另一个人却可能不这样认为。此外,决策者在这一步中没有选定的任何因素都被决策者认为是无关因素。

(3) 分配标准权重

确定的标准当中并不都具有同等的重要性,因此,第三步要求决策者权衡这些标准,使它们在决策时有一个正确的优先排序。

(4) 开发备选方案

第四步要求决策者列出所有可能的解决问题的备选方案,这一步只需要列出备选方案,而不用对它们进行评估。

(5) 评估备选方案

备选方案一旦确定,决策者就必须批判性地分析和评价每一种方案,使用每项标准对各个备选方案进行评估。当这些备选方案与步骤2和步骤3中确立的标准和权重进行对比时,可以明显看出每一个方案的优点和缺点。

(6) 选择最佳方案

模型的最后一步要求计算出最佳决策。根据带有权重的标准对各个备选方案进行评估，最后选择总分最高的那个备选方案。

2. 有限理性模型

20世纪50年代之后，人们认识到建立在"经济人"假说之上的完全理性决策理论只是一种理想模式，不可能指导实际中的决策。赫伯特·西蒙（Herbert Simon）提出了满意标准和有限理性标准，用"社会人"取代"经济人"，大大拓展了决策理论的研究领域，产生了新的理论——有限理性决策理论。

有限理性模型又称西蒙模型或西蒙最满意模型。这是一个比较现实的模型，它认为人的理性是处于完全理性和完全非理性之间的一种有限理性。

面对复杂问题时，决策者的做法是把问题降到一种易于理解的水平。由于人类信息加工能力的有限性，使我们不可能吸收并理解最优化决策所必需的所有信息。所以，人们只要符合要求即可，他们寻求的是那种符合要求的和充分的解决办法。

当你思考去哪所大学读书时，是否会考虑所有可行的备选方案？你的决策中是否仔细找出了所有的重要标准？为了找到那个最恰当的学校，你是否根据标准评估了所有备选方案？我想你对这些问题的回答很可能是"不"。不过，别认为自己很糟糕，因为几乎没有人能够这样选择学校。你不是选择那个最恰当的方案，而是选择了一个符合要求的方案。

相对于建构和处理复杂问题的能力，人的大脑容量远远达不到完全理性的要求。因此，个体只能在有限理性的范围内活动。他们建构简化的模型，从问题中抽取重要的特点，而不是抓住问题的所有复杂方面。然后，个体可以在简化模型的范围内进行理性行为。

一旦确定某一问题，个体便开始寻求标准和备选方案。但是，他们列出的标准却可能远远不够详尽彻底。决策者会确定一个有限的表列，其中包括一系列显而易见的选项，大多数情况下，它们反映了熟悉的标准和过去已经得到验证的解决办法。一旦确定了这些有限的备选方案，决策者就开始考察它们。这种考察也并不是综合全面的，即并非所有的备选方案都经过细致评估，只有当某个备选方案与当前有效的选项之间差异相对较小时才考虑它。决策者以熟悉而习惯的方式考察备选方案，直到他们找到了一个"足够好"的方案——其成绩达到了我们可以接受的水平。第一个达到"足够好"标准的备选方案使搜寻工作结束，可见，最终决策代表的是一个符合要求的选择，而不是一个最恰当的选择。

有限理性模型中，一个非常有趣的方面是，在确定备选方案时，考虑该方案的顺序非常重要。在完全理性决策模型中，所有的备选方案根据偏好等级由高到低全部列出，由于考虑到了所有备选方案，因此在评估它们时最初的顺序并不重要，每一种潜在的解决办法都会得到充分彻底的评估。但有限理性方式并不如此。假设某一问题有不止一种解决办法，有限理性的最终选择则是决策者遇到的第一个符合要求和可以接受的方案。由于决策者使用简单而有限的模型，他们通常以明显的、熟悉的、与现状差异不大的备选方案开始。那些最接近现状并达到标准的解决办法，最可能被选择。尽管针对具体问题来说,独到的、富有创造性的备选方案可能是最佳解决方案,但是,它却不太可能被选中。因为还没等到决策者去搜索与现状相差很大的备选方案时,他很可能已经确定了一个可以接受的方案。

3. 直觉模型

直觉决策是指从经验中提取精华的无意识过程。它并不一定要脱离理性分析而独自运作,事实上,二者是相辅相成的。并且重要的是,直觉对决策的制定具有强大的影响力。在象棋方面的研究就为直觉活动提供了极好的证明。

研究者让初学者和象棋大师一起看一个他们并不熟悉的、共有25子组成的真实象棋比赛的残局。5~10秒之后,把棋子移位,然后让每个人重新排列各个棋子的位置,一般来说,象棋大师可以正确排出二十三四颗棋子,而初学者只能正确排出6颗。然后改变做法,这次棋子是随机摆放在棋盘上的。这种情况下新手仅仅能摆对6颗,而象棋大师也同样如此。第二项实验表明,象棋大师并不比初学者有更好的记忆力,他们所拥有的是能力,也就是说,基于身经百战的象棋比赛经验,他们可以辨别出棋盘上出现的棋子格局或组块。研究进一步表明,职业象棋大师能同时下50盘或更多盘棋,此时的决策必须在数秒内做出,而他们表现出的技能水平仅仅比锦标赛中只进行一盘比赛的水平略低一点点,但在锦标赛上的决策却要用半个小时或更长时间做出。专业经验使他们能够识别情境中的模式,并利用自己过去已获得的、与模式相关的信息,迅速做出决策。可见,直觉决策者可以在信息非常有限的条件下迅速做出决策。

以下八种情况下最可能使用直觉决策:①不确定性水平很高时;②几乎没有先例存在时;③难以科学地预测变量时;④"事"有限时;⑤事实难以明确指明前进方向时;⑥分析性资料用途不大时;⑦当需要从几个可行方案中选择一个,而每个方案的评价都不错时;⑧时间有限,但又有压力要做出正确决策时。

尽管直觉决策得到一定程度的认可,但不要预期使用它的人们会轻易承认自己在运用它。有着很强直觉能力的人常常并不告诉别人自己是如何得到结论的。由于理性分析更符合社会期望,人们常常把自己的直觉能力隐藏起来。一名高层管理人员曾经说过:"有时人们必须为自己的关键决策穿上'数据的外套',以使它容易被接受或符合别人的口味,不过这种修饰常常发生在做出决策之后。"

4.3.2 在组织中如何做出决策

1. 常见的偏见和错误

虽然决策者努力做出有限理性决策,但是,越来越多的研究发现,这其中也隐藏着偏见和错误。这主要是由于企图在决策过程中走捷径造成的。为了使所要付出的努力最小化,避免困难的交易,人们更愿意依赖经验、一时的冲动、内在的感觉。这些方式在很多情况下也确实有效,但是这会造成理性方面严重的偏见,常见的偏见主要包括以下若干方面。

(1) 过分自信的偏见

在判断和决策过程中,再没有什么比过分自信更普遍、更具有危害性的了。如果给我们一些实际问题并判断我们所给出答案的正确程度,多数人对此的判断都会过于乐观。例如,研究发现,当人们认为他们的正确度为65％～70％时,实际上,他们的这种判断只有50％的可能是对的。如果是百分之百确定,则为70％～85％。

从组织的角度来看,一个更有趣的发现是,那些智力和人际能力最弱的人最有可能高估自己的绩效和能力。因此,管理人员和雇员的知识越丰富,产生过度自信的可能性就越小。当组织的成员思考他们经验范围之外的问题时,最有可能出现过度自信的问题。

(2) 锚定偏见

锚定偏见是指把信息固定在初始阶段。一旦固定,就无法对接下来的信息做出全面的判断。之所以会有这种偏见,是因为大脑给予了最先接收到的信息过多的关注。因此,相对于后来接收到的信息,初始印象、想法、价格和评估所占有的权重过高。

锚定偏见被各种专业人士广为使用,如在广告,管理,政治,房地产及法律等方面,这些都很需要说服技能。

在谈判和面试中,锚定也在起作用,只要有谈判就会有锚定,一有人说出一个数字,你就无法略过。当新雇主询问你先前工作的工资时,你的回答一般会让这个雇主所提供的工资锚定在此。或许在工资谈判时你会牢牢记住这点,但是,还所设定的这个锚一定要和称的真实能力相匹配。

(3) 验证偏见

理性决策过程中假设收集到的信息都是客观的。但实际上,通常会有选择性的收集信息,验证偏见是选择性知觉的一个具体的例子。现实中通常寻找能够证实过去选择的信息,忽略那些与之前的判断相违背的信息。我们也接受那些具有表面价值的能够证实我们先前观点的信息,而对那些对我们的观点形成威胁的信息持批评和怀疑的态度。因此,我们收集到的信息一般会偏重于支持我们已有的观点。它还会让我们过多地关注支持性信息而忽视相反的信息。

(4) 易获性偏见

易获性偏见指的是人们倾向于基于那些容易获得的信息做出判断。一些事件会唤起人们的情绪,尤其是那些生动的最近发生的事件,更容易从我们的记忆当中提取出来。很多人对乘坐飞机的担忧远甚于驾驶汽车,因为他们觉得飞行更具危险性。当然事实并非如此。媒体总是对空难予以更多关注,因此我们也倾向于高估空难风险,而低估车祸风险。

因此,我们更有可能估计那些发生可能性不大的事件,如空难。易获性偏见也可以解释这样的问题:为什么在进行年度业绩评估时,管理者更容易重视员工最近的行为表现而不是6个月或9个月的行为表现。

(5) 代表性偏见

在美国，成千上万的黑人男孩都会声称他们的目标是去 NBA 打篮球。实际上他们还有比去 NBA 打球更好的选择，比如去做医生，但是这些孩子更容易受到代表性偏见的影响。他们错误地认为，现在的状况与过去的一致，并容易按此评估一件事的可能性。他们听说自己的邻居 10 年前去打职业篮球了。

我们每个人都会因为有时使用这种启发法而出现过失。比如，管理者常常将对一项新产品状况的预测，与过去产品的成功联系起来。再比如，如果从同一所大学中毕业的 3 名学生都是业绩不良者，那么，管理者可能就会预测，当前这位来自同所大学的求职者也不会是个好员工。

(6) 承诺的升级

实际上，决策活动可能出现的另一个偏差是承诺的升级，它指的是人们一直固守着某项决策，尽管有明显证据表明该决策是错的。

当个体感到自己要对失败负责时，就会对这一失败活动增加投入。也就是说，他们"花钱填无底洞"，为了表明自己最初的决策并非错误，并因此而避免承认自己犯了错误。承诺的升级这个例子还恰当地表明，人们试图在说和做两方面表现出一致性。对过去行动增加的承诺传达的正是这种一致性。

承诺的升级对管理决策具有显著意义。管理者常常为了证明自己的最初决策是正确的，因而继续投入大量资源给那个从一开始就注定失败的决策，很多组织因此蒙受了巨大损失。另外，一致性这一特点也常常与有效的领导相联系。因此对管理者来说，为了表现出自己的有效性，即使转向其他活动更有利，他们也可能受到激励维持自己的一致性。实际上，有效的管理者是那些能够分出不同情境的人，他们知道哪些情境坚持下去会有报偿，哪些情境则得不到任何效果。

(7) 随机错误

人类在处理机会的时候会有很多困难。大多数人认为，我们在一定程度上能够控制这个世界及我们的命运。毫无疑问，确实可以通过理性决策控制我们的未来的很大一部分，但这个世界总是包括很多随机事件。人们倾向于认为自己能够预测随机事件的结果。

以股票价格的走势为例，尽管短期内股票价格本质上是随机游走的，很大一部分投资者（或他们的金融顾问）认为他们可以预测股票的走势。例如，如果提供给一组实验对象一些股票价格和趋势方面的信息。

如果我们试图对随机事件赋予什么意义，决策就会受影响。最严重的结果就是我们把想象的模式转向了迷信。这完全会被设计出来（"我从不会在'星期五，13 号'那天做什么重要决定"）或由先前被强化的某种行为模式演变而来（老虎·伍兹在高尔夫锦标赛的最后一轮都会穿上红色衬衫，因为穿这件衣服他赢得了很多场初级高尔夫锦标赛）。虽然很多人都会有迷信行为，但当它影响日常的判断或者会使重要的决策产生偏见时，这种行为的削弱性就显现出来了。一种极端的情况就是，一些人完全被迷信所控制，几乎不可能改变他们的常规做法或客观地处理信息。

（8）赢家诅咒

赢家诅咒是决策制定中的常用语，是指拍卖活动中的赢家一般都对战利品支付了太多的金钱。赢家诅咒一般发生在竞标时。有的人会低估标的物，有的人则会高估。出价最高的人（赢家）就是高估最严重的。因此，除非标的物被严重低估，否则"赢家"很有可能为此支付一笔不小的数目。

资料卡

关于 Google 和赢家诅咒事件分析

在公司首次公开发行股票（IPO）的时候，我们可以看到赢家诅咒的发生。在这种情况下，潜在的投资者要估计公司即将发行的股票的市场价值，以免支付过多。下面将介绍 Google 公司的定价过程中，赢家诅咒是如何发生的。Google 对它的部分股票进行了拍卖，把股票卖给每股出价最高的投资者。在向证券交易委员会提交的登记说明书中，Google 公开警示了赢家诅咒的问题（该公司警告道："我们面向公众的拍卖过程可能会导致'赢家诅咒'，投资人有可能遭受重大损失。"）。尽管他们进行警示，最终的赢家还是支付高于事前 IPO 结价 10 倍的价格。

Google 公司的股票，在 IPO 之前，估价为 27 亿美元，而被投资者估计的支付价格为 360 亿美元。赢家诅咒无论对于 Google 还是其他的 IPO 都是不可避免的。任何时候，只要存在拍卖和投标，赢家诅咒就有可能发生。研究人员认为，由于没有吸取赢家诅咒的教训，在公司的购并过程中就支付过多。

那么，该如何避免赢家诅咒呢？

聪明的投标人会通过出价阴影、把标价定在他们所估计的物品价值之下的方式避免赢家诅咒。虽然这会减少投标人赢得拍卖的可能性，但是，也会避免在取得成功的拍卖中过度支付。聪明的投标人明白，如果要支付高于物品原价值的价格，他们就不要想都成为赢家。

（9）事后聪明偏差

事后聪明偏差是指当人们实际上已经知道某一事件的结果时，易于错误地认为，他们已经准确地预测了事件的结果。当一些事情发生并且已经获得关于结果的准确的反馈时，我们似乎很容易认为这一结果本来就相对明显。

我们并不善于回忆在弄清楚事件的真实结果之前，是如何看待这一不确定事件的。但是，我们似乎很擅长在后来所知道的结果的基础上高估预先知道的事情，进而重构过去,因此,事后聪明偏差似乎是选择性记忆和对早期的预测进行重构的结果。

事后聪明偏差会降低从过去中学习的能力,它会让我们认为我们比实际的自己更善于做预测,会让我们对未来决策的准确性的自信程度高于合适的程度。例如,如果你的预测的准确度只有 40%,但你认为是 90%,你就有可能变得过度自信,并且更少地质疑自己的预测技能。

2. 在决策中提高创造性

虽然按照理性决策模型的步骤来做会有助于改善决策,理性的决策者还需要创造性,也就是说,产生新颖而实效的能力。这些想法与过去的做事方法不同,但对于当前的问题或机遇来说又是恰当合适的。为什么在决策中创造性十分重要呢? 因为它使得决策者可以更全面地评定和理解问题,包括看到其他人没有看到的问题。但是,创造性最明显的价值还在于,帮助决策者找出所有可行的备选方案或者找出那些不易想到的备选方案。

(1) 创造性潜能

绝大多数人都有创造性的潜力,可以在面对决策问题时使用它们。但是,要想释放这种潜能,还需要冲破局限心理惯性。对很多人来说,都需要学习如何采用发散性思维方式来看待问题。

人们内在的创造性存在差异,并且超常的创造性是罕见的。爱因斯坦、爱迪生、毕加索、莫扎特这些个体都具有超常的创造性,一般人呢? 高经验开放性的人更具有创造性,聪明人也是如此。具有创造性的人还有其他特点:独立、自信、勇于冒险、内控型、能够承受不确定性、坚持不懈。

(2) 创造性的三要素模型

创造性的三要素模型主要回答了在大多数人都至少具有一定程度的创造性前提下,个体和组织如何激发员工创造性力。在大量研究的基础上,该模型提出,个体的创造性主要需要三个要素:专业知识、创造性的思维技能和内在的任务动机。研究进一步指出,这三项要素中任何一项的水平越高,则个体的创造性也越高,见图 4-10。

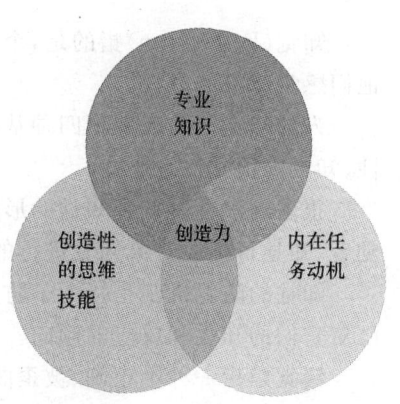

图 4-10 创造力的三要素

第一种要素专业知识是所有创造性工作的基础。作为知名导演,周星驰年轻时在各种剧组里跑龙套,这使他对电影电视知识有了全面的了解,当个人具备能力、知识、熟练性以及该领域中的专业技术时,则其创造性潜能也会提高。一个对程序所知无几的人具有软件工程师的创造性基本是不可能的。

第二种要素是创造性的思维技能,这包括与创造性有关的人格特点、运用类比的能力、从不同角度看待熟悉事物的才能。

当人们处于好的情绪状态时,就会更加具有创造性。因此,当我们需要创造性的时候,不妨做些让自己高兴的事情。如听听喜欢的音乐,享受一下美食,看看有趣的电影,参加一些社交活动等。还有证据表明,与那些具有创造性的人呆在一起,会激发自身的灵感,特别是当被他们的创造力所吸引的时候。

有效地使用类比,可以使决策者把一种情境中的想法应用于另一种情境中,在这方面(运用类比方法导致创造性的突破)一个最著名的例子是亚历山大·格雷厄姆·贝尔的观察发现,他把耳朵里的操作原理应用到他的"说话盒"中。贝尔注意到耳朵中的听小骨是通过一个极薄的耳膜来操作运动的。于是,他提出了疑问,为什么不能用一片更厚更坚固的膜使钢片进行移动呢?基于类比,电话问世了。

第三种要素是内在任务动机,也就是人们愿意从事某项工作的渴望,即他觉得这是有趣的、值得投入的、令人兴奋的、使人满足的和具有挑战性的。这种动机要素把创造性潜能转化为现实的创造性想法,它决定了个体充分运用其专业知识和创造性技能的水平与程度。因此,高创造性的人通常热爱自己的工作,甚至近乎到痴迷的地步。个体所在的工作环境对其内在动机有着显著的影响,这一点很重要。人们发现工作环境中的一些激励因素会培养人们的创造性,包括鼓励集思广益,对人们的想法进行公正且具有建设性评判的文化;对创造性工作的认可与奖赏;充分的财力,物力和信息资源;拥有能够有效沟通、对他人表现出信任、支持工作群体的主管;工作群体中的成员相互支持和信任。

本章小结

知觉(Perception)指的是,个体为了对自己所在的环境赋予意义而组织和解释他们感觉印象的过程。

人的知觉活动表现出四种基本特性。知觉的选择性、知觉的整体性、知觉的理解性、知觉的恒常性。

很多因素会影响到知觉的形成,甚至有时是知觉的歪曲,这些因素可以归纳为知觉者、知觉目标或对象知觉进行的情境三个方面。

知觉的防卫机制是指为了防止自己受到威胁性刺激的侵扰,人们自动地抑制自己对它们的知觉和反应的倾向。

错觉是指一种不正确、被歪曲了的知觉。产生错觉的原因主要有知觉者生理和心理的状况以及知觉对象和背景的特点。知觉者在过度疲劳、饮酒过度、幻觉、催眠等状态下容易产生错觉。由知觉对象和背景的特殊性,导致知觉能力受限也可能导致错觉的产生。

归因理论。所谓归因,就是指观察者为了预测和评价人们的行为并对环境和行为加以控制而对他人或自己的行为过程所进行的因果解释和推论。

当观察某一个体行为时,人们总是试图判断它是由于内部原因还是外部原因引起的。内因导致的行为是指那些个体认为在自己控制范围内的行为；外因导致的行为则是由外部原因引起的。

理性决策模型的六个步骤。①界定问题所在；②确定决策标准；③分配标准权重；④开发备选方案；⑤评估备选方案；⑥选择最佳方案。

心理测试

罗特内在—外在心理控制源量表

你认可哪句话，就选哪个答案：

1. A. 孩子们出问题是因为他们的家长对他们责备太多了。
   B. 如今大多数孩子所出现的问题在于家长对他们太放任了。
2. A. 人们生活中很多不幸的事都与运气不好有一定关系。
   B. 人们的不幸起因于他们所犯得错误。
3. A. 产生战争的原因之一就在于人们对政治的关心不够。
   B. 不管人们怎样努力去阻止，战争总会发生。
4. A. 最终人们会得到他/她在这世界上应得的尊重。
   B. 不幸的是，不管一个人如何努力，他的价值多半会得不到承认。
5. A. 那种认为教师对学生不够公平的看法是无稽之谈。
   B. 大多数学生都没有认识到，他们的分数在一定程度上受到偶然因素的影响。
6. A. 如果没有合适的机遇，一个人不可能成为优秀的领导者。
   B. 有能力的人却未能成为领导者是因为他们未能利用机会。
7. A. 不管你的怎能样努力，有些人就是不喜欢你。
   B. 那些不能让其他人对自己有好感的人，不懂得如何与别人相处。
8. A. 遗传对一个人的个性起主要的决定作用。
   B. 一个人的生活经历决定了他是怎样的一个人。
9. A. 我常常发现那些将要发生的事果然发生了。
   B. 对我来说，信命运不如下决心干实事好。
10. A. 对于一个准备充分的学生来说，不公平的考试一类的事情是不存在的。
    B. 很多时候测验总是同讲课内容毫不相干，复习功课一点用也没有。
11. A. 取得成功是要付出艰苦努力的，运气几乎甚至完全不相干。
    B. 找到一个好工作主要靠时间、地点合宜。
12. A. 普通老百姓也会对政府决策产生影响。
    B. 这个世界主要由少数几个掌权的操纵，小人物做对此做不了什么。
13. A. 当我订计划时，我几乎肯定可以实行它们。
    B. 事先订出计划并非总是上策，因为很多事情到头来只不过是运气的产物。

14. A. 确有一种人一无是处。
    B. 每个人都有其好的一面。
15. A. 就我而言,能得到我想要的东西与运气无关。
    B. 很多时候我们宁愿掷硬币来做决定。
16. A. 谁能当上老板常常取决于他能很走运的先占据了有利的位置。
    B. 让人们去做合适的工作,取决于人们的能力,运气对此没有什么关系。
17. A. 就世界事务而言,我们之中大多数都是我们既不理解也无法控制的努力的牺牲品。
    B. 只要积极参与政治和社会事务,人们就能控制世界上的事情。
18. A. 大多数人都没有意识到,他们的生活在一定程度上受到偶然事情件的左右。
    B. 根本没有"运气"这回事。
19. A. 一个人应随时准备承认错误。
    B. 掩饰错误通常是最佳方式。
20. A. 想要知道一个人是否真的喜欢你很难。
    B. 你有多少朋友取决于你这个人怎么样。
21. A. 最终我们碰到的坏事和好事机会均等。
    B. 大多数人不幸都是因为缺乏才能、无知、懒惰造成的。
22. A. 只要付出足够的努力我们就能铲除政治腐败。
    B. 人们要想控制那些政治家在办公室里干的勾当太难了。
23. A. 有时我实在不明白教师是如何打出卷面上的分数的。
    B. 我学习是否用功与成绩好坏直接联系。
24. A. 一位好的领导者会鼓励人们对应该做什么自己拿主意。
    B. 一位好的领导者会给每个人做出明确的分工。
25. A. 很多时候我都感到我对自己的遭遇无能为力。
    B. 我根本不会相信机遇或运气在我生活中会很起重要作用。
26. A. 那些人之所以孤独是因为人他们不试图显得友善些。
    B. 尽力讨好别人没有什么用处,喜欢你的人,就自然会喜欢你。
27. A. 中学里对体育的重视太过分了。
    B. 在塑造性格方面体育运动是一种极好的方式。
28. A. 事情的结局如何完全取决于我怎么做。
    B. 有时我感到自己不能完全把握住生活的方向。
29. A. 大多数时候我都不能理解为什么政治家如此行事。
    B. 从根本上讲民众对国家及地方政府的劣迹负有责任。

评分标准,从1—29按顺序:

1不计分 2B计1分 3A计1分 4A计1分 5A计1分 6A计1分 7B计1分 8不计分 9B计1分 10A计1分 11A计1分 12A计1分 13A计1分 14不计分 15A计

1 分 16B 计 1 分 17B 计 1 分 18B 计 1 分 19 不计分 20B 计 1 分 21B 计 1 分 22A 计 1 分 23B 计 1 分 24 不计分 25B 计 1 分 26A 计 1 分 27 不计分 28A 计 1 分 29B 计 1 分

分数标准：

最高分为 23 分（极端内部归因者）；

最低分为 0 分（极端外部归因者）；

平均分为 11 分（高于 11 分为偏内部归因者；低于 11 分为偏外部归因者）。

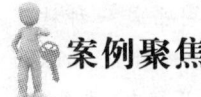

管理游戏

由个人独立完成。假如某学生已经了解如何完成该活动，请暂不作声。只用四条连续相连的直线（每条直线必须相连，而且不能重叠），将这九个点连接起来，画的时候笔不能离开纸面，要求一气呵成。

讨论：

1. 是什么让你找不到问题的答案？
2. 是什么妨碍你更快地解决问题？

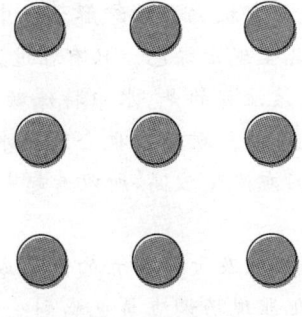

案例聚焦

10 个关于认知现象的奇怪例子

"大脑会耍小花招"——这句话大家都不陌生，大量科学案例也证明它的真实性。人的大脑高度复杂，组织巧妙。虽然专家们就认知倾向进行细致专业的观察，但是要了解人类的认知机制却困难得多。决定人特性的认知地图往往令人困惑，同时也引发了一些奇怪的现象。拿"黑狗偏见"举例——兽医或动物救助站经常碰到这样的情况：人们偏爱收养毛色较浅的动物，所以黑色的狗就容易被忽视。因此很多救助站也在积极采取措施以提高黑狗对大众的吸引力。虽然受到忽视的往往是黑色大狗，但猫也有相似的情况。人们潜意识里排除黑色大狗的确切原因还不清楚，不过有人提出了一些解释，比如说：在电影里，黑色大狗往往是暴戾的象征；人们通常将黑色视为罪恶的代名词；相片上的黑色大狗形象不讨喜，在网络推广上吃了亏；等等。下次挑选犬类小伙伴的时候，希望你能多注意一下旁边黑色大狗的孤独身影。

1. 水的颜色

你有没有想过为什么水在少量使用和购买时是无色的，但在海洋和湖泊中看起来却是蓝色或绿色的？事实上，纯净水有轻微的浅蓝色，会随着被观察的样品数量增加而变成深蓝色。水的蓝色是水固有的性质，由对白光的选择吸收和散射产生。为了看见水真正的颜色，样品需要净化并放在指定大小的容器上。因此，一杯水才会看起来无色，事实上却是浅蓝色。水样品中溶解或悬浮的杂质也会让其看起来有所不同。

生活现象：

如果水本身是无色的，那么世界上的湖泊和海洋会呈现出灰色或黑色。人们通常错误的认为，大面积的水，例如海洋，呈现出的蓝色是对天空颜色的反射。事实上，只有在水保持静止的时候，水面对光的反射才会对其颜色产生较大影响。由于大多数湖泊和海洋中有悬浮生命体和矿物颗粒，所以光散射一般会呈现出白光，像雪一样。然而，由于光最先通过蓝色的水，所以被散射的光也会呈现出蓝色。在极其纯净的水中，来自水分子而不是有机物的散射是其呈现蓝色的原因。

海水中的一些成分会影响其蓝色的深浅。这也是有些地区的海洋或湖泊颜色更深的原因。热带的水呈现出清澈的蓝色，表明其水中浮游生物较少。也有深颜色的杂质，例如单宁酸(Tannis)，这种有机化合物溶解于水中会使其呈现深棕色，或者在水(颗粒)中流动的藻类，会使其呈现出绿色。只有在过滤样本，将其所有悬浮物去除后才可测出水的真正颜色。应该注意的是，水中特殊颜色的存在不意味着污染。很多能引起颜色改变的物质是无害的。矿物质也会改变水的颜色，例如美国大峡谷中的哈瓦苏瀑布，其水中溶解的石灰浓度较高，所以看起来是蓝绿色。

2. 传染性射击

我们都看到过有关警察枪击以及大量伤亡的新闻或故事。某些情况下，记录下来的枪弹使用数目之大，会让犯罪现场调查员也感到吃惊。传染性射击是一种被军人及警察注意到的社会现象，是指一个人对目标开枪会引起其他人开始射击，而跟随开枪的人往往不知道他们开枪的原因或目标。这种现象的成因应该是慌乱、本能，以及信任的结合。举个例子，如果一个警察听到一个同伴开了枪，他们会恐慌，本能反应就是自己也要尽快开枪。他们会假定开枪的同伴有充分的理由，所以他们没有评估情况就本能地开枪。

生活现象：

感染性射击已经不止一次地导致了无辜公民的死亡。尽管这一解释——用警察行话来讲就是"警察开枪是因为其他警察开枪"——已经被广泛接受，但是当前并没有科学证据来证明传染性射击推动动量的存在。然而，人们也承认了在射击场上或与朋友一起狩猎时自己想开枪的冲动。在某些情况下，当听到枪响或看到枪开火，肾上腺素会促使人不由自主的扣动扳机。在军事游戏《第一人称射击》中也观察到这种现象的存在。有些人提出：某些记录在案的警察枪击事件并不能用传染性射击这一理由来解释。肖恩·贝尔事件于2006年11月25日发生在纽约皇后区，三个人被一队警察总共射击了50次,导致肖恩死亡。

3. 强行透视

强行透视法是一种利用视觉幻象使物体比它实际大小显得更远、更近或更大、更小的技术。这一技术的原理在于利用人的视觉角度来缩放对象,主要应用在摄影、电影制作和建筑学等领域。彼得·杰克逊制作的改编电影《魔戒》就采用了强行透视技术。在电影中,两个靠近站着的角色通过照相机形成一个移位深度,使一些演员看起来比其他人小得多。杰克逊甚至在移动平台上构建了一些布景,这些布景会随摄像机一起移动,这样,光学错觉就可以保存在整个镜头当中。电影《哈里波特》也使用了相同的技术,以使海格看起来像个巨人。

生活现象:

由于建造时少量强行透视法的应用,在仰视自由女神像时,它能展现出更合理的分割比例。而在米开朗基罗的大卫雕像上,强行透视的应用痕迹也是显而易见的。这一技术也被广泛地应用于各种主题公园,特别是在迪士尼乐园的各个场所和拉斯维加斯城。强行透视这一特殊现象同时还会出现在自然现象中。重力山是指其周边布局使人产生视觉幻象,将缓下坡看成上坡。因此,在这个地方,熄了火的汽车会因为重力的原因看起来像是在往上坡滚动。磁铁山分布广,在上百个不同的地区都曾有过报道。重力山能产生幻觉的最重要因素是视野受阻。如果没有地平线帮助,要判断地面的坡度对于人类而言是一件相当困难的事情。

位于俄勒冈金山的俄勒冈漩涡是美国最神秘的地方之一。金山周围的偏远地区呈现出一些有趣现象以及视觉幻象。在漩涡里,奇特的角度会创造出物件正在爬坡的错觉。同时,由于此幻象从多个角度都可观察到,该地区也就因此比一般的重力山更为奇特。俄勒冈漩涡景区的组织者发布了一些图片来证明这一事实:那些奇怪的幻觉会从各个不同的角度出现,即使去掉自然的背景。俄勒冈涡流因为能改变身高而声名远扬,两个人的直观身高可能会根据他们所处的位置而交换。人们能在刁钻的角度拍到各种神奇的照片。有趣的是,这个涡流位于罗格河一个极端狭窄的地方,而这附近正好是1860年山顶金山罢工的位置。

4. 绿色闪光

绿色闪光或绿色光芒是非常罕见的光学现象。发生在日落后或日出前,人们可以看到太阳上方的绿色小点,或是从太阳发射出来的绿色射线,当然它们存在的时间很短。在过去的几年里,人们就绿色闪光的成因进行了大量讨论。虽然绿色闪光极其少见,但观察家们总是宣称他们观察到亮绿色或翡翠色的闪光。绿色闪光的名字来自1882年朱勒·凡尔纳的小说《绿光》,这本书让绿色闪光这一自然现象变得广为人知。在他的小说中,凡尔纳是这样描述这种颜色的:"没有任何一位艺术家能在他的调色板调出这样一种绿,无论是色彩丰富的植被还是最清澈的海水都无法呈现这样的绿。"

生活现象:

绿色闪光通常需要在海拔低的地方进行观察,例如在海面上,那里的视野一览无遗。

然而,在其他的区域也可以看到这种绿,包括在山顶上。目前的科学解释认为,绿色闪光是源于大气中的一种光折射。然而,这个解释还存在着一些问题,空气的折射率为1.0003,而玻璃的折射率为1.5,这就意味着光线几乎不会在大气中出现折射。

目前还存在的问题是,考虑到太阳的大小,绿色闪光为什么只发生在如此小的一块面积呢?关于这一现象,目前还有许多悬而未决的问题。绿色闪光实际上是数个现象的合称,其中有一些是科学家们难以解释的个别现象,尤其是云顶闪光,这被认为是太阳沉入海雾或远方的积云。类似的现象还有红色闪光,有时候红色闪光被认为是太阳的下缘在靠近地平线时从乌云中浮现出来。绿色闪光是一个不可思议而又虚幻的现象,如果能瞻观到如此景象,我将备感荣幸。

5. 网络抑制解除效应

在心理学当中,网络抑制解除效应是指相比于真实生活中,人们在网络上受到的限制更少。很多人在网络中会表现得不同于平常。这种认知现象对人的影响极大,通常表现为:在正常的面对面交流中所需要的社会性限制与禁忌在网络上被大大放宽。也正因此,一些网民呈现出极端化和情绪化的倾向。有些人变得更加亲切放松,通过向别人表达自身的感受以宣泄内心的情绪。

生活现象:

然而还有些人总是在想法子利用网络资源捞便宜或是引发争议,这是网络抑制解除效应所引发的恶劣网络行为之一。引发该效应的成因还有很多。在互联网上,匿名所带来的安全感往往会激发出人们的黑暗人格特质。互联网保护用户隐私的同时,也给了他们传递不实信息的机会。我们无法在互联网上看到一个人的真实面貌,因此,大家不用担心自己的外表和形象,说话的品位基调也就大大降低了。

在互联网上,对话并不是实时发生的。网上信息的延迟性也会影响人的自控力。一些研究表明,人们会认为网络空间是一个游戏场所,在这里,他们可以无视日常生活中的交流规则。由于一些未知的原因,一个人可能在现实生活中人品很好,但若有观众以及适当的机会,在互联网上往往会有反社会及心理变态的行为。网络抑制解除效应着实使人担忧,因为它反映了当一个人不受法律或社会舆论约束时的真实表现。

6. 鸡尾酒会效应

你有没有想过这样一个问题?在一个拥挤的充满了嘈杂音乐、舞蹈和谈话的房间里,人类的大脑是如何能够屏蔽噪声而只专注于某个人身上的?鸡尾酒会效应就描述了大脑在吵闹环境中把精力集中在单个说话者身上的能力。该效应使人们能够在嘈杂的场所里聊天。例如,在音乐会上,人们可以一边听音乐,一边听朋友讲话,甚至可以忽略身边嘈杂的声音。当然了,如果有人叫你的名字,声音大到能穿透房间,人们一定会注意到这个声音的。

生活现象:

鸡尾酒会效应的另一个有趣之处是消除混响。指的是在通常情况下,相比于麦克风录音,人们会感知到更少的回声和混响。人类的听觉系统之所以能够忽略大多数的噪声,是因为这些噪声来自与直达声不同的声音源。听觉系统还可以改变人们的关注方向,从一个声源转向另一个声源。人们针对鸡尾酒会效应进行大量研究,发现当人们两只耳朵听力都正常的时候效果最好。只用单耳的人比两耳健康的人更容易受到噪声的干扰。

研究表明,在鸡尾酒会效应中,听觉系统为两耳语音信号处理设置了互相关(cross-correlation)性。人们对鸡尾酒会效应的规则还没有充分调查及理解,关于人类感知的研究大都如此。人类的耳廓(皮肤外部瓣和耳朵软骨)是一个噪声过滤器。它基于噪声源的方向,选择性地去除特定声音的频率。它还可以区分来自上下前后的不同声音。人类大脑特定的神经机制,即鸡尾酒会效应的根本成因是极其复杂的。

7. 转移注意力

和我们的祖先相比,我们生活在一个科技和广告大爆发的时代。广告旨在说服人们购买具体的产品或者对产品、理念和服务采取行动。多年来,营销人员测试和发展出一套作用于人们潜意识的广告技术。潜意识广告(Subliminal advertising)在低于意识知觉绝对阈值的情况下刺激感官。例如,图像在电视屏幕上快速闪过,人们往往来不及反应它到底是什么。或者它快速闪过后就被掩饰起来,以此打断人们的认知过程。很多人没有意识到,商场超市的设计在某些方面会吸引人的自然冲动。

生活现象:

你是否有过这样的经历:本来想去超市购买某样东西,结果出来的时候大包小包买了很多其他的东西?在商场的设计中,"转移注意力"就是当消费者走进商场,立刻被精心安排的布局冲昏头脑,迷失在自己的原本计划中。这就是消费者应对环境中"人为迷向"的时刻。已经证明,这种空间意识在观察到的效果中,和声响、艺术、音乐一样扮演了一个关键的角色。这种效应以缓慢的步行速度为标记。这在商场和赌场的设计里是显而易见的。"注意力转移"描述了这样一个瞬间,当商场的设计和"故意混淆的布局使得我们眼花缭乱时,我们就会忘记初衷,变成一个冲动的消费者,最后买下诸多不相干的东西"。在大型游乐园里这种效果同样明显:面对五花八门的游乐设施,游客往往不知道该先玩哪个。作为对策,消费者们会开列购物清单。事实证明,只要你严格按照事先准备的物品清单购物,你的平均开销会显著降低。

8. 月径幻觉

月亮是地球的卫星,有很多独特的性质和自然现象。人们认为53亿年前,年轻的地球和火星大小的另一星球相撞诞生了月球。月球引力不仅给地球带来了潮汐现象,而且让我们度过的时间每天增加一点点。更让人奇怪的是,月亮的位置适中、大小适中、运行轨道适中,刚好能在日全食中完全挡住太阳。月面瞬变现象(TLP)是月球表面发生的光线或者色彩变化,转瞬即逝。这个现象可以追溯到1000年前。很多目击者和声名在外的科学家都提到过。

生活现象:

月面瞬变现象变化多端,既有一片片散布的蒙雾,也有月面景观永久性的颜色变化。大部分现象都发生在阿里斯塔克斯高原和火山口附近。在执行阿波罗11号计划的时候,休斯敦航天中心曾向阿波罗11号发出无线电信息:"我们观察到一个现象,如果你们时间充足也可以看一看。阿里斯塔克斯附近出现了月面瞬变现象。"阿姆斯特朗立即回应:"休斯敦,我正在看北边的阿里斯塔克斯,那边有一片区域比周围都明亮。好像有部分荧光。"现在,人们很少谈论月面瞬变现象,科学界也很少研究。

月径幻觉是一种光幻觉,是指地平线上的月亮看起来似乎比升到天空中的月亮更大。这个现象自古就有记载,而且见于多种古代文明。但至今仍无法解释这个奇怪的现象。实际上,月球在地平线上的时候距离地球更远,应该比升到空中的时候小1.5%。因为无法明确解释为什么月球在地平线的位置看起来更大,于是人们开始将其视为心理现象,也就是说我们的大脑迫使我们认为月球更大。100多年以来,对月径幻觉进行大量研究的视觉科学家,几乎都是钻研人类感知的心理学家。虽然存在各种解释,但是至今没有哪一个得到普遍认可。

9. 俄罗斯方块效应

俄罗斯方块效应是指人们长时间全身心投入于一件事情时,这件事情会占据他们的思考,意象,甚至梦境。该效应以电子游戏俄罗斯方块(Tetris)命名。人们在长时间打游戏,看电视,或进行复杂工作之后,其思绪仍会被占据很长时间,无论是在现实环境中还是在梦里。俄罗斯方块效应通常被描述成一种行为习惯,而且大多数人都有过相关经历。人们将其归类于易触发生动梦境的幻觉。拿该电子游戏为例,太过投入的玩家往往睡着了也能看到方块,或是看到从天上往下掉的方块图像,并且会尝试将想象出的方块拼在一起。

生活现象:

几乎所有的电子游戏都会引发俄罗斯方块效应,长时间的视觉工作也是如此,例如,在显微镜载玻片上归类细胞、除草、摘水果,甚至长时间驾驶。电脑程序员和开发人员也有相似经历——他们会在梦里进行编程。这种效应并不是件好事儿,往往被认为是认知负担,尤其是睡觉的时候。但牛津大学最近(2009)一项研究表明,俄罗斯方块一类的电子游戏可以控制创伤记忆的蔓延。该假设称,如果在遭受创伤后及时投入电子游戏中,那么梦境中大量出现的俄罗斯方块足以抑制大脑对创伤事件的再现,创伤记忆也就随之淡化。这种认知现象在很多领域都有显现,人们遭遇创伤或是压力巨大时,梦境会让它们再现。

10. 虚幻优越感

虚幻优越感是一种认知偏差,使人们在与别人比较时容易放大自己的优点,同时掩饰自己的缺点。是一种积极错觉,社会心理学领域已进行了大量研究。积极错觉指的是人们对自己的偏袒,通常是不现实的。宽泛地讲,积极错觉有三大类:对自身能力的过高评价,对未来的盲目乐观,以及幻觉控制。积极错觉也通常被称作"中上效应",指的是人们对自己的评价往往高于别人对自己的真实看法。

生活现象:

进行比较是人们形成各自观点的基础。这些比较包括学业成绩，工作环境或是社会身份。生活中，人们对自己的人缘，诚实度，自信心以及其他理想性状有特定的评估。虚幻优越感表明人们倾向于夸大自己的优点，高估自己的人缘及智商。比如说，一个人就算高中没毕业，也会对诊断结果有异议，与医生据理力争。据报道，智商越低的人，虚幻优越感越强。达克效应（The Dunning-Kruger effect）也是种认知偏差，是指人因为能力欠缺，做出欠考虑决定，得出错误结论，但是无法正确认识到自身的不足，辨别错误行为。

人们对自己驾驶水平的高估是虚幻优越感的常见例子，很多科研论文对此进行了论述。2006年的一次研究中，18个参与测试者都认为他们的驾驶技术高于其他人。该研究同时认为，这种偏差会导致驾驶员对危险及安全的错误判定。在赌博中对自己实力的高估是虚幻优越感最常见的形式。不知为什么，人们总是觉得自己一手好牌，比专业的扑克牌玩家更胜一筹，不管赔率多少，不顾赌场操纵。你要记住，成为精英的必备条件是亲身经历，专业教育，以及踏实努力。如果这些你还没有，那么你很有可能并不是自己所认为的那么聪明。

（资料来源：10个关于认知现象的奇怪例子［EB/OL］. http://www.qian10.net/2015/02/28/9325,2015-2-28）

问题讨论：

1. 举一个自己生活中的例子，来阐释案例中提到的10个认知现象中的任何一个。
2. 出现案例中提到的"奇怪"认知现象的原因有哪些？

 复习与思考

1. 给出知觉的定义。
2. 什么是归因理论？它在解释组织行为方面有什么意义？
3. 影响知觉的因素有哪些？
4. 知觉和个体决策之间有什么联系？
5. 列出理性决策模型的六个步骤。

参考文献

［1］ 斯蒂芬·P. 罗宾斯. 组织行为学［M］. 北京：中国人民大学出版社，2012.
［2］ 陈春花，杨忠，曹洲涛. 组织行为学［M］. 北京：机械工业出版社，2016.
［3］ 10个关于认知现象的奇怪例子［EB/OL］. http://www.qian10.net/2015/02/28/9325,2015-2-28.
［4］ 谭保罗. 中国楼市有个"锚定效应"［N］. 南风窗，2016-07-05.

第 5 章 工作压力与情绪

压力如同一把刀,它可以为我们所用,也可以把我们割伤。那要看你握住的是刀柄还是刀刃。

——英国剑桥大学著名心理学家罗伯尔

学习目标

1. 理解工作压力的概念、来源和结果。
2. 理解压力的模型。
3. 掌握工作压力的管理方法。
4. 理解情绪、情绪智力、情绪劳动的概念。
5. 掌握情绪管理的方法。

基本概念

压力 Stress
工作压力 Work stress
压力管理 Stress management
员工帮助计划 EAP(employee assistance program)
情绪 Emotion
情绪智力 EI(Emotional Intelligence)
情商 EQ(Emotional Quotient)
情绪劳动 Emotional labor

导入案例

把情绪劳动交给机器人

如果你曾经去过迪士尼乐园,并见到过工作人员那挂在脸上的一贯不变令人不安的笑容和快乐，你就经历过社会学家 Arlie Russell Hochschild 所描述的情绪劳动，即服务人员必须向他们的顾客提供的情感表现。

迪士尼的工作人员是一个极端案例，实际上情绪劳动在许多工作岗位中都有要求。Hochschild 研究过空乘人员和收银员，但情绪劳动在我们的日常生活中无处不在：它既是餐厅里挂在等待你点餐的服务员脸上的笑容，也是在医生视察病人时护士与你的寒暄。

不管这种体验对顾客来说到底能带来多少愉悦，情绪劳动对那些必须执行它们的人来说却是一件苦差事。（日复一日地按照要求表现出热情的笑容和"祝您今天愉快"的寒暄是很有压力的。）也许就是因为这个原因，我们期待软件和技术能帮助我们减小压力。现在我们已经习惯了那些表现得像彬彬有礼的技术保姆一样的应用和软件，它们帮助计算我们的步数或卡路里或生产力水平，提醒我们即将到来的约会时间或航班延误；而像 ToneCheck 这样最新的软件还能为我们的网络生活提供某种形式的"情绪拼写检查"(emotional spellcheck)，它们可以扫描我们电子邮件中的单词或短语，找出其中可能"意外传达的感情或语气"。

我们也已经习惯了使用各种各样的事物来填充真人可能不愿或不能满足的情感需要。

外包情绪劳动还有其他一些更直接的后果。如果我们知道别人假装表现自己的感觉会怎样？在我们坐在餐厅里的时候，我们可能会隐约感觉到已经过度劳累的服务员实际上并不愿意见到我们，但大家都懂的社会习俗会让我们为服务员不到位的表现寻找理由，并假装相信他们。但当我们和机器人进行交互时，我们知道它们已经编程好了，不管我们的实际感受是怎样，它们都会保持一样的友好；那种不言而喻的习俗消失了。

工作压力是当前全球性的热点话题，压力既是一种强大的推动力，也是一个影响工作绩效和职业健康的消极因素。如何利用和管理好工作压力，是组织行为学的重要研究领域之一。

5.1 压力的概述

工作压力是影响个体行为的重要因素，在组织管理中，若处理不好，就会对个体产生挫折，降低工作绩效。因此，了解工作压力、挫折产生的原因和后果以及应对措施，对做好管理工作、调动人的积极性有着极大的意义。

5.1.1 压力及工作压力的界定

1. 压力

压力(Stress)是一种动态情境。在这种情境中，个体要面对与自己所期望的目标相关的机会、限制及要求，并且这种动态情境所产生的结果被认为是重要而又不确定的。潜在的压力变成现实压力的两个必备条件是:活动结果的不确定性,而且这个结果很重要;个人不能确定机会能否被抓住、限制因素能否被排除、损失能否被避免,当这种来自压力环境的紧张性刺激超越本人反应能力的需求时,便产生了压力。

2. 工作压力

工作压力(Work stress)也称工作应激(Job stress),是指由工作或与工作直接有关的因素所造成的应激。例如,工作负担过重(overload)、变换生产岗位、时间压力、工作责任过大或改变、工作时间不规律、倒班、工作速度由机器确定、上班过远、工作的自然和社会环境不良等。

对大多数人来说,工作压力既有积极的一面,也有消极的一面。例如,当我们面对棘手的工作时,会感到有一种兴奋感,觉得干劲倍增,同时也感到某种程度的威胁和不安。毫无疑问,没有任何压力的工作生活环境是不存在的。

5.1.2 压力的反应过程

压力首先是由美国生理学家坎农(Cannon)在1925年提出来的,通过观察个体表现——"对抗—逃避反应"(fight-flight reaction)研究个体压力。

加拿大生理学家谢尔耶(Hans Selye),率先系统地研究了压力过程,指出压力是内外环境中各种因素作用于有机体时所产生的非特异反应。所谓非特异反应是指各种因素(如冷热、缺氧、情绪冲突、水及电解质失去平衡等)可以引起同一反应。在适应压力的三个阶段中,人的生理、心理和行为状态各有特点。

1. 警觉阶段(Alarm)

在警觉阶段,交感神经支配肾上腺分泌肾上腺素和副肾上腺素,这些激素促进新陈代谢释放储存的能量,于是呼吸、心跳加速,汗腺加快分泌,血压、体温升高等等。

2. 搏斗阶段(Resistance)

搏斗阶段的生理、心理和行为特征如下:

第一,警觉阶段的生理生化指标在表面上恢复正常,外在行为平复,但这是一种表面现象,是一种被控制状态。

第二,个体内在的生理和心理资源被大量消耗。

第三,由于调控压力而大量消耗能量,所以个体变得敏感、脆弱,即使是日常微小的困扰,都可引发个体的强烈情绪反应。

3. 衰竭阶段(Exhaustion)

由于压力的长期存在,能量几乎耗尽,这时已无法继续去抵抗压力。如果进入第三阶段时,外在压力源基本消失,或个体的适应性已经形成,那么,经过相当时间的休整和养息,仍能康复。如果压力源仍然存在,个体仍不能适应,那么这个能量资源已经耗尽而仍处在压力下的人,就必然发生危险,这时,疾病和死亡发生都是可能的。

谢尔耶将应对压力时所经历的上述三个阶段,统称一般适应综合征(general adaptation syndrome,GAS)。这是应对压力的必经之路和应对压力所必须付出的代价。

资料卡

脑力劳动的"齐加尼克效应"

自述人:曾先生,25岁,职位:广告创意。

"电视上1分钟的广告创意,我们至少要拿出10个方案供客户选择,而这10个方案,又是主管在我们几十个创意中选出来的。有时光是一句话,我们都要想破头,来来回回斟酌几十遍。整天加班,在地铁上吃饭,甚至睡觉的时候也都一直在想有没有更好的创意,有时候整晚几乎睡不着觉,很早又醒了,脑子里全是创意的画面。我现在才25岁,但已经担忧,总有一天用脑过度会痴呆。"

专家视角:一个人在接受一项工作时,就会产生一定的紧张心理,只有任务完成,紧张才会解除;如果任务没有完成,他们的思绪总是被那些未能完成的工作所困扰,心理上的紧张压力难以消除。这种因工作事件导致心理上持续不断的紧张状态,被称为"齐加尼克效应"。

5.1.3 工作压力的来源

导致压力反应的情境、刺激、活动等叫做压力源。工作压力源有多种类型,大致分为组织压力源和个人压力源。

1. 组织压力源

(1) 工作条件。工作条件是指与个人从事的工作有关的因素,包括工作超载、时间压力、决策风险大、体力消耗程度、恶劣的工作条件等。据一项全球范围的压力调查,55%的员工指出时间压力,52%的员工指出工作负担过重是最大的压力源。

(2) 角色压力。不同的人对某一个体有各种不同的角色期待和要求,导致角色冲突。角色冲突会使人感到无所适从,轻则紧张,重责焦虑、过于敏感。角色模糊是指员工不清楚自己的工作职责、权利。这种不确定性使人产生不安和困惑。

(3) 人际关系。与同事、上司、下属良好的工作关系可以促进个人目标的实现,如果缺乏,则会成为压力源之一。人际压力源是与群体压力、领导风格、人格冲突有关的压力源。

(4) 组织系统。组织系统所界定的是,组织层次分化的水平、组织规章制度的权利、决策在哪里进行等。例如,如果规章制度过多,员工缺乏参与决策的机会,员工在工作中就会感到挫败,进而降低工作主动程度。

2. 个人压力源

(1) 职业发展。包括失业的担心、晋升职位的机会等。许多研究标明,对个体来说,最大的威胁就是失业,很少有人不担心失业,另外,职业晋升不足或晋升过度也可能给员工带来压力。

(2) 家庭及经济问题。父母赡养、婚姻困境、子女教育等家庭问题,会对个体带来压力,对其工作产生影响。住房贷款、子女与就业、医疗、养老保障等经济方面等问题,同样对对个体造成困扰,见表 5-1。

表 5-1　　　　　　　　　工作压力来源、主要因素和后果

压力源	主要因素	可能后果
工作条件	工作超负荷或负荷不足 工作的复杂性及技术压力 工作决策与责任 紧急或突发事件 物理危险 时间变化	生产线歇斯底里症 精疲力竭 生物钟紊乱 健康受到威胁 烦恼和紧张增加
角色压力	角色模糊 角色冲突	焦虑和紧张增加 低工作满意度与低绩效 过于敏感
人际关系	缺乏接纳与支持 勾心斗角,不合作 领导对员工不关心	孤独、抑郁 敏感 人际退缩
组织系统	结构不合理,制度不健全 派系争斗 员工无参与决策权	动机和生产力低下 挫折感 对工作不满意
职业发展	升职或降职 工作安全性与稳定性 抱负受挫	失去自信 焦虑增加 工作满意度与生产力降低
家庭及经济问题	引起压力的生活事件 (如婚姻、家庭问题等)	焦虑和紧张增加 身心疲惫

资料卡

中韩员工压力源比较

据国际办公方案提供商雷格斯公司调查,中国内地上班族过去一年所承受的压力位列全球第一,上海、北京排名城市榜前列。调查结果显示,中国是目前世界上压力最大的国家。在全球80个国家和地区的1.6万名职场人士中,认为压力高于去年的,中国内地占75%,香港地区占55%,分列第一和第四,都大大超出全球的平均值48%。其中,上海、北京分别以80%、67%排在城市的前列。

人口庞大、社会转型、欲望膨胀，这个不折不扣的"压力之国"，亟需有人为它开出合适的药方。该调查显示，工作、个人经济状况、来自老板的压力是压力来源前三位，住房、工作、婚姻成城市居民焦虑的主要诱因。

韩联社2016年6月22日报道，韩国江北三星医院企业精神健康研究所22日公布了一项压力调查报告。2014年以在医院接受健康检查的19.57万名职场人士为对象进行调查。结果表明，职场人士中工作压力最大的是40岁年龄段的男性。调查显示，职场人士主要的压力来源是工作，比重达到61.7%。因人际关系造成的压力占16.6%，经济问题为5.6%，重复枯燥的生活为4%，疾病等健康问题为2.1%。

5.1.4 工作压力的结果

工作压力的影响是多方面的，压力产生的时候，人处于工作应激状态，从压力产生影响的领域来分，有个人生理健康方面的，有心理健康方面的。

1. 压力与身体健康的关系

工作压力对人们的身体健康有很大的危害作用，这种危害作用表现在下述两个方面。

（1）工作压力经常使人感到身体不适。长期承受工作压力的人会引起一系列不良反应，如失眠、疲劳、情绪激动、焦躁不安、多疑、孤独、对外界事物兴趣减退等，严重者较易患以下疾病：心血管系统疾病、消化系统疾病、呼吸系统疾病、皮肤心身疾病、神经系统疾病等。此外，还有属于内分泌代谢性心身疾病、口腔科心身疾病都可能是由压力过大引起的。

（2）工作压力还能成为大病的诱发因素。一些研究结果表明，承受较高压力的管理人员患心脏病的可能性是正常人的2倍，遭受心脏病第二次打击的可能性是常人的5倍，得致命心脏病的可能性是承受较低压力的管理人员的2倍。还有确凿的证据说明，工作压力不但能使人易染重病，还能直接引起致命的疾病，缩短人的寿命。医学研究人员最近证实，压力与癌症有很大关系。疾病的产生降低了劳动者的素质，不仅给个人和家庭带来痛苦和不幸，也给组织带来了巨大的损失。

2. 压力与心理健康的关系

压力不但对身体健康有重大的影响，对个人心理健康的作用也很明显，这主要表现在焦虑感和沮丧感两个方面。

（1）焦虑感。工作压力对人们心理的最主要影响是增加了人的焦虑感。当人们承受较大的工作压力时，会模模糊糊地感到很容易受周围环境中其他人和事物的伤害，觉得自己对工作、对周围的一切失去了控制，时常经受着工作环境中难以预料的困难，却又担心无力去处理那些并不一定出现的潜在威胁，为此产生了巨大的精神压力。

（2）沮丧感。压力也增加沮丧情绪。当人们的正当需要得不到满足或行为受到妨碍时,情绪就受到了伤害。根据这种伤害的程度不同,人们情绪上的反应也不同。

(3)消极情绪。当人们虽几经努力,却屡遭失败以后,人们对某种行为活动的积极性就会大大降低,甚至放弃这种行为,冷眼看世界。

(4)敌视态度。当人们在经受较大的挫折或遭受不公正的待遇后,可能会产生敌视态度,变得孤独、不善与人交往,无论对什么人或什么事都吹毛求疵,并伴有攻击性行为。

(5)悲观情绪。当人们付出了很大努力,却由于种种原因没能实现自己的目标时,就会变得悲观失望、缺乏自信心和自尊心。

(6)厌世。当人们觉得工作和生活中的困难和挫折太多,自己实在无力应付这种不利环境时,就很容易出现厌世情绪,甚至产生轻生的念头。

此外,压力感的行为症状包括对工作不满意、厌倦感、无责任心,并导致工作效率降低、缺勤率高、失误增多等。

资料卡

压力或成自杀高发原因

2016年9月8日称,日本财团的一项最新调查显示,每4个日本人中就有一人"认真地考虑过自杀问题",过去一年,有明确自杀想法但自杀未遂的日本人超过53万。家庭暴力和工作压力使这些人成为自杀"高危人群"。分析称,尽管日本年自杀人数近来呈缓慢下降趋势,但很多人因精神压力常处于崩溃边缘,得不到救助,反而日益被社会边缘化。

《朝日新闻》说,日本财团7日发布"自杀意识调查"报告,该调查8月面向全国20岁以上成年人进行,受访对象约4万人。结果显示,25.4%的人"曾认真地考虑过自杀",有明确自杀想法的女性受访者比例(28.4%)高于男性(22.6%)。二三十岁年龄段受访者中,有自杀想法的比例最高,其次为三四十岁年龄段,比例均高于30%,其中二三十岁女性比例接近40%。调查还显示,从年龄层面看,年轻人寻求自杀的"潜在概率"更高。

5.2 压力模型与工作压力管理

5.2.1 压力模型

1. 压力与业绩之间的关系

Yerkes-Dodson定律认为,压力与业绩之间存在着一种倒U形关系,过小或过大的压力都会使工作效率降低,只有适度的压力水平能够使业绩达到顶峰状态,也就是说压力不仅有消极意义,也有积极意义。

积极的和消极的压力最明显的体现在与业绩的关系,工作压力应该适中。通过下图我们可以看到,横轴是压力水平,纵轴是工作业绩表现。当我们完成工作任务的压力非常小时,我们觉得工作乏味、缺乏挑战性,集中干劲和注意力到工作上的动机很小,从而绩效很低。

随着工作压力的逐渐增大,我们受到激发,绩效得到提高。在压力达到最佳点之前,工作压力越大,绩效越高。

当工作压力超过最佳点后,压力越大,绩效越低。随着压力增加,依次出现过压、急躁、焦虑等状态,甚至使人崩溃。

在绩效最高点附近的绩效区,称为最佳绩效区。在绩效最高点附近的压力区,称为最佳压力区。如何通过压力管理,将工作压力保持在最佳压力区,进而使绩效处于最佳绩效区,是压力管理的主要任务之一,见图5-1。

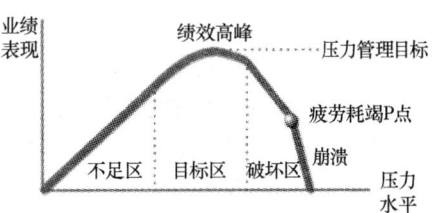

图 5-1 压力与工作绩效关系图

显然,管理者们需要知道这个最佳工作点到底在哪里?人们能够承受的最佳压力值到底是多大?实际上,各种情况下的压力曲线是不同的,不同的人、不同的工作任务对此都有影响。例如,同一件任务对员工甲来说压力正好,而对员工乙来说就太大了或太小了;相反,一个人执行任务 A 正合适,而让他执行任务 B 也许就会感到压力太大或太小了。压力管理的目标就在于,要把我们的压力水平有意识地调节到目标区,而不是让它停留在不足区和破坏区。

2. 压力与工作要求和控制能力的关系

研究表明,压力与工作要求高低成正比,与控制能力成反比。工作要求与控制能力的关系可能形成四种格局,这四种格局对个体产生的压力也是不一样的。

(1) 高要求、低控制。就是在工作上要求完成工作量大、质量高、时间紧迫,对与别人协作、采用新的工作方法和手段等也有较高的要求,而个人在的工作数量、质量、方法等方面的决定控制权力很小。在这种情况下员工表现出受到的压力最为明显。

(2) 低要求、高控制。这与高要求、低控制相反,员工受到的压力最小,是四种情况中压力最小的一种。但是员工受到的挑战和促进前进的动力也最小,进步不快。

(3) 低要求、低控制。这种情况对个人压力的现值较小,但如长期如此,会使员工丧失做出独立判断能力和接受挑战性工作的能力,因而会逐步形成压力。

(4) 高要求、高控制。在这种情况下,虽然工作对个人提出了高要求,有时甚至使员工对完成任务感到吃力,但由于个人对工作的控制能力强,有较大的参与决策的机会,因而员工受到的鼓励和激励也较大,员工的满意程度最大。

3. 压力与个体差异

对某一情境,有人感到压力很大,有人则感到是小事一桩。很明显,压力的产生存在个别差异。

(1) A 型行为。研究发现,具有 A 型行为或 A 型人格的人比 B 型行为的人更能承受压力。A 型人格的特征是有抱负心、言语与动作节奏快,性情急躁,而 B 型人格正好相反。

(2) 刚强人格。所谓刚强人格,是指一组人格特质,包括承诺感、把困难看做挑战与机会,感觉自己能控制自己的生活与命运等。刚强的人只把很少的事件当作压力源,当面对压力时,他们会努力找到解决途径。

(3) 乐观主义。乐观主义者善用建设性的方法处理各种压力,努力征求各种意见与建议,从不放弃解决问题的努力。研究发现,较乐观的员工对待失业的态度更积极向上。

(4) 自我吹毛求疵(self-criticism)。自我吹毛求疵者往往对自己要求过高,觉得自己应该取得更高绩效,应该把工作做得更好。

(5) 知觉控制水平(perceived level of control)。当员工感觉他们能够控制自己的工作活动而不是被动应付时,压力会明显减少,如果一个人资源花长时间开发软件,他不会感到压力,而当他被强制分派到软件开发项目组中工作时,他会感到非常不满。

(6) 紧张适释放率(tension discharge rate)。紧张释放率是指个体能否把以前经历的紧张、困扰等迅速抛开。调查表明,紧张释放率高的人较少存在健康问题。

资料卡

什么是逆商

除了智商、情商外,近年来又流行一个新概念:逆境商数(逆商)。IQ、EQ、AQ 并称 3Q,成为人们获取成功必备的不二法宝。有专家甚至断言,100% 的成功=20% 的 IQ+80% 的 EQ 和 AQ。

逆商来自英文 Adversity Quotient,全称逆境商数、厄运商数,一般被译为挫折商或逆境商,是指人们面对逆境时的反应方式,即面对挫折、摆脱困境和超越困难的能力。1997 年,加拿大培训咨询专家保罗·斯托茨博士出版《挫折商:将障碍变成机会》一书,第一次正式提出挫折商的概念,用以测试人们将不利局面转化为有利条件的能力。2000 年,他又出版了《工作中的挫折商》。这两本书都成为探讨挫折商对人们影响的重要著作。

在挫折商的测验中,一般考察以下四个关键因素——控制(Control)、归属(Ownership)、延伸(Reach)和忍耐(Endurance),简称为 CORE。控制指自己对逆境有多大的控制能力;归属是指逆境发生的原因以及愿意承担责任、改善后果的情况；延伸是对问题影响工作生活其他方面的评估；忍耐是指认识到问题的持久性以及它对个人的影响会持续多久。

心理学家认为，一个人事业成功必须具备高智商、高情商和高挫折商这三个因素。在智商（IQ，Intelligence Quotient）和情商（EQ，Emotional Quotient）都跟别人相差不大的情况下，挫折商对一个人的事业成功起着决定性的作用。

在保罗·斯托茨教授的《让逆商AQ克服逆境》中指出了逆商对于个人的重要性：面对逆境，有的人努力奋争，百折不挠；有的人浅尝辄止，一番争取之后，偃旗息鼓；有的人陷入困境，就心怀恐惧，绕着问题走。不同的态度导致了不同的结局，或是到达理想的彼岸，或是缩手缩脚碌碌无为。

斯托茨通过多年来对个人和公司的测试证明，高AQ可以帮助产生一流的成绩、生产力、创造力，可以帮助人们保持健康、活力和愉快的心情。有研究显示，AQ高的人手术后康复快，销售业绩也远远超过AQ低的人，在公司中升迁的速度也快得多。SBC电信公司提供的销售数据表明，AQ高的员工比AQ低的员工销售额平均高出141%。另有研究指出，AQ跟创业者的收入还有显著关系。AQ高的人可以获取更多报酬。

基于这些研究，AQ培训像EQ培训一样也开始升温。斯托茨博士就曾对联邦快递、新加坡电信、朗讯科技等公司的老板进行培训，告诉他们如何提高AQ。

高AQ是可以培养的，并且最好是从小培养，所以现在许多教育机构都在提倡挫折教育。《假如给我三天光明》的作者、美国著名聋哑作家海伦·凯勒就是一个因拥有高AQ而成功的例子。

5.2.2 工作压力管理

工作压力管理是通过帮助人们理解压力反应、发现压力源、运用处理技巧减轻压力的副作用的一系列方案与过程。

1. 个人压力管理

个人压力管理包括一些旨在：消除或控制压力源、使个人更能抵制或能更好地处理压力的行动和行为。科学合理的压力管理，可以"化压力为动力"。压力管理可分成三部分：第一是针对压力源造成的问题本身去处理；第二是处理压力所造成的反应，即情绪、行为及生理等方面的舒解；第三要学会进行科学合理的时间管理。下面简单介绍几种压力管理的方法。

（1）压力剔除法。其实，有许多压力是毫无必要的。研究表明：人们担忧的事情有40%永远不会发生；30%的忧虑涉及过去做出的决定，是无法改变的；12%的忧虑集中于别人处于自卑感而做出的批评；10%的忧虑与健康有关，而越担忧问题就越严重；只有8%的忧虑可以列入"合理"的范围。而在"合理"范围引起的紧张因素当中，真正值得担忧的问题平均还不到十分之一,其余问题完全可以通过学会消除的办法加以解决。

(2) 成功心态。成功心态是对抗压力的最佳策略。管理学认为,人的自信心往往是通过各类成功的案例逐步构建。个人可针对过往的经历,列出成就事件,除了可从中挖掘出自己的兴趣、价值观、潜能、技能外,还可增强自信心,在面对各种困难的时候能轻松应对。

(3) 学会轻松。轻松的心态,意味着能以最佳状态工作。意味着能有效对抗各种焦虑,远离压力困扰,让身心保持在一个健康的状态中。意味着能发挥出更大的工作效率与创意,使自己更容易迈向成功。轻松不等于无所谓,轻松不等于放弃,轻松不等于玩笑的心态。轻松是一种经过训练,将能力发挥到极致的身心最佳状态,是实现对情绪的良好控制,是高EQ。可通过呼吸放松、想象放松、角色预演等方法,也可以通过运动、听音乐、舞蹈及参与其他兴趣爱好活动等。

(4) 科学管理时间。时间管理就是有效地应用时间以取得个人的重要目标,即耕耘自己。时间管理是一个可以在短时间内使用的工具,用来重新安排各项工作的重要性,改掉无效的工作习惯,更加高效地工作。帮助员工学会合理管理时间是激励员工的一种有效的方式。科学管理时间,有如下几种方法:

第一,建立明确的、可以实现的目标,列出工作清单,并根据目标的重要性、紧急性制定完成次序。

第二,按照帕累托原则,事情可分成重要的少数和不重要的多数,即20%的目标具有80%的价值,而剩余80%的目标只有20%的价值。因而为了有效地管理时间,应该根据价值来投入时间。如果花费大量的时间投入琐碎的小事中,人们就会感受到压力。

第三,剪掉不需要的、达不到的目标,把注意力放到完成预定目标所需要的工作上。

第四,改变拖延的习惯,马上行动。美国著名领导力大师、人际关系专家史蒂芬·柯维在他的《高效能人士的七个习惯》中指出七个习惯,包括积极主动、以终为始、要事第一、双赢思维、知彼解己、协作增效和不断更新。

第五,遵守计划,并充分利用时间。

资料卡

压力管理小贴士:"10出压力法"

1. 说出压力:通过找一个知心好友或心理咨询师来排解内心的烦恼,调整心态。

2. 写出压力:通过写作,如日记、散文、诗歌等来调整心态,积极生活。

3. 动出压力:通过某项体育运动,如跑步、打球、打太极等来调整心态。

4. 唱出压力:通过唱歌,如卡拉OK等,来排解内心的烦恼,以调整心态。

5. 笑出压力:通过讲笑话、调侃、聊天等来解内心的烦恼,以调整心态。

6. 泡出压力:通过泡澡,如在自家或洗浴中心等,来排解烦恼,调整心态。

7. 养出压力:通过养小宠物、花草来排解烦恼,调整心态。

8. 帮出压力:通过帮助他人,如从事某项公益活动,来排解内烦恼,调整心态。

9. 坐出压力:通过坐禅、内观、静思、冥想活动来排解烦恼,调整心态。

10. 游出压力:通过旅游来排解烦恼,调整心态,积极生活。

2. 组织压力管理

EAP(employee assistance program),直译为员工帮助计划。它是由企业为员工设置的一套系统的、长期的福利与支持项目。通过专业人员对组织的诊断、建议和对员工及其直属亲人提供的专业指导、培训和咨询,旨在帮助解决员工及其家庭成员的各种心理和行为问题,提高员工在企业中的工作绩效。完整的EAP包括:压力评估、组织改变、宣传推广、教育培训、压力咨询等几项内容。

(1) 进行专业的员工职业心理健康问题评估。由专业人员采用专业的心理健康评估方法评估员工心理生活质量现状及其导致问题产生的原因。

(2) 搞好职业心理健康宣传。利用海报、自助卡、健康知识讲座等多种形式树立员工对心理健康的正确认识,鼓励遇到心理困扰问题时积极寻求帮助。

(3) 对工作环境的设计与改善。一方面,改善工作硬环境——物理环境;另一方面,通过组织结构变革、领导力培训、团队建设、工作轮换、员工生涯规划等手段改善工作的软环境,在企业内部建立支持性的工作环境,丰富员工的工作内容,指明员工的发展方向,消除问题的诱因。

(4) 开展员工和管理者培训。通过压力管理、挫折应对、保持积极情绪、咨询式的管理者等一系列培训,帮助员工掌握提高心理素质的基本方法,增强对心理问题的抵抗力。管理者掌握员工心理管理的技术,能在员工出现心理困扰问题时,很快找到适当的解决方法。

(5) 组织多种形式的员工心理咨询。对于受心理问题困扰的员工,提供咨询热线、网上咨询、团体辅导、个人面询等丰富的形式,充分解决员工心理困扰问题。

> **资料卡**
>
> **员工支持计划的来源**
>
> EAP 最早起源于 20 世纪初的美国。当时美国的一些企业注意到员工的酗酒、吸毒和其他一些药物滥用问题影响到员工和企业绩效。于是有的企业建立了一些项目,聘请专家帮助员工解决这些问题。20 世纪 60 年代,美国社会变动剧烈,工作压力、家庭暴力、离婚、法律纠纷等其他问题越来越影响到企业员工的情绪和工作表现,EAP 项目日渐增多。20 世纪 80 年代,欧美等发达国家开始大量运用行为疗法对员工的不良行为进行改善。截至 1994 年,世界 500 强中,有 80% 以上的企业建立了 EAP 项目。

5.3 情绪

5.3.1 情绪概述

1. 情绪的概念

情绪(emotion)个体对客观事物的态度体验及相应的行为反应,包括生理和心理两方面的特征指标。情绪不同于认知,认知是人对客观事物本身的反映,而情绪反映的则是客观事物与人的主观需要之间的关系。情绪和情感包含了三个要点:

(1) 情绪由一定对象引起,客观事物的刺激是产生情绪的前提。客观事物包括:外界事物、环境、个体自身行为、身体状况和心理状况。

(2) 情绪是主观的心理体验,体验是情绪的基本特征。人产生什么情绪是主体的需要与客观事物之间的关系决定的。没有关系的事物不会引起人的情感与情绪。

(3) 情绪包括内部的生理变化和外部的行为表现。呼吸、心跳等生理变化以及其外部表现形式表情的变化。

> **资料卡**
>
> **表情谱**
>
> 表情则主要分为以下几类,大家不妨试着对镜练习这些表情:
>
> 忧:苦恼、涕哭、过失、失落;
>
> 悲:忧郁、担心、悲哀、丧胆、绝望;
>
> 喜:欢笑、喜悦、高兴、情爱、柔情;
>
> 思:反省、默想、思考、期待;

怒：怨恨、愤怒、敌视、恼怒；
傲：侮辱、轻蔑、厌恶、傲慢；
惊：惊异、惊愕、恐怖、震骇；
愧：惭愧、羞耻、谦虚、赧颜；
庄：尊敬、庄重、景仰、皈依；
谐：嬉笑、搞怪、诙谐、滑稽。

2. 情绪的维度和两极性

情绪的维度是指情绪所固有的某些特征，主要包括情绪的动力性、激动性、强度和紧张度等。这些特征的变化幅度有具有两级性，即每个特征都存在两种对立的状态。

(1) 情绪的动力性有增力和减力两极。一般地讲，需要得到满足时产生的肯定情绪是积极的、增力的，可提高人的活动能力；需要得不到满足时产生的否定情绪是消极的、减力的，会降低人的活动能力。

(2) 情绪的激动性有激动与平静两极。激动是一种强烈的、外显的情绪状态，如激怒、狂喜，极度恐惧等，它是由一些重要的事件引起的，如突如其来的地震会引起人们极度的恐惧。平静的情绪是指一种平稳安静的情绪状态，它是人们正常生活、学习和工作时的基本情绪状态，也是基本的工作条件。

(3) 情绪的强度有强、弱两极。如从愉快到狂喜，从微愠到狂怒。在情绪的强弱之间还有各种不同的强度，如在微愠到狂怒之间还有愤怒，大怒，暴怒等不同程度的怒。情绪强度的大小决定于情绪事件对于个体意义的大小。

(4) 情绪还有紧张和轻松两极。人们情绪的紧张程度决定于面对情境的紧迫性，个体心理的准备状态以及应变能力。如果情境比较复杂，个体心理准备不足而且应变能力比较差，人们往往容易紧张，甚至不知所措。如果情境不太紧急，个体心理准备比较充分。应变能力比较强，人就不会紧张，而会觉得比较轻松自如。

资料卡

情绪的维度理论

【三维理论】

冯特提出的三维理论认为：情绪是由三个维度组成的，即愉快—不愉快；激动—平静；紧张—松弛。每一种具体情绪分布在三个维度的两极之间不同的位置上。他的这种看法为情绪的维度理论奠定了基础。

20世纪50年代,施洛伯格根据面部表情的研究提出,情绪的维度有愉快—不愉快;注意—拒绝和激活水平三个维度,建立了一个三维模式图,其三维模式图长轴为快乐维度,短轴为注意维度,垂直于椭圆面的轴则是激活水平的强度维度,三个不同水平的整合可以得到各种情绪,见图5-2。

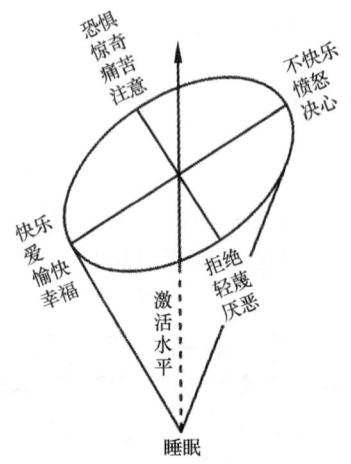

图5-2 施洛伯格情绪三维模式图

60年代末,普拉切克提出,情绪具有强度、相似性和两极性等三个维度,并用一个倒锥体来说明三个维度之间的关系。顶部是八种最强烈的基本情绪:悲痛、恐惧、惊奇、接受、狂喜、狂怒、警惕、憎恨,每一类情绪中都有一些性质相似、强度依次递减的情绪,如厌恶、厌烦、哀伤、忧郁,见图5-3。

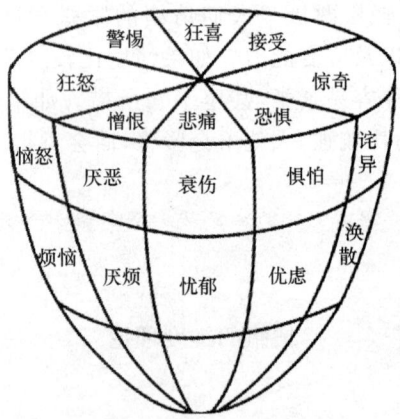

图5-3 普拉切克情绪三维模式图

【四维理论】

美国心理学家伊扎德提出情绪四维理论。认为情绪有愉快度、紧张度、激动度、确信度等四个维度。

罗素(Russell,1980)提出了情绪分类的环状模式。他认为情绪可划分为两个维度:愉快度和强度。其中愉快度分为愉快和不愉快,强度分为中等强度和高等强度。由此可以组合成四种类型:愉快—高等强度是高兴,愉快—中等强度是轻松,不愉快—中等强度是厌烦,不愉快—高等强度是惊恐(图 5-4)。

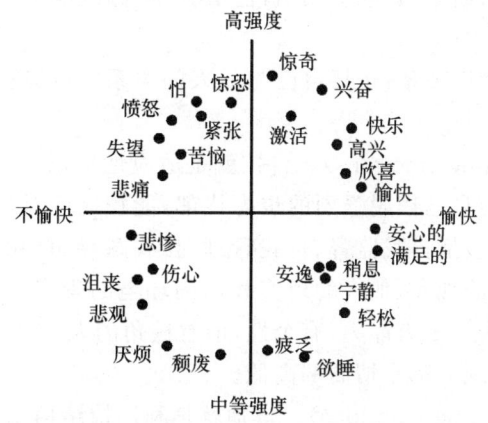

图 5-4 罗素情绪分类的环状模式图

3. 情绪的作用

(1) 适应功能。适当的情绪调节,降低焦虑与紧张,能更好的克服困难、适应环境。

(2) 动机作用。积极的情绪状态称为行为的积极诱因,适度的情绪兴奋促进主体积极的行为,从而增进行为的效率。

(3) 组织作用。强调情绪的积极或消极作用。积极的情绪有调节和组织作用,消极的情绪有干扰和破坏作用。

(4) 信号作用。表情是人与人之间传递信息、沟通思想的主要媒介之一。适应功能也是通过他的信号作用得以实现的。

5.3.2 情绪智力

美国哈佛大学心理学博士丹尼尔·戈尔曼在 1995 年发表了《情绪智商》,书中提出"情绪智慧"(Emotional Intelligence),通常称为"情商"或 EQ。

情商是指人识别和监控自己及他人的情绪,运用"共情技术"恰当地维护心理适应和心理平衡,形成以自我激励为核心的内在动力机制,形成以理性调节为导向的坚强意志，妥善处理自身情绪、与人交往和个人发展等方面问题的心理素质和能力。

1. 情绪智力的内涵

戈尔曼将情绪智力概述为以下五个方面，也称 5 因素理论。

（1）自知（Self-awareness）。自知就是能准确地识别、评价自己和他人的情绪，能及时察觉自己的情绪变化，能归结情绪产生的原因。自知的特点是：

第一，准确识别情绪，包括情绪对象特征、情绪强度特征、情绪时间特征和情绪变化特征；

第二，准确识别情绪原因，准确归因，包括能准确识别自己的需要特征、动机特征和自己的角色特征；

第三，准确识别环境关系，包括自己与他人的关系，自己所处的任务目标特征和环境的结构特征。

（2）自控（Managing emotions）。自控就是适应性地调节、引导、控制、改善自己和他人的情绪，能够使自己摆脱强烈的焦虑忧郁，能积极应对危机，并能增进实现目标的情绪力量。自控包括自我监督、自我管理、自我疏导、自我约束和尊重现实。尊重现实包括尊重自己的现实、他人的现实和周围环境的现实。领导者要有肚量，"肚量"这就是自控。当有一个有能力，有个性，但有棱角的人，你能不能宽容？这时的一言一行，一举一动，体现的都是情商的高低。

（3）自励（Motivating emotions）。自励就是利用情绪信息，整顿情绪，增强注意力，调动自己的精力和活力，适应性地确立目标，创造性地实现目标。自励就是上进心、进取心，就是确立奋斗目标，并为之而积极努力。自励意味"求实坚毅"，对一个情商高的人来说，面对困难能够一点一滴地从事自己的工作，坚强自己的信念，而不是抱着"干得了就干，干不了就算了"的心态。

（4）通情达理（Empathy）。通情达理就是能设身处地考虑他人的情绪感受和行为原因，具备换位思考的能力和习惯，理解和认可情绪差别，能与自己的观念不一致的人和平相处，理解别人的感受，察觉别人的真正需要，具有同情心。

Empathy 作为心理咨询学的专业名词，常被翻译为"共情"。"共情"的基本特征是"准确理解他人"和"准确表达他人的思想"。准确理解他人就需要换位思考和高位思考。

（5）和谐相处（Handing relationships）。和谐相处就是能妥善处理人际问题，与他人和谐相处。在专业分工越来越细的前提下，相互协作变得越来越重要，现代组织需要团队合作精神，需要人人相互信赖、相互尊重和相互协作。协作的作用在于提高组织的绩效，使团队的工作业绩超过成员个体业绩的简单之和，从而形成强大的团队凝聚力和整体战斗力，最终实现团队目标。只有真正融入了团队，才能保证工作的效率和质量。

2. 情绪智力的影响

戈尔曼通过科学论证得出结论，企业能够在同行业中拥有更为出色表现的原因有 2/3 应该归功于情绪智力，而只有 1/3 应归结为可由智商衡量的智力因素和专业科技水平。戈尔曼在1998年出版的《与情绪智力一同工作》一书提出,在明星企业中,建立在情绪智力基础上的工作能力比其他的智力和技术因素在企业中扮演着更重要的作用。研究表明,情绪智力高的员工能够获得较高的工作绩效。

(1) 情绪智力高的员工,完成任务和处理人际关系的能力强。明智地利用情绪,可以使认知决策更准确,更好地吸收信息做判断并创造性地解决问题;情绪智力高的个体更倾向于采用考虑别人的和适应社会的方式行为,从而容易适应环境,建立广泛的协作关系。所以,情绪智力高的员工绩效水平高。

(2) 情绪智力高有利于实现客户满意这一工作绩效评价的重要标准。无论是对直接面对客户的销售人员、技术服务工程师还是为内部员工提供支持的财务人员、人力资源顾问,客户满意度都是组织评核绩效的重要指标。实现客户满意就要理解和满足客户需求。情绪智力高的员工可以感同身受地理解客户真正的需求,站在客户的角度考虑问题,为客户解决难题。当他们碰到来自客户投诉、挑战和压力时,能控制自己的情绪,保持积极情绪面对困难,比起情绪智力低的员工,更容易赢得客户满意并保有客户的信任。

(3) 情绪智力高有利于员工适应组织变革。在不断变化的组织中,员工在工作中会碰到很多模糊性和未知性。组织结构及工作习惯的改变使员工感受到不适应、挫败和无助。在这类情况下,高情绪智力的员工更善于表达自己的感受,与别人分享情感体验,从他人那里得到帮助,从而能调整自己的情绪,激励自己更快地投入工作中。适应高速的变化也是高绩效的重要表现。

资料卡

"情绪智力"发展历程

1925年,Thondike提出了社会智力(social intelligence)的概念,他认为,拥有社会智力的人"具有了解及管理他人的能力,能在人际关系上采取明智的行动",并把"社会智能"描述为与他人相处的能力。

1935年,美国心理学家Alixander在他的《智力:具体与抽象》一文中提出了非智力因素(non—intellective factors)的概念。

1940年,Wechsler提出普通智力中的非智力因素,并于1943年提出非智力因素是预测个人成功的关键因素。智能的情绪部分可能是生活成功的必要组成部分。

1965年美国人高尔曼,提出了所谓情商的概念EQ。

1975年霍华德·加德纳出版了《发教的智能》一书,介绍了多元化智能的理念。

1983年，Gadener发展了多元智力理论(theory of multiple intelligence)，其中，两种情绪维度成分：内省智力(intrapsychic intelligence)和人际智力(interpersonal intelligence)这两项能力，让"社会智力"的概念再一次的受到教育界以及心理界的重视。

1987年吐基思·比思利在《门撒杂志》上发表一篇文章，其中用到"情商"（即EQ，用来衡量情绪智能的商数）这个术语。尽管巴昂（RcuvenBar·On，以色列著名心理学家。）声称自己在未发表的毕业论文中已经用过这个术语，大家还是公认这篇文章是首次使用"情商"并发表。

1988年，心理学家Bar·On第一个使用"EQ"这个名词，并编制世界上第一个标准化的情绪智力量表，根据他的定义，EQ还包括了那些能影响我们去适应环境的情绪以及社交能力。

1990年，美国心理学家Salovy和Mayer重新解释情绪智力这个概念并提出较系统的理论。随后对情绪智力的研究便得到迅速发展，情绪智力这个术语也得到广泛使用。同年，心理学家彼得·萨洛维和约翰·梅在《想象，认知和人格》杂志上发表标志性的文章《情商》。

1995年，心理学家哈佛大学的丹尼尔·戈尔曼教授出版《EQ》一书，荣登世界各国畅销书的排行榜，在全世界掀起了一股EQ热潮，是EQ一词走出心理学的学术圈，走入人们的日常生活。同年心理学家兼《纽约时报》科学专栏作家丹尼尔戈尔曼的《情商：为什么她比智商更重要》一书出版后，情商这个概念得到普及。

2000年，由Bar·On主编的《情绪智力手册》出版，它标志着情绪智力研究进入一个新的阶段。

5.4 情绪劳动与情绪劳动管理

5.4.1 情绪劳动

一些职业要求人们必须表达出某种特定的情绪，无论他们内心深处的感受是什么。比如走进餐厅后，服务员会微笑着向你问好，尽管他们的心情实际上可能很糟糕。一些企业甚至明文规定了员工在工作中应该具有的情绪体验。20世纪80年代初期，社会学家Arlie Russell Hochschild(1983)称其为"情绪劳动"。不同职业或组织在情绪劳动的具体要求上存在着一定的差异。例如交警对违章者既要求礼貌更要求严肃，而推销员对客户则要热情而富有耐心。

1. 情绪劳动的概念

情绪劳动是指要求员工在工作时展现某种特定情绪以达到其所在职位工作目标的劳

动形式。与一般的智力劳动和体力劳动相比,情绪劳动主要具有以下三方面的特点:

(1) 调节的主动性。情绪劳动情境一般都包含员工与公众(如顾客、患者、乘客等)之间面对面的交互作用,因此员工的情绪表达不仅会影响公众的情绪体验和反应,同时也会受到公众情绪反应的影响。当受到公众消极的或意料之外的情绪影响时,员工就需要按照角色要求和组织期望及时而灵活地调整自己的情绪劳动方式及策略,以便有效地对公众的情绪反应加以引导,使之朝着组织所期待的方向发展。

(2) 目的的间接性。在情绪劳动中,表达适当情绪的目的是为了影响公众的情绪、态度或行为,以提高组织效率、促进组织目标达成以及增加组织信誉等。情绪劳动理论假设只有在某种适当的情绪状态下,公众才有可能做出组织所期望的反应。因此,为了实现组织的目标,就需要充分利用情绪的感染力和交流效果,通过员工适当的情绪表达,从而使公众在心理上产生组织所预期的变化。

(3) 要求的职业性。员工在实际工作中管理和表达情绪的方式恰当与否,取决于其所属职业或组织的具体要求。通常情况下,组织会以岗位职责、职业道德、行为规范和组织文化等形式,明示在与公众进行交往时哪些情绪表达是恰当的,以及如何有效地表现出这些情绪行为。

2. 情绪劳动的积极作用

对于组织而言,员工在工作中进行情绪劳动,如按照组织的要求对顾客微笑,会使顾客心情愉快提高购物量,甚至增加下次来购物的念头,进而提高组织整体绩效。对于员工个人而言,情绪劳动也体现出了不可小视的价值。情绪劳动保证工作正常有效地开展,是自身职业发展的基础。相反,对适时的情绪表达不予重视,会直接导致顾客的厌烦最终影响自己的职业发展。如作为一名律师,对自己的客户冷漠、无礼,将无法赢得顾客对自己的信任和好感,最终失掉很多顾客。

从更深层次上看,员工通过运用表面行为这种情绪劳动策略,使自己仅从外在的情绪行为上符合要求,无需从认知层面使自己的真实情绪也与之符合。

这从心理层面上,将员工和自己的工作保持了一段距离,成为员工自身的生活和工作之间的一个缓冲地带,从而为员工自身的心理健康提供了保证。另外,员工有效地表达组织所要求的情绪,赢得客户的赞誉,是对自我能力的一种展现,进而得到组织的肯定和认同,这会增加员工个人的成就感和自我效能感,形成一个良性循环,即更努力地工作,取得更好的业绩。

3. 情绪劳动的消极作用

情绪劳动给员工带来诸多裨益的同时,也不可避免地影响到员工的身心健康,如产生工作压力、导致工作倦怠、威胁身体健康等不良症状。

首先,情绪劳动是员工产生工作压力的原因之一。员工在进行情绪劳动时,经常会遭遇内在的真实感受和组织要求的情绪表达不一致,即情绪不协调。长时间的情绪不协调会使员工产生工作压力,出现一系列与工作相关的失调症状,如低自尊、抑郁、对工作玩忽职守和疏远等。如,航空飞机上的服务人员经常与自己平时的"伪装"

作斗争,他们觉得自己是在表演,甚至会认为这样做是道德问题,是行为上的污点(他们认为他们在情绪上的"欺骗"对于提升组织的利益是有很大帮助的,却会影响到自身的心理健康)。

其次,情绪劳动还可以导致工作倦怠。工作倦怠指的是在以人为服务对象的职业领域中,个体的一种情感耗竭、人格解体和个人成就感降低的症状。情感耗竭是指个体的情感资源过度消耗,疲乏不堪,精力丧失;人格解体指个体对待服务对象的负性的、冷淡的、过度疏远的态度;个人成就降低指个体的胜任感和工作成就的下降。资源保护理论认为,人们具有获得、保存、保护及建立有价值的资源,并使资源流失威胁最小化的动机。当个人在面对工作负荷时,若遭到资源丧失的威胁、遭遇到实际资源的丧失,或在投入资源后却无法获得资源时,心理上会感到压力和不适。

最后,长期的情绪劳动还会对身体健康有许多潜在的负面作用。研究表明,自我表露和健康人格有很大关系,持续地压抑情绪的人比善于情绪表达的人更可能产生疾病。情绪和免疫系统也有非常密切的关系。在免疫系统中影响广泛的化学信使(如:多巴胺、去甲肾上腺素)同样在调节情绪的神经系统也密集地存在,这也就意味着在情绪和免疫系统之间可能存在直接的生理联结,进一步的研究给予了证实。此外,近些年还发现,压抑情绪可能导致血压升高。如对生气、敌意的抑制和高血压、冠心病都有很大关系。因而,一味地压抑自己的情绪,不把自己真实的情绪表达出来确实对身体造成了不可忽视的危害。

资料卡

情绪劳动的来历

20世纪80年代初期,社会学家 Arlie Russell Hochschild(1983)针对 Delta 航空公司空服人员的情绪表达进行了深入的个案研究,首先提出了"情绪劳动"的概念,在1975年的《感受与情绪的社会学:几种可能性》中,并未提出情绪劳动的字眼,只提出一个相关概念即"情绪工作"(emotion work),指个体必须根据情感规则来调整外在行为表达甚至内在情绪感受。这种情绪工作不仅见于日常交往中,更出现在各种工作角色与组织的环境中。但在这篇论文中,这个概念仅为触及,并不是成熟的概念。在1979年的《情绪工作、情感规则、及社会结构》一文中,Hochschild 致力于推广其"情绪管理的观点"(emotion management perspectives),她认为情绪是可以根据环境的要求来进行管理的。对情绪工作概念的探讨,显然要比1975年的文章更加深入。Hochschild 将情绪工作界定为个人"试图去改变情绪或感觉之程度或质量所采取的行动"。情绪劳动是指员工要在工作中表现出令组织满意的情绪状态,是与情感有关的一个概念。

5.4.2 情绪劳动管理

由于情绪劳动的影响是双层面的,因此,对于情绪劳动的管理,也需要从企业组织层面和员工层面进行。

1. 组织层面的情绪劳动管理策略

(1) 为员工的"情绪劳动池"注入"能量"

个体付出努力通常会导致身心资源的损失,而获得回报又可以实现资源的有效补充。通过改善员工福利、带薪休假、提供培训和发展机会等方式,使员工因长期情绪劳动而耗费的身心资源得到及时有效的补充,降低情绪劳动给员工带来的消极后果提高员工从事高质量情绪劳动的积极性。合理利用这种激励方式,会促使他们继续做出适当的情绪行为,这不仅对组织具有积极的影响,员工自身也不会出现消极的情绪后果,从而形成一种良性的循环。

(2) 为员工"减压",疏导员工负面情绪

组织要善于化解员工负面情绪,使之变成一种可控的、能够使企业稳定发展的积极因素,从而提高员工的工作效率与积极性。例如,通过设置心理辅导员、心理发泄室等,建立疏导机制,多渠道、多途径地对员工进行情绪疏导,培养与塑造高情商的现代员工,促进组织服务更上一层楼。

同时,由于情绪只是表象,只有找出引发情绪的根本原因,才能有针对性地调整员工的行为,达到真正意义上的情绪调整。这就要求管理者全面了解和确认员工负面情绪产生的根源,比如员工关系是否和谐、工作设计是否合理、利益分配是否公平等,并及时采取相应对策。

(3) 创造良好的情绪劳动氛围

每个员工都有不同于他人的情绪处理方式,尽管组织很难完全掌握员工错综复杂、千变万化的情绪世界,但如果组织有一个能激励员工为之奋斗的愿景,一种被员工认同的价值观,就完全有可能激励员工超越个人情绪,以高度一致的情感凝聚成一种情绪资本,打造组织的核心竞争力。

因此,组织可以构建和完善相关机制,将情绪劳动纳入管理的制度范畴,为其提供组织保障。例如:建立健全有效的管理机制,把情绪劳动管理纳入管理者的选拔和绩效考核标准之中,完善管理沟通,将情绪管理与工作激励、人员配置、员工培训与发展等方面紧密联系起来。在这种组织中,管理者应该成为支持型领导和情感激励专家,使员工能够做到畅所欲言,积极行动。

2. 员工层面的情绪劳动管理策略

(1) 表面扮演策略

表面扮演,是指员工压制个人感觉到的真实情绪而假装表现出组织所要求的情绪的一种方式,是一种"戴上面具"的伪装。

对员工而言,尽管表面扮演意味着内心的感受与外部表情之间的分离,但不失为

一种有效策略,因为在无法改变现有的内心感受时,就需要以表面的装扮来开展工作,即是我们常说的"陪笑脸"。

表面扮演更多地发生在习惯性的常规过程中,这些过程比较多地处于半自动化状态,不需要太多的意识加工,不需要付出太多的认知努力。

但是,由于表面扮演需要进行伪装或虚假的情绪表达,减弱了自我真实感,从而可能引起不一致性。这种不一致性会耗费心理资源,使个体产生冲突,从而陷入心理的疲劳,这是管理者在管理过程中需要注意避免的问题。

(2) 深层扮演策略

深层扮演,就是为了表现出恰当的情绪而调整自己的主观体验和内在表情的一种方式。

深层扮演是一个积极主动的过程,当个体的内心感受与组织的表现规则不一致时,个体通过积极的思考、想象和记忆等内部心理过程,使真实情绪体验与需要表现的情绪相符合,并通过行为体现出来,做到表里如一。

深层扮演发生在行为模式的智力水平,需要相当部分的意识参与,此类调节实际上更多的是针对认知评价过程进行的。需要指出的是,深层扮演也需要一定程度的表情调节,因为所有的情绪劳动的核心宗旨都需要员工表现出该职业所需的情绪。

另外,深层扮演要求员工调整内心体验,不仅要抑制正在感受的负面情绪、表现出企业需要的正面情绪,而且要从认知上进行更多的加工,要从具体的情境中尽可能地去感受有积极意义的信息。所以,深层扮演在内心体验和表情之间有更多的一致性,可以提升个人成就感,属于资源获得的过程。如果员工能够采取深层扮演来达到内心感受与组织情绪规则一致的话,那么无论是个体还是组织都能得到持续的发展。

总而言之,情绪劳动会对组织行为产生重要的影响作用,是组织绩效的一个关键组成部分。目前,在企业管理工作中,情绪劳动的重要性正越来越引起管理者的重视。有效管理情绪的能力及情绪劳动的合理运用,在服务行业中显得尤为重要。当然,需要指出的是,我们所讨论的情绪劳动管理的组织策略和员工策略并非彼此分离,而是紧密联系在一起并相互促进的,它们共同作用于组织与顾客间良好情感关系的建立和维系。

资料卡

情绪 ABC 理论

如果有人问你,你对自己的情绪负责吗,你可能说:情绪怎么能随便控制呢?有高兴事就乐,有伤心事就悲。这是人之常情嘛。

情绪 ABC 理论的创始者爱利斯认为:正是由于我们常有的一些不合理的信念才使我们产生情绪困扰。如果这些不合理的信念久而久之,还会引起情绪障碍呢。

情绪 ABC 理论中:A 表示诱发性事件,B 表示个体针对此诱发性事件产生的一些信念,即对这件事的一些看法、解释。C 表示自己产生的情绪和行为的结果。

通常人们会认为诱发事件 A 直接导致了人的情绪和行为结果 C,发生了什么事就引起了什么情绪体验。然而,你有没有发现同样一件事,对不同的人,会引起不同的情绪体验。同样是报考英语六级,结果两个人都没过。一个人无所谓,而另一个人却伤心欲绝。

为什么?就是诱发事件 A 与情绪、行为结果 C 之间还有个对诱发事件 A 的看法、解释的 B 在作怪。一个人可能认为:这次考试只是试一试,考不过也没关系,下次可以再来。另一个人可能说:我精心准备了那么长时间,竟然没过,是不是我太笨了,我还有什么用啊,人家会怎么评价我。于是不同的 B 带来的 C 大相径庭。

常见的一些不合理的信念主要有:
1. 人应该得到生活中所有对自己是重要的人的喜爱和赞许;
2. 有价值的人应在各方面都比别人强;
3. 任何事物都应按自己的意愿发展,否则会很糟糕;
4. 一个人应该担心随时可能发生灾祸;
5. 情绪由外界控制,自己无能为力;
6. 已经定下的事是无法改变的;
7. 一个人碰到的种种问题,总应该都有一个正确、完满的答案,如果一个人无法找到它,便是不能容忍的事;
8. 对不好的人应该给予严厉的惩罚和制裁;
9. 逃避可能、挑战与责任要比正视它们容易得多;
10. 要有一个比自己强的人做后盾才行。

本章小结

工作压力是指由工作或与工作直接有关的因素所造成的应激。压力与业绩之间存在着一种倒 U 形关系,过小或过大的压力都会使工作效率降低,只有适度的压力水平能够使业绩达到顶峰状态,也就是说压力不仅有消极意义,也有积极意义。工作压力的来源很多,本书讨论了组织压力源和个人压力源,工作压力管理也需从组织和个人的两方面入手,通过帮助人们理解压力反应、发现压力源、运用处理技巧减轻压力的副作用,EAP 是一项组织帮助员工解决心理和行为问题的方案。

情绪是个体对客观事物的态度体验及相应的行为反应。通常,情绪智力高的员工能够获得较高的工作绩效。情绪劳动是指要求员工在工作时展现某种特定情绪以达到其所在职位工作目标的劳动形式。对于情绪劳动的管理,也需要从企业组织层面和员工层面进行。

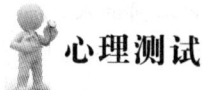
心理测试

测测你的情商

可口可乐公司、麦当劳公司等世界 500 强众多企业,曾以此为员工 EQ 测试的模板。帮助员工了解自己的 EQ 状况。共 33 题,测试时间 25 分钟,最大 EQ 为 174 分。如果你已经准备就绪,请开始计时。

第 1—9 题:请从下面的问题中,选择一个和自己最切合的答案,但要尽可能少选中性答案。

1. 我有能力克服各种困难:＿＿＿＿
   A. 是的　　　　　B. 不一定　　　　C. 不是的
2. 如果我能到一个新的环境,我要把生活安排得:＿＿＿＿
   A. 和从前相仿　　B. 不一定　　　　C. 和从前不一样
3. 一生中,我觉得自己能达到我所预想的目标:＿＿＿＿
   A. 是的　　　　　B. 不一定　　　　C. 不是的
4. 不知为什么,有些人总是回避或冷淡我:＿＿＿＿
   A. 不是的　　　　B. 不一定　　　　C. 是的
5. 在大街上,我常常避开我不愿打招呼的人:＿＿＿＿
   A. 从未如此　　　B. 偶尔如此　　　C. 有时如此
6. 当我集中精力工作时,假使有人在旁边高谈阔论:＿＿＿＿
   A. 我仍能专心工作　B. 介于 A、C 之间　C. 我不能专心且感到愤怒
7. 我不论到什么地方,都能清楚地辨别方向:＿＿＿＿
   A. 是的　　　　　B. 不一定　　　　C. 不是的

8. 我热爱所学的专业和所从事的工作：_____
   A. 是的　　　　　B. 不一定　　　　C. 不是的
9. 气候的变化不会影响我的情绪：_____
   A. 是的　　　　　B. 介于A、C之间　C. 不是的

第10—16题：请如实选答下列问题，将答案填入右边横线处。
10. 我从不因流言蜚语而生气：_____
    A. 是的　　　　　B. 介于A、C之间　C. 不是的
11. 我善于控制自己的面部表情：_____
    A. 是的　　　　　B. 不太确定　　　C. 不是的
12. 在就寝时，我常常：_____
    A. 极易入睡　　　B. 介于A、C之间　C. 不易入睡
13. 有人侵扰我时，我：_____
    A. 不露声色　　　B. 介于A、C之间　C. 大声抗议，以泄己愤
14. 在和人争辨或工作出现失误后，我常常感到震颤，精疲力竭，而不能继续安心工作：_____
    A. 不是的　　　　B. 介于A、C之间　C. 是的
15. 我常常被一些无谓的小事困扰：_____
    A. 不是的　　　　B. 介于A、C之间　C. 是的
16. 我宁愿住在僻静的郊区，也不愿住在嘈杂的市区：_____
    A. 不是的　　　　B. 不太确定　　　C. 是的

第17—25题：在下面问题中，每一题请选择一个和自己最切合的答案，同样少选中性答案。
17. 我被朋友、同事起过绰号、挖苦过：_____
    A. 从来没有　　　B. 偶尔有过　　　C. 这是常有的事
18. 有一种食物使我吃后呕吐：_____
    A. 没有　　　　　B. 记不清　　　　C. 有
19. 除去看见的世界外，我的心中没有另外的世界：_____
    A. 没有　　　　　B. 记不清　　　　C. 有
20. 我会想到若干年后有什么使自己极为不安的事：_____
    A. 从来没有想过　B. 偶尔想到过　　C. 经常想到
21. 我常常觉得自己的家庭对自己不好，但是我又确切地知道他们的确对我好：_____
    A. 否　　　　　　B. 说不清楚　　　C. 是
22. 每天我一回家就立刻把门关上：_____
    A. 否　　　　　　B. 不清楚　　　　C. 是
23. 我坐在小房间里把门关上，但我仍觉得心里不安：_____

A．否　　　　B．偶尔是　　　　C．是
24．当一件事需要我作决定时,我常觉得很难：_____
　　A．否　　　　B．偶尔是　　　　C．是
25．我常常用抛硬币、翻纸、抽签之类的游戏来预测凶吉：_____
　　A．否　　　　B．偶尔是　　　　C．是

第26—29题：下面各题,请按实际情况如实回答,仅须回答"是"或"否"即可,在你选择的答案下打"√"。

26．为了工作我早出晚归,早晨起床我常常感到疲惫不堪：是_____ 否_____
27．在某种心境下,我会因为困惑陷入空想,将工作搁置下来：是_____ 否_____
28．我的神经脆弱,稍有刺激就会使我战栗：是_____ 否_____
29．睡梦中,我常常被噩梦惊醒：是_____ 否_____

第30—33题：本组测试共4题,每题有5种答案,请选择与自己最切合的答案,在你选择的答案下打"√"。答案标准如下：1.从不,2.几乎不,3.一半时间,4.大多数时间,5.总是

30．工作中我愿意挑战艰巨的任务。1　2　3　4　5
31．我常发现别人好的意愿。1　2　3　4　5
32．能听取不同的意见,包括对自己的批评。1　2　3　4　5
33．我时常勉励自己,对未来充满希望。1　2　3　4　5

参考答案及计分评估：

计分时请按照记分标准,先算出各部分得分,最后将几部分得分相加,得到的那一分值即为你的最终得分。

第1—9题,每回答一个A得6分,回答一个B得3分,回答一个C得0分。计_____分。

第10—16题,每回答一个A得5分,回答一个B得2分,回答一个C得0分。计_____分。

第17—25题,每回答一个A得5分,回答一个B得2分,回答一个C得0分。计_____分。

第26—29题,每回答一个"是"得0分,回答一个"否"得5分。计_____分。
第30—33题,从左至右分数分别为1分、2分、3分、4分、5分。计_____分。
总计为_____分。

专家点评：

测试后如果你的得分在90分以下,说明你的EQ较低,你常常不能控制自己,你极易被自己的情绪所影响。很多时候,你容易被击怒、动火、发脾气,这是非常危险的信号——你的事业可能会毁于你的急躁,对于此,最好的解决办法是能够给不好的东西一个好的解释,保持头脑冷静,使自己心情开朗,正如富兰克林所说："任何人生气都是有理的,但很少有令人信服的理由。"

如果你的得分在 90~129 分，说明你的 EQ 一般，对于一件事，你不同时候的表现可能不一，这与你的意识有关，你比前者更具有 EQ 意识，但这种意识不是常常都有，因此需要你多加注意、时时提醒。

如果你的得分在 130~149 分，说明你的 EQ 较高，你是一个快乐的人，不易恐惧担忧，对于工作你热情投入、敢于负责，你为人更是正义正直、同情关怀，这是你的优点，应该努力保持。

如果你的 EQ 在 150 分以上，那你就是个 EQ 高手，你的情绪智慧不但是你事业的阻碍，更是你事业有成的一个重要前提条件。

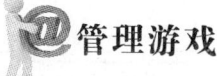管理游戏

一杯水的重量

游戏目的：使人们学会管理压力，在适当的时候放松一下自己，才能更好地面对压力。

游戏准备：

人数：不限。

时间：5~10 分钟。

场地：宽敞的会议室。

材料：纸杯和水。

游戏步骤：

1. 主持人举起一杯水，问大家："各位认为这杯水有多重？"
2. 大家的回答可能各种各样。
3. 这时主持人继续说："这杯水的重要并不重要，重要的是你能举多久。"

游戏心理分析：

这个游戏中这杯水的重量是不变的，但你举得越久，就越觉得沉重。这就像日常生活与工作中我们承担的压力，如果一直把压力放在身上，到最后就会觉得压力越来越重，难以承担。我们必须做的就是放下这杯水，休息一下，然后再举起水杯，这样才可以举更久。对待压力是同样的道理。

压力是心理压力源和心理压力反应共同构成的一种认知和行为体验过程。生活中许多状态可以通过对人的生理及心理的微妙作用影响人的心理健康。压力越大，心理负担越大，人们的承受力也需要跟着改变。

 **案例聚焦**

善用负能量

"你们知道自己是谁吗？你们是一群白痴！"这是乔布斯当年主持会议的经典开场白。的确，乔布斯的内心充满"负能量"，而恰恰是这种"负能量"，为他改变世界的完美主义注入澎湃动力。

负能量管理者的领导风格，可称之为"刚性风格"，与正能量管理者的"柔性风格"相对应，列表如下：

刚性风格（或称交易型 transactional）		柔性风格（或称感召型 transformational）	
子维度	典型观点	子维度	典型观点
X理论	人生性懒惰，不思进取	Y理论	人生性喜爱工作，具有自我监督能力
权威型	一旦我从这个位置上下来，没人会像以前那样听我的	魅力型	即使我不会在这个位置上，大家还会听我的
交换	上下级关系是一种交易	感召	上级必须影响下级的观念
指令	我做有把握的决定不在乎下属是否同意	参与	我做决定前习惯征求下属的意见
选才	招聘选拔比培训重要	育才	培训比招聘选拔重要
压力	管理者必须施加压力和奖励才能激发员工的工作动力	鼓励	管理者必须充分发挥员工的创造力
监控	定期了解下属进度，以免走偏	授权	放手让下属去做事效果好
法治	管理靠的是制度流程	人治	管理靠的是领导力和企业文化
任务	为了完成任务	关系	为了士气
导向	我不管大家高不高兴	导向	我不对大家施加太大压力

正能量管理者的代表人物有西南航空创始人赫伯·凯勒赫（Herb Kelleher），负能量管理者的代表人物比如GE前董事长兼CEO杰克·韦尔奇。韦尔奇的刚性领导风格有诸多表现：入职不久即生离意，此其一；批评抱怨公司战略、自大、本位主义、跨部门合作差，已经被人力资源记录在案，此其二；痛恨表面的凝聚力、痛恨官僚主义，此其三；看到360反馈不能拉开差距，于是推行强制排序末位淘汰，此其四；只并购并持有行业内数一数二的企业，休整、出售、或关闭第三名以后的子公司，导致大批员工下岗，获得"中子杰克"绰号，此其五；在推行六西格玛之前炒掉思路不一致的高管，而不花时间沟通、说服，此其六。

"我们的社会太偏爱正向思维，人们相信永远要正面看待问题，这导致很多心理问题。"《科学美国人》专栏作家托里·罗德里格斯（Tori Rodriguez）撰文如是说。其实,坦诚面对内心的消极情绪,往往能够获得积极的负能量。

通过以下几种负能量情绪的释放,看他们是如何产生与之相反的正效应的。

创伤体验 星巴克创始人舒尔茨的父亲因为受伤而失去福利保障的悲惨遭遇,成为他幼年的阴影,后来,他不仅成功地打造出星巴克商业王国,还让每一个星巴克雇员都拥有公司股份。

变态人格 当自我被负能量淹没的时候,人格就发生结构性变异。即使变态人格中的负能量也可能产生正效应。心理学家发现强迫症患者对于细节过分关注,因此我们不难理解乔布斯强迫症人格表现出的完美主义,心理学家发现抑郁症患者比正常人具有更加客观的知觉,因此我们不难理解林肯抑郁症中的现实主义。偏执是一种被负能量绑架的人格偏常,核心症状是多疑。偏执的上级最难追随,偏执的下属最难领导。即使偏执这种十恶不赦的负能量,虽有百害,也并非无一利。具有偏执人格倾向的方舟子依靠负能量打假,具有偏执人格倾向的宋鸿兵写出不无参考价值的《货币战争》。更有心理学家研究发现,以凡高为代表的精神分裂病人内心负能量蕴含丰富创造力。

自卑感 自卑感会产生成就动机。如果说相由心生,那么多数人会推测马云内心有太多的负能量,而李彦宏的英俊,则是正能量使然。OK,权当这是个玩笑。英俊给人自信,丑陋给人自卑,自信成就人,自卑何尝不能成就人。如果认真地思考马云的心理动力学,读一读阿德勒的《自卑与超越》,我们不得不认为,马云的自卑感为他源源不断地提供前进的动力。何止马云,几乎所有人都得益于内心的阴影——自卑感,因自卑而超越。这就是阿德勒对世人的启迪。感谢负能量!

恐惧与焦虑 马云说过,"所有的创业者都必须时刻警告自己:从创业的第一天起,每天要面对的就是无穷无尽的失败和痛苦,而不是成就和辉煌。"马云还说过,"阿里巴巴离倒闭永远只有18个月!"其实这句话比尔盖茨早就说过:"微软永远离倒闭只有18个月之遥。"危机感就是负能量,愤怒和憎恨可以转化成进取心、竞争心理以及勇气。GE前CEO杰克·韦尔奇曾用末位淘汰制提升经营业绩。著名管理咨询公司麦肯锡实施"升不上去就走人"(up or out)的狼性文化,没人可以与之合作第二次的乔布斯对不完美产品设计者的残酷虐待,都是负能量产生的正效应。

拖延症 拖延貌似一无是处,其实不然。没有什么情绪状态比拖延更能催人反思自己的事业选择。拖延告诉你,你的激情不在你正在做的事情上。那么,你是否做了你内心深处不认同的事?或者,你是否在与你内心深处不认同的人为伍?

(资料来源:像乔布斯那样善用负能量,变革命运.环球人力资源智库 http://www.ghrlib.com/onjob/6578.2014-5-28)

问题讨论:

我们受过的教育要求我们要正面看待问题,你怎样看待负能量?怎样理解负能量领导力?如何让负能量产生正效应?

复习与思考

1. 你认为今天的工作压力比 20 年前更大吗？请举例证明你的观点。
2. 请举例说明压力与工作绩效之间的关系。
3. 管理人员如何管理员工的情绪？
4. 在哪些情境中，明显的情绪表达会提高工作绩效？请举例。

参考文献

[1] Zapf D. Emotion work and psychological well-being: A review of the literature and some conceptual considerations[J]. Human Resource Management Review, 2002, 12: 237-268.

[2] 像乔布斯那样善用负能量，变革命运. 环球人力资源智库 http://www.ghrlib.com/onjob/6578. 2014-5-28)

[3] 陈国海. 组织行为学[M]. 4 版. 北京：清华大学出版社，2013.

[4] 陈春花，杨忠，曹洲涛. 组织行为学[M]. 3 版. 北京：清华大学出版社，2013.

[5] （美）斯蒂芬·P. 罗宾斯，蒂莫西 A. 贾奇. 组织行为学[M]. 12 版. 北京：清华大学出版社，2015.

[6] 段万春. 组织行为学[M]. 2 版. 北京：高等教育出版社，2015.

[7] 肖余春. 组织行为学[M]. 2 版. 机械工业出版社，2016.

[8] 汪义贵，彭聪，吴国来. 情绪劳动研究的回顾与展望[J]. 心理研究，2012(4).

第6章 激励理论与实践

一家企业管理的成与败、好与坏,背后所展示的逻辑,都是人性的逻辑、欲望的逻辑。

——华为创始人任正非

学习目标

1. 理解动机的概念及其与激励的关系。
2. 了解激励的基本原理与作用。
3. 掌握内容型激励理论、过程型激励理论的主要内容。
4. 明确激励的基本原则。
5. 掌握常见的激励方式:目标激励、角色激励、参与激励、情感激励等。

基本概念

动机 Motivation
期望理论 Expectancy theory
需求层次理论 Needs hierarchy theory
双因素理论 Two-factor theory
成就需要理论 Achievement need theory
强化理论 Reinforcement theory
公平理论 Justice theory

导入案例

海底捞:员工的创造力靠激励

四川海底捞餐饮股份有限公司成立于1994年,是一家以经营川味火锅为主,融汇各地火锅特色于一体的大型直营餐饮民营企业。经过二十多年艰苦创业，海底捞逐步从一个不知名的小火锅店起步，发展到如今开设了100多家直营店，拥有2余万名员工和一批食品、饮食、营养、工程、仓储和管理方面专家和专业技术人员。海底捞虽然是一家火锅店，但它的核心业务却不是餐饮，而是服务。在将员工的主观能动性发挥到极致的情况下，"海底捞特色"日益丰富。

海底捞为员工设计好在本企业的职业发展路径，并清晰地向他们表明该发展途径及待遇。每名员工入职前都会得到这样的承诺："海底捞现有的管理人员全部是从服务员、传菜员等最基层的岗位做起，公司会为每一名员工提供公平公正的发展空间，如果你诚实与勤奋，并且相信：用自己的双手可以改变命运。那么，海底捞将成就你的未来！"

由于海底捞的管理层都是从最基层提拔上来的，他们都有切身的体会，都了解下属的心理需求，这样他们才能发自内心地关爱下属，并且给予员工工作与生活上的支持和帮助，同时也得到员工的认可。公司董事长张勇笑着举例："如果将北京区的总经理换成一个从美国回来的博士，相信不到半年就乱套了。员工不认可你，你讲的再好，你的理念再好，员工与你不是一条心，不听你的，没办法！"海底捞的员工，大部分来自农村，他们的需求非常简单，有时候管理层多冲他笑一笑，给他一个领班，给他一个机会，他就满足了。

在海底捞，尊重与善待员工始终被放在首位。从2003年7月起，海底捞实行"员工奖励计划"，给优秀员工配股，以西安东五路店作为第一个试点分店，规定一级以上员工享受纯利率为3.5%的红利。之后经公司董事会全体董事一致同意，今后公司每开办的第三家分店均作为员工奖励计划店。海底捞的管理人员与员工都住在统一的员工宿舍，并且规定，必须给所有员工租住正式小区或公寓中的两、三居室，不能是地下室，所有房间配备空调、电视、电脑，宿舍有专门人员管理、保洁，员工的工作服、被罩等也统一清洗。

在尊重与善待员工的问题上，海底捞还有不少"创意"。例如，将发给先进员工的奖金直接寄给他的父母。张勇说："这不仅仅是400块钱的事情，400块钱对于农村也许很重要，但更重要的是，他父母有了荣耀。"海底捞的员工，有很多都是亲属，这在许多企业都是禁止的。张勇却认为："正因为员工在海底捞获得了尊重和认可，同时他也认可这里的工作环境与和谐的氛围，他才会介绍亲戚朋友们来。"

员工的创造力不是管理出来的，而是通过一整套系统激励出来的。海底捞更多依靠的是对餐饮业服务员这种特殊工作的理解，而不是生搬硬套一些书本上的先进理论，在实际操作中，恰恰是其激励机制符合了海底捞自身的实际，满足了员工各个层次的需求，使员工最大程度地发挥了个人潜力，使得海底捞在激烈的市场竞争中站稳了脚跟，并得到了稳步发展。

任何组织的管理人员都会面临类似的问题，单凭个人的努力是无法承担组织中所有的工作,必须依靠其下属人员,借助于他们的努力才能达成目标。管理者需要引导下属为完成各自的任务而努力,这便是激励的挑战。

6.1 动机与激励

人的行为都是由自身的动机所支配,动机是促使个体发生行为的内在力量,它对人的行为起到激发、推动、加强的作用,直接决定着人的行为方向。激励就是采用有效的措施或手段激发人的某种动机的过程,它使人产生一种兴奋的状态并保持下去,在这种状态的支配下,员工的行为趋向组织的目标,并且行为效率得到提高,最终高效地完成组织的目标。

6.1.1 激励的含义

对于激励的含义,可以从两个角度来理解。从个人角度,激励是一种个人状态,是激发自身个人追求目标的动力。个人激励影响人行为的起始状态、方向、强度和持久力。从管理者的角度,激励是一个使人追逐目标的过程。从两个角度分析我们可以得出一个相对全面的激励的概念,即激励是指组织为了特定目标而影响个体的内在需要或动机,从而激发、引导或改变人们行为以有效地实现组织及其成员个人目标的活动。激励的本质就是激发人的动机,诱导人的行为,使其发挥内在潜力,达到实现既定目标的目的。激励作为一种管理手段,赋予了管理活动以主动性的特征。因为激励是激发人的内在动力,使人的行为建立在人的希望、愿望的基础上。这样一来,人的行为就不再是一种外在的强制,而是一种自觉自愿的行为。

从激励的这一定义可以看出,它包括以下几方面的含义:

第一,激励的出发点是满足人们的需要,组织通过需要或动机来强化、引导或改变人们的行为。从本质上说,激励所产生的人们的行为应主动的、自觉的,如果激励不能改变人的内心状态而仅仅是被动的行为,就无法达成其既有的目的。

第二,激励的最终目的是在实现组织预期目标的同时,也能让组织成员实现其个人目标,即达到组织目标和员工个人目标在客观上的统一。

第三,激励是一个持续反复的过程。激励是一个复杂的过程,将会受到多种复杂的外在因素、内在因素的交织影响,而且这种影响作用并非是即时的。

6.1.2 激励的基本原理

激励的实质是通过影响人的需要或动机达到引导人的行为的目的,实际是一种对人的行为的强化过程。因此研究激励的基本原理,先需了解人的行为过程。

人的行为是由动机支配的,动机是由需要引起的,行为又是朝向一定的目标。由此可见,人的行为的始点是需要。

需要是指人由于缺乏某种生理或心理的因素而产生的与周围环境的某种不平衡

状态,是人对延续和发展其生命而必需的客观条件的需求。简而言之,就是人对某种目标的渴求与欲望。人的需要来自两方面:人自身内在产生和外在环境刺激而形成。人自身内在所产生的需要,是由于人自身的某些要求没有得到满足所产生的需要。人的需要,既可以是生理或物质上的(如对食物、水分、空气等的需要),也可以是心理或精神上的(如追求社会地位或事业成就等)。外在环境对人的外在刺激是一个客观存在,但至于能否对人形成刺激,激发起人的动机,还要看它能否引起人的内在的需要。如果这些外在的刺激不能和人的内在需要产生共鸣,则就无法激发起人的动机和形成人的行为。如果人的内在需要和环境的外在刺激相一致,外在的刺激就能激发人的动机和行为。例如,一个汉堡包对于一个饥肠辘辘的人和一个饱食终日的人所形成的刺激,显然是大不相同的。

但是,需要并不是行为的直接决定因素,需要只有转化为动机才能决定人的行为。动机是引起和维持个人行为,并将此行为导向某一目标的愿望或意念。需要向动机的转化需要两个条件:一是需要达到一定的程度,足以产生满足需要的愿望;二是目标的确定。也就是说,在需要达到一定程度,能对其产生满足愿望的基础上,而后确定行为的目标时,动机就会产生了。人们有了需要就会产生一种紧张状态,当这种紧张状态达到一定程度时,人就会想方设法去满足它,于是愿望就产生了。例如,因为饥饿使人寻觅食物,因为孤独会使人寻求关心。但仅有愿望还不够,它只是反映了人的内心的需要,是行为的内在驱动力,如果没有明确的目标,则该驱动力没有明确的方向,也无法形成动机。

行为是人在环境影响下所引起的内在生理和心理变化的外在反应,换言之,行为是人类在日常生活中所表现出来的一切动作的统称。当人产生某种需要无法满足,产生一种紧张不安的心理状态,在遇到能够满足需要的目标时,这种紧张的心理状态转化为动机,推动人们去从事某种活动,去实现目标。目标得以实现,就获得生理或心理的满足,紧张的心理状态就会消除。这时会产生新的需要,引起新的动机,指向新的目标。这是一个循环往复、连续不断的过程。

综上所述,我们可以用图 6-1 来表示激励的基本过程。

第一阶段是未得到满足的需要的产生。这个需要可能是由人自身内在产生的,也可能是在环境的外在刺激下形成的。

第二阶段是需要引起动机。由于未满足的需要引起心理上和生理上的紧张,产生一种希望行动起来并采取措施使需要获得满足的欲望。

第三阶段是产生寻找解除紧张的行为、对策或方法。这些行为表现为各种行动,但目标是一致的,就是为了获得需要、得到满足。

第四阶段是行为的结果。有两种可能的结果。一种是行为成功,需要得到满足;另一种是行为的结果没有使需要得到满足,这种情况称为挫折。人们遭遇挫折后,一般可能出现两种后续行为:一种是调整行为,如果是行为不当造成目标未能达到,则通过调整行为如改进方法、加倍努力等,从而使目标能够达到,需要得到满足。另一

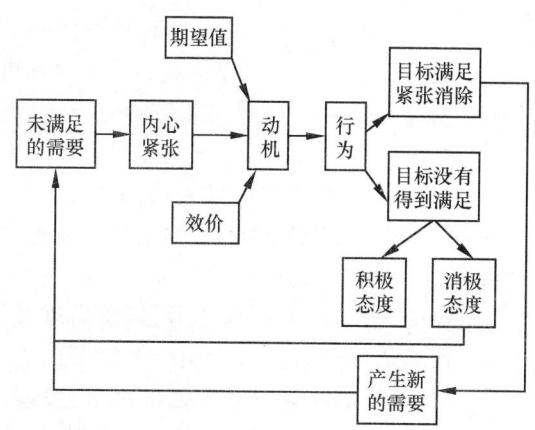

图 6-1 激励的基本过程

种是调整目标。如果是需要不当造成目标未能达到,则通过调整目标,如改变需要的方向、改变需要的程度等,从而使目标能得以达到。

第五阶段是需要得到满足。这种满足可能是完全满足,也可能是局部满足、大部分满足或主要满足、次要满足等。总之,这样的满足程度已经被接受和承认,进而产生新的需要,进入新的激励过程循环。

由上述分析可见,动机是由需要决定的,有需要才能产生动机。但是,一种需要产生什么样的动机,引起什么样的行为还要受两方面因素的影响,即人的心理因素的影响和环境因素的影响,同样的需要对不同的人在不同的环境条件下会产生不同的动机,引起不同的行为。例如,同样需要钱,有的人通过诚实劳动获得,有的人则通过投机活动取得,甚至有的人采取偷盗行为。对此,心理学家克特·列文曾把人的行为描述成如下的函数关系式

$$B = f(P, E)$$

式中 B——表示人的行为;
  P——表示个人的心理因素;
  E——表示环境因素。

这个关系式告诉管理者,既可在了解人的需要和心理特征的基础上,创造条件满足人们的需求引导人的行为,也可通过改变环境因素来改变人的行为,实现特定的管理目标,这既是激励的行为基础也是激励的基本原理。

6.1.3 激励的作用

激励的重要作用在于使人的能力充分地发挥出来,使人努力地谋求上进,并不断提高自己的能力。对于一个组织或企业来说,科学、有效的激励制度至少具有以下几个方面的作用:

1. **调动人的积极性和创造性**

研究中发现,按时计酬的分配制度仅能让员工发挥 20%～30% 的能力,如果能充

分激励的话，员工的能力可以发挥出80%～90%，两种情况之间60%的差距就是有效激励的结果。管理学家的研究表明，员工的工作绩效是员工能力和受激励程度的函数，即绩效＝F(能力×激励)。如果把激励制度对员工创造性、革新精神和主动提高自身素质的意愿的影响考虑进去的话，激励对工作绩效的影响就更大了。例如，日本丰田公司采取激励措施鼓励员工提建议，结果仅1983年一年，员工就提了165万条建议，平均每人31条，为公司带来900亿日元的利润，相当于当年总利润的18%。

2. 吸引并留住优秀人才

在发达国家的许多企业中，特别是那些竞争力强、实力雄厚的企业，通过各种优惠政策、丰厚的福利待遇、快捷的晋升途径来吸引企业需要的人才。与此同时，德鲁克(P. Drucker)认为，每一个组织都需要三个方面的绩效：直接的成果、价值的实现和未来的人力发展。缺少任何一方面的绩效，组织注定非垮不可。因此，每一组织管理者都必须在这三个方面均有贡献。在三方面的贡献中，对"未来的人力发展"的贡献就是来自激励工作。

3. 造就良性的竞争环境

科学的激励制度包含有一种竞争精神，它的运行能够创造出一种良性的竞争环境，进而形成良性的竞争机制。在具有竞争性的环境中，组织成员就会受到环境的压力，这种压力将转变为员工努力工作的动力。正如麦格雷戈(Douglas M·Mc Gregor)所说："个人与个人之间的竞争，才是激励的主要来源之一。"在这里，员工工作的动力和积极性成了激励工作的间接结果。

4. 增强企业凝聚力

企业是由若干员工个体、工作群体组成的，为保证企业作为一个整体协调运行，除了用严密的组织结构和严格的规章制度进行规范外，还需通过运用激励方法，满足员工的多种心理需求，调动员工的工作积极性，协调人际关系，进而促进内部各组成部分的协调统一，增强企业的凝聚力和向心力。

资料卡

华为让基层有"饥饿感"

让基层有"饥饿感"就是要让员工有企图心。什么是企图心？任正非曾解释过，就是让基层员工有对奖金的渴望、对股票的渴望、对晋级的渴望、对成功的渴望。

华为公司在招聘新员工的时候，特别关注员工的成长背景，尤其钟爱出生寒门的学生。任正非曾明确要求人力资源部门多招聘经济不发达省份的学生，他认为家庭困难的学生对改善自己的生存现状有强烈的渴望，这种渴望将会激发基层员工艰苦奋斗的精神。华为公司很少招聘在大城市长大，家境富裕，衣食无忧,养尊处优的毕业生,他们往往个性自由、散漫、富于幻想,吃不了苦,受不了委屈,顶不住压力,他们即使加入了华为,也并不一定能深刻理解、接受和践行华为艰苦奋斗的文化。

华为从不掩饰、毫不讳言"饥饿感"的氛围导向,任正非本人就曾在华为员工大会上问大家:"2000年后华为最大的问题是什么?"大家回答:"不知道。"任正非告诉大家:"是钱多得不知道如何花,你们家买房子的时候,客厅可以小一点、卧室可以小一点,但是阳台一定要大一点,还要买一个大耙子,天气好的时候,别忘了经常在阳台上晒钱,否则你的钱就全发霉了。"

反观国内一些企业,老板经常对员工大讲特讲企业愿景、使命、情怀、梦想,先富起来的老板们用所谓的价值观来俯视和要求员工"存天理,灭人欲",罔顾基层员工现实的利益诉求,甚至蔑视基层员工合理的人性关怀,有的不过是自己敛财愚民的说辞而已。

深谙人性的任正非却认为,对于组织的金字塔底部大量基层员工来说,"按劳取酬,多劳多得"是最现实的工作动机。"存天理,顺人欲",华为的价值设计充分遵循了这一规律。"饥饿感"构成了基层员工中每个个体的"狼性"精神,舍此,任何的高调宣传都是虚妄的。

6.2 激励理论

迄今为止,有关激励的研究和理论非常多,管理学家和心理学家通过大量的研究,从不同的角度提出了相应的激励理论。

6.2.1 内容型激励理论

内容型激励理论是从研究人的需要的内容和结构出发,分析如何通过需要的满足来激励人的行为的理论,即通过满足需要来达到激励的目的。

1. 需要层次理论

该理论是由美国著名的心理学家亚伯拉罕·马斯洛在1943年出版的《人类的动机理论》一书中提出的,这一理论的基本内容可概括为:人有多种需要,可分为五个层次如图6-2所示。

(1) 生理需要。生理需要是人的最基本的需要,在各层次需要中居于基础地位,是维持生命所必须的,包括人们的衣、食、住、行等。该需要得不到满足,也就谈不上其他的需要。只有生理需要得到满足了,人们才会关注更高层次的需要,即所谓"仓廪实而知礼节,衣食足而知荣辱"。

(2) 安全需要。是指人们免除危险和威胁的需要,人们喜欢一个安全的、有秩序的、可以预测、有组织的世界,在那里他有所依靠,不会发生意外的、难以控制和其他

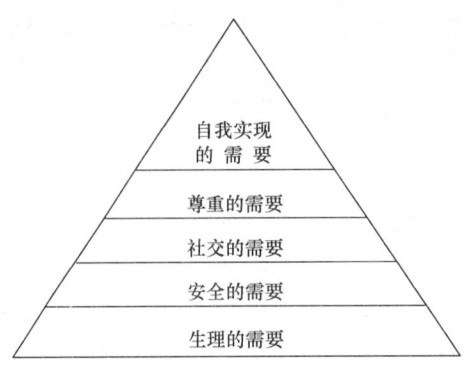

图 6-2 马斯洛的需要层次

危险的事情,例如生命财产安全、就业稳定无忧等。

(3) 社交需要。也称归属需要,人是社会动物,是社会关系的总和。任何人都不可能孤立地生存和工作,总希望与别人交往,在交往中受到关注、接纳、关心、友爱等,要求在感情上有所归属。人会渴求与他人之间的挚爱关系,即在其所在群体中占有一席之地,为此目标他会投入极大的热情。

(4) 尊重需要。社会中所有的人都希望自己有稳定牢固的地位,希望得到别人的高度评价。尊重需要分为两类:一类是希望有实力、有成就、能胜任、有信心以及要求独立和自由;另一类是要求有名誉或威望,受到别人的赏识、关心、重视或高度评价。尊重需要的满足会带来自信、价值力量、能力与对社会足够有用、非常必需等感觉。

(5) 自我实现需要。这是最高层次的需要,是指促使人潜在能力得以实现的趋势,这种趋势就是希望自己越来越成为所期望的人物,完成与自己的能力相称的一切事情。通常自我实现的需要表现为胜任感和成就感。胜任感是希望自己担当的工作与自己的知识能力相适应,工作带有挑战性,负有更多的责任;成就感则表现为进行创造性的活动并取得成功。

马斯洛认为这五个需要是有层次之分的,分为较低层次需要(生理需要、安全需要)和较高层次需要(社交需要、尊重需要和自我实现需要)。人在不同的时期其需要是不同的,在同一时期也有不同的需要,在各种需要中,只有占主导地位的需要才能支配人的行为。

2. 成就需要理论

成就需要理论是美国哈佛大学的教授麦克利兰于 20 世纪 50 年代提出。他认为人有三种基本的需要:友谊需要、权力需要和成就需要。这些需要并不是先天的本能欲求,而是通过后天的学习获得的。

(1) 友谊需要。即建立友好亲密的人际关系的愿望。具有高度归属需要的人,比较注重与他人保持一种融洽的社会关系,渴望他人的喜爱和接纳,喜欢与他人保持密切友好的关系和相互的理解与沟通,并且更喜欢合作而非竞争的环境。

(2) 权力需要。即控制他人的愿望和驱动力。具有较高权力需要的人喜欢承担责任,并努力影响他人,喜欢置身于具有竞争性的工作环境中和工作岗位上。主要表现为寻求领导者的地位;好争辩,喜演讲,乐于同他人竞争,使其服从自己的支配。与绩效相比,他们更关心自己的威望和影响力。

(3) 成就需要。即把事情做得更好,追求成功的愿望。具有成就需要的人具有强烈的求得成功的愿望,也有同样强烈的对失败的恐惧,他们渴望挑战,喜欢为自己设置一些有一定的难度但经过努力能够实现的目标。他们追求的往往是成功本身,而不是成功后的奖赏与报酬。

麦克利兰认为,不同的人对成就、权力和友谊的需要程度不同,层次排列不同。个体行为主要取决于那些被环境激活起来的需要,这三种需要与管理工作有特定的联系,经过大量广泛的研究,他得出下面结论:第一,他认为具有高成就需要的人,他们往往力求把事情做得更好,他们喜欢具有个人责任、能够获得工作反馈和适度冒险精神的环境;第二,高成就需要的人并不一定是一个优秀的管理者;第三,归属需要和权力需要与管理者的成功密切相关。第四,可以通过培训激发员工的成就需要。

3. 双因素论理论

美国著名管理学教授弗雷德里克·赫茨伯格(Frederick·Herzberg)在20世纪50年代末期对传统的"满意——不满意"相对立的观点提出修正,认为满意的对立面是没有满意,不满意的对立面是没有不满意。进而提出了"激励——保健因素理论",即"双因素理论",将影响人的行为的因素划分为激励因素和保健因素两类。

(1) 激励因素。激励因素是指那些能激发、鼓励人的积极性的因素,激励人们去完成任务的因素,为激励人的行为提供环境条件的因素,包括马斯洛提出的较高层次的需要。这类因素具备时,可以起到明显的激励的作用。当这类因素不具备时,也不会造成极大不满。赫茨伯格将这类因素归纳为六种:工作上的成就感;受到重视;提升;工作本身的性质;个人发展的可能性;责任。

(2) 保健因素。保健因素是指那些能用来防止人们的不满情绪产生的因素。这类因素对人行为的影响类似卫生保健对人身体的影响。当卫生保健工作达到一定的水平时,可以预防疾病,但不能治病。这类因素是人基本的要求,如不满足即会产生不满情绪,如果满足了也是应该的,难以起到激励的作用。赫茨伯格将保健因素归纳为十种:企业的政策与行政管理;监督;与上级的关系;与同事的关系;与下级的关系;工资;工作安全;个人生活;工作条件;地位。

对于每个人来说,个人的需要不同,而且激励因素和保健因素也会因人而异。对这个人来说是激励因素而对另一个人则可能是保健因素。因此,应区别对待不同人的保健因素和激励因素,从而提高激励效果。

6.2.2 过程型激励理论

过程型激励理论关注的是动机的产生以及从动机产生到采取具体行为的心理过

程,试图揭示出用于解释激励行为的普遍过程。由于这类理论研究的重心是激励过程而非激励的具体内容,所以其适用性更广泛。

1. 公平理论

公平理论也称为平衡理论或社会比较理论,美国心理学家斯达西·亚当斯(J. Stacy Adams)在其1965年发表的《社会交换中的不公平》一书中提出了这一理论,侧重研究报酬大小与努力水平的关系,探讨工资报酬的合理性对员工工作积极性的影响。

该理论认为,人的工作努力是否受到社会或他人公正和公平的承认和对待,对其积极性的发挥影响很大。并且这种公正和公平不仅取决于自己所获得的绝对报酬(包括物质和精神的),更重要的是取决于相对报酬的影响,即一个人不仅关心自己收入的绝对值(自己的实际收入),而且也关心自己收入的相对值(自己收入与他人收入的比例)。如果员工发现自己投入与收益的比例与别人的投入收益比例相等时,便认为是应该的、正常的,因而心情舒畅,工作努力。反之,就会产生不公平感。员工产生不公平感后,往往会采取一些对工作不利但有助于自己恢复公平感的行动,比如减少个人投入、要求加薪、缺勤率上升甚至辞职等。研究表明,不公平感的产生绝大多数都是由于经过比较认为自己的报酬低而产生的。当然,经过比较,报酬过高性不公平感也可能产生,但往往持续不久,因为员工可以通过低估自己的报酬,或高估自己的投入而对比例进行重新评价,从而使自己心理上对上述报酬过高的不公平情况渐渐感到合理。

公平理论指出,不公平的报酬会影响士气和劳动生产率,因此应尽可能地按多劳多得做到公平。不公平感的产生既可能是客观上的不公平,也可能是对实际情况的不了解和认识深化不够所造成的,因此要尽可能促进相互间的了解,比如应先宣传先进事迹,后表扬奖励优秀人物。不公平感会通过多种形式表现出来,有的比较直接,也有的比较含蓄,应注意加以观察和了解。

2. 期望理论

美国著名心理学家和行为科学家维克托·弗鲁姆(Victor H·Vroom)在其1964年发表的《工作与激励》一书中提出期望理论,提出不仅要探讨能带来激励的需要是什么,还要了解这种需要能得以满足的可能性,以及这种满足的重要性和迫切性。

他认为,人们在采取一定的行为之前,总是要对自己行为所指向的目标的价值及成功的概率进行一番估计。当他认为行为指向的目的物正是自己所期望的,对自己的价值较大时,其行动的激发力量就会增大;反之则缺乏动力。同时,当他估计到自己的行为成功的可能性较大时,其激发力量也会增大;反之,如果成功的概率微乎其微或者根本不可能,那么他的激发力量也就微乎其微或者为零。这种关系用公式表示如下:

$$M = E \times V$$

E 代表期望值，是人们从主观上认为工作目标的实现和需要的满足的可能性大小。对同样的事件结果可能性估价，不同的人会很不一样，有的趋于保守，也有的人趋于冒险。显然，当认为事情成功的可能性很小，也会使人打消去努力的念头。

V 代表效价，是人们从主观上认为工作目标的实现、需要的满足所具有的重要性和迫切性。同样的需要对不同的人来说虽然都希望得到满足，但有的人从中获得的满足感很强，对此会极为重视；也有的人可能获得的满足感较弱，就会觉得无所谓。

M 表示激励程度，反映了一个人工作积极性的高低和持久程度，它决定着人们在工作中才会付出多大的努力。显然，如果某个目标的实现和需要的满足，其效价很高，极为重要和迫切，而且实现的可能性也较大，那么就越能激励人们发挥积极性，努力去完成。

3. 强化理论

强化理论是美国心理学家斯金纳于 20 世纪 70 年代提出的，主要研究人的行为与外部因素之间的关系，是以学习的强化原则为基础的关于理解和修正人的行为的一种学说。人们为了实现自己的目标，就必须采取一定的行为，行为产生结果，结果作用于环境，环境对结果做出评价，该评价对人的以后的行为产生影响，好的评价会加强该行为，使其重复出现；不好的评价或者不进行评价，则该行为将会减弱甚至消失。

利用强化方式改造人的行为，一般有三种基本方式：

(1) 正强化，又称积极强化。当人们采取某种行为时，能从他人那里得到某种令其感到愉快的结果，这种结果反过来又成为推进人们趋向或重复此种行为的力量。例如，企业用某种具有吸引力的结果（如奖金、休假、晋级、认可、表扬等），以表示对员工努力进行安全生产的行为的肯定，从而增强员工进一步遵守安全规程进行安全生产的行为。

(2) 负强化，又称消极强化。它是指通过某种不符合要求的行为所引起的不愉快的后果，对该行为予以否定。若员工能按所要求的方式行动，就可减少或消除令人不愉快的处境，从而也增大了职工符合要求的行为重复出现的可能性。例如，企业安全管理人员告知工人如果不遵守安全规程，就要受到批评，甚至得不到安全奖励，于是工人为了避免此种不期望的结果，而认真按操作规程进行安全作业。

惩罚是负强化的一种典型方式，即在消极行为发生后，以某种带有强制性、威慑性的手段（如批评、行政处分、经济处罚等）给人带来不愉快的结果，或者取消现有的令人愉快和满意的条件，以表示对某种不符合要求的行为的否定。

(3) 自然消退，又称衰减。它是指对原先可接受的某种行为强化的撤消。由于在一定时间内不予强化，此行为将自然下降并逐渐消退。例如，企业曾对职工加班加点完成生产定额给予奖酬，后经研究认为这样不利于职工的身体健康和企业的长远利益，因此不再发给奖酬，从而使加班加点的职工逐渐减少。

正强化是用于加强所期望的个人行为，负强化和自然消退的目的是为了减少和消除不期望发生的行为。这三种类型的强化相互联系、相互补充,构成了强化的体系,并成为一种制约或影响人的行为的特殊环境因素。

资料卡

薪酬制度的四个公平

一著名民营上市公司薪酬水平并不高,但是员工们工作积极性很高。因为他们觉得工作环境很好,上司给他们发展机会;与外面的同类企业相比薪酬不是很多,但是内部还是比较公平。

而另一个相反的例子是同行业的另一家公司,薪酬水平远远高于上面提到的那家公司,但是许多员工却觉得比起其他同事和外部市场,他们薪酬太少。所以,从另一个角度上说,建立和完善激励机制,最少必须考虑四个层面的公平:

外部公平

即公司的整体薪酬水平必须充分考虑市场的整体薪酬水平和薪酬实践趋势。获取外部公平的方法主要是获取外部市场薪酬调查数据,去判断公司的整体薪酬水平与外部市场相比的整体竞争力。

内部公平

所谓内部公平就是公司的职位与职位之间的等级必须保持相对公平。获取内部公平的方法是进行职位评估,从该职位对公司的职责、贡献、影响和任职资格等方面评估各个职位在公司里的相对价值,从而建立公司内部的职位等级体系。

个人公平

所谓个人公平就是指员工薪酬的一部分应该与公司、部门或个人绩效结合起来,体现绩效文化。获取个人公平的方法是将员工绩效和该员工的薪酬结合起来,从而保证个人绩效越好的员工报酬也越高。

程序公平

所谓程序公平就是指薪酬管理的具体操作程序应该体现出公平性。获取程序公平的方法是建立合理的薪酬管理和操作制度。员工一般不应知道同级别或上级的薪酬,但是应该知道他自己的薪酬和公司的薪酬体系是怎样制定出来的。

6.3 激励理论的应用

6.3.1 激励机制

激励机制就是在激励中起关键性作用的一些因素的集合,由时机、频率、程度、方向等因素组成。它的功能集中表现在对激励的效果有直接和显著的影响,所以认识和了解激励的机制,对搞好激励工作大有益处。

1. 激励时机

激励在不同时间进行,其作用与效果有很大差别。就好像厨师炒菜时,不同的时间放入味料,菜的味道和质量是不一样的。超前激励可能会使下属感到无足轻重;迟到的激励可能会让下属觉得画蛇添足,失去了激励应有的意义。

激励如同发酵剂,何时该用、何时不该用,都要根据具体情况进行具体分析。根据时间上快慢的差异,激励时机可分为及时激励与延时激励;根据时间间隔是否规律,激励时机可分为规则激励与不规则激励;根据工作的周期,激励时机又可分为期前激励、期中激励和期末激励。激励时机既然存在多种形式,就不能机械地强调一种而忽视其他,而应该根据多种客观条件,进行灵活的选择,更多的时候还要加以综合的运用。

2. 激励频率

所谓激励频率是指在一定时间里进行激励的次数,它一般是以一个工作周期为时间单位。激励频率的高低是由一个工作周期里激励次数的多少所决定的,激励频率与激励效果之间并不完全是简单的正相关关系。

激励频率的选择受多种客观因素的制约,这些客观因素包括工作的内容和性质、任务目标的明确程度、激励对象的素质情况、劳动条件和人事环境等等。一般来说有下列几种情形:

(1) 对于工作复杂性强,比较难以完成的任务,激励频率应当高,对于工作比较简单、容易完成的任务,激励频率就应该低。

(2) 对于任务目标不明确、较长时期才可见成果的工作,激励频率应该低;对于任务目标明确、短期可见成果的工作,激励频率应该高。

(3) 对于各方面素质较差的工作人员,激励频率应该高,对于各方面素质较好的工作人员,激励频率应该低。

(4) 在工作条件和环境较差的部门,激励频率应该高;在工作条件和环境较好的部门,激励频率应该低。

当然,上述几种情况,并不是绝对的划分,通常情况下应该有机地联系起来,因人、因事、因地制宜的确定恰当的激励频率。

3. 激励程度

所谓激励程度是指激励量的大小,即奖赏或惩罚标准的高低。它是激励机制的重要因素之一,与激励效果有着极为密切的联系。能否恰当地掌握激励程度,直接影响激励作用的发挥。超量激励和欠量激励不但起不到激励的真正作用,有时甚至还会起反作用。比如,过分优厚的奖赏,会使人感到得来全不费功夫,丧失了发挥潜力的积极性;过分苛刻的惩罚,可能会导致人的摔破罐心理,挫伤下属改善工作的信心;过于吝啬的奖赏,会使人感到得不偿失,多干不如少干;过于轻微的惩罚,可能导致人的无所谓心理,不但不改掉毛病,反而会变本加厉。

所以从量上把握激励,一定要做到恰如其分,激励程度不能过高也不能过低。激励程度并不是越高越好,超出了这一限度,就无激励作用可言了,正所谓"过犹不及"。

4. 激励方向

所谓激励方向是指激励的针对性,即针对什么样的内容来实施激励,它对激励效果也有显著影响。马斯洛的需要层次理论有力地表明,激励方向的选择与激励作用的发挥有着非常密切的关系。当某一层次的优势需要基本上得到满足时,应该调整激励方向,将其转移到满足更高层次的优先需要,这样才能更有效地达到激励的目的。比如对一个具有强烈自我表现欲望的员工来说,如果要对他所取得的成绩予以奖励,奖给他奖金和实物不如为他创造一次能充分表现自己才能的机会,使他从中得到更大的鼓励。

还有一点需要指出的是,激励方向的选择是以优先需要的发现为其前提条件的,所以及时发现下属的优先需要是管理者实施正确激励的关键。

6.3.2 激励的原则

1. 差别激励的原则

激励的起点是满足员工的需要,但员工的需要存在着个体的差异性和动态性,因人而异,因时而异,并且只有满足最迫切需要的措施,其效价才高,激励强度才大。因此,对员工进行激励时不能过分依赖经验及惯例。激励不存在一劳永逸的解决方法,必须用动态的眼光看问题,深入调查研究,不断了解员工变化了的需要,有针对性地采取激励措施。

企业要根据不同的类型和特点制定激励制度,在制定激励机制时一定要考虑到个体差异:例如一般20~30岁之间的员工自主意识比较强,对工作条件等各方面要求的比较高,因此"跳槽"现象较为严重,而31~45岁之间的员工则因为家庭等原因比较安于现状,相对而言比较稳定;在文化方面,有较高学历的人一般更注重自我价值的实现,既包括物质利益方面的,但他们更看重的是精神方面的满足,例如工作环境、工作兴趣、工作条件等,这是因为他们在基本需求能够得到保障的基础上而追求精神层次的满足,而学历相对较低的人则首要注重的是基本需求的满足;在职务方面,管理人员和一般员工之间的需求也有不同,因此企业在制定激励机制时一定要考虑到企业的特点和员工的个体差异,这样才能收到最大的激励效力。

2. 客观公正的原则

在激励中,如果出现奖不当奖、罚不当罚的现象,就不可能收到真正意义上的激励效果,反而还会产生消极作用,造成不良的后果。因此,在进行激励时,一定要认真、客观、科学地对员工进行业绩考核,做到奖罚分明,不论亲疏,一视同仁,使得受奖者心安理得,受罚者心服口服。

3. **组织目标与个人目标相结合的原则**

在激励中设置目标是一个关键环节。目标设置必须以体现组织目标为要求,否则激励将偏离组织目标的实现方向。目标设置还必须能满足员工个人的需要,否则无法提高员工的目标效价,达不到满意的激励强度。组织的目标不仅要分解为阶段性的具体目标,还要转化为各部门、各班组以至员工个人的具体目标,使目标和责任联系起来,再加上检查、考核、奖惩等一系列手段,才能保证组织总目标的实施,才能使目标起到应有的激励作用。

4. **物质激励与精神激励相结合的原则**

物质激励是指通过物质刺激的手段,鼓励职工工作。它的主要表现形式有正激励,如发放工资、奖金、津贴、福利等;负激励,如罚款等。物质需要是人类的第一需要,是人们从事一切社会活动的基本动因。所以,物质激励是激励的主要模式,也是目前我国企业内部使用得非常普遍的一种激励模式。随着我国改革开放的深入发展和市场经济的逐步确立,"金钱是万能的"思想在相当一部分人的头脑中滋长起来,有些企业经营者也一味地认为只有奖金发足了才能调动员工的积极性。

但在实践中,不少单位在使用物质激励的过程中,耗费不少,而预期的目的并未达到,员工的积极性不高,反倒贻误了组织发展的契机。例如有些企业在物质激励中为了避免矛盾实行不偏不倚的原则,极大地抹杀了员工的积极性,因为这种平均主义的分配方法非常不利于培养员工的创新精神,平均等于无激励。

事实上人类不但有物质上的需要,更有精神方面的需要。它的主要表现形式有表扬、晋升等。美国管理学家皮特就曾指出:"重赏会带来副作用,因为高额的奖金会使大家彼此封锁消息,影响工作的正常开展,整个社会的风气就不会正。"因此企业单用物质激励不一定能起作用,必须把物质激励和精神激励结合起来才能真正地调动广大员工的积极性。

5. **外在激励与内在激励相结合的原则**

凡是满足员工对工资、福利、安全环境、人际关系等方面需要的激励,叫做外在激励;满足员工自尊、成就、晋升等方面需要的激励,叫内在激励。实践中,往往是内在激励使员工从工作本身取得了很大的满足感。如工作中充满了兴趣、挑战性、新鲜感;工作本身具有重大意义;工作中发挥了个人潜力、实现了个人价值等等,对员工的激励最大。所以要注意内在激励具有的重要意义。

6. **正强化与负强化相结合的原则**

所谓正强化是使人得到合意的结果,而负强化是使人力图避免不合意的结果。在管理中,正强化与负强化都是必要而有效的,通过树立正面的榜样和反面的典型,扶正祛邪,形成一种良好的风气,产生无形的压力,使整个群体和组织行为更积极、更富有生气。但鉴于负强化具有一定的消极作用,容易产生挫折心理和挫折行为,因此,管理人员在激励时应把正强化和负强化巧妙地结合起来,以正强化为主,负强化为辅。

资料卡

"热炉法则"——惩罚的艺术

很多人对惩罚进行研究,得出了企业管理中实施惩罚的"热炉法则"。

第一个是警告性原则,不用手摸也知道热炉会灼伤人的。员工一进入企业就清楚地告诉员工,在这个企业里有什么事情是不能做的。

第二个原则,即时性原则。如果你碰到炉子,立即会被烫伤。员工做错了事,要立刻做出反应,如果过了惩罚的时效,就没有作用。

第三个,重罚性原则:第一次碰到炉子就会被烫得不敢再碰。

第四个,针对性原则。热炉只灼伤碰到炉子的手,惩罚只是因为做错的事情本身,不能对与做错事情无关的事进行惩罚。

第五,公平性原则,不管是谁,只要你碰到炉子就会被烫伤。

第六,医治性原则,碰到炉子后,知道今后如何不被烫伤。就是员工做错事情后,要教育他们怎样才能不做错事。

6.3.3 激励的方式

组织的领导者根据激励理论进行激励实践时,需要针对个体的不同特点采用不同的方式和方法。

1. 目标激励

目标激励就是通过确立工作目标来激励员工。正确而有吸引力的目标,能够激发员工奋发向上,勇往直前的斗志。

运用目标激励,管理者应注意以下几个问题:

(1) 目标要切合实际。目标的制定,不能盲目地求高、求大,而应考虑其实现的可能性,要使员工通过努力能够实现。只有这样,才能使目标激励真正起作用,才能实现目标激励作用的最大化。否则,不但起不到激励作用,还可能起消极作用,使员工丧失信心。

(2) 目标的制定应该是多层次、多方向的。除了企业的基本目标外,还应包括其他许多目标,如企业管理目标、培训和进修目标、技术考核目标和生活福利目标等。

(3) 要将目标分解为阶段性的具体目标。有了总目标,会使员工看到前进的方向,鼓舞员工实现总目标的斗志。但只有总目标,会使人感到目标遥远,可望而不可及。如果同时又制定出阶段性的具体目标,就能使员工感到有实现的可能,就会将目标转化为工作压力和工作动力,既增大了期望值,也便于目标的实施和检查。

2. 角色激励

角色激励实际上就是责任激励,就是让个人认识并担负起应负的责任,激发其为所扮演的角色献身的精神,满足其成就感。

企业的工作目标是通过责任分解来实现的。作为企业管理者首先要在统筹全局的前提下,做到科学合理地分解责任和及时使责任到岗到人。由于责任总是与权力相伴,赋予责任的过程,其实也是给予权力的过程。这个权力不仅是指领导权,更包括所有岗位的工作职责权限。一个善于分解责任的领导,一定是乐于并善于权力下放的管理者。通过责任与权力的分解下放,人人都有参与企业各种事务的机会,对于那些看到了机会的员工来说,一定会努力地争取机会,争取的过程,就是工作热情激发的过程。而对于已经被赋予责任和权力的员工而言,承担责任本身就是一种压力和挑战。尤其是处在机会均等的竞争氛围里,担负责任只有奋发向上,别无选择。

3. **物质激励**

马克思说过:"人们奋斗所争取的一切,都同他们的利益有关。"物质的需求不仅是人类赖以生存的基本前提,也是个人在精神、智力、娱乐等各方面获得发展的基础。

管理者还应当清楚,物质奖励同时也是一种精神激励,是上级管理人员对下属的行为和所取得成就的肯定,能够满足下属的成就感,同时,也表明上级对下属的认可和赞赏。企业管理人员在对员工进行物质激励时,一定要注意公平原则,否则,不但起不到激励作用,反而会挫伤员工的积极性,甚至造成矛盾,影响团结。事实证明,下属对领导者的能力和工作水平低大都可以原谅,而对领导者不能一视同仁,处理问题不公平,则往往表现出不能容忍的态度。

4. **竞争激励**

人自幼就有一种竞争心理。儿童时期,小孩子在一起玩,总是要超过别人。到了成年,不甘落后于他人的心理仍然存在。

竞争激励实际上也是荣誉激励。得到他人承认、荣誉感、成就感、受到别人尊重,是著名心理学家马斯洛需求层次中的高级需求。现代企业中,年轻人比较多,他们争强好胜,上进心强,对荣誉有强烈的需求,这是开展竞赛活动的心理基础。企业开展一些英语口语竞赛、知识竞赛、服务态度竞赛和工作技能技巧竞赛等。通过组织这些竞赛,不仅可以调动员工的积极性,而且,还可以提高员工的素质。

5. **信息激励**

一个人不与外界接触,闭目塞听,孤陋寡闻,必然自以为是,心安理得。如果迈开双脚到外边去走走看看,让头脑得到新的信息,就会起到强大的激励作用。曾经有一家企业,管理者迫切希望改进和提高服务水平。所以,在企业内积极推行服务的标准化、规范化和程序化。尽管管理者反复讲,亲自示范,然而收效甚微。后来,管理者改变了教育方法,他带领一批基层班组长和服务员去参观几家高标准的企业,回来后,这批员工成为推行标准化、规范化、程序化服务的积极带头人,使该企业的服务质量有了大幅度的提高。

这个例子清楚地说明了信息的激励作用,看到或听到别人的成就、别人的进步,才能发觉自己的落后,才能激发起奋起直追的热情。因此,有条件时,企业管理者应组织员工去其他先进企业参观学习,或向员工传递这方面的信息。

6. 参与激励

有个管理者曾经说过:如果你把员工当牛看待,他想做人,如果你把他当人看待,他想当牛。因此,为了激发员工的工作积极性和主人翁精神,必须发扬民主,重视与员工的沟通。

参与激励就是在管理中给予员工发表意见的机会,尊重他们的意见和建议,使员工能够以不同的形式参与组织的管理活动,从而达到激励员工的目的。管理者不仅要把上级的指示传达到下属,而且要注意倾听下属的心声,把下属的意见和建议及时、准确地反映给上级管理者。在做决策时,要多与员工沟通,因为决策的最终执行者还是下属员工,经过员工充分讨论的、科学合理的决策,有利于员工的贯彻执行,也有利于激励员工。例如,有些企业通过确定"员工日"或总经理接待日,使每个员工都有机会和总经理面对面地说说自己的心里话,谈心中的"疙瘩",提合理化建议,这也是一种有效的沟通和激励方式。

7. 情感激励

情感激励就是在对员工工作上严格要求的同时,在生活上要关心员工、尊重员工,以"情"动人。尊重员工的主人翁地位,理解员工的精神追求和物质追求,尽可能解决员工的实际困难。只有员工真正意识到自己受到了尊重,真正是企业的主人,他们才会以主人翁的精神积极工作。有一家企业规定:管理者见到员工时必须首先向员工打招呼或问好,从总经理到部门经理概莫能外,企业给了员工一个家的氛围和环境,员工也把企业当成了自己的家。

运用情感激励这一激励手段时,特别值得一提的是,当员工家庭或个人生活遇到什么不幸或困难时,管理者要给予同情、关怀,以至于在经济上予以支持和帮助,员工对此会铭记在心,从而起到极大的激励作用。事实证明,在关键时刻,对员工伸出同情与援助之手,比平时说上一千句,一万句激励的话要管用得多!

8. 晋升与调职激励

人人都有上进心,所谓"不想当元帅的士兵不是好士兵!"。利用人们的上进心,给予员工职位的晋升,无疑是一种极为有效的激励方法。但晋升激励并非一定要"升官",因为"官位"毕竟是有限的,不可能让员工都当经理,但级别是无限的,以服务业为例,可设实习生、初级服务员、中级服务员、高级服务师等。员工的行政职务虽然没有变,但员工的待遇发生了变化,荣誉感增强了,从而,可以起到很好的激励作用。

除了对工作表现好的员工晋升以外,还可以通过在企业内部调换员工的工作岗位来激励员工。通常有两种情况:一是管理者与员工之间由于个体原因而引起尖锐的矛盾,如通过协调或其他方式仍无法解决,可将该员工调离本部门(岗位),以调动矛盾双方的工作积极性;二是目前的工作岗位不适合员工本人,不能充分发挥其个人专长和才干,通过调换工作岗位,不仅可以充分利用人力资源,还可以激励员工,调动员工的工作积极性。

9. 示范激励

"榜样的作用是无穷的",一个组织的士气和精神面貌很大程度上取决于其领导成员。有什么样的管理者,就有什么样的下属员工。管理人员要以身作则,从各方面严格要求和提高自己,以自己的工作热情、干劲去影响和激励下属员工。

此外,企业通过评选一些工作突出的员工作为"模范",以此来激励其他人员。榜样是一面旗帜,使人学有方向、赶有目标,起到巨大的激励作用。领导者在团体内选择榜样,应该是成绩突出、品德高尚、作风正派的成员。与此同时,可以给榜样以明显的使人羡慕的奖酬,这些奖酬中当然包括物质奖励,但更重要的是无形的受人尊敬的奖励和待遇,这样才能提高榜样的效价,使组织成员学习榜样的动力增加。

资料卡

一个知名的企业家在做报告,当听众咨询他最成功的做法时,他拿起粉笔在黑板上画了一个圈,只是并没有画圆满,留下一个缺口。他反问道:"这是什么?""零"、"圈"、"未完成的事业"、"成功",台下的听众七嘴八舌地答道。他对这些回答未置可否:"其实,这只是一个未画完整的句号。你们问我为什么会取得辉煌的业绩,道理很简单:我不会把事情做得很圆满,就像画个句号,一定要留个缺口,让我的下属去填满它。"

事必躬亲,是对员工智慧的扼杀,往往事与愿违。长此以往,员工容易形成惰性,责任心大大降低,把责任全推给管理者。情况严重者,会导致员工产生腻烦心理,即便工作出现错误也不情愿向管理者提出。何况人无完人,个人的智慧毕竟是有限而且片面的。为员工画好蓝图,给员工留下空间,发挥他们的智慧,他们会画的更好。多让员工参与公司的决策事务,是对他们的肯定,也是满足员工自我价值实现的精神需要。赋予员工更多的责任和权利,他们会取得让你意想不到的成绩。

本章小结

激励是为了特定目标而影响人们的内在需要或动机,从而强化、引导或改变人们行为的反复过程。人的行为是由动机支配的,动机是由需要引起的,行为又朝向一定的目标,激励过程构成一个循环系统。每个人的工作成效取决于能力、积极性,以及环境的影响。

管理学家和心理学家从不同角度提出激励理论,包括内容型激励理论和过程型激励理论,各有其代表理论。

为了能最大程度地满足员工需要,激励员工的士气,管理人员应在管理工作中了解激励的机制,遵循激励的基本原则,并要在激励过程中灵活地运用激励的方式和方法。

心理测试

马斯洛《安全感——不安全感问卷》

马斯洛(A. Maslow)是人本主义心理学的代表人物。他认为,安全感是决定心理健康的最重要因素。

当一个人缺乏安全感时,其心理的成长就会停滞,而一个有安全感的人则会更关心心灵的成长,追求更高层次的需要,更容易达到自我实现的境界。结合自己的临床实践,马斯洛编制了此问卷,以测定一个人的安全感。

本测验的结果可以看作心理健康与否的指标。同时,本测验不仅可以用于区分正常人和心理障碍者,也可以用于区分正常人和心理高度优秀的人。在马斯洛看来,所谓正常人的心理并不是足够健康的,只有心理高度优秀的人才是真正的心理健康者,他们会有很大可能达到自我实现。

测试说明:请根据测试题中的叙述,选择一个最符合你情形的答案。答案无所谓对或错,因此不必对任何一条陈述花太多的时间去考虑,只要答出你平时的实际感受是怎样的就可以了。整个测试大约10分钟内完成。

a=是(符合);b=否(不符合);c=不清楚

1. 通常,我更愿与人呆在一起,而不是个人独处。
2. 在社交方面我感到轻松。
3. 我缺乏自信。
4. 我感到自己已经得到了足够的赞扬。
5. 我经常感到对世事的不满。
6. 我感到人们像尊重他人一样地尊重我。
7. 一次窘迫的经历会使我在很长时间内感到不安和焦虑。
8. 我对自己感到满意。
9. 一般说来,我不是一个自私的人。
10. 我倾向于通过逃避来避免一些不愉快的事情。
11. 当我与别人在一起时,我也常常会有一种孤独的感觉。
12. 我感到生活对我来说是公平的。
13. 当朋友批评我时,我是可以接受的。
14. 我很容易气馁。
15. 我通常对绝大多数人都是友好的。
16. 我经常感到活着没有意思。
17. 一般说来,我是一个乐观主义者。
18. 我认为我是一个相当敏感的人。

19. 一般说来,我是一个快活的人。
20. 通常,我对自己抱有信心。
21. 我常常自己感到不自然。
22. 我对自己不是很满意。
23. 我经常情绪低落。
24. 在我与每个人第一次见面时,我常常感到对方可能不会喜欢我。
25. 我对自己有足够的信心。
26. 通常,我认为大多数人都是可以信任的。
27. 我认为,在这个世界上我是一个有用的人。
28. 一般说来,我与他人相处很融洽。
29. 我经常为自己的未来发愁。
30. 我感到自己是坚强有力的。
31. 我很健谈。
32. 我有一种自己是别人的负担的感觉。
33. 我在表达自己感情方面存在困难。
34. 我时常为他人的幸运而感到欣喜。
35. 我经常感到似乎遗忘了什么事情。
36. 我是一个比较多疑的人。
37. 一般说来,我认为世界是一个适于生存的好地方。
38. 我很容易不安。
39. 我经常反省自己。
40. 我是在按照自己的意愿生活,而不是按照其他什么人的意愿在生活。
41. 当事情没办好时,我为自己感到悲哀和伤心。
42. 我感到自己在工作和职业上是一个成功者。
43. 我通常愿意让别人了解我究竟是怎样一个人。
44. 我感到自己没有能很好地适应生活。
45. 我经常抱着"车到山前必有路"的信念而坚持将事情做下去。
46. 我感到生活是一个沉重的负担。
47. 我被自卑所困扰。
48. 一般说来,我感到还好。
49. 我与异性相处得很好。
50. 在街上,我曾因感到人们在看我而烦恼。
51. 我很容易受伤害。
52. 在这个世界上,我感到温暖。
53. 我为自己的智力而忧虑。
54. 通常,我使别人感到轻松。

55. 对于未来,我隐隐有一种恐惧感。
56. 我的行为很自然。
57. 一般说来,我是幸运的。
58. 我有一个幸福的童年。
59. 我有许多真正的朋友。
60. 在多数时间中我都感到不安。
61. 我不喜欢竞争。
62. 我的家庭环境很幸福。
63. 我时常担心会遇到飞来的横祸。
64. 在与人相处时,我常常会感到很烦燥。
65. 一般说来,我很容易满足。
66. 我的情绪时常会一下子从非常高兴变得非常悲哀。
67. 一般说来,我受到人们的尊重和尊敬。
68. 我可以很好地与别人配合工作。
69. 我感到自己不能控制自己的情感。
70. 我有时感到人们在嘲笑我。
71. 一般说来,我是一个比较陌生的人。
72. 总的说来,我感到世界对我是公正的。
73. 我曾经因怀疑一些事情并非真实而苦恼。
74. 我经常受到羞辱。
75. 我经常感到自己被人们视为异乎寻常。

1	a	16	b	31	a	46	b	61	b
2	a	17	a	32	b	47	b	62	a
3	b	18	b	33	b	48	a	63	b
4	a	19	a	34	a	49	a	64	b
5	b	20	a	35	b	50	a	65	a
6	a	21	b 或 c	36	b	51	b 或 c	66	b
7	b	22	b	37	a	52	a	67	a
8	a	23	b	38	b	53	b	68	a
9	a	24	b	39	b 或 c	54	a	69	b
10	b	25	a	40	a	55	b	70	b
11	b	26	9	41	b 或 c	56	a	71	b
12	a	27	a	42	a	57	a	72	b
13	a	28	a	42	a	58	a	73	b
14	b	29	b	44	b	59	a	74	b
15	a	30	a	45	a	60	b	75	b

记分说明:

凡是选择与表中一致的记 0 分,其余的一律记 1 分。大部分选"不清楚"的都记为 1 分。将所有题目的得分相加即为最后得分。

记分标准:

0—25 分属于正常范围。

25 分以上,则具有不安全感的倾向。

31 分以上,则具有不安全感。

39 分以上则具有严重的不安全感,即存在着严重的心理障碍。

对于具有安全感和具有不安全感的人,马斯洛还在下表从 14 个方面进行了对比:

缺乏安全感的人	具有安全感的人
1. 感到被拒绝、感到不被接受、感到受冷落、或受到嫉恨、受到歧视	1. 感到被人喜欢、被人接受,从他人处感到温暖和热情
2. 感到孤独、被遗忘、被抛弃	2. 感到归属,感到是群体中的一员
3. 经常感到威胁、危险和焦虑	3. 有安全感,无忧无虑
4. 将世界、人生理解为危险、黑暗、敌意、挑战,象一个充满互相残杀的角斗场	4. 将世界和人生理解为惬意、温暖、友爱、仁慈,普天之下皆兄弟
5. 将他人视为基本上是坏的、恶的、自私的、或危险的。好的、善意的	5. 将他人视为基本上是好的、友善的
6. 对他人抱不信任、嫉妒、傲慢、仇恨、敌视的态度	6. 对他人抱信任、宽容、友好、热情的态度
7. 悲观倾向	7. 乐观倾向
8. 总倾向于不满足	8. 倾向于满足
9. 紧张的感觉以及由紧张引起的疲劳、神经质、恶梦等	9. 轻松、平静的感觉
10. 表现出强迫性内省倾向,病态自责,自我过敏	10. 开阔,表现出客体中心、问题中心、世界中心倾向,而不是自我中心倾向
11. 自罪和羞怯感,自我谴责倾向,甚至自杀倾向	11. 自我接受,自我宽容
12. 被种种自我估价方面的情绪所困扰,如对权力和地位的追求,病态的理想主义,对钱和权势的渴求,对特权的嫉恨,受虐倾向,病态的柔顺,自卑等	12. 为问题的解决而争取必要的力量,关注问题而不是关注于对他人的统治。坚定、积极,有良好的自我估价
13. 不停息地为更安全而努力,表现出各种神经质倾向、自卫倾向、逃避倾向、幻觉等	13. 以现实的态度来面对现实
14. 自私,自我中心	14. 关心社会,合作,善意,富于同情心

 **管理游戏**

同心协力

这是一个很有意思的游戏,它可以调动参与者的兴趣,并且能让他们从游戏中体会友谊和协作的乐趣。另外,这个游戏还可以在培训中场或结束时使用,既可以活跃课堂气氛,还能帮助学员放松神经,增强学习效果。

游戏规则和程序

1. 将学员分成几个小组,每组在 5 人以上为佳。
2. 每组先派出两名学员,背靠背坐在地上。
3. 两人双臂相互交叉,合力使双方一同站起。
4. 以此类推,每组每次增加一人,如果尝试失败需再来一次,直到成功才可再加一人。
5. 培训者在旁观看,选出人数最多且用时最少的一组为优胜。

相关讨论

1. 你能仅靠一个人的力量就完成起立的动作吗?
2. 如果参加游戏的队员能够保持动作协调一致,这个任务是不是更容易完成?为什么?
3. 你们是否想过一些办法来保证队员之间动作协调一致?

总结

1. 别看这个游戏简单,但是依靠一个人或几个人的力量是不可能完成的。因为在这个游戏中,大家组成了一个整体,需要全力配合才可能达到目标。它可以帮助学员体会团队相互激励的含义,帮助他们培养团队精神。
2. 另外,这个游戏还考验每个小组的领导者,看他怎么指挥和调动队员。因为这个游戏不但需要大家通力合作,还需要每个参与者的密切配合。如果步调不一致,大家的力气再大也不可能顺利完成。这种情况下,作为小组的领导者,应该想一些办法来解决这个问题。比如可以让大家以他马首是瞻,跟随他的动作;更有效的就是想出一个口号,既可以鼓舞士气又能统一大家的节奏。
3. 无论队员还是领导者都应该明白,任何一个人的不配合都会对小组的行动产生负面效果。因此,培训者应注意,在游戏结束后,要帮助完成效果不好的小组找出原因。帮助他们树立团队意识,引导他们总结自己的失误。这对学员的素质提高有很大帮助。

参与人数:5 人以上一组为佳

时间:5~10 分钟

道具:无

场地:空地

应用：(1) 了解团队协作的重要性

(2) 增强团队成员的归属感

(3) 激发学员的奋斗精神

案例聚焦

华为是如何有效激励人才

华为作为我国高科技领域的领先者，无疑是中国当前最优秀、最成功的标杆企业之一。华为是如何获得令世人瞩目的成就呢？其中的原因很多，但华为独特的员工激励方式也算是华为一大法宝。

《华为基本法》明确规定，员工是华为最大的财富，人力资本是华为公司价值创造的主要因素，是华为公司持续成长和发展的源泉。从创业初期，华为总裁任正非就有很强的人才资源意识，提出人才是第一资源、是企业最重要的资本的观念，这在当时具有很强的超前意识。很多企业当时乃至现在还停留在人力成本控制的概念上，而任正非在很早就提出了人力资本优先于财务资本增长的观点。华为之所以取得巨大成功，就在于其在实践中探索出了一条积聚高科技人才的成功之道，并建立起一套行之有效的激励机制，吸引和留住高素质人才，激发他们的潜能，建立成大规模的研究开发团队，通过技术创新，获得自主研发能力，造就了技术华为、营销华为、管理华为。

华为作为我国当今高科技企业的佼佼者，是中国员工收入最高的公司，在外界的传说中，在华为工作5年以上的中层干部可以购买得起一条游轮。华为的高薪一方面使得优秀的人才聚集华为，另外一方面也激励了人才的积极性。任正非深信，高工资是第一推动力，重金之下必有勇夫。华为采取按劳分配与按资分配相结合的分配方式，始终认为劳动、知识、企业家和资本共同创造公司的全部价值。在具体物质奖励中，一方面利用高工资进行短期的物质激励，另一方面注重长期的物质激励。华为所推行的员工持股制是华为公司价值分配体制中最核心、最有激励作用的制度。在股权上实行员工持股，但要向有才能和责任心的人倾斜，以利益形成中坚力量。通过股权的安排，使最有能力和责任心的人成为公司剩余价值的索取者。知识被转化为资本，成为华为这个以知识为生存根本公司，获得了源源不绝的生命力。华为公司的股权分配强调持续性贡献，主张向核心层和中间层倾斜。华为股权的分配不是按资分配，而是按知分配，它解决的是知识劳动的回报，股权分配是将知识回报的一部分转化为股权，从而转化为资本，这样就从制度上初步实现了知识向资本的转化。

此外，华为有一个最基本的假设，就是绝不让雷锋吃亏的分配理念。用华为人的话讲，就是绝不让雷锋穿破袜子，让焦裕禄累出肝病来，奉献者定当得到合理回报。正如《华为基本法》第五条规定："华为主张在顾客、员工与合作者之间结成利益共同体。努力探索按生产要素分配的内部动力机制。我们决不让雷锋吃亏，奉献者定当得到合理的回报。"

物质激励的作用毋庸置疑，但精神方面的需要也是必须的，也是员工更高层次的需要。在华为，追求人力资源的增值恰好是他们的重要目标，他们强调人力资本不断的增值的目标优先于财务资本增值的目标，并努力为员工提供成长和发展的机会以激励员工。华为还专门设立一些如荣誉奖、职权等多种形式的精神激励。例如，华为专门成立过荣誉部，专门负责对员工进行考核、评奖。只要员工在某方面有进步就能得到一定的奖励，华为要对员工点点滴滴地进步都给予奖励。另外，职权的激励在华为是非常重要的，为华为留住人才起到了非常大的作用。通过一定的职位给一部分员工提供晋升的机会，从而使员工有更强烈的进取心。在华为，良好的氛围是华为宝贵的财富。其实在良好的氛围中工作，本身就是一种奖励，有员工就表示，这种满意感，也正是华为吸引他们的最大的原因。在通常的观念中，工作被看成是谋生的手段，是为了索取报酬而必须付出的代价，工作和生活在内容上、时间上都有明确的分界线，在8小时之内，员工认为自己"卖"给了公司，8小时以外则是自己的时间。华为则积极改变员工的这种观念，努力让员工把公司当成是一个大家庭，工作是为了大家共同的事业。在8小时之外公司也对员工关怀备至，组织多种多样的活动丰富员工的生活，使员工把从中获得良好的心情和精力带到工作中来。公司也采取灵活多变的方式来增加工作的趣味性，例如公司给予工作小组一定的活动经费，鼓励他们下班后走出公司去共同活动，而不是各回各家，他们聚集在一起可以进行打球、聚餐等多种多样的活动。在华为，没有人不知道百草园。百草园是华为人在深圳的温馨家园，里面的超市、活动中心、饭店、美发厅一应俱全，洗衣房随时上门服务。员工在百草园内不管是购物还是吃饭，一张小小的工卡全部解决，这对于那些整日于技术研究，无暇顾及自己日常生活的研究人员来说无疑是一项很大的福利。让员工在工作之余有了一个舒适的生活环境，使企业变得更具人情味。其实，华为已把工作的含义扩充，即工作可以是享受，也是生活的一部分。当企业利用的是员工的知识和智力时，由于员工无论是在公司内还是外，思想上有一定的延续型，工作和非工作的界限可以被模糊。

当然，华为激烈的竞争机制使得华为员工也感到危机四伏，常常不得不加班加点赶项目，工作到凌晨三点是常有的事，而早上九点又要接着上班。华为新闻发言人傅军曾重申该公司的"加班政策"：晚上10点之后加班须经公司批准。这实质上是对华为普遍加班状况的一种承认。在华为的办公室，每名研发人员几乎都备有一个床垫，以备加班时的小憩。近年来华为出现的因加班引致死亡的现象在社会上引起了广泛的舆论，面对员工的普遍存在的亚健康问题和精神长期处于紧张状态，华为的现有激励机制似乎还无能为力。

（资料来源：陈明，封智勇，余来文.华为是如何有效激励人才[EB/OL]. http://blog. sina. com. cn/u/1422916914, 2014-2-4）

问题讨论：

华为公司有效激励员工的成功之处是什么？面对公司内部激烈竞争压力所造成

的问题,如何改进华为公司的激励机制?

复习与思考

1. 什么是激励?激励的主要作用有哪些?
2. 需要、动机和行为之间是什么关系?如何理解激励的基本过程?
3. 什么是内容型激励理论?马斯洛的需要层次理论主要内容是什么?
4. 什么是过程型激励理论?有何代表理论?
5. 激励机制的主要构成因素有哪些?
6. 激励过程中应遵循哪些原则?常见的激励方式方法有哪些?

参考文献

[1] 陈国海.组织行为学[M].4版.北京:清华大学出版社,2013.
[2] 陈春花,杨忠,曹洲涛.组织行为学[M].3版.北京:清华大学出版社,2013.
[3] (美)斯蒂芬·P.罗宾斯,蒂莫西·A.贾奇.组织行为学[M].12版.北京:清华大学出版社,2015.
[4] 段万春.组织行为学[M].2版.北京:高等教育出版社,2015.
[5] 肖余春.组织行为学[M].2版.机械工业出版社,2016.
[6] 袁凌,吴文华,熊勇清.组织行为学[M].北京:高等教育出版社.
[7] 陈明,封智勇,余来文.华为是如何有效激励人才[EB/OL]. http://blog.sina.com.cn/u/1422916914,2014-2-4.

第 7 章 群体行为基础

我在公司里的作用就像水泥,把许多优秀的人才黏合起来,使他们力气往一个地方使。

——阿里巴巴首席执行官马云

学习目标

1. 理解群体的概念、特征、功能及分类。
2. 掌握群体发展的五个阶段。
3. 掌握群体属性的基本内容。
4. 掌握团队的概念、类型以及和群体的关系。
5. 了解如何塑造高效的团队。
6. 理解群体决策的优缺点。
7. 掌握常用的群体决策技术。

基本概念

群体 group
规范 Norms
群体属性 Group attribute
角色 Role
角色冲突 Role conflict
地位 Status
从众 Comformity
团队 Team
群体绩效 Group performance

 **导入案例**

西南航空:"员工第一"的价值观

美西南航空公司一名飞行员所说,我今天可以给老板赫伯打电话,他会说:"思考一下,告诉我你认为能奏效的解决问题的办法。"赫伯奉行开放的原则,一天24小时中飞行员等员工都可以给他打电话,他愿意倾听每个人的想法,有着不可思议的个性。员工任何问题,他会及时关心。

美西南航时刻强调"员工第一"的价值观,提出明确的公司目标——"赚钱、给每个员工提供稳定的工作,并让更多的人有机会乘飞机旅行"。公司积极打造一个大家庭,充满对每个员工的爱和关怀,这使公司里无论是管理层还是员工在工作中信奉"与其彼此竞争、不如共同合作"的工作理念,大家积极寻求改进工作关系的方法,从而提高经营成果。

此外公司还提出了一系列口号,诸如"了解他人的工作"用来鼓励员工了解其他部门、员工的工作,建立共同工作、合作的意识。共同的合作促使公司的生产率不断提高,也提高了部门间的相互协调能力,使他们在工作中团结起来实现共同的目标。

7.1 群体概述

电影院里的观众、餐馆里的用餐者、飞机上的乘客是不是一个群体?群体必须满足一定的条件,否则不能称为群体。那么,如上述由若干个体组成的一群人,在什么情况下才能称为群体呢?

7.1.1 群体的概念

群体是人们通过某种社会关系连结起来的集体,但并不是个体的简单聚合。如餐馆里的用餐者,他们虽然凑在一起,可是他们之间毫不相干,互不交流,他们不能称为群体。如飞机上的乘客,本是互不联系的一群人,假设飞机上发生失窃事件,他们为了查出实情共同出谋划策而相互作用、相互影响,这样的一群人可以称为群体。

我们将群体定义为两个或两个以上的个体,他们为实现特定目标而组成相互联系、相互依赖和相互作用的人群集合体。

群体既同社会和个人相区别,又介于社会和个人之间,并且是两者连结的中介。群体大致具有以下特征:

1. 成员构成

构成群体的基本条件是必须由两个或两个以上的个体组成。群体不是简单个体的相加,而是将个体力量汇合成新的力量。例如,在同一工种、同一研究领域中结成的群体,其成员在生产劳动实践中,自觉或不自觉地形成竞赛、相互交流的局面,从而不断提高群体中成员的工作水平,产生一种新的合力。

2. 持续的互动关系

构成群体的必备条件是成员之间彼此意识到对方,并在行为上相互影响和促进。群体成员有明显的群体意识和归属感,有了这种情感,成员之间发生共鸣,进行相应活动的时候,就能自觉维护这个群体的利益。当然,群体成员之间的相互影响不一定要直接面对面,书信邮件等方式都是相互影响的手段。例如,同一个项目组的成员,一个在美国,另一个在中国,还有些分布在其他国家,他们通过网络和电话等方式进行业务沟通。

3. 共同的目标

维系群体的必要条件是群体成员必须有一个共同的行为目标。没有目标的群体是不存在的,群体目标是群体功能的具体体现,是群体的灵魂所在。一个群体必然有能够为全体成员所接受的目标,为了实现目标,不同的个体结合在一起,使群体产生超出单个个体之和的力量。

4. 共同规范

群体活动开展的前提是成员遵守共同的行为规范,这是确保群体成员行为一致,实现群体目标的重要条件,它要求所有成员必须共同遵守。如企业作为一个群体,制定了相应的考勤制度,要求员工必须按时上下班,除了此类明文规定的行为规范,也有一些是约定俗成的。

7.1.2 群体的功能

群体对于完成组织目标和满足个人需要具有重要功能,然而,群体就像一把双刃剑一样,有正负两面性,概括起来,群体的大致功能如下:

1. 群体的正面功能

(1) 需求满足功能

群体由个体组成,每个成员都有自己的需要,人们加入群体的动机就是满足自己单独存在时难以满足的多种需要,为此,大多个体加入了多个群体,不同的群体能够为成员满足成员不同需要。斯蒂芬·罗宾斯认为,个人加入群体最主要的原因是群体满足个人以下几种基本需要:

第一是安全需要。通过加入一个群体,个体能够减少独处时的不安全感。个体加入一个群体后,会感到自己更有力量,自我怀疑会减少,在困难面前更有韧性。

第二是地位需要。加入到一个被别人认为是很重要的群体中,个体能够体会到被别人承认的满足感。

第三是自尊需要。群体能使其成员感到活得更有价值。也就是说,群体成员的身份除了能够使群体之外的人认识到群体成员的地位之外,还能够是群体成员感到自己存在的价值。

第四是归属需要。群体可以满足其成员的社交需要。人们往往会在群体成员的相互交往中感到满足,对于很多人来说,这种工作的人际互相作用是他们满足归属需要的基本途径。

第五是权力需要。一些单单凭借个人无法实现的目标往往通过群体行为能够实现。

第六是实现目标的需要。有时,为了完成某种特定的目标需要多个人的共同努力,需要集合众人的智慧和力量。在这种时候,个体就要以来群体来完成目标。

(2) 社会控制功能

群体一旦形成就会有相应的群体行为规范,规定其群体该做什么,不该做什么。一般情况下,群体规范允许做的是对社会有利的行为,能够获得社会的称赞,群体成员在遵守该种规范的同时也维护了社会稳定。同时,群体还可以通过非正式的社会控制手段影响成员,使成员在群体行动中自觉遵守行为规范,加入群体成员出现违反群体规范或社会规范的时候,群体成员为通过劝解、说明或指责等方式促使成员改正。

(3) 个体社会化功能

人是社会性动物,群体为个体生存和发展提供了一个基础平台,是个体走向社会、与人交往时赖以持续进行的基本场所。一个成熟的群体可以通过其群体意识、群体规范、群体角色、群体关系等内容和手段来教化和潜移默化地影响其个体,使个体不断接受各种社会行为规范,学会恰当地处理人与人、人与群体以及人与组织的矛盾冲突,从而促进个体的社会化水平,有助于个体更加健康有效地工作和生活。

(4) 资源整合功能

群体能够把个体的能量有机地整合起来,形成新的、更强大的能量,这种能量是单个个体无法企及的,群体实质上是若干个体的有条件的特殊组合。当然,个体的有机整合有可能产生好的结果,也有可能产生不良的结果,因此,群体的组织与管理就显得尤为重要。

2. 群体的负面功能

在群体行为过程中也会产生社会惰性,如很多人一起工作而不单独计算个人成绩时,群体成员可能会感到自己被淹没在群体中,从而产生一种懈怠心理,导致工作积极性下降。

7.1.3 群体的分类

根据群体形成的原则和方式,可以将群体分为正式群体和非正式群体,每个组织一般会存在着多个群体,来完成组织的目标任务和满足个体的不同需求。作为个体,也都乐意从属于不同类型、功能和规模的群体,以满足他们对自身价值的需求。

1. 正式群体

正式群体是指由组织结构界定的、任务分工明确的群体。正式群体中的成员以完成群体目标为导向,正规化程度较高,群体成员间的互动采取制度化、规范化的方式,成员的权利、义务以及彼此间的关系通常有明确的书面规定。正式群体往往一经形成就比较稳定,成员对群体具有较强的依赖感和归属感,如学校里的班级、部队里的连队、医院里的科室等。

(1) 命令型群体

命令型群体是指由组织结构图规定，它是由指定的管理者以及直接向他汇报工作的下属组成。命令型组织非常常见，如学校的校长和他所管辖的若干名教师就组成一个命令型群体；公司审计部主任和他下属的若干审计员组成一个命令型群体。

(2) 任务型群体

任务型群体是指由组织结构决定，它是由为完成某项工作任务而在一起工作的个体组成。任务型群体的界限并非仅限于直接的上下级关系，还可能跨越直接的命令关系。如一个学生违反了校规，调查工作可由教务处主任、学生处处长、保卫处处长、辅导员等人员之间进行协调和沟通，那么这些人员就构成了一个任务型群体。所有的命令型群体都是任务型群体，但因为任务型群体可以跨越组织的不同部门，因此，任务型群体不一定是命令型群体。

2. 非正式群体

非正式群体是指未经官方正式规定、没有正式结构而自发形成的群体。非正式群体活动一般为了满足社交需要，群体往往是由一些兴趣相投、志趣相近、价值观相似、感情亲近的个体在人际交往中自然形成的，成员之间的关系存在明显的感情色彩。非正式群体成员之间的互动虽然没有明确的组织结构，但也有一些不言而喻的规定和角色期望，深刻影响着组织的日常行为管理，如同学会、老乡会、战友会等。

(1) 利益型群体

利益型群体是指为了某个共同关心的特定目标而组成的非正式群体。命令型和任务型群体都可以加入利益型群体，如公司职工为了增加员工福利而连结在一起组成一个群体以实现他们共同的利益。

(2) 友谊型群体

友谊型群体是指基于成员具有某些共同的特点而形成的非正式群体。友谊型群体往往是在工作情景之外形成的，是在频繁的工作之余进行社交的群体，如共同支持某一个足球队或喜爱某一个摇滚乐队。

任何一个具有一定规模的组织中都存在着正式群体和非正式群体。非正式群体通过满足其成员的社会需求而发挥着重要作用，它的产生与存在已成为组织行为管理的组成部分，它的目标并不一定与正式组织的目标有关，组织必须实施有效的管理策略才能够指导非正式群体的行为，例如加强与非正式群体的沟通、运用舆论引导培植与组织目标正相关的非正式群体等。若非正式群体关系处理得当，可以对正式组织和领导起到支持、调节、稳定和制约的作用；若非正式群关系处理不当，出现与组织目标不一致时，非正式群体可能对组织产生消极作用。

7.1.4 群体发展的阶段

群体自组建后就会有一系列动态的发展过程，往往会经历几个固定的发展阶段，有关群体形成和发展的理论模型有很多种,在此我们介绍大家最为熟知的由布鲁斯·塔克曼建立的五阶段模型[1]。该模型指出,群体发展一般经历形成阶段、激荡阶段、规范阶段、执行任务阶段和中止阶段这五个独特的阶段。如图 7-1 所示,每个时期群体的特征和成员的行为是不一样的,管理者要针对这些特征实行不同的管理。

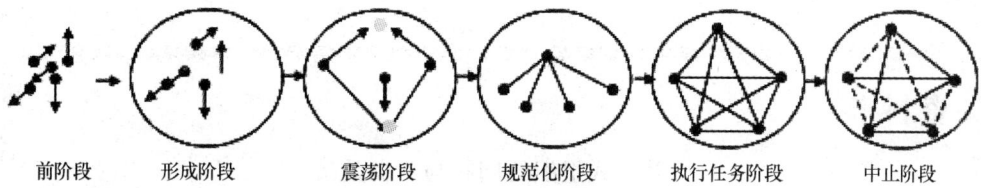

图 7-1 群体发展的阶段

1. 形成阶段

群体成立之初,群体的目的、结构和领导还不明确,群体成员各自摸索群体可以接受的行为规范。该阶段最大的特点就是具有不确定性,群体成员都处于一种"摸着石头过河"的状态中。当群体成员开始把自己看作这个群体的一分子时,该阶段就结束了。

2. 震荡阶段

这一阶段是群体内部充满冲突的阶段,也是群体高速发展阶段,群体成员接受了群体存在的事实,但仍设法抗拒群体所加诸在他们身上的限制,并设法澄清谁能够掌控这个群体,群体成员相互挑战与冲突以确认领导权威。当该阶段结束时,群体中已形成了相对清晰的领导层次。

3. 规范化阶段

第三阶段是群体的稳定发展阶段,成员之间开始形成亲密的关系,群体也已经展示出一定的凝聚力,成员之间产生了强烈的身份感和友谊关系,并已建立群体规范。当该阶段结束时,群体结构已经固定下来,群体拥有了正确的行为共识。

4. 执行任务阶段

在该阶段中,群体结构已经开始发挥充分的作用,并已被群体成员广泛接受,群体成员的注意力已从试图相互认识和理解转移到完成当前的工作任务上。对长期工作群体来说,任务执行阶段是其发展历程的最后一个阶段。但对于临时群体,比如项目团队、任务小组或其他类似团队等群体而言,由于这类群体要完成的任务是有限的,所以还有第五个阶段——中止阶段。

5. 中止阶段

最后阶段是群体成员准备解散的阶段。该阶段中群体成员的反应差异很大,有的乐观,沉浸在群体的成就中;有的悲观,惋惜在群体中形成的友谊和感情。

五阶段模型可以使人们对群体行为进行有效的评估,认识群体内人际关系的变

---

[1] Tuckman B, Jensen M. Stages of Small Group Development Revisited[J]. Group and Organization Studies,1977(2):419-442.

化曲线。群体并非清晰地从一个阶段发展到下一个阶段,有时候几个阶段可能同时进行,群体发展的各个阶段在时间上可以相互重叠、彼此交织。同时,在群体发展阶段中,群体还可能退回到前一个阶段,即使是五阶段模型的强烈支持者也不认为所有的群体都精确地遵循该模型。

资料卡

非正式组织的问题与不良效果

非正式组织是一个机构中,工作人员之间,不期而然地联合在一起,而得到联合的活动。管理者若能对此组织的行为与关系,加以研究与重视,必可对该机构产生莫大的裨益。

非正式组织在管理上值得注意的问题有四个:

(一)抵制变革——非正式组织往往变成一种力量,刺激人们产生抵制革新的心理。

(二)滋生谣言——谣言在非正式组织中,极易牵强附会,以讹传讹信以为真。

(三)阻碍努力——工作人员在其工作上特别尽力,必受到非正式组织中其他成员的认识,但是使人不敢过分努力。

(四)操纵群众——有些人员居然成了非正式组织的领袖,常利用其地位,对群众施以压力从中操纵。

非正式组织虽有不良的作用,但管理者若能注意其存在而加适当的运用,亦可产生以下的优良效果:

(1)弥补不足——任意一个正式组织无论其政策与规章制订得如何严密,总难巨细无遗,非正式组织可与正式组织相辅相成,弥补正式组织的不足。

(2)协助管理——正式组织若能得到非正式组织的支持,则可提高工作效率而促进任务的完成。

(3)加强沟通——非正式组织可使员工在受到挫折或遭遇困难时,有一个发泄的通道,而获得社会的安慰或满足。

(4)纠正管理——非正式组织可促使管理者,对某些问题做合理的处置,发生制衡的作用。

总之,非正式组织的存在,并非全是有弊无利,在于如何用运用。管理者若能体会其所发生的影响,设法找寻那些具有影响力的非正式领袖,使之与机构目标相结合,未必不产生良好的功用。所以我们研究组织,对此问题不能不加以注意。

7.2 群体属性

个体在群体中产生的心理活动和行为反应,与在单独环境中的反应不同,群体拥有自身特定的属性去规范成员的行为,并且解释和预测个体在群体内的行为以及群体本身的绩效。群体属性包括角色、规范、地位、规模和凝聚力等,作为管理人员,有必要了解群体属性以便获取群体的基本行为规律,从而更为有效地管理群体和组织。

7.2.1 群体规模

群体规模是指群体的成员数目。每个群体都是由一定数目的成员构成的,群体规模应视群体任务的性质而定。任何群体都应有其最佳人数,应有其上限和下限,群体规模对成员的整体行为有明显的影响,群体应把成员人数控制在一个合理范围内。一般来说,群体规模越小,群体成员之间的互动机会越多;群体规模越大,群体成员之间的互动机会越少。

事实表明,小群体完成任务的速度比大群体快,而且个体在小群体里的绩效比在大群体里好;然而,大群体在解决问题方面比小群体做得更好。美国心理学家詹姆斯认为,小群体的最佳人数为2—7人,有些学者认为,小群体的下限应为3人,大部分学者认为上限以7人为最佳。

一个与群体规模有关的重要发现是社会惰性。社会惰性是指一个人在群体中工作往往不如单独一个人工作时更努力。这个发现使以下逻辑受到挑战,即群体作为一个整体,其工作效率至少等于个体工作效率的简单总和。

一般人对群体的刻板印象是,群体精神会激励群体成员更努力地工作,从而提高群体的整体生产力。20世纪20年代末,德国心理学家马克斯·林格尔曼[1]在"拔河实验"中将个体和群体绩效做了对比。他原本认为,群体绩效会等于个人绩效的总和,也就是说,3个人的拉力会等于1个人拉力的3倍,8个人的拉力会等于1个人的8倍。然而,研究结果并不符合他的预期。如图7-2所示,实验中,3人群体产生的拉力只是1个人拉力的2.5倍,8人群体产生的拉力不到1个人拉力的4倍。

级别	实际测得拉力(公斤)	平均1人单向拉力
1对1	63	63
2对2	118	59
3对3	160	53.3
8对8	256	32

图7-2 "拔河实验"拉力表

〔1〕 Ringelmann, M. Research on animate sources of power: The work of man[J]. Annales de l'Institut National Agronomique, 1913(2):21-40.

如上可得，群体绩效会随着群体规模而增大，但新成员的加入会令个体工作效率降低。导致这种社会惰性的原因可能有两方面，一方面可能是因为群体成员认为其他人没有尽到应尽的责任，把其他人看作是懒惰或者无能的，为此自己降低努力程度来重新获得公平。另一方面，群体成员可能认为群体活动的结果不能归咎或归功于某一个个体，个体认为自己的贡献无法衡量时，就会降低自己的努力程度。

社会惰性效应对于管理者来说意义重大，如果管理者想要借助群体的力量来提高团队士气和工作效率，他们就必须提供衡量个人努力程度的方法。避免社会惰性可以通过以下几种方法：①设立群体目标，让群体拥有一个共同努力的方向；②采用同事互评的方法，令每个人都能评估其他成员的贡献；③选择高激励水平并愿意在群体中工作的成员；④如果可能的话，将一部分群体奖励与每个成员独特的贡献挂钩；⑤将群体分成若干小组，激励小组间竞争。以上方法不能确保一定能够避免社会惰性，但可以在一定能够程度上减轻它的效应。

7.2.2　成员角色

群体是一个舞台，每个成员都在其中扮演着不同角色。

角色是指人们对在某个社会性单位中处于特定职位的人所期望的一系列行为模式，任何群体都会产生基本的角色分工，群体成员通过各自的努力来确定自己在群体中扮演的角色，这些角色都与群体的任务或活动有关，有助于群体目标的实现。

人们的行为随着其扮演的角色不同而不同，理解行为的一个重要任务就是掌握一个人当前正在扮演何种角色。例如，Mike是一家快递公司的运营经理，在单位中，他的角色是快递公司的员工、工会会员、中层管理者等；在工作之余，他又扮演着父亲、社区篮球队队员、业主委员会会员等角色。

不同群体对个体的角色要求不同，多种角色大部分时候是可以相互兼容的，有时候也会发生冲突，如Mike接到上级任务要到外地工作，而他的家人希望他留在当地不要外出，此时，Mike的工作角色与家庭角色之间就产生了矛盾。

1. 角色感知

角色感知是指个体对于自己在某种环境中应该做出什么样的行为反应的认知。个体的认知来源于生活中的各种刺激因素如习俗、电视、书籍、朋友等，这些因素促使个体对同一角色产生不同理解。例如，中国人自古以来注重孝道，崇尚"百善孝为先"，赡养父母是子女责任，而在一些欧美国家很多人不这么认为。

2. 角色期望

角色期望是指他人认为你在特定的情境中应该做出什么样的行为反应。你的行为方式在很大程度上有由你做出行为反应的背景所决定。例如，人们通常认为外交官举止高贵、善于言谈、应变力强等；军人则是威严刚正、纪律性强、有战斗力等。在同样的文化背景中，假如我们听说大学教授去酒吧里兼职做服务员，会令很多人惊讶，因为我们认为教授和酒吧服务员的角色期望差别太大了。当角色期望集中在一般的角色类别上时，就成为角色定势或角色刻板印象。

在工作群体中，如果管理层没能满足普通员工的角色期望，就会对员工的绩效和工作满意度产生消极影响；如果普通员工没能满足管理层的角色期望，员工就可能会受到某种形式的处罚、处分甚至解雇。

3. 角色冲突

角色冲突是指当个体面临两个或更多的角色期望时，如果个体服从一种角色的要求，就很难服从另一种角色的要求的现象。在极端情况下，个体所面临的两个或更多的角色期望是相互矛盾的。

例如我们前面讲述的 Mike 所扮演的多个角色中，公司要求想安排 Mike 去外地工作，而 Mike 的家人希望他留在当地。从事业发展角度来说，Mike 服从公司的安排会更有前景，但从家庭稳定和情感角度来说，Mike 留在当地工作的意愿也很强烈。因此，Mike 作为快递公司员工的事业角色期望与家庭角色期望之间就产生了冲突。像 Mike 这样遇到角色冲突的情况，我们每一个人都会经历，人们在面临角色不协调时，会增强紧张感和挫折感，可能会做出多种行为反应。

对组织管理人员来说，要研究的是组织内部不同的角色冲突是如何影响组织行为的。例如，一个公司员工同时面临办公室同事和经理给予他的多种角色期望之间的冲突时，他决定按自己顶头上司的要求做事。此外，个体还可以有其他行为反应，比如退却、拖延、谈判、争取或其他方式。

资料卡

模拟监狱实验

斯坦福大学心理学家菲利普·津巴多在1971年和他的同事进行了一个津巴多的模拟监狱实验，这是一个相当具有说服力的角色实验。他们在斯坦福大学的心理学系办公大楼地下室里建立了一个"监狱"，他们以每天15美元的价格雇佣了24名学生来参加实验。实验初始，这些学生情感稳定、身体健康、遵纪守法，在普通人格测验中，他们得分属于正常水平。之后，实验者对这些学生随意地进行了角色分配，一部分人作为"看守"，另一部分人作为"罪犯"，并制定了一些基本规则。然后，实验者就躲在幕后，看学生们会做出如何反应。

两个星期的模拟实验刚刚开始，被分配为"看守"的学生与被分配为"罪犯"的学生之间没多大差别。而且，作为"看守"的人也没有受过专门训练如何做好监狱看守员。实验者只告诉他们"维持监狱法律和秩序"，不要把"罪犯"的胡言乱语（如"罪犯"说，禁止使用暴力）当回事。为了更真实地模拟监狱生活，"罪犯"可以像真正的监狱中的罪犯一样，接受亲戚和朋友的探视。但模拟看守8小时换一次班,而模拟罪犯除了出来吃饭、锻炼和上厕所等必要事情之外,要日日夜夜地呆在他们的牢房里。

"罪犯"没用多长时间,就承认了"看守"的权威地位,或者说,模拟看守调整自己,进入了新的权威角色之中。特别是在实验的第二天"看守"粉碎了"罪犯"进行反抗的企图后,"罪犯"们的反应就更加消极了。不管"看守"吩咐什么,"罪犯"都惟命是从。事实上,"罪犯"们开始相信,正如"看守"所经常对他们说的,他们真的低人一等、无法改观现状。"看守"在模拟实验过程中,都做出过虐待"罪犯"的事情。例如,一名"看守"说:"我觉得自己不可思议,我让他们相互喊对方的名字,还让他们用手去擦厕所。我真的把罪犯当作畜生,而且我一直在想,我必须看住他们,以免他们做坏事。"另一名"看守"说:"我一看到罪犯在所在的牢房就感觉到烦,他们穿着破衣服,牢房里充满着难闻的气味。在我的命令面前,他们相对而泣,好像一切都是真的。"

这次模拟实验相当成功地证明了个体学习一种新角色是多么迅速。由于参加实验的学生在实验中表现出病态反应,在实验进行了6天以后,研究人员就不得不终止了实验。值得注意的是,参加本次实验的学生都是经过严格挑选的神智正常、情绪稳定的人。

从以上实验中可得,我们大多数人通过大众传播媒介等方式学习到了关于罪犯和看守的角色定式的内容。在这个基础上,实验中的学生才能够不费力气地迅速进入与他们原来的人格迥然不同的假设角色中。由此可见,我们可以看到,人格正常、没经过新角色要求训练的人,也会非常极端地表现出与他们所扮演的角色一致的行为方式。

7.2.3 群体规范

群体规范是指群体成员在一定时期内相互作用而形成的共同遵守的一系列行为标准。群体规范让群体成员知道自己在一定的环境条件下,应该做什么,不应该做什么,它是控制和影响群体成员行为的一种重要手段。

1. 规范的类型

群体规范包括正式规范和非正式规范。正式规范是由组织明文规定的员工应遵循的规则和程序,如企业的岗位职责、操作流程等。非正式规范是指并非由组织正式规定,而是员工在工作与生活中约定俗成的行为准则。如当上级来检查工作时,员工不需要领导嘱托也要尽力表现自己,努力维护公司形象而不给公司抹黑;再如,员工在出席公司重大庆典等活动时,特别注重穿着打扮和言谈举止等。在群体中,正式规范一般只占群体规范中较少一部分,很多时候,群体不可能面面俱到地去规范成员的一举一动和一言一行,大部分规范是非正式的。

2. 规范的形成

早在 20 世纪 30 年代初，著名的霍桑实验中，梅奥等人已经注意到群体规范对群体及其成员行为的影响。如果群体中的人们在一起工作的时间非常长，那么他们往往能够形成自己的行为规范和价值观念。对于大部分群体而言，群体规范是无意识的通过习惯的力量形成的。

大多数群体规范是通过以下四种方式中的一种或几种形成起来的。

(1) 群体成员所做出的明确陈述。如群体成员可能强调，在上班时间不能打私人电话，不得穿拖鞋在公司里走动等。

(2) 群体历史上的关键事件。如在工作中，一个旁观者离机器太近而受了伤，从此群体就有规定除了操作者以外，其他人必须离机器 1 米距离以上。

(3) 私人交往。群体内部出现的第一个行为模式，常常就为群体成员的期望定下了基调。如学生中的友谊群体的成员在第一次上课时，就坐在一起。如果以后上课时有别人坐了"他们"的位置时，他们就会感到不愉快。

(4) 过去经历中的保留行为。当一个其他群体的成员加入一个新群体时，会带来原群体中的某些行为期望。这就可以解释，为什么群体在添加新成员时，喜欢吸收那些原来的背景和经验与现在群体相近的成员。因为这种新成员所带来的行为期望，与现有群体中已经存在的行为期望可能比较一致。

3. 从众行为

群体中的个体由于受到群体规范的影响，往往会表现出不同于个体单独情景下的行为反应。从众行为是指当群体成员的思想或行为与群体意见或规范发成冲突时，成员为了保持与群体的关系而需要遵守群体意见或规范时所感受到的一种无形的心理压力，它使成员倾向于做出为群体所接受的或认可的反应。

影响个体从众行为的因素包括环境因素和个体因素。从环境因素来看，如果某一个群体比较团结，意见一贯比较一致，个体认为该群体对自身很重要，那么该个体就容易顺从群体压力而产生从众行为。从个体因素来看，如果一个人的智力较差，情绪不稳定，缺乏自信心，对他人依赖性强，那么该个体就容易在群体中产生从众行为。

对个体来说，表面行为和内心反应不一定都是协调一致的，它有可能出现以下四种情况：

(1) 表面从众，内心接受，即"心服口服"；
(2) 表面从众，内心拒绝，即"口服心不服"；
(3) 表面不从众，内心接受，即"心服口不服"；
(4) 表面不从众，内心也拒绝，即"心口皆不服"。

以上四种形式不是固定不变的，在适当情况下会相互转化。有时某群体成员的态度表现为"心口皆不服"，但后来可能出于某些原因，态度发生了转化后变成"心服口服"的状态。

从众行为是群体的特点，在组织中这种现象既有积极的意义，也有消极的意义。

从众行为积极方面表现为:

(1) 整合群体的行为,使群体行为基本保持一致,从而壮大群体的力量;

(2) 改变成员的不良行为,从而促进群体成员的整体素质。

从众行为消极方面表现为:

(1) 扼杀群体成员的创造性,使群体氛围比较低沉,许多成员不敢表达自己的意见;

(2) 导致群体决策失误,这源于有时候大多数人的意见并不一定正确,而从众使某些正确的意见没机会发表,从而造成决策失误。

在组织中,管理者应根据实际情况鼓励或反对从众,以利于群体目标的实现。

资料卡

抢盐风波

2011年3月11日日本东北部地区突发9.0级大地震后,位于本州岛福岛的核电站发生爆炸并出现核泄露,由于外界盛传服用碘盐可以抵抗核辐射,从而引发中国大陆民众大量抢购、囤积碘盐。

"别说盐,连榨菜都快没了!"2011年3月17日下午,在北京方庄环岛家乐福店地下一层超市里,来逛超市的顾客推着小推车,三三两两地往调料区走去,买到盐的人脸上露出了喜滋滋的笑容:"8点钟一开门我就过来了,没想到还真抢到了两包。"一名老大爷看着购物筐里的两包盐长出了一口气。买不到盐的顾客则抱怨着:"开门才1个小时,盐就被抢光了。"对于没有抢到盐的顾客,工作人员也安慰着他们:"现在没买到没关系,您中午吃完饭再过来,盐就上货啦。"

东京都还没抢盐呢,北京怎么就抢开了?真是自己吓自己啊!碘盐之所以被抢,缘于两种说法:一是将来的海盐会被污染,所以要囤积,二就是为了防辐射。在专家看来,这两种说法都太片面了,纯粹是民间传说,民众们以恐惧、不确定感、害怕等情绪因为某个讯息或传言了而形成了抢盐风波,这就是一种从众行为。

7.2.4 成员地位

地位是指人们对群体或群体成员的位置或阶层的一种社会性的界定。当某一个人具有一定地位时,他就能影响、控制或命令周围的人。地位说明了群体中的"尊卑次序",渗透在社会的各个角落,它是理解人类行为的一个重要激励因素,当个体认识到自己的地位认知与别人对自己地位的认知不一致时,就会对个体的行为反应产生巨大影响。

1. 地位的类型

地位包括正式地位和非正式地位。正式地位是指由群体正式给予个体某种头衔或某类令人愉快的东西,使个体获得某种正式地位。如被选为"优秀教师"或"先进个人"都是正式地位。在组织中,不是所有人都能得到正式地位,更多情况下,人们通过教育、经验、专业技能等特征而非正式意义上获得的地位。任何东西只要被其他群体成员看作与地位有关的,它就具有地位价值。应该注意,非正式地位不一定不如正式地位重要。

2. 地位与规范

地位会对规范所产生的力量和从中行为产生一定的影响。地位高的个体通常比其他群体成员拥有更多自由去从事背离规范的行为。拥有地位较高工作的人(如医生、教师、军人等)对拥有地位较低工作的人所施加的社会压力往往有负面反应。

这些研究发现能够解释为何很多体育明星、名人、销售业绩突出的人和一些知名学者往往无视于约束他人的外表规范和社会规范。这些地位高的个体只要其行为不严重损害目标的达成,人们对他们还是比较宽容的。

3. 地位与公平

在组织日常管理中,很重要的一点是要让群体成员相信群体中的地位等级是公平的。如果群体成员认为群体中存在不公平现象,就会引起群体内的不均衡,并带来各种各样的修正性行为。

如果我们觉得一个人的地位与组织赋予他的地位标志不公平时,就会有地位矛盾产生。如一个普通的公司员工拥有比其他人员尤为优越的办公条件,这就容易引起其他人的不满。人们都期望自己的报酬与投入相符,认为一个人的所有与所得与其地位应该是相一致的。

4. 地位与群体互动

在群体中,地位高的成员往往更敢于表达意见,他们更有机会和途径去大胆表达自己的看法和见解,甚至是评论或批评他人。相反,地位低的成员在群体讨论中可能并不那么积极,他们中的很多人拥有对群体发展有益的专业技能和知识,但由于地位的差别使他们较少机会去发挥他们的才能,从而阻碍群体形成更丰富的观点和创造力。因此,管理者在组织中应合理利用各种途径激励地位低的成员发表观点,使群体形成博采众长、集思广益的氛围,从而增强群体的整体绩效。

7.2.5 群体凝聚力

群体凝聚力又称群体内聚力,是指群体对成员的吸引力和成员对群体的向心力以及成员之间人际关系的紧密程度综合形成的,使群体成员固守在群体内的内聚力量。凝聚力强的群体,成员的向心力大,集体意识强,彼此之间能密切合作,人际关系协调,共同维护群体利益,群体功能能够得到更充分地发挥。一般来说,群体有最低限度的凝聚力,否则群体就会解体而不复存在。

1. 影响凝聚力的因素

群体凝聚力是一个综合指数,是多种因素的综合作用,也是群体各方面工作情况的反应,影响群体凝聚力的因素有很多,主要有以下几个方面:

(1) 群体规模

群体规模的大小是影响群体凝聚力的一个重要因素。若群体规模过大,成员之间相互接触的机会则会相对减少,彼此之间的关系也会比较淡薄,易造成意见分歧,从而降低群体的凝聚力;若群体规模过小,群体力量不足,又会影响任务的完成。因此,群体的规模,应既能保证群体的工作机能,又能维持群体的凝聚力。研究表明,群体规模以7人左右为宜。

(2) 群体目标

群体目标与群体成员目标的一致程度与可实现性极大地影响着群体的凝聚力。如果群体的目标和利益与各个成员个人目标和利益相一致,人们就会自觉承担义务,为群体的目标而团结奋斗,当群体目标通过成员努力实现时,既给群体成员带来相应利益,又使成员产生自豪感,提高了群体的凝聚力。

(3) 群体的领导方式

群体中的领导有其各自的领导方式,而不同的领导方式又会对群体凝聚力的大小产生不同的影响。经试验发现,采用"民主型"领导方式的小组比采用"专制型"和"放任型"领导方式的小组成员之间更友爱,思想更活跃,态度更积极,群体凝聚力更高。

(4) 群体的成员构成

构成群体的成员之间同质性越高,凝聚力就越大。所谓同质性,是指群体成员间有着共同的相似性,如共同的目标、需要、信念和兴趣爱好等。一般来说,凝聚力高的群体中会有"核心"人物,把群体成员紧紧团结在自己周围,朝着共同的方向去努力。

(5) 外部的影响因素

外部压力也是影响群体凝聚力的一个重要因素。研究证明,当群体遭到外部压力时,群体成员会放弃前嫌,紧密地团结起来一起抵抗外来威胁,从而有利于增强群体成员的团结精神,提高群体的凝聚力。

(6) 个体需求满足程度

群体成员都有作为个体的需要,这既包括物质上的需求,也包括精神上的需求,这些需求都希望在群体内得到实现。群体满足个人需求的程度越高,对成员的吸引力就越强,凝聚力就越高。

(7) 群体内部的奖励方式

群体内部的奖励方式对群体成员会产生不同的心理影响,进而影响到群体的凝聚力。若只强调个人成功,对个人进行奖励,势必造成群体成员之间的矛盾。研究证明,个人和群体相结合的奖励方式以增强成员的集体意识和工作责任,有利于增强群体的凝聚力。

2. 凝聚力与生产率的关系

研究表明,群体凝聚力与生产效率之间是相互影响的。凝聚力高,可能提高生产效率,也可能降低生产效率,其关键在于群体规范的性质和水平,即群体共同指定的生产指标的性质和数量。在凝聚力高的群体里,成员的行为高度一致,个人有较强的服从群体规范的倾向。如果群体的目标与组织目标不一致,则凝聚力与生产率之间成负相关;反之,群体目标与组织目标一致,则二者成正相关。

社会心理学家沙赫特通过实验研究了群体凝聚力对生产效率的影响情况。沙赫特在有严格控制条件的情况下,检验了群体凝聚力和对群体成员的诱导对于生产率的影响。实验中的自变量是凝聚力和诱导,因变量是生产率。设 1 个对照组 E、2 个凝聚力强的实验组 A 和 B,2 个凝聚力弱的实验组 C 和 D。工作的前 16 分钟 5 个组的工作效率相差无几,然后对 A 和 C 两组提出"提高生产量"的要求作为正诱导,对 B 和 D 两组提出"不要工作太快"的要求作为负诱导,对 E 组不做任何要求,结果如图 7-3 所示[1]。

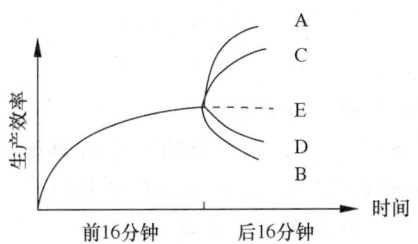

图 7-3 凝聚力与生产效率的关系

由实验表明:①A 组高凝聚力,在积极诱导下,诱导效果明显,生产率明显提高;②C 组低凝聚力,在积极诱导下,有较低的诱导效果,生产率有所提高;③E 组由于没有诱导,生产率不变;④D 组低凝聚力,在消极诱导下,有较低的诱导效果,生产率有所抑制;⑤B 组高凝聚力,在消极诱导下,诱导效果明显,生产率明显抑制。结论说明,低凝聚力的群体较难引导,高凝聚力的群体较容易引导。对于高凝聚力的群体,如果作正面引导,生产率将有明显提高;如果作负面引导,生产率将有明显抑制。

---

[1] S. Schachter, N Ellertson, D Mcbride, D Gregory. An Experimental Study of Cohesiveness and Productivity[J]. Human Relations,1951(3):229-238.

资料卡

群体内聚测试

测试规则：

您可能是许多不同群体的成员，包括学习小组、工作小组、学生会或者兴趣小组等，您很可能了解一些群体的内聚水平，本测试有助于判断群体的内聚水平，请选择一个您所在的群体作为分析对象，注意选择一个小型群体，成员在3—8名即可，根据您日常在群体中共同工作时的感觉为群体内聚赋值。其中：1表示不好，2表示不太好，3表示平均，4表示不错，5表示非常好。

测试题目（单选）

1. 在群体中有多少成员互为好友？（ ）
   A. 全部(5)　　　　B. 绝大多数(4)　　　　C. 某些(3)
   D. 很少(2)　　　　E. 没有(1)

2. 群体成员间信任程度如何？（ ）
   A. 极为信任(5)　　B. 比较信任(4)　　　　C. 平均水平(3)
   D. 不大信任(2)　　E. 不信任(1)

3. 群体成员间忠诚和归属感如何？（ ）
   A. 强烈的归属感(5)　B. 高于平均水平的归属(4)　C. 平均水平(3)
   D. 少许忠诚和归属(2) E. 没有忠诚和归属(1)

4. 您认为自己是群体中的真正一员吗？（ ）
   A. 的确是(5)　　　B. 大多数情况下是(4)　　C. 某些情况下是(3)
   D. 少数情况下是(2) E. 不是(1)

5. 群体成员间友善程度如何？（ ）
   A. 非常友善(5)　　B. 超过平均友善程度(4)　C. 平均友善程度(3)
   D. 部分友善(2)　　E. 不友善(1)

6. 如果有机会在另一个履行同样任务的群体中工作，您会动心吗？（ ）
   A. 非常会(1)　　　B. 会(2)　　　　　　　　C. 无所谓(3)
   D. 不太会(4)　　　E. 不会(5)

测试评价：

1. 将以上6个问题的得分加总后除以6，得到的结果就是这个群体的内聚得分。

2. 将这一得分与测试开始时您对于这个群体的赋值进行对比，两者是一样还是不一样？如果相同，则您对群体的感觉相当准确，如果两者不相同，您需要分析您对群体哪个部分运作的理解有误。

7.3 团队概述

从《三国演义》到《西游记》再到《星际漫游》,从古至今,有许多关于团队的故事,它们完成了艰巨的任务,团队在现在组织管理中占据着越来越重要的位置,是组织提高运行效率的一种可行方式。

7.3.1 团队的含义

团队是一群为数不多的、具有不同背景和互补技能的个体所组成的正式群体,他们相互协作,致力于完成共同的目标。团队具有以下特征:

1. 共同的责任

团队成员的责任包括两方面:一是团队成员在平常的团队运行中或回忆中分担的团队工作成败的责任;二是全体团队成员共同承担团队特定任务完成与否的成败责任。

2. 成员间互补

团队成员具有不同的技能、知识或经验,每个成员都能对团队做出不同的贡献。成员在工作中相互接纳、交换信息、分工合作,能够了解并认同彼此的角色、特长及重要性,大家相互依赖,缺一不可。

3. 规模的限制

一般来说,团队规模应当在 2~25 人之间,最好在 8~12 人之间,限制人员规模的目的是为了确保所有成员之间都能充分了解并相互发生影响。同时,这也保证了团队结构的简单化和目标的纯正化。

4. 以完成目标为主要任务

团队成员必须一致同意共同目标的价值,并在达到目标的方法上达成一致,这种一致的达成为全体成员提供了一种愿景和激励,使得团队成员相互信任,形成较强的集体责任感。团队成员间齐心协力,把实现目标作为主要任务,并为此目标的实现与否共同承担责任。

7.3.2 团队与群体

可以说,所有的工作团队都是群体,但只有正式群体才有可能成为工作团队。提到团队,人们就会想起运动员们在接力赛中的景象,想起足球队员在球场上密切配合争取胜利的形象。团队体现了团结合作和共同目标等精神特征。团队与群体的不同之处主要在于以下几个方面,如图 7-4 所示[1]。

1. 群体强调信息共享,团队则强调集体绩效;

---

[1] 斯蒂芬·P. 罗宾斯. 组织行为学精要[M]. 柯江华, 译. 北京: 机械工业出版社, 2003.

2. 群体的作用是中性的(有时是消极的),而团队的作用往往是积极的;
3. 群体责任个体化,而团队的责任即可能是个体的,也可能是共同的;
4. 群体的技能是随机的或不同的,而团队的技能是相互补充的。

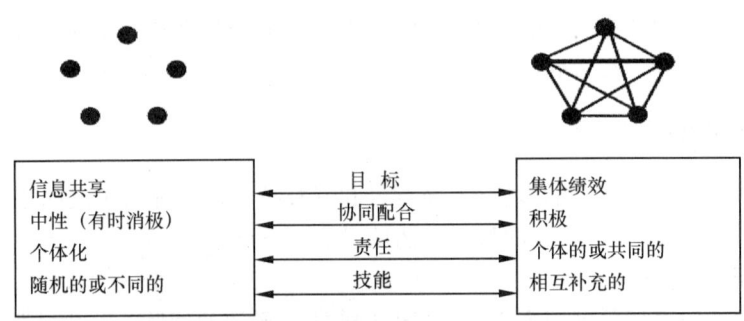

图 7-4　群体与团队的区别

对任何一家企业来说,仅仅把员工聚集起来是不够的,要让聚集起来的员工互相取长补短,爆发出高于他们本身的能量,努力建立有效的工作团队,才能不断保持竞争优势。

7.3.3　团队的类型

根据团队成立的目标,可以将团队分为以下四种类型:问题解决型团队、自我管理型团队、多功能型团队和虚拟型团队。

1. 问题解决型团队

工作团队早期的主要形式,一般由来自同一部门的5～12名成员组成,他们定期见面,讨论如何提高生产效率、促进产品质量、改善工作环境等问题。问题解决团队的成员主要就如何改进工作程序和工作方法相互交换看法或提供建议,但一般是提供给管理者的,团队没有权力根据建议采取单方面的行动。

在20世纪80年代,应用最广的一种问题解决团队是质量圈,由8～10个职责相同的员工和主管组成,成员定期聚会,一起讨论工作中面临的质量问题并调查问题的原因,提出解决问题的建议,在授权范围内采取有效行动。

2. 自我管理型团队

自我管理型团队是一种真正独立自主的团队,它与问题解决型团队相比,不仅注意问题的解决,而且执行解决问题的方案,并对工作结果承担全部责任。自我管理型团队通常由10～16人组成,这种团队承担了原先主管者的职责,由其成员集体控制工作进度,进行任务分配,对工作进行检查和监督,决定培训计划等,完全的自我管理型团队甚至可以自己选择新成员,并让成员间相互进行业绩评价和考核。可以说,传统管理者的意义大为降低甚至被取代了。

与传统的工作组织形式相比,自我管理型团队的优点是有更高的成长满意度、社会满意度和信任感,这种扁平式的组织管理机构在许多成功的知名企业得到采用,如通用汽车、百事可乐和惠普公司等。同时,该类型的团队也存在一定缺点,如缺勤率和流动率偏高,如果长时间缺乏统一的控制,易脱离组织的标准和要求,不利于组织的长远发展。

3. 多功能型团队

多功能型团队是为了完成某项共同的工作任务,由来自同一等级、不同部门、不同工作领域、具有不同技能和经验的员工所组成的团队。该类型的团队能使组织内(甚至组织之间)不同领域员工之间交换信息,激发产生新的观点,解决面临的问题,协调复杂的项目。在多功能型团队形成的早期阶段需要耗费大量的时间,因为团队成员需要学会处理复杂多样的工作任务。在成员之间,尤其是那些背景、经历和观点不同的成员之间,建立起信任并能真正的合作需要经历很长时间的"磨合期"。

20世纪60年代,IBM公司为了开发卓有成效的360系统组织了多功能团队,由不同部门的员工组织到一起形成任务攻坚队。到了80年代末,多功能型团队得到了广泛应用,当时,所有主要的汽车制造公司如丰田、尼桑、本田、宝马、通用汽车、福特等都采用了该类型的团队来协调完成复杂的项目。

4. 虚拟型团队

虚拟型团队是指由来自不同地域、为某个共同的目标和任务联系在一起,通过信息技术进行合作的团队。该类型团队不需要成员之间密切的面对面接触来完成工作,成员可能来自同一个组织,也可能来自不同的组织,大家通过计算机网络联系在一起,可以跨时间跨地区甚至跨组织地工作。

虚拟型团队缘起于"前网络时代",如利用非网络媒介而运作的新闻、远程销售和远程教育等领域,以"3I"即"信息、想法和智慧"为代表的网络经济使该类型团队的发展成为必须,信息技术的飞速发展为该类型团队的良好运行奠定了基础,如经常运用到的三大信息技术:桌面视听会议系统、合作软件系统和网络系统。

资料卡

马云话团队

马云用阿里巴巴的成功阐述了团队的重要性,对马云来说,他不是电脑专家,对软件、硬件知之甚少,但是,他通过建立一个团队成就了阿里巴巴的辉煌业绩。

马云最欣赏的就是唐僧师徒团队,他认为:"唐僧是一个好领导,他知道孙悟空要管紧,所以要会念紧箍咒;猪八戒小毛病多,但不会犯大错,偶尔批评批评就可以;沙僧则需要经常鼓励一番。这样,一个明星团队就成形了。"在马云看来,一个企业里不可能全是孙悟空,也不能都是猪八戒,更不能都是沙僧,"要是公司里的员工都像我这么能说,而且光说不干活,会非常可怕。我不懂电脑,销售也不在行,但是公司里有人懂就行了。"

马云认为,很多时候,中国的企业往往是几年下来,领导人成长最快,能力最强,其实这样并不对,他们应该学习唐僧,用人用长处,管人管到位即可,毕竟,企业仅凭一人之力,永远做不大,团队才是成长型企业必须突破的瓶颈。

7.4 创建高效的团队

高效团队是指发展目标清晰、完成任务前后对比效果显著,团队成员在有效的领导下相互信任、沟通良好、积极协同工作朝着目标运转的团队。进入21世纪,各行各业的竞争日趋激烈,商机瞬间即逝,管理者应意识到需要通过建立高效团队,将现有资源进行有效整合,促进整体效率的提高才能赢得持续发展的机会。那么,高效团队具有什么特征?如何打造高效团队呢?

7.4.1 高效团队的特征

1. 目标明确

高效团队必须拥有明确的目标,使团队成员清楚知道什么是团队目标及团队存在的意义,而且明确的团队目标会对团队成员产生激励作用,特别是团队目标容易得到团队成员的认可。一个明确的团队目标要符合以下四点:

(1) 团队成员能够描述,并愿意献身于这个目标;

(2) 目标具有挑战性,且符合 SMART 原则:S(Specific)具体的;M(Measurable)可测量的;A(Achievement)可实现的;R(Realistic)现实的;T(Time Bound)时间限制性;

(3) 目标实现策略明确;

(4) 团队目标能够分解到人。

2. 技能互补

任何团队是由不同领域中有能力的成员组成的,高效团队也不例外。团队效率的差异性在一定程度上取决团队成员间技能的互补性,具有互补性技能的团队能够较为出色地完成团队任务。同时,技能互补性强的团队能够较好地适应技术的变迁,具有较强的快速应变能力。

3. 良好的团队氛围

成员间相互信任程度是有效团队与无效团队的显著特征之一。相互信任可以增强组织成员对组织的情感认可,从而情感上相互信任是一个团队最坚实的合作基础,能给组织成员一种安全感,进而使个人融入团队。

4. 高归属感和荣誉感

归属感和荣誉感体现了团队精神的最高境界，来自团队成员的内心动力。高效团队成员对团队具有高度归属感和荣誉感，愿意为实现团队目标而调动和发挥自己的最大能力，体现了一种"团队利益高于个人利益"的高度责任。

5. 良好的沟通

为完成团队设定的目标，多种角色的成员需要进行信息、思想和情感等各方面的传递和沟通，良好的沟通使团队成员能够迅速准确地了解一直的想法和情感，促成和谐的个体和团队的高效工作。

6. 合理授权

合理授权是指团队领导利用授权来调动团队成员的自我管理能力，进而更好地完成团队交予的工作任务。自我管理有助于鼓舞团队成员的自信心，帮助团队成员更充分地了解自己的潜力。授权时应注意以下几个方面：

(1) 要将合理的规则、程序和限制同时授予团队成员；
(2) 选择的成员需有渠道获得必要的技能和资源；
(3) 在政策和做法上能够支持团队目标；
(4) 成员相互尊重，并且愿意帮助别人。

7. 求知欲浓厚

高效团队成员始终有着高昂的士气，时刻保持旺盛的求知欲。为了满足内外部环境变化的需求，团队成员必须善于运用创新思维，从独特性、多样性和整体性来思考和解决问题。

8. 内外部支持

内部支持主要是指团队成员适当的培训、沟通机制、绩效评价机制等；外部支持主要是指组织管理层应给团队提供团队完成工作所必需的各种资源。

7.4.2 团队角色理论

在高效团队组建过程中，我们首先应该了解每位成员在团队中分别扮演着什么角色，这些角色分别有什么特点和技能，贝尔宾团队角色理论[1]认为：高效的团队工作有赖于默契协作，团队成员必须清楚其他人所扮演的角色，了解如何相互弥补不足，发挥优势。成功的团队协作可以提高生产力，鼓舞士气，激励创新。

贝尔宾将团队角色分为以下八种：

1. 智多星(Plant，PL)

典型特征：有个性；思想深刻；不拘一格。
积极特性：才华横溢；富有想象力；智慧；知识面广。
能容忍的弱点：高高在上；不重细节；不拘礼仪。

---

[1] 张静. 组织行为学[M]. 北京：机械工业出版社，2014.

在团队中的作用:提供建议;提出批评并有助于引出相反意见。

2. 外交家(Resource Investigator,RI)

典型特征:性格外向;开朗;热情;好奇心强;联系广泛;消息灵通;是信息的敏感者。

积极特性:有广泛联系人的能力;不断探索新的事物;勇于迎接新的挑战。

能容忍的弱点:事过境迁;见异思迁;兴趣马上转移。

在团队中的作用:提出建议,并引入外部信息;接触持有其他观点的个体或群体;参加磋商性质的活动。

3. 协调员(Coordinator,CO)

典型特征:沉着;自信;有控制局面的能力。

积极特性:对各种有价值的意见不带偏见地兼容并蓄,看问题比较客观。

能容忍的弱点:在只能以及创造力方面并非超常。

在团队中的作用:时刻想着团队的大目标,明确团队的目标和方向;选择需要决策的问题,并明确他们的先后顺序;帮助确定团队中的角色分工、责任和工作界限;总结团队的感受和成就,综合团队的建议。

4. 推进者(Shaper,SH)

典型特征:思维敏捷;坦荡;主动探索。

积极特性:积极主动;有干劲;随时准备向传统、低效率、自满自足挑战;有紧迫感;视成功为目标;追求高效率。

能容忍的弱点:好激起争端;易冲动急躁;容易给人压力;说话太直接,虽然总是就事论事,却经常伤人不伤己。

在团队中的作用:喜欢领导并激励他人采取行动;在行动中如遇困难,会积极找出解决方法。

5. 监督员(Monitor Evaluator,ME)

典型特征:清醒;理智;谨慎。

积极特性:判断力强;分辨力强;讲求实际。

能容忍的弱点:缺乏鼓动和激发他人的能力;自己不容易被别人鼓动和激发;缺乏想象力和热情。

在团队中的作用:分析问题和情景;对繁杂的材料予以简化,并澄清模糊不清的问题;对他人的判断和作用做出评价。

ME靠其强大的分析判断能力,敢于直言不讳地提出和坚持异议。但ME对于一个成功的团队是非常必要的,他就像团队的守门员。

6. 凝聚者(Team Worker,TW)

典型特征:擅长人际交往;温和;敏感;是人际关系的敏感者。

积极特性:有适应周围环境及人的能力;能促进团队的合作;倾听能力最强。

能容忍的弱点:在危急时刻往往优柔寡断,一般很中庸。

在团队中的作用:给与他人支持,并帮助别人;打破讨论中的沉默;采取行动扭转或克服团队中的分歧。

7. **实干家**(Company Worker,CW 在 1988 年改称为 Implementer)

典型特征:保守;顺从;务实可靠。

积极特性:有组织能力、实践经验;工作勤奋;有自我约束力。

能容忍的弱点:缺乏灵活性;应变能力弱;对没有把握的主意不感兴趣。

在团队中的作用:把谈话与建议转换为实际步骤;考虑什么是行得通的,什么是行不通的;整理建议,使之与已经取得一致意见的计划和已有的系统相配合;实干家就是好的执行者,能够可靠地执行一个既定的计划,但却未必擅长制定一个新的计划。

8. **完美主义者**(Completer Finisher,FI)

典型特征:勤奋有序;认真;有紧迫感。

积极特性:理想主义者;追求完美;持之以恒。

能容忍的弱点:常常拘泥于细节;焦虑感;不洒脱。

在团队中的作用:强调任务的目标要求和活动日程表;在方案中寻找并指出错误、遗漏和被忽视的内容;刺激其他人参加活动,并促使团队成员产生时间紧迫的感觉。

7.4.3 塑造高效团队的途径

团队要想真正的发挥作用,实现组织的目的,就应当使组织中的每个成员都具有团队精神。具体来说,组织可以采取以下措施来塑造高效的团队:

1. 设定有效的团队目标

团队目标地实现依赖于团队成员的共同努力,团队目标设置的挑战性、可行性、具体性都会影响到团队成员对团队目标的认可度。一个得到团队成员认可的团队目标,往往能够对整个团队起到激励的作用。工作团队领导者应该让团队成员参与目标的设定过程,增强团队成员对团队目标的认可度。其次,在目标设定过程中,也应考虑到团队的整体能力。最后,高效团队领导者还应该尽量让团队成员对所要完成的目标价值性有清晰的了解,通过目标的价值性认知促进团队成员对目标的心理承诺。

2. 建立适宜的团队结构

要想实现工作团队的高绩效,就必须把团队规模控制在一定限度之内,一般的团队规模人数以 5~7 人为宜,最多不要超过 12 人,保持适当的规模容易形成较强的凝聚力。

在挑选团队成员时,首先要考虑成员的能力、角色、性格的合理搭配,实现个人能力的优化组合,达到团队系统功用最大化;其次考虑个人的价值观是否和团队相同,以减少和避免录用后"搭便车"的行为出现;再次考虑团队成员有良好的个人教育背景、技术能力和人际沟通能力。最后,对不合格的人员设立灵敏的检测和淘汰机制,并准备充足的合格人员"蓄水池",以保证人员的可获得性。

3. 营造良好的团队文化

团队文化是团队运作的灵魂,对团队的生存与发展具有重要的影响。团队文化是一种特殊的组织文化,是团队发展进程中所产生的一系列价值体系和信念系统,贯穿于团队的整个运作过程中,制约和影响着团队成员的心理和行为,进而对团队绩效产生重要的影响,对团队今后的发展具有重要的作用。高效团队往往具有非常强的合作意识、归属感及忠诚度等文化氛围,而团队文化建设又是实现团队目标、克服团队弱点的需要。

4. 建立适当的绩效评估体系

团队应该建立平等明晰的评价标准,让每位团队成员的贡献都可以衡量,每位成员都可以清楚地看到谁做了什么,而且都对自己的行为负责,确保团队激励的公平性。在设计激励机制体系时应注意以下几点:

(1) 精神激励和物质激励相结合。很多实证研究表明:成就感、认可及职业生涯等对成员的激励作用大于物质激励。

(2) 在激励对象设置上,应该强调团队激励和个人激励相结合。团队绩效的取得取决于成员之间的合作与互助,以团队为基础进行激励,有利于强化团队的合作精神。同时,成员绩效明确区分与测量之时,也有必要进行个人激励。

5. 构建良好的沟通机制

良好的沟通机制是高效团队必不可少的一个特征。良好的沟通需要以信任为基础,团队管理者应努力培养团队成员间的相互信任精神。团队成员间的相互信任精神是构建开放而坦诚的支持性沟通机制的前提。在构建良好的沟通机制时应遵守以下原则:相互信任原则;无对错原则;无条件接纳原则;相互鼓励原则。

同时,有效沟通机制的建立尤其需要注意信息反馈和倾听。

6. 才能与角色的合理匹配

一个高效的工作团队,其每一位成员的才能与工作角色都应该是一种合理匹配的状态。团队成员必须具备能胜任其工作的能力,并且善于与其他团队成员合作,只有做到这一点,团队成员才能适应外部环境的变化,迅速作出反应,并高效地实现团队的目标。因此,在挑选团队成员时,要严格甄选与团队价值观相匹配的成员。

资料卡

加多宝:企业文化是凝聚人心的发动机

在2013"HRA Awards 人力资源协会奖"评选上,加多宝凭借其红色系列主题活动案例荣获"最佳员工关系实践奖",这是加多宝继2012年中国人力资源管理年会中荣获"十大最佳实践奖"后取得的诸多奖项中的又一个荣誉。

是什么力量推动了加多宝在遭遇品牌转换这场史无前例的商海战役后迅速强势回归？加多宝集团人力资源总监盛磊给出了答案：人心。在凝聚人心，激发人心的过程中，企业文化体现了实实在在的价值。

稳定军心　增强团队凝聚力

2012年，一场旷日持久的商标争夺战将加多宝集团推向舆论的风口浪尖，面对失去打造了17年的品牌，有人曾预言，加多宝将步履维艰，甚至有可能从市场上消失。然而，事情的发展却出人意料，就在同一年，加多宝的品牌知晓率99.6%，销售达到200亿元，继续稳居凉茶行业第一。

据盛磊回忆，危机来临，呈现在他眼前的不是慌乱，而是员工的热情。在公司周末紧急下达指令后，"全面加多宝化"迅速推进，周一，员工上班便看到电脑桌面、海报和横幅，甚至邮件签名系统都全部被更换为"加多宝"标志。这是17年过往形成的高效执行力。而这，也仅仅是开始。

紧接着，发起"红色力量，我们在行动"系列主题活动，员工的响应度也达到了情绪的最高点：外出就餐时，会告诉服务员"我们要喝加多宝"；遇到不熟悉加多宝品牌的陌生人，就饶有兴致地讲述加多宝的故事，还会写一篇红色日记上传；两万人规模的大型智囊团开展红色创意大比拼，鼓励每个人用自己的创造力和热情担当加多宝宣传和推广的形象大使。营销一线人员更是奋勇争先，时时刻刻抓住每一点去赢得市场。

创造文化　为企业保驾护航

在这场危机中加多宝新的企业文化体系应运而生并不断深入人心。加多宝的企业文化，包括使命、愿景、核心价值观和个人核心能力四个方面。使命是阐述公司存在的价值，愿景是在使命的感召下，通过愿景明确公司的发展方向和目标，继而通过核心价值观打造团队核心能力，明确个人核心能力，规范行为标准和各级岗位能力素质要求。盛磊表示，加多宝的使命是"共创健康时尚饮品，传承中华传统文化"。在这样的文化驱动下，加多宝才能拥有行业领先的优秀团队，创造高效共赢的经营价值，成为世界知名的饮料企业。

7.5　群体决策

美国学者马文曾向企业领导提出三个问题："你每天在哪方面花时间最多？你认为一天中最重要的事情是什么？你在履行职责时最感到困难的是什么？"调查结果表明，90%以上的回答是决策。决策是管理的核心，群体决策是现代管理活动中常见的一种决策方式，在组织中有着积极的作用。

群体决策是指由群体中多数人共同参与，共同进行决策的过程。参与群体决策的成员往往包括领导者、中层管理者和职工代表。例如,学校的教职工代表大会上员工一起商量解决某个问题,开会就是群体决策的一种最常见形式。

7.5.1 群体决策的优缺点

1. 群体决策的优点

群体决策与个体决策各有其优缺点,但与个体决策相比,主要具有以下主要优点:

(1) 具备更全面的信息和知识。群体决策参与者多,成员来自不同部门,从事不同工作,掌握不同知识和信息,容易形成互补性,进而挖掘出更多的令人满意的行动方案。因此,群体决策能综合多个个体的信息和知识资源进行决策,决策的质量更高,这是个人决策所无法做到的。

(2) 增加观点的多样性。群体决策过程中,群体成员共同参与,能够给决策过程带来异质性,增加了各种不同的观点和看法,给决策过程带来多种方法方案的讨论机会,能够集思广益、开拓思路,可提供更多的备选方案,从而能做出更加客观合理的决策。

(3) 提高了决策的可接受性。群体决策时群体成员共同参与完成的决策方案,相对于个人决策来说,获得更多人的支持,接受范围更广,可执行性更强。例如,某公司管理者制定了关于绩效工资的改革方案,但公司员工对该方案意见很大,反对声音很大,导致该方案不能得到良好执行。于是,管理者找员工代表们开会商议,认真听取员工的心声和想法,经过讨论后达成了一致认可的改革方案,该方案才得到顺利执行。

2. 群体决策的缺点

群体决策与个人决策相比,主要的缺点有以下几个方面:

(1) 成本高,时间长。群体决策一般需要群体成员充分发表意见,针对各自意见开展讨论,将不同意见集中后才能形成决策,限制了管理者在必要时做出快速反应的能力。同时,由于群体决策参与人数较多,需要耗费更长的时间和更多的人工及办公成本。

(2) 从众压力。群体中存在社会压力,群体决策过程中一些成员会因为自己的观点和意见与群体主流观点不一致,又不希望自己被反对而受到孤立,最终放弃自己的观点而去附和群体的主流意见。

(3) 少数人控制。群体在讨论环节中,可能会被某一个或几个权威型的成员所控制,决策结果往往是个人或小团体乐意接受的方案,而并不是最佳方案。如果这种控制是由低水平的成员所致,群体的运行效率就会慢慢受到不利影响。

(4) 风险转移。群体决策较个人决策具有更大的冒险性,原因有三个方面:第一,在群体决策时单个成员的责任被分散到整个群体中,决策的后果和责任由群体成员们共同承担,这减少了成员的心理压力和束缚力,更容易做出冒险性的决策;第二,某些成员因为害怕别人认为自己懦弱,常常会提出较个人决策时更具有冒险性的方案;第三,群体中较有影响力的领导,常常为了显示自我才能而采取风险性较高的决策。以上这些原因均可能使群体出现"风险转移"现象,而在个人决策中,谁负责任是明确具体的,决策者必须考虑自己的决策后果,因此不敢贸然采取高风险的决策。

在组织中,何时采用群体决策和个体决策,关键看所处的环境、条件和问题本身的特点等。就决策速度而言,个人决策优势明显;就决策效果而言,群体决策能提供更多选择,比个体决策更有效。在考虑是否采用群体决策时,重点需要权衡决策效果上的优势是否能超过它在效率上的损失。

7.5.2 群体决策技术

群体决策最常见的形式通常发生在面对面的互动群体中。互动群体会对群体成员形成群体压力,迫使他们达成从众的意见。头脑风暴法、名义群体法、德尔菲法和电子会议法等是能够有效地减少传统的互动群体决策方法固有缺陷的几种方法。

1. 头脑风暴法

头脑风暴法也叫脑力激荡法,是指群体成员坐在一起,就需要决策的问题畅所欲言,不允许大家对这些想法加以评论。头脑风暴法能克服互动群体中产生的妨碍创造性方案形成的从众压力。

在典型的头脑风暴法讨论中,6～12人围坐在一张桌子旁,群体领导用清楚的方式把问题说明白,让每个人都了解。然后,在给定的时间内,大家就可以自由发言,尽可能地想出各种解决的方案。在这段时间内,无论别人的观点如何,任何人都不得对别人的观点加以评价,哪怕别人的观点是稀奇古怪或异想天开的。所有提到的方案都被记录下来,直到没有新的方案出现才允许群体成员一起来讨论这些建议和方案。

头脑风暴法的优点是可以充分互动且博采众长,能积极发挥创造性思维来获得新观点和新方法,这种方法充分发挥了群体决策的长处,可以打消专家的各种顾虑。其缺点是鉴别与评价各种建议和方案的工作量大。

资料卡

盖莫里公司是法国一家拥有300人的中小型私人企业,这一企业生产的电器有许多厂家和它竞争市场。该企业的销售负责人参加了一个关于发挥员工创造力的会议后大有启发,开始在自己公司谋划成立了一个创造小组。在冲破了来自公司内部的层层阻挠后,他把整个小组(约10人)安排到了农村一家小旅馆里,在以后的三天中,每人都采取了一些措施,以避免外部的电话或其他干扰。

第一天全部用来训练,通过各种训练,组内人员开始相互认识,他们相互之间的关系逐渐融洽,开始还有人感到惊讶,但很快他们都进入了角色。第二天,他们开始创造力训练技能,他们要解决的问题有两个,在解决了第一个问题,发明一种拥有其他产品没有的新功能电器后,他们开始解决第二个问题,为此新产品命名。

在为新产品命名这一问题的解决过程中,经过两个多小时的热烈讨论后,共为它取了300多名字,主管则暂时将这些名字保存起来。第三天一开始,主管便让大家根据记忆,默写出昨天大家提出的名字。在300多个名字中,大家记住20多个。然后主管又在这20多个名字中筛选出了三个大家认为比较可行的名字。再将这些名字征求顾客意见,最终确定了一个。

结果,新产品一上市,便因为其新颖的功能和琅琅上口、让人回味的名字,受到了顾客热烈的欢迎,迅速占领了大部分市场,在竞争中击败了对手。

2. 名义群体法

名义群体法是指在决策过程中为了减少成员相互之间的影响,对群体成员的讨论或人际沟通加以限制的一种决策方法。名义群体法能避免群体决策中很容易出现的从众行为和群体意见相似的倾向。它的具体做法分为以下几个步骤:

(1) 群体成员聚在一起参加会议,会议开始前先由主持人把问题介绍清楚,确保每个成员都能明白。

(2) 每个成员将自己对问题的看法和解决方案写下来,这时不允许讨论。

(3) 每个成员依次向其他成员阐述自己的观点,这些观点都被记录下来,这时也不允许讨论。

(4) 群体开始讨论每个成员的观点,并进一步澄清和评价这些观点,成员之间明确表态支持或不支持。

(5) 每个成员独自对这些观点进行排序,最终决策结果是排序最靠前、选择最集中的那个观点。

名义群体法的优点是允许群体成员正式地聚在一起,但是又不想互动群体那样限制个体的思维。它能防止能言善辩者操纵讨论,使群体成员有均等的机会表达自己的观点,在较短的时间内解决问题。名义群体法的缺点是由于要对每个成员的观点进行点评,容易给群体成员造成压力,一些有真知灼见而表达能力差的人难以得到充分发挥。

3. 德尔菲法

德尔菲法又叫专家意见法,是指由专家集体判断、预测的方法。它是一种相对来说更为复杂、更浪费时间的方法,在操作中,并不需要专家们集合在一起面对面地发表意见,而是与群体成员进行匿名的通信联系。它的具体做法分为以下几个步骤:

（1）主持机构编制问卷后由群体成员人手一份匿名并独立完成第一份问卷。

（2）主持机构将第一次问卷调查的结果整理出来。

（3）主持机构向群体成员人手一份分发问卷调查结果，并要求群体成员进一步澄清自己的观点或重新考虑自己的意见。若有意见要修正需说明理由并记录下来，使原有方案得到完善。

（4）重复第二步和第三步，直到群体成员形成一致的解决方法。

德尔菲法的优点是群体成员能够独立思考，提出自己的意见，又能受到他人意见的启发。它不需要群体成员相互见面，可以使地理位置分散的群体成员参与一个决策中，具有较强的灵活性。同时，德尔菲法也有一些缺点如占用时间多，步骤复杂，互动性较差。由于德尔菲法不能面对面交流，有可能会使群体错过最佳决策时机。

4. 电子会议法

电子会议法指由名义群体法和复杂的计算机技术混合一种比较新颖的群体决策方法。

只要技术条件具备，电子会议法就能正常开展。例如，50个人左右围坐在联网的计算机终端前，问题通过大屏幕呈现给参与者，要求他们把自己的意见输入计算机终端屏幕上，个人的意见和投票都会显示在会议室中的投影屏幕上。

电子会议法的优点是：匿名、可靠、迅速。参会者可以采取匿名形式把自己想表达的任何想法表达出来。参与者一旦把自己的想法输入键盘，所有的人都可以在屏幕上看到。这种方法使参与者紧密围绕主题展开讨论，使群体决策更加迅速，大家在同一时间互不妨碍就可以充分地交流。

电子会议法的缺点是：①打字速度快的人能比那些表达能力强但打字速度慢的人更好地表达自己的观点；②想出最好建议的人得不到应有的奖励；③所得到的信息不如面对面的沟通所得到的信息更丰富。

每种决策方法都有其优势和劣势，选择哪一种决策方法，取决于群体所强调的决策效果的标准。这些方法的具体程序和形式虽然不同，但其基本思路都是一致的，即试图利用规则、沟通媒介或通信技术等方式，适当限制群体决策过程中的不良影响，来提高群体决策的有效性和客观性。

资料卡

希尔公司的智囊团

希尔公司总经理马克先生在周末召开的公司高层管理人员大会上说："我在商海浮沉几十年，今年，我感到环境变了，我们的决策思维也要变。"

在以前，公司的大小事务几乎都是马克先生做主，并且也常常是正确的。2008年，马克先生决定从欧洲进口一条生产线，可是这条生产线从合同签订开始一年后才运抵公司下属的一个工厂，成本费用超过预期收益的5倍之多，最后几乎使该工厂倒闭。素有"决策天才"的马克也有决策失误的时候。

2012年，他又面临同样的难题：公司下属的另一家工厂需要更新生产线，此条生产线必须进口。马克先生不再自作主张了，它召集管理总经理们开会，共同商讨决策。公关部总经理威尔开口了："我想，我们应该成立一个智囊团。"马克先生并不十分在意智囊团的主意，但也认为可以试一试。两天后，智囊团在威尔先生的策划下成立了，人员包括：政策研究方面的教授一名、律师一名、人文方面的教授一名、机械专家一名、信息调研员一名、国际贸易专家一名、财务专家一名。接着，他们就引进生产线问题展开了工作。一周后，他们各自提交了报告：

政策研究教授：当前国家对机械行业有倾斜政策，引进的生产线最好具有国际中上技术水平。

律师：已对合同、违约等方面问题做好了一切法律方面的准备。

人文教授：在欧洲，许多海港名称在南美洲也有，提示注意在港口名称前加上国名，以免因误运而引起纠纷。

机械专家：进口生产线以德国的最好，建议从德国进口。

信息调研员：目前国内还没有准备进口类似生产线的厂家。

国际贸易专家：对国际贸易中的一切程序已经做好了准备。

财务专家：根据成本会计原理，生产线引进将有很好的经济效益。

威尔先生在此基础上又与专家们一起反复商讨，考虑了各个方面的环节和可能出现的问题，最后拟定了一个方案交给马克先生，马克先生心中早已拟定了一个自己的方案，但是看到智囊团的方案和列出的问题后，他才意识到问题是如此复杂。上一次生产线的引进失败正是由于他没注明卸货港口的国名，在法律上也没有注意国际上处理经济合同纠纷的"或仲裁或诉讼"的惯例，船东卸错了港口导致生产线一年多才上马，造成了巨大的经济损失。马克先生反复研究了智囊团的方案，觉得该方案可行，于是实施。结果，生产线引进的当年不但收回了成本，而且盈利近500万美元。马克先生叹服了，智囊团果真名不虚传，起到了非常重要的作用。

本章小结

群体是构成组织的基本单位，它是指为了实现特定目标，由两个获两个以上的个体所组成的相互联系、相互依赖、相互作用的一群人的组合，有正式群体和非正式群体之分。根据群体发展的五阶段理论,群体发展一般经历形成阶段、激荡阶段、规范化阶段、执行任务阶段和中止阶段。

群体的属性主要包括角色、规范、地位、群体规模和成员结构,组织必须通过群体行为去实现组织目标,群体能够给组织带来重要的影响,既可能是有利的,也可能产生不良的后果。因此,正确理解和把握群体的特征和属性、群体与组织及个体的互动关系,可以使组织有目的地建设和引导群体,有价值地从群体中获取所期望的成果。

团队由群体演变而来,是指一群为数不多的、具有相互补充技能的人组成的一个群体,成员间相互承诺,具有明确的团队目标且共同承担责任。团队是一种特殊的工作群体,它体现了团结、合作和共同目标等精神特征。工作团队通过其成员的共同努力能够产生积极的协同作用,基本的工作团队类型主要包括:问题解决型团队、自我管理型团队、多功能型团队和虚拟型团队。

高效团队具有明确的、一致认可的目标等八个特征。一个高效团队中,团队成员应具备三种以上技能、成员才能与角色相匹配、设定有效的团队目标,建立适当的绩效评估体系,构建良好的沟通机制等条件。

群体成员遵守共同的行为规范,这些行为规范给群体带来群体压力,使得群体成员往往会表现出不同于个体单独情境下的行为反应,做出从众行为。群体成员之间的共性、相互交往,群体的规模、历史成功经验等影响着群体凝聚力的高低。一个高凝聚力的群体,其群体成员的归属感较强,愿意更多地承担推动群体发展的责任和义务,对高凝聚力的群体加以积极引导,能够给极大地提高生产效率。

群体决策是组织中非常常见的一种决策方式,它的方法主要包括:头脑风暴法、名义群体法、德尔菲法和电子会议法。群体决策能够使群体成员充分地参与群体活动,提高群体成员的自尊心和自信心,使成员对组织计划和目标形成较高的责任感和义务感。群体决策是实现群体目标的有效手段,运用积极的群体决策有助于提高群体工作效率。

 **心理测试**

群体互动控制能力测试

说明:这里有10个日常行为陈述,按照你的心理定势,在每个陈述后面选择你认为合适的数字(0为不合适,1为比较不合适,2为比较合适,3为合适)做标记,完成后统计频数,数字越大说明你的群体互动控制能力越小。测试结果仅供参考。

1. 我认为便宜没好货,所以买东西尤其是贵重物品时,价格越高对我越有吸引力。 0 1 2 3

2. 我经受不起别人的好心好意或小恩小惠,因而往往陷于被动状态,处境很尴尬。 0 1 2 3

3. 我会毫不犹豫或心安理得地享受"免费服务"。 0 1 2 3

4. 看到别人在抢购东西时,我也会不由自主地去排队。　0　1　2　3
5. 在街上遇到需要救助的紧急情况时,我会惊慌失措,甚至通过大喊大叫来求救。　0　1　2　3
6. 遇到自己喜欢的人,我会心甘情愿地接受他的任何请求。　0　1　2　3
7. 只要是我所爱的人,就应该不加选择的接受他的一切。　0　1　2　3
8. 听权威专家演讲时我会十分崇拜,觉得他讲得都有道理。　0　1　2　3
9. 我时常被群体激奋的场面所感染,常常激动得热泪盈眶。　0　1　2　3
10. 看到仪表堂堂、气度不凡的人,我在心里就自然而然地生出无限敬仰和畏惧之意。　0　1　2　3

管理游戏

蒙眼三角形

蒙着眼睛做游戏,一个团队还能合作愉快吗?因为我们是一家人,因为我们有着共同的目标,所以我们能行!游戏规则如下:

用眼罩将所有学员的眼睛蒙上,在蒙上前先观察一下四周的环境。然后,将双手举在胸前,像保险杆般保护自己与他人。目标是整个团队找到一条很长的绳子,并将它拉成正三角形,且顶点必须对着北方。完成时每个人都能握住绳子。

案例聚焦

吉利文化塑造了更多的奋斗者

吉利的企业文化模式,是为全员实现自主管理、资助经营搭建平台,充分发挥资源增值最大化,实现"全员共同参与经营,人人都是经营者",最终提高员工的幸福感和公司效益的最大化。从金刚公司近几年相关数据可得,通过企业文化的管理,不仅让吉利留住人心,也为其减少了浪费,增创了收益。

"企业文化最大限度地统一了员工的意志,规范了员工的行为,凝聚了员工的力量,是企业发展宝贵的精神财富和文化积累。"这是吉利控股集团总裁杨健对于企业文化的理解。

从造车伊始,吉利就提出了企业使命、愿景和价值观等,经过不断的时间和调整,已经形成了完备成熟、凝聚共识、全员知晓的文化理念。30年来,吉利人秉承着"快乐人生,吉利相伴"的核心价值理念,发扬着吉利"团队、学习、创新、拼搏、实事求是、精益求精"的企业精神,为实现"造最安全、最环保、最节能的好车,让吉利汽车走遍全世界"的美丽追求而奋斗。

2016年,吉利提出了第四个企业文化主题"以奋斗者为本",要求员工必须具备吉利奋斗者的优秀品质,希望员工在解决温饱、拥有企业归属感之后,提上更高的一个精神层次,不仅关注自身的薪酬待遇,同时也关注企业大局的收益问题。

"作为一个吉利人,要绝对认同吉利事业,保持高度忠诚,要对工作充满激情,对公司发展富有责任感与使命感,要有积极向上的精神,能为公司创造实实在在的价值,要有危机意识、敢于挑战、不断学习、勇于突破、永不满足——"这些品质,都是一个合格的激励奋斗者必须具备的,吉利希望全体员工都有成为吉利奋斗者的决心,并付诸行动,向奋斗者转变。

资料来源:http://www.zj.xinhuanet.com/2016-03/24/c_1118427925.htm.
作者:陈佳乐.

问题讨论:结合本章知识,谈谈吉利文化对团队组建与管理有哪些借鉴之处?

复习与思考

1. 群体的分类有哪些?
2. 分析群体发展五阶段模型中各个发展阶段的特征?
3. 群体规范是怎样形成的?
4. 团队有哪些特点?
5. 团队效能的影响因素有哪些?
6. 团队与群体有何区别?
7. 群体决策有哪些方法,它们各有什么优缺点?
8. 根据你所学的知识,对比群体决策与个人决策的异同以及各自的优势?

参考文献

[1] 斯蒂芬·P.罗宾斯.组织行为学[M].孙健敏,李原,等,译.北京:中国人民大学出版社,2015.

[2] 刘岚.知识型团队效能影响因素研究[D].北京:北京交通大学硕士学位论文,2008.

[3] 陈春花,杨忠,曹洲涛,等.组织行为学[M].北京:机械工业出版社,2016.

[4] 郁阳刚.组织行为学(理论.实务.案例)[M].2版.北京:清华大学出版社,2014.

[5] 任浩.公共组织行为学[M].上海:同济大学出版社,2006.

[6] 张静.组织行为学[M].北京:机械工业出版社,2014.

[7] 徐全忠,邹晓春.组织行为学——理论、工具、测评、案例[M].北京:化学工业出版社,2014.

[8] 谭昆智.组织文化管理[M].上海:华东师范大学出版社,2014.

[9] 袁丽萍.北大公开课[M].北京:海潮出版社,2014.
[10] 易普斯咨询.基层管理从心开始[M].北京:科学出版社,2012.
[11] 叶先宝.公共组织行为学[M].北京:清华大学出版社,2014.
[12] 陈国海.组织行为学[M].4版.北京:清华大学出版社,2013.

第8章 群体沟通

一个人必须知道该说什么,一个人必须知道什么时候说,一个人必须知道对谁说,一个人必须知道怎么说。

——现代科学管理之父　彼得·德鲁克

 **学习目标**

1. 理解沟通的过程。
2. 了解促进沟通的途径。
3. 理解印象的形成、知觉偏差、印象管理。
4. 明确人际关系的状态与类型。
5. 掌握影响人际吸引的因素。

基本概念

沟通 Vommunication
言语沟通 Verbal communication
非语言沟通 Nonverbal communication
正式沟通 Formal communication
非正式沟通 Informal communication
网络沟通 Internet communication
沟通障碍 Communication barriar

 **导入案例**

麦当劳快餐店创始人雷克罗克的走动管理

美国麦当劳快餐店创始人雷.克罗克是美国有影响的大企业家之一,他不喜欢整天坐在办公室里,大部分时间都用在"走动式"管理上,即到所属各公司、各部门走走、看看、听听、问问。麦当劳公司曾有一段时间面临严重亏损的危机,克罗克发现其中一个重要原因是,公司各职能部门的经理官僚主义突出,习惯躺在舒适的椅背上指手画脚,把许多宝贵的时间耗费在抽烟和闲聊上。于是克罗克想出一个"奇招",要求将所有经理的椅子靠背都锯掉,经理们只得照办。开始很多人骂克罗克是个疯子,不久大家悟出了他的一番"苦心",纷纷走出办公室,开展"走动式"管理,及时了解情况,现场解决问题,终于使公司扭亏为盈,有力地促进了公司的生存和发展。

8.1 沟通基本原理

沟通是思想、事实、信息、态度和感受等的传递与接收。沟通的目的是让接收者理解发送者所要传递的信息。如果沟通是有效的,它将在两人之间搭建一座桥梁,以使他们共享认识与感受。

8.1.1 沟通的定义

沟通是信息在发送者和接收者之间进行交换的过程。信息沟通就是指人们之间的信息交换,从而达到人们相互了解、相互认知、相互影响的过程。沟通具有以下六个层次的意义:①个人内部沟通,即自我对话、自己与自己交流的过程;②人际沟通,指发生在两个人或数人之间的信息传递与相互理解的过程;③群体沟通,即群体成员之间的意义分享和目标整合过程;④公共沟通,即利用个人公共关系权力,说服影响公众的过程;⑤大众沟通,即利用大众媒体影响公众的过程;⑥跨文化沟通,即具有不同文化背景的成员之间进行信息传递和意义分享的过程。前五种沟通以个人为本位,而第六种沟通即跨文化沟通则以文化为本位,它包括以国家为本位的国际沟通。本节主要讨论群体沟通和跨文化沟通。

理解是对信息沟通成功与否的检验。如果信息为人理解,沟通就是成功的。反之,信息不能为人理解,沟通就是失败的。亚里士多德认为信息沟通包括说话者、词语(要传递的信息)、接收者。沟通至少包括如下三个方面:传递、交流和分享。

群体沟通主要是指人群意见或信息的交流,指的是人与人之间交流思想、观点、态度或交换情报信息的过程。从组织行为学角度讲,沟通所涉及的主要是人与人、人与群体、人与组织的意见交流问题,一般不包括组织外的信息沟通。

8.1.2 沟通的过程

组织内的信息沟通过程是一个将主体的想法和观念等信息传递给客体或整个组织的过程。图 8-1 是人际沟通的一般模式。

1. 沟通信源

信息发送者是一个沟通过程的源点,为了某种需要,他准备向接受者传递某些信

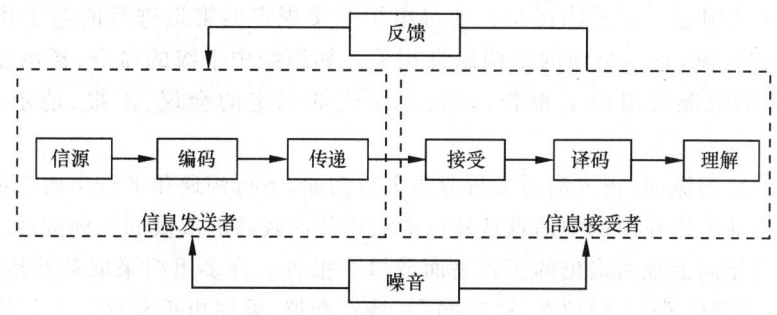

图 8-1 信息沟通的一般模式

息。这里所说的信息包括想法、观点、建议、计划以及各种资料等。

2．沟通编码

信息是一种抽象的意识，需要借助技术手段才能表达出来，这就是信息的编码过程。即将信息内容表达为某种或某些特定的符号，如语言、文字、手势等，这样才能得以传递。

3．沟通传递

对信息进行编码之后，还需要通过一定的渠道或媒介传递出去。组织中的沟通渠道，有文件传递、电话传递、会议传递和面对面交谈。采用哪种渠道，应根据信息性质、重要程度、保密情况、空间距离等来确定。对信息沟通渠道要求畅通无阻，避免干扰，以使接受者正确无误地收到信息。

4．沟通接受

信息接受者根据不同的传递渠道或媒介，选择相对应的接受方式。

5．沟通译码

信息接受者接受的还不是信息的本身，而是信号，这些信号还需要经过接受者的"翻译"，变为具有特定涵义的信息。这个译码过程关系到接受者是否能正确理解发送者所传递的信息，译码错误，信息就会被误解。

6．沟通理解

接受者对信息的理解和接受程度，取决于他的知识水平、专业水平、智力情况和工作经验。对于同一信息，不同的人会有不同的看法。

7．沟通反馈

信息传递的目的，是发送者要看到接受者采取发送者所希望的正确行动，否则，说明信息沟通发生了问题。为了查核和纠正可能产生的某些偏差，就要实施反馈。接受者把自己理解后的信息编码再返回给发送者，发送者要据此判断自己发送的信息是否被接受者正确理解。

8.1.3 沟通的类型

1． **正式沟通和非正式沟通**

按沟通方式的组织化程度可分为正式沟通和非正式沟通。

（1）正式沟通。正式沟通是指通过组织明文规定的渠道进行的与工作相关的信息传递和交流，它与组织的结构息息相关。如组织中上级的命令、指示逐级向下传达，下级的情况逐级向上报告，以及组织内部规定的会议、汇报、请示、报告制度等。

按照信息的流向，正式沟通又可分为上行沟通、下行沟通和平行沟通三种形式。

上行沟通是指在组织中信息从较低的层次流向较高的层次的一种沟通。主要是下属依照规定向上级所提出的正式书面或口头报告。许多组织采取某些措施，鼓励上行沟通，如开门政策、建议系统、问卷表、特别会议、委屈申诉程序。上行沟通有助于管理者了解下属的需要，获取对自己下达的指示或命令是否正确以及是否得到如实贯彻的反馈信息。

下行沟通是指组织中信息从较高的层次流向较低层次的一种沟通。下行沟通是传统组织中最主要的沟通流向，通常以命令、指示方式传达上级组织或其上司所决定的政策、计划、规划之类的信息，如命令链、海报和布告栏、公司简讯/报纸、信件和工资袋中的附件、员工手册、年终报告表、广播系统。

平行沟通是指在组织中同一层次不同部门之间的沟通。此外，还有在不同层次之间的不同部门之间流动时的信息沟通，被称为斜向沟通，如备忘录、传真、会议。

组织行为学家巴维拉斯对小型群体中不同的沟通网络如何影响个体和群体行为，以及各种网络结构的优缺点作过比较研究，他假设五人群体，提出五种结构形式，即群体正式沟通的链式沟通、轮式沟通、环式沟通、全通道式和Y式沟通，如图8-2所示。表8-1描绘了群体正式沟通网络的特点。

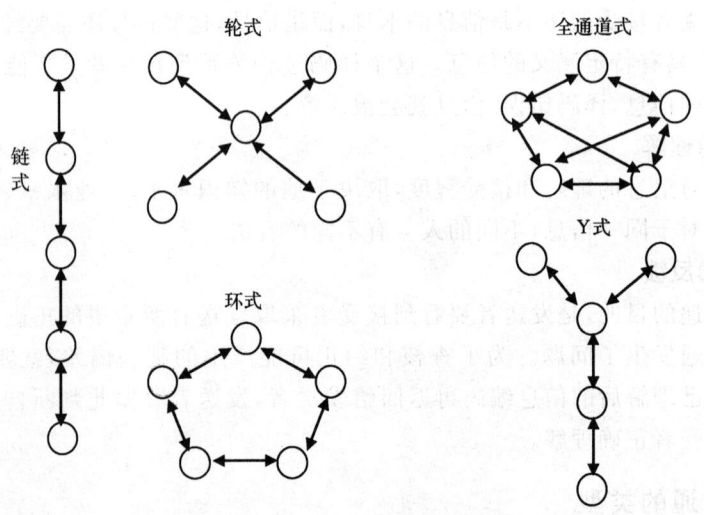

图 8-2　五种群体正式沟通网络类型

表 8-1　　　　　　　　　　　群体正式沟通网络的特点

沟通类型	主要特色	成员士气	工作绩效	领导方面	存在可能性
链式沟通	群体成员易形成无形的层次节制体系	处于中心地位成员比较具有满足感,有末端成员士气较低	解决问题比较具有时效,沟通有一定结构程序	有明显领袖出现	大
轮式沟通	一个有秩序的群体	群体领导者最具有满足感,其他成员满足感较低	解决问题最具有时效,但易出错	有强有力的领袖	大
环式沟通	群体成员只与两位成员进行沟通	所有成员士气相当,满足感相同	解决问题迂回缓慢	没有明显的领袖出现	小
全通道式沟通	群体成员均能与其他成员直接沟通	所有成员士气相当,处事同等热情	决策缓慢,但处理周延	没有明显的领袖出现	小
Y式沟通	群体成员形成一定结构体系	处于中心地位成员满足感较高,边缘地位成员士气较低	解决问题比较具有时效	有明显功能性领袖	大

正式沟通的优点是效果较好,比较严肃,有较强的约束力,易于保密,可以使信息沟通保持权威性。重要和权威的信息都应当采用这种沟通方式。其缺点是:由于依靠组织系统层层传递,因而速度较慢,比较刻板,不够灵活。因此,为顺利进行工作,组织必须要依赖非正式沟通以补充正式沟通的不足。企业中的许多沟通属于混合式沟通,如员工会议、换班前的总结、电子信件、绩效评估。

(2)非正式沟通。非正式沟通是在正式沟通渠道之外的信息交流和传递,它以社会关系为基础,是与组织内部明确的规章制度无关的沟通方式。它不受组织的监督,自由选择沟通渠道,比如朋友聚会,团体成员私下交换看法,传播的谣言和小道消息。

非正式沟通的优点是沟通方便、内容广泛、方式灵活、速度快,而且由于在这种沟通中比较容易表露思想、情绪和动机,因而能够提供一些正式沟通中难以获得的信息。它的重要作用表现在如下五个方面:①可以满足员工情感方面的需要;②可以弥补正式沟通的不足,组织中的挂你这为了某些特殊的目的,往往不便于通过正式渠道传播信息,此时非正式渠道便发挥其作用;③可以了解员工真正的心理倾向与需要。通过正式的渠道,员工心中存在戒备,不便于透露真实的想法,而通过非正式渠道,便可以很大程度上克服这个问题;④可以减轻管理者的沟通压力;⑤可以防止管理者滥用正式通道,有效防止正式沟通中的信息"过滤"现象。

非正式沟通的缺点主要是信息的真实性和可靠性欠缺,有时甚至歪曲事实,出现以讹传讹的现象,由此可能导致小集体、小圈子,影响组织的凝聚力和人心稳定。非正式沟通往往源于人类爱好闲聊的特性,闲聊时的信息称为传闻或小道消息(并非谣言)。小道消息具有如下四个特点:①小道消息不一定都是不确切的消息;②小道消息传递的速度非常快,同时也容易消散;③很难追查到信息的来源;④新闻性和现实性。当组织的正式沟通渠道出现某种阻碍时,传闻或小道消息可能盛行。传闻或小道消息有时对组织的危害是显而易见的,必须及时察觉并给予澄清,特别是要发挥正式沟通的作用。

2. 语言沟通与非语言沟通

按沟通所借用的媒介的不同,沟通可划分为语言沟通与非语言沟通。

(1) 语言沟通

使用正式语言符号进行的沟通称为语言沟通。语言沟通又分为口头语言沟通与书面语言沟通。口头沟通在组织内有面对面的访谈、各种会议、讨论会、教育培训中的授课、演讲、电话联系等;对外则有街头宣传、推销访问、口头调查,与其他组织间的洽谈等。口头沟通的优点是具有亲切感,比较生动,可以用表情、语调等非语言沟通增强沟通的效果,可以马上获得对方的反应,具有双向沟通的好处,比较灵活,可随机应变。其缺点是如果传达者口头沟通能力差,则无法使接收者了解真意。如接收者不专心或不注意,则口头信息一过即逝,无法再辨,不利于记忆与保存。

书面沟通在组织内有文件、布告、通知、备忘录、公报、壁板、刊物、职工手册、建议书和调查问卷等;对外则有市场调查文件、广告、职工招聘信息、发布新闻等。书面沟通的信息具有权威性、正确性,不容易在传达过程中被歪曲,可以永久保留,接收者可以按照自己的速度详细阅读了解。其缺点是反馈速度较慢,甚至不反馈,接收者对信息的接收意愿不够主动。

在语言沟通的过程中,要特别注意语言的得体性、激励性和幽默风趣。

(2) 非语言沟通

借助非正式语言符号进行的沟通称为非语言沟通,包括身体语言沟通(如身体姿势、衣着打扮)、副语言沟通(如声调、苦笑、重音)和物体的操纵等三个方面。语言学家艾伯特·梅瑞宾对语言沟通和非语言沟通在沟通中的使用比率进行了研究,总结出如下公式:

$$信息的传递\ 100\% = 7\%语言 + 38\%语音 + 55\%态势$$

由此可见,非语言沟通在信息传递中的作用非同一般。

人际距离和空间是非语言沟通的重要表现之一。美国心理学家爱德华·霍尔提出四种人际距离带:①亲密带(0~0.5米),如亲子行为、恋爱、角斗、护理、抚慰、保镖护卫等。②个人距离带(0.5~1.25米),其中 0.5~0.8 米是亲密朋友交往的距离带,0.8~1.25 米是普通朋友交往的距离带。③社会带(1.25~3.5米),未曾相识或一般相识,公事公办、应酬或初步了解。④公共带(3.5~7.5米),如庆典、演讲时的主持者与听众、交警与行人。

> **资料卡**
>
> **惠普公司的组织沟通**
>
> 正式沟通包括如下三种：
> （1）下行沟通：公司新闻发布、部门的回顾、产品介绍、内部新闻信、公司内部的新闻信、技术杂志、录像带杂志、报告栏、管理人员会议；
> （2）上行沟通：工作进展报告（每月）、工作计划、产品介绍计划、职工调查；
> （3）混合沟通：员工会议（每周）、换班前的总结（每天，用于操作员及技术人员）、电子信件、绩效评估。非正式的沟通：组织成员皆知的小道消息、日常的咖啡时间（一天两次）、电子信件。

8.1.4 沟通的重要性

从领导职能而言，离开了人际沟通，组织的活动就不能开展，既不可能实现相互协调合作，也不可能进行必要而及时的协调变革。因此，信息沟通在管理活动中具有重要意义。

1. 有效的沟通是良好决策的必要前提

人际沟通的实质是信息的传递和理解，而信息是管理决策的最重要依据之一。在信息匮乏的情况下，任何高明的管理者都无法作出正确的决策。掌握和了解尽可能全面的信息，是避免决策失误的基本保证。

2. 有效的沟通是组织目标实现的重要手段

如果没有人际沟通，一个群体的活动也就无法进行。通过有效的人际沟通，可以使组织内部分工合作更为协调一致，保证整个组织体系统一指挥、统一行动，实现高效率的管理，使组织成员团结一致，共同努力来实现组织目标。

3. 有效的沟通是履行领导职能的基本途径

领导职能的实质是指挥、协调、鼓励下属为实现组织目标而努力的过程。完成这一过程的关键在于能否有效的沟通，即领导者的意图和想法要使下属知道和理解，并且也要了解下属的愿望和需要。因此，真正履行领导职能需要上下级的沟通。

4. 有效的沟通是改善人际关系的重要条件

组织中每个成员都有受人尊重、社交和爱的需要，人与人之间的沟通和交流可以使这些需要得到满足。经常性的沟通和交流也可以使人们彼此了解，消除彼此的隔阂和误会，消除和解决矛盾与纠纷，从而利于良好人际关系的形成。

8.2 人际知觉

个体在与他人沟通的过程中，要观察、了解对方的外貌长相、人格特征、行为意向以及双方的人际关系状况,这一过程就是人际知觉。

8.2.1 印象形成

对他人形成印象是社会知觉的关键环节,印象的好坏直接影响双方的沟通过程与人际关系。

1. 评价维度

社会心理学家奥斯古德(C. E. Osgood)发现,个体在与他人交往时常常从三个维度去描述和把握人格:

(1) 评价(evaluation),如好—坏;

(2) 力度(potency),如强—弱;

(3) 活动(activity),如主动—被动。

这三个维度中,评价维度最为重要。此维度一旦确定,其余两维度随之确定。

罗森伯格(S. Rosenberg)等人后来发现,人们往往从社会特征和智慧特征两方面评价他人(见表 8-2),而且,如果提供给认知者较多关于被认知者社会特征的资料,将影响认知者对被认知者作喜欢与否的评定;若向认知者提供较多关于被认知者智慧特性的资料,将影响认知者对被认知者作是否尊敬的评定。此外,社会心理学家发现,各种信息完成特征对印象形成的作用的差异不同,其中对印象形成具有重大影响的特质被称作中心特质(central trait)。因此,准确地说,个体将所有特质综合起来形成印象,但在综合之前,对中心特质给予更多的权重。

表 8-2　　　　　　　　　好恶评价的社会特征和智慧特征

评价	社会特征	智慧特征
好的评价	乐于助人	科学
	诚实	坚决
	宽容	熟练
	平易近人	聪明
	幽默感	坚持不懈
不好的评价	不快乐	愚蠢
	自负	轻浮
	易怒	动摇不定
	令人厌烦	不可靠
	人缘不好	笨拙

2. 整合原则

个体在收到他人的大量信息后,将根据平均法则(averaging principle)进行整合,即在印象形成过程中,个体收到有关信息后对其进行单独加工,然后将其平均起来形成一个总体印象。例如,有两个人,如果用-5+5 的尺度对他们的特质进行评价,甲机智、学识渊博、沉着、自信,给他的打分分别是＋4,＋4,＋2,＋3;乙除了具有上述品质,还有坦率、不讲究衣着两个特点,对他的打分分别是＋4,＋4,＋2,＋3,＋3,－2。那么,根据平均法则,甲的得分是$(4+4+2+3)/4=3.25$,乙的得分是$[4+4+2+3+3+(-2)]/6=2.33$。甲的得分比乙的得分多,因而对甲的印象更好。

资料卡

韦尔奇的非正式沟通

通用电气公司前总裁韦尔奇最成功的地方,是他在公司建立其非正式沟通的企业文化。公司上下,包括韦尔奇的司机和秘书,以及工厂的工人都叫他"杰克"。韦尔奇最擅长的就是提起笔来写便条和亲自打电话。他每周都突然视察工厂和办公室,匆匆安排与比他低好几级的经理共进午餐。他还通过传真向上至高级经理、下至钟点工人的公司员工发出他那独具个人魅力的"手谕"——手写便条。两天后,原件就会寄到他们手中。在这些便条里,他有时说些鼓励和鞭策的话,有时则是要求员工做一些事情。

曾经有一个基层的经理,因为不愿女儿换学校而拒绝韦尔奇对其调职和升职。韦尔奇知道后写了一张便条给他:"比尔,你有很多原因被我看中,其中一点就是你与众不同。你今天的决定更证明了这一点……祝你合家安康,并能继续保持生涯规划的优先次序。"你想当比尔收到公司大老板的亲笔信时,有什么感想?韦尔奇对员工的关怀,已从主管和下属的关系,升华为人与人之间的关系。这种非正式的沟通,实在是最好的沟通。

韦尔奇常常"微服出游"和总部外的员工见面。他最常引用的例子,就是要大家拿出开"杂货店"的心态来经营公司,杂货店的特色是顾客第一,要的货都有,价钱公道,店员没架子,随到随见,没有那么多繁文缛节,这些就是韦尔奇奉行的非正式沟通的精髓所在。

8.2.2 人际知觉偏差

受知觉者、被知觉者、知觉情境等多种因素的影响,知觉常常发生偏差。常见的偏差有:

1. 晕轮效应

当知觉者对一个人的某种特征形成印象后,倾向于据此推论该人其他方面的特征,这就是晕轮效应(halo effect)。好恶评价是印象形成中最重要的方面,在知觉他人时,人们往往根据少量的信息将人分为好或坏两种,如果认为某人是"好"的,他就被一种好的光环笼罩,被赋予一切好的品质;如果认为某人"坏",他就被一种坏的光环笼罩住,被认为所有的品质都很坏。

戴恩等人曾分别让被试看相貌好看、一般和丑陋的人的照片,然后要求被试评定这些人若干其他特征。结果发现,容貌好看的人得到了很高的评价,长得难看的人则得到了较低的评价(表 8-3)。

表 8-3　　　　　　　　　　晕轮效应的作用

特征	相貌俊美者	相貌一般者	相貌丑陋者
人格的社会合意性	65.39%	62.42%	56.31%
职业地位	½2.25	2.02%	1.70%
婚姻状况	1.70%	0.71%	0.37%
做父母的能力	3.54%	4.55%	3.91%
社会与职业幸福程度	6.37%	6.34%	5.28%
总的幸福程度	11.60%	11.60%	8.83%
结婚的可能性	2.17%	1.82%	1.52%

2. 刻板印象

刻板印象(stereotype)是指人们对某个群体中的人形成的一种概括而固定的看法。生活在同一地域或文化背景中的人们常表现出许多相似性,人们在社会知觉中便将这种相似的特点加以归纳,概括到认识中并固定下来,形成了刻板印象。例如,认为商人都很精明,知识分子文质彬彬,女性很温柔等。刻板印象一旦形成,不仅很难改变,而且人们在社会知觉中会用它去"同化"某一个体,只要某一个体被"同化"到群体中,对群体的刻板印象自然也适合于这个人(表 8-4)。

表 8-4　　　　　　　　中国人对各国人的刻板印象

美国人	日本人	俄罗斯人	中国人
民主的	善模仿的	狡猾的	爱好和平的
天真的	爱国的	欺诈的	保守的
乐观的	尚武的	有野心的	传统的
友善的	进取的	残酷的	耐劳的
热情的	有野心的	不择手段的	友善的
进取的	有礼貌的	唯物的	容忍的
坦率的	小气的	野蛮的	无效率的
喜欢夸耀的	耐劳的	好战的	仁慈的
爱冒险的	狡猾的	冷漠的	迷信的
慷慨的	勇敢的	投机分子	勤奋的

3. 首因效应和近因效应

人们根据最初获得的信息所形成的印象不易改变,甚至会左右对后来获得的新信息的解释,这就是首因效应。卢钦斯(A. S. Luchins)的实验证明了首因效应的存在。

他用两小段文章描述一个叫吉姆的男孩一天中的部分行为。其中一段是写吉姆和朋友们一起去上学,他在路上晒太阳,在商店和一个熟人聊天,问候一个他最近才认识的姑娘。另一段写吉姆独自一人从学校走回家,在树荫下歇凉,在商店里默默地排队购物,没有去问候那个新近结识的姑娘。第一段(E)暗示吉姆是一个性格外向的人,而第二段(I)则使人觉得他是个性格内向的人。然后,卢钦斯以 E—I 或 I—E 的不同顺序将两段文章连接起来。他要求被试在读过这两段文章以后对吉姆作出评价。尽管文章的内容完全相同,但是加入被试首先读到段落 E,他们就会认为吉姆的性格较为外向;而加入首先读到段落 I,他们则会认为吉姆的性格较为内向。可见,在认知过程中,个人尽管可以获得多种信息,但最终决定他形成印象的却是最初信息,其余信息则被忽略。也就是说,第一印象是难以改变的。

但是,卢钦斯也发现,如果事先提醒被试避免作出草率判断,并告诉他们要考虑到全部有用信息,首因效应就可以减弱。如果在段落 E 和段落 I 之间加入一些附加描述,那么段落 I 所提供的信息对于被试形成印象就会有更强的作用。在这种情况下,近因效应就会发生,我们就可能注意对方的"现在"表现,而忘记他在过去给自己留下的印象。

4. 宽大效应

个体在评价他人时,往往更多地对他人作出积极的、肯定的评价,即评价他人时总有一种特别宽大的倾向,这就是宽大效应(leniency effect)。宽大效应的发生是因为人们在社会生活中遵循"波利安纳原则"(Pollyanna principle),愉快的事情总比不愉快的事情更平常。

5. 投射

投射(projection)是指个体把自己所拥有的特质推而广之到他人身上的倾向,即认为他人也拥有和自己一样的感受、人格特质、态度、动机等。

6. 证实偏差

人们既有的观念或期望会影响其社会知觉和行为。人们有选择地去解释并记忆某些能够证实自己既存的信念的信息,这就是认知证实偏差(cognitive confirmatory bias)。例如,如果认为某个人是外向型的,就会对该人所表现出的与外向有关的特质(如热情、好交际等)注意得更多,并容易回忆起来。

人们对某人的社会行为总有一定的图式,这种既有的图式会使该人交往时作出符合图式的行为,也就是说其行为表现符合他人对其行为的期望,这就是行为证实偏差(behavioral confirmatory bias)。它实质上就是"自我实现预言"(self-fulfilling prophecy)。

> **资料卡**
>
> 斯奈德(M. Snyder)等人让一些男性被试在电话中与他们不相识的女性交谈，事先告知部分被试与其交谈的女鞋长得很漂亮，告诉另一部分被试与其谈话的女性相貌不佳。研究者分析了被试对电话中女性谈话的评论，发现男性被试认为漂亮女性的谈话更热情、更可爱。原因在于男性被试与"漂亮"女性谈话时更热情、更可爱，对方便作出了相应的反应。其实，与他们谈话的女性未必真的漂亮，但男性被试关于漂亮女性行为的图式引导对方做出了与之吻合的行为。

8.2.3 印象管理

印象管理(impression management)是指个体努力操纵或控制他人对自己形成印象的过程。著名社会心理学家考夫曼指出，人际交往就像戏剧舞台，每个人都在扮演某个角色、演出一定的节目。所谓节目，是指一整套经过精心选择的用来表现自我语言或非语言的活动。表演时，每个人都竭力维持一种与当前的社会情境相吻合的形象，以确保他人对其作出使之愉快的评价。如果能够成功地维持良好的形象，就会受到他人的赞许，会"有面子"，否则就会"丢脸"。

1. 自我表现

留给别人什么样的印象最终取决于个体在特定的情境中如何表现自己。研究表明，个体在不同的人面前的行为表现有所差异。格根(K. J. Gergen)和威什诺夫(B. Wishnow)让被试描述自己的有关特征。一个月后，再安排这些被试在他人面前描述自己的特征。被试分两组，其中一组被试的交谈对象很自负，而另一组被试面对的谈话者很谦逊。比较被试两次关于自我的描述后发现，与夸张自大的对象交谈的被试的第二次自我描述比一个月前的描述更积极，叙述的有点更多；而在谦逊的对象面前作自我描述的被试与一个月前相比，不但减少了优点的叙述，而且强调自己的短处。

此外，交往的情境也影响自我表现。格根和泰勒(M. G. Taylor)让海军军校学员一起完成某项任务，对期中一半被试强调工作人员之间的团结和睦，对另一半被试则强调效率和结果，然后让被试在小组里向同伴作自我介绍。结果发现，强调工作效率的那组被试作更多的肯定性的自我描述，告诉别人自己的能力、特长和优点；而强调和睦的被试的自我描述则谦虚很多，甚至包含了自我批评的成分。

2. 印象管理策略

关于如何赢得他人的喜欢，社会心理学家琼斯提出了四种策略。

(1) 恭维他人。人们不会喜欢那些低看他们的人，所以恭维是必要的。但恭维要真诚、自然、抓住时机。

(2) 遵从别人。人们喜欢那些在信念、态度和行为方面与其相似的人，因此遵从他人往往会给其留下好的印象。

(3)自我表现。要表现出一种令人喜欢、受人赞许的形象,但自我表现不能过火,适当的谦虚很有必要。

(4)给予好处。"投之以桃,报之以李",人们喜欢那些给予其礼物或为其办好事的人。

8.3 人际关系

8.3.1 人际关系状态

人际关系是个体之间在社会活动中形成的以情感为纽带的相互联系。人际关系的好坏既是人际沟通的结果,也是影响人际沟通过程的主要因素。沟通之间的相互联系状态从无关到密切,是一个逐渐加深的过程(图8-3)。

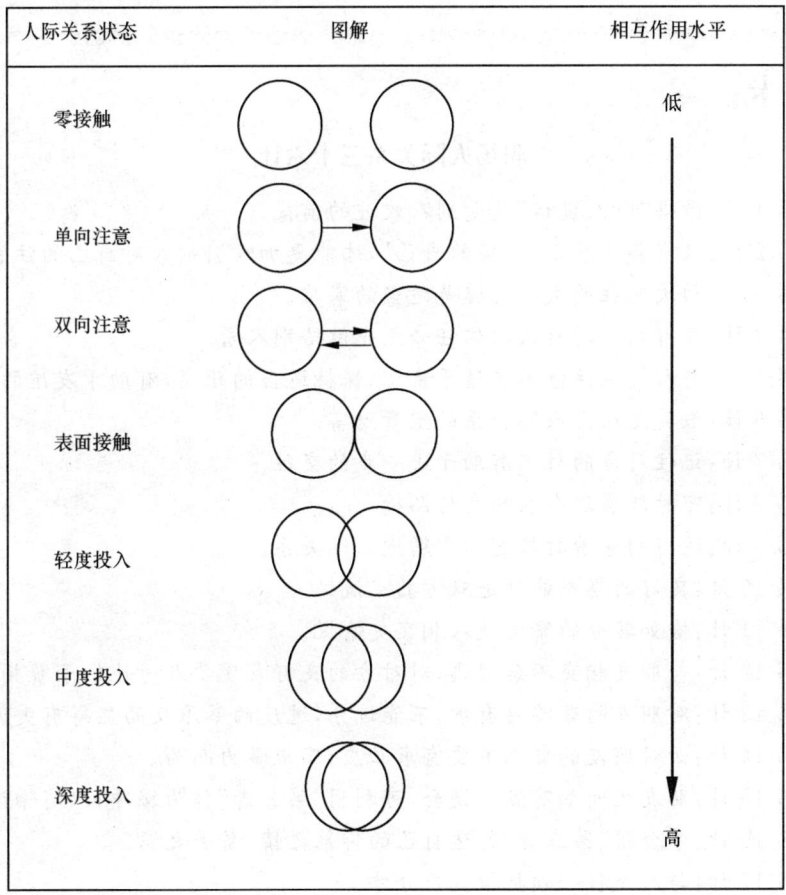

图 8-3 人际关系状态与相互作用水平

（1）零接触。这是指两个个体彼此均没有意识到对方的存在。此时，双方完全无关。

（2）注意。分单向注意和双向注意两种。单向注意是指个体开始注意到对方，而对方则没有注意到自己的存在。双向注意是指双方均注意到对方。

（3）表面接触。如果双方开始直接对话，直接接触就已出现。然而，最初的直接接触是表面的，彼此之间几乎没有感情投入。

（4）感情投入。随着沟通的进一步深入，双方的感情开始加深。根据感情融洽的程度，可把感情投入分成轻度、中度和深度三种。如果是轻度投入，则双方的心理世界只有小部分重合，在此范围内双方的感情是融洽的。如果是中度投入，则双方的心理世界有较大部分的重合，彼此感情融洽的空间也较大。如果是深度投入，则双方共同的心理领域已大于相异部分，彼此的心理世界高度重合。

资料卡

职场人际关系三十六计

第1计：懂得"听人说话"是受别人欢迎的前提。

第2计：只有善于展示"真实的自己"，才能更加吸引别人对自己的注意力。

第3计：初次交往的成功关键是适当的寒暄。

第4计：赢得别人对自己的信任必须先做给别人看。

第5计：与人交往注意不要过于亲密，保持适当的距离，有助于友谊的持久。

第6计：微笑是增进人际关系的宝贵财富。

第7计：记住对方的姓名有助于进一步的交往。

第8计：守时能展现个人的良好品德。

第9计：适当的穿着打扮有助于增进人际关系。

第10计：良好的姿态能促进双方的交流。

第11计：恰如其分的赞美使人相交更愉悦。

第12计：与朋友相交不念旧恶，对对方的良好表现要及时地给予赞扬。

第13计：对朋友的夸奖要有度，不能过分，过度的奉承反而显得有失诚意。

第14计：面对朋友的要求不要有求必应，而应量力而为。

第15计：朋友之间如有点小误会，可利用"第三者"作为缓冲，以消除误解。

第16计：学会借"第三者"传达自己的仰慕之情、赞美之意。

第17计：与人交往必须把握宽严分寸。

第18计：养成"推己及人"的精神。

第19计：善解他人"爱屋及乌"的心理。

第 20 计:善用"内方外圆"的处世哲学。
第 21 计:学会用"忍让"、"宽容"接纳他人,更能促进相互理解。
第 22 计:有时主动认错,不仅不会降低自己的身份,反而提高自己的信誉。
第 23 计:豁达大度方能不致伤人伤己。
第 24 计:理解不是强加别人的,而是通过自己的举动感染别人。
第 25 计:直视对方,诚心诚意说"对不起"。
第 26 计:信任是友谊的根本。
第 27 计:放弃私我,从对方的利益出发,能容易地感召他人为己所用。
第 28 计:宽以待人,严以律己。
第 29 计:友好相处的基础在于"与人为善"。
第 30 计:与人相处应当虚怀若谷。
第 31 计:待人必须谦虚有礼。
第 32 计:适时来点幽默可以化解敌意,化解紧张的气氛。
第 33 计:对待朋友以宽宏大量为度。
第 34 计:人际往来不要害怕主动。
第 35 计:坦诚布公是交朋友的基本法则。
第 36 计:适时的"糊涂"是难得的人际关系润滑剂。

8.3.2 人际关系的类型

美国心理学家舒尔茨(W. C. Schultz)根据交往需要中包容需要、控制需要、感情需要以哪一种需要为主,以及满足需要的行为倾向(主动、被动),将人际反应倾向分为六种类型。

(1) 主动包容型。主动与他人交往,希望与他人建立并维持相互容纳的和睦关系,他们的人际行为特征是待人宽容、忍让,主动大胆地交往、沟通、参与等。

(2) 被动包容型。这种类型的人虽然希望与他人交往并保持和谐关系,但在行动上表现为只是被动地期待别人接纳自己,缺乏主动性。

(3) 主动控制型。总想控制、支配别人,将自己摆在交际活动的中心或左右局势的位置。其人际行为特征是运用权力和权威,超越和领导别人。

(4) 被动控制型。这种类型的人易追随他人,愿意受人支配,善于与他人携手合作。

(5) 主动感情型。喜欢并主动与别人建立感情,主动与人表示亲密、友好,并乐于向别人表达自己的感情。

(6) 被动感情型。这种类型的人虽然希望与别人建立情谊,但在行动上只是期待他人对自己表示亲密,不能主动大胆地表露自己的感情。

8.3.3 影响人际吸引的因素

吸引是个体对他人的积极评价和感受。如果被某人吸引，人们会想与他相识并喜欢同他在一起。影响人际吸引的因素主要有以下七个。

1．外表

一般来说，外表美丽的人更有吸引力。人们为什么更加喜欢长得漂亮的人呢？有四个理由：

（1）我们从各方面的习惯知道，漂亮的人才值得爱，不论电影还是其他文学作品中，被爱的人常常是漂亮的，因此，美貌起到了爱的反应线索的作用。

（2）同漂亮的人在一起，在别人面前就显得荣耀和光彩。

（3）人们认为漂亮的人还有其他方面好的属性。

（4）漂亮的人看着就舒服，使人有美的满足感。

资料卡

外貌的辐射效应

社会心理学实验表明，外貌的魅力会引发明显的"辐射效应"（radiating effect）。心理学家兰迪（D. Landy）等人进行了一项研究。他们让男性被试评价有关电视影响社会的短文。被试被告知短文的作者都是女性。论文的客观质量有好坏两种。实验分为有魅力组、无魅力组和控制组。有魅力组接到的短文附有作者照片，照片为一个公认有魅力的女性。无魅力组所附的照片则是没有魅力的女性。控制组所读的短文没有附照片。

结果表明，由于辐射效应的作用，同样的文章当被认为是有魅力的作者所写的时候，得到的评价更高，文章本身质量并不好时尤其如此。

2．能力

一般来说，在其他条件相当时，一个人越有能力，就越受人喜欢。但是，能力与喜欢并不永远成正比。

阿伦森（E. Aronson）等人的实验研究揭示了能力与吸引之间的关系。实验中让被试听一组录音。录音带有四种，显示四种不同能力条件的人：①能力超凡的人；②能力超凡但是犯了错误的人；③能力平庸的人；④能力平庸而又犯了错误的人。

结果发现，最受人喜欢的并不是能力非凡的超人，而是有着非凡的能力但也犯了错误的人；对仅仅是具有非凡能力的人的喜欢处在第二位；第三位是能力一般的人；最不受喜欢的当然是能力平庸而又犯了错误的人。犯错误导致人们对有能力的人的更加喜欢,这叫做"犯错误效应"。这或许是人们感到,犯了错误的有能力的人比起那些十全十美、白璧无瑕的人更加亲切。

3. 人格特质

研究发现,人们大多喜欢那些具有真诚、诚实、热情、友好等特质的人,而不喜欢那些具有古怪、不友好、自私、贪婪等特质的人(表 8-5)。

表 8-5　　　　　　　　　影响人际吸引的主要人格特质

次序	最受喜欢的特质	最不受喜欢的特质
1	真诚	古怪
2	诚实	不友好
3	理解	敌意
4	忠诚	饶舌
5	真实	自私
6	可信	粗鲁
7	智慧	自负
8	可信赖	贪婪
9	有思想	不真诚
10	体贴	不善良
11	热情	不可信
12	善良	恶毒
13	友好	虚假
14	快乐	令人讨厌
15	不自私	不老实
16	幽默	冷酷
17	负责	邪恶
18	开朗	装假
19	信任	说谎

4. 邻近

两人之间的空间方面的邻近性也是人际吸引的重要条件。费斯汀格等人发现,居住在同一楼层的人认为他们和隔壁邻居要比隔一个门的邻居更亲密一些。人们选择朋友有 41% 是隔壁邻居,而隔一个门的邻居只有 22%,住在走廊尽头的只被选择了 10%。

邻近为什么会增加吸引力呢?首先,邻近会使人们的接触增多,从而导致熟悉程度的提高,而彼此越熟悉,就越相互吸引。其次,邻近会使彼此的互动成本降低,即付出的努力少于相距较远者。

5. 交互

（1）喜欢与否通常遵循交互律（reciprocity principle），即人们倾向于喜欢那些喜欢自己的人，不喜欢那些不喜欢自己的人。凯利和笛茨在一项实验中让一组学生相信另一组学生喜欢或不喜欢他们。结果显示，被告知另一组学生喜欢自己的学生比被告知另一组学生不喜欢自己的学生更喜欢另一组学生。

（2）研究发现，个体在交互性方面存在个别差异。例如，高自我尊重的人比低自我尊重的人更不易受他人接受或排斥的影响。

（3）实验显示交互性遵循得失原则（gain-loss principle），即人们最喜欢那些对自己的喜爱不断加深的人，最不喜欢那些对自己的喜爱不断减少的人。

6. 相似

相同或相似的态度、价值观、兴趣、语言、种族、职业、学历等是人际吸引的重要决定因素。著名社会心理学家 T. 纽科姆（T. Newcomb）曾以大学新生为对象进行过一项实验。实验为参加研究的大学新生免费提供普通学生公寓住房，交换条件是他们接受调查和参加研究工作必需的面谈（并非真实研究目的）。纽科姆根据测验和问卷获得的结果，分配一部分特征相似的学生住在一起，而将另一部分特征相异的学生安排在一起居住。此后，研究不再干扰这些被试的正常生活。结果，一起居住的特征相似的学生倾向于彼此相互接受和喜欢，并成为好友，而一起居住但特征相异的学生虽然同样朝夕相处，还是倾向于难以相互喜欢及建立友谊。

7. 互补

和相似理论相反，温奇（Winch，1958）发现，当双方的需要构成互补时，人际吸引增加。互补常常发生在配偶之间。例如，一个依赖性强的女性喜欢找一个独立、刚毅的男子。

8.4 管理沟通的障碍及其克服

在沟通的过程中，由于存在着外界干扰以及其他种种原因，信息往往被丢失或者曲解，使得信息的传递不能发挥正常的作用，它们降低了沟通的有效性。管理人员不仅能够识别和辨认这些障碍，而且能够采取相应的办法，消除各种障碍，提高沟通水平。

8.4.1 管理沟通的障碍

管理沟通常常会受到各种因素的影响，使沟通受到阻碍。影响沟通的因素有很多，如沟通时机的选择、人际关系、信息充分程度以及沟通渠道方式等等。归纳来看，沟通障碍主要来自三个方面。

1. 信息发送者的沟通障碍

在沟通过程中，信息发送者的情绪、倾向、个人感受、表达能力、判断力等都会影响信息的完整传递。这些障碍表现在以下几方面：

(1) 表达能力不强。有效的沟通，要求发送者必须具备良好的口头或书面表达的能力以及逻辑推理能力。发送者如果口齿不清、词不达意或者字体模糊，就难以把信息完整地、正确地表达出来；如果使用方言、土语，会使接受者无法理解。因此，发送者缺乏这方面的技能，就势必造成所传递信息的先天性缺陷。

(2) 知识水平有限。没有人能够准确地传递自己所不了解的事情。信息发送者在特定问题上所拥有的知识背景，会直接影响所传递信息的质量。

(3) 态度状况不良。信息发送者的态度会影响其编码行为。任何人，包括管理者在内，都难以避免在一些问题上，持有自己的先入之见，而这些认识会影响和左右对所沟通信息的编码。

(4) 时机和内容选择不当。一是信息传递不及时或不适时。信息传递过早或过晚，都会影响沟通的效果；二是信息传递内容不全。信息内容有时过于缩简，使信息变得模糊不全；三是信息传递有过滤。过滤是指发送者故意操纵信息，是信息显得对接受者更有利。现实生活中的"报喜不报忧"的意识，就有可能使得信息发送者对所传递的信息进行调整和改变，造成信息沟通的失真。

2. 信息接受者的沟通障碍

信息传递到接受方，并不等于接受者就会接受和理解该信息。接受者需要将其收到信息中所包含的符号，通过解码过程，转译成自己可理解的形式。影响这一解码过程的障碍表现在以下几方面：

(1) 信息解码不准确。接受者如果对发送者的编码不熟悉，有可能误解信息，甚至理解得截然相反。

(2) 信息筛选不妥。受知觉选择性的影响，接受者在接受信息时，会根据自己的知识经验去理解，按照自己的需要和期望对信息进行"选择"，从而可能会使许多信息内容被丢失，造成信息的不完整甚至失真。

(3) 信息承受能力不强。每个人在单位时间内接受和处理信息的能力不同，对于承受能力较弱的人来讲，如果信息过量，难以全部接受，就会造成信息丢失而产生误解。

(4) 心理上有障碍。接受者对发送者不信任、敌视或者冷淡、厌烦，或者心理紧张、恐惧，都会歪曲或拒绝接受信息。此外，接受者不同的情绪感受会使个体对同一信息的解释截然不同。狂喜或悲伤等极端情绪体验都可能阻碍信息沟通，因为此时接受者会出现"意识狭窄"现象，从而不能进行客观地理性地思维活动，代之以情绪性的判断。

3. 信息传递中的沟通障碍

信息传递需要通过合适的通道并以某种特定的网络连接方式来进行。沟通通道的障碍表现在以下几方面：

(1) 沟通媒介选择不当。沟通的有效性依赖于管理者如何根据信息本身的特点,以及收发双方的情况选择恰当的媒介。如事关重大的问题采用口头传达效果较差,因为接受者会认为"口说无凭"、"随便说说"而不予重视。

(2) 沟通网络存在缺口。这是指沟通的正式网络中所存在的缺陷或漏洞。在一些大而复杂的组织中,这种障碍是一种普通的现象。正式沟通网络是沿着组织的权责路线而建立的。随着组织的增长和扩大,这些网络便倾向于变得大而复杂,同时又没有很多的计划工作。在这种情况下,沟通网络便开始出现了缺陷,过分依赖于正式沟通而不利用其他来源和方法,导致沟通系统产生缺口。

(3) 沟通渠道过长。组织机构庞大,内部层次多,从最高层传递信息到最低层,从低层汇总情况到最高层,中间环节太多,容易使信息损失较大。

(4) 外界环境的干扰。环境的干扰也是导致信息沟通障碍的重要原因。环境的干扰会使信息接受者无法全面准确地接受信息发送者所送出的信息。诸如注意力难以集中、电讯突然中断、讨论问题的场合不适宜、相互传递信息时又被打岔,以及室内的布置、交谈时的距离等,都会对传递信息相互沟通产生影响,造成信息在传递中的损失和遗漏,甚至扭曲变形,从而造成了错误的或不完整的传递。

8.4.2 克服管理沟通障碍的有效途径

管理沟通障碍的存在,势必会影响到各个环节之间信息沟通的效率,不利于组织计划和目标的实现,管理者应积极采取相应的措施,加以克服沟通中的各种障碍,保证管理活动的顺利进行。

1. 力求表达的准确

对于信息发送者来说,无论是口头交谈的方式,还是书面交流的方式,都要注意力求准确地表达自己的意思,选择准确的词汇、语气、标点符号,注意逻辑性和条理性,有些地方要加上强调性的说明,要从大量的信息中进行选择,只传递与工作有密切联系的信息,以突出重点。

准确地发送信息是沟通有效的首要的条件,因此要了解信息接受者的文化水平、经验和接受能力,考虑到对方的具体情况,得体地表达自己的意见。沟通时必须根据接受者的具体情况选择语言,语言应尽量通俗易懂,尽量少用专业术语,以使接受者能确切地理解所收到的信息。

由于信息接受者容易从自己的角度来理解信息而发生偏差,因此要提倡双向沟通。可以请信息接受者重述所获得的信息,或请他们表达对信息的理解,从而体会信息传递中的准确程度和偏差所在。有时还可以通过图表等形象性地表达自己的准确信息,便于对方理解和接受。

2. 重视非语言沟通手段

在沟通时,除了语言要准确以外,还要重视非语言沟通手段的运用。可以借助手势、动作、眼神、表情等来帮助思想和感情上的沟通,表达主题、兴趣、观点、目标和用意。初次见面时,马虎而随便的握手和热情而有力的握手会给人完全不同的感受。

通过坚决而有力的动作,来明确信息发送者态度的坚定和对前景的充满信心。用炯炯的目光表示信任,鼓励信息接受者接受信息理解信息,并执行信息所提出的要求,可以产生此处无声胜有声的效果。

3. 选择恰当的沟通时机、方式和环境

沟通的时机、方式和环境对沟通的效果会产生重要影响。领导者在宣布重要决定时,应考虑何时宣布才能增加积极作用,减少消极作用;有的消息适合于以公开的方式通过正式渠道传递,有的则适合于以秘密的方式通过非正式沟通渠道传播;有的消息适合于在办公室沟通,有些则适宜于在家庭内沟通。此外,在沟通时应尽量排除外界环境干扰,如重要的谈话应选择安静的场所,以避免被电话、请示工作等打断。

管理者在沟通信息时,一定要对沟通的时间、地点、条件等都充分加以考虑,使之适应于信息的性质特点,以增加沟通的效果。

4. 注意疏通沟通渠道

沟通渠道的任何环节出现故障都可能严重影响效果。管理者应根据组织的规模、业务性质、工作要求等选择沟通渠道,制定相关的工作流程和信息传递程序,以保证信息的上传下达渠道畅通,为各级管理者决策提供准确可靠的信息。也可以通过召开例会、座谈会、问卷调查、领导接待日等形式传递和接受信息。

5. 掌握劝说和聆听的艺术

(1) 积极地劝说。信息发送者为了使对方接受信息,常有必要进行积极地劝说,并从对方的立场上加以开导,以求对方理解和接受信息。有时还需要通过反复的交谈来协商,甚至采取一些必要的让步或迂回的做法。有时由于时间的紧迫或其他的原因,信息必须无条件地接受并坚决地付诸行动,则要明确规定期限,限期结束并达到一定的目标。无论是劝说还是协商都必须是积极的,除非必要的合理的可以做到的要求,不应随便让步或给予某种承诺。交谈时间应尽可能的充分,不要过于匆忙,以至无法完整地表达意思。任何时候都不应发火或采取高压的办法,因为这样会使对方以沉默来对付,其结果仍是得不到有效的接受、理解和贯彻。尽可能开诚布公进行交谈,耐心地说明事实和背景,求得理解。同时,不应拒绝任何有益的建议、意见和提问。

(2) 仔细地聆听。在相互沟通所需要的听、说、读、写中,听几乎是最重要的。领导者在仔细聆听组织成员的意见时,首先,要使谈话对象的精神状态放松,距离适当靠近,努力创造真诚和信任的气氛,使组织成员感到领导者是真心实意想听听他的意见。其次,领导者要注意改善谈话环境,排除干扰,除去一切可能转移注意力的因素,全神贯注地聆听,使组织成员感到领导者对他意见的重视,畅所欲言。其三,领导者要设身处地地考虑组织成员的看法,心平气和地从事实上、逻辑上客观地加以归纳,引导对方重复重要的细节、解释不清楚的环节。其四,领导者要注意控制自己的情绪,耐心、从容地聆听,可提问题,但不可插嘴,以便让对方能充分而完整地阐述其观点,尽可能准确地把握谈话对象所要表达的信息,达到沟通的目的。

> **资料卡**
>
> **有效倾听指南**
>
> - 停止说话：如果你在谈话，便无法倾听。
> - 让说话者放松：努力营造一种自由谈话的氛围，让说话者无拘无束。
> - 让说话者指导你愿意听：应显示出你对谈话很感兴趣，运用目光接触、给与非言语反应，不要在别人说话时看信件或报纸。
> - 排除干扰：关上门，不要听音乐、乱翻报纸。
> - 和说话者共鸣：努力理解他人的观点，与之分享相似经历。
> - 耐心：要安排足够时间，不要打断谈话者，不要开门或走开。
> - 不要发脾气：一个愤怒的人会误解别人所讲的话。
> - 不要争论和批评：争论或批评会令人不快，从而影响沟通的进行。
> - 询问相关问题：适当的问题会向谈话者表明你在倾听。
> - 多听少说：上帝赋予人类两只耳朵、一张嘴，应当多听少说。倾听需要两只耳朵，一只用于理解，另一只用于感受。

本章小结

　　沟通的过程主要包括沟通信源、沟通编码、沟通传递、沟通接受、沟通译码、沟通理解、沟通反馈等环节。沟通可分为正式沟通和非正式沟通、语言沟通和非语言沟通。沟通障碍主要来自三个方面：信息发送者的沟通障碍、信息接收者的沟通障碍和信息沟通中的障碍。管理人员不仅能够设别障碍，而且能够采取相应的办法，消除各种障碍，提高沟通水平。

　　社会知觉是指个体对他人、人际关系、社会事件等的知觉。印象的形成遵循加权平均原则，印象形成、印象管理、知觉偏差是社会知觉研究的主要内容。印象管理是个体努力操纵或控制他人对自己形成印象的过程。在社会知觉过程中，常常出现晕轮效应、刻板印象、首因效应、近因效应、宽大效应、投射、证实偏差等现象。

　　人际关系是个体之间在社会活动中形成的以情感为纽带的相互联系。人际关系状态从无关到密切是一个逐渐加深的过程。根据个体的人际关系需求可以把人际关系分成主动包容型、被动包容型、主动控制型、被动控制型、主动感情型、被动感情型六种。群体中的人际关系状况可用社会测量法把握与表示。影响人际吸引的因素有外表、能力、人格特质、邻近、交互、相似和互补等。

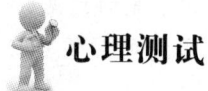# 心理测试

沟通类型

思考一下你在日常事务中是如何与他人沟通的。下面有18组论述,根据你的性格类型,为每组中A,B两个论述评分,评分的范围为0～3分;0＝从不;1＝很少;2＝有时;3＝经常。每组论述的评分相加应该等于3。

1A——我坦诚地去了解每个人并且与他们建立关系。

1B——我不会坦诚地去了解每个人并且与他们建立关系。

2A——我的反应很慢而且会慎重地作出反应。

2B——我的反应很快而且会自然而然地作出反应。

3A——我对别人占用我的时间并不在意。

3B——我不会轻易地让别人占用我的时间。

4A——我在社交性聚会中向别人介绍自己。

4B——我在社交性聚会中等待别人向我介绍他们。

5A——我与别人交谈时,注重他们所感兴趣的话题,即使交谈偏离即将进行的业务或主题。

5B——我与别人交谈的重点总是离不开即将面临的工作、事务、业务或主题。

6A——我并不果敢,而且对别人慢条斯理很有耐心。

6B——我很果敢,而且有时对别人慢条斯理很不耐烦。

7A——我依据事实或证据作出决定。

7B——我依据感情、经验或人际关系作出决定。

8A——我经常在群体中交谈。

8B——我很少在群体中交谈。

9A——我比较喜欢与别人一起完成工作,在可能的时候向他们提供帮助。

9B——我比较喜欢独立地工作或根据其他相关人员的工作表现对他们进行指导。

10A——我以提问的方式或者用更加试探性的、含蓄的谈话与别人沟通。

10B——在与别人沟通时,我会作出有力的陈述并且直截了当地表达我的观点。

11A——我主要注重沟通中的想法、观念或结果。

11B——我主要注重与我沟通的人、我们之间的关系即感情。

12A——我用手势、面部表情以及语调来强调重点。

12B——我不用手势、面部表情以及语调来强调重点。

13A——我接受别人的观点(想法、感情和所关心的事情)。

13B——我不接受别人的观点(想法、感情和所关心的事情)。

14A——我用小心谨慎的态度对待危险和变化或者对它们作出事先的预见。

14B——我用不断改变的态度对待危险和变化或者对它们不作出事先的预见。

15A——我比较喜欢将自己的感情和思想藏在心底,只有在我愿意的时候才与别人分享。

15B——我发现与别人分享和谈论我的感情十分自然而且简单。

16A——我想获得新鲜的或不同的经历和环境。

16B——我选择已经了解的或相似的环境和人际关系。

17A——我对别人要做的事情、兴趣以及关心的问题很敏感。

17B——我只注意自己要做的事情、兴趣以及关心的问题。

18A——我对冲突的反应慢而且不直截了当。

18B——我对冲突的反应快并且直截了当。

评分与说明:

人们在成长过程中巩固其行为并培养出与别人沟通的习惯方式。可以通过观察你有多么坦率或沉默寡言以及多么直截了当或拐弯抹角来了解你的沟通类型。

为了确定你的坦率和直截了当的程度,把你在上面问卷中的得分填到下面的表中。然后,计算 O,S,D,I 每列的总分。

沟通类型评分表

O	S	D	I
1A	1B	2B	2A
3B	3A	4A	4B
5A	5B	6B	6A
7B	7A	8A	8B
9A	9B	10B	10A
11B	11A	12A	12B
13A	13B	14B	14A
15B	15A	16A	16B
17A	17B	18B	18A
O	S	D	I
总计——	总计——	总计——	总计——

对比 O 列和 S 列的总分,哪个较高?将较高的分数写在下面的横线上并在相应的字母上画圈:——O S

对比 D 列和 I 列的总分,哪个较高?将较高的分数写在下面的横线上并在相应的字母上画圈:——D I

在沟通的时候,你是更坦率(O 列的总分较高),还是更沉默(S 列的总分较高)呢?当一个坦率的人进行沟通时,他倾向于人际关系,支持别人的需要并且愿意与别人分享感情。一个沉默寡言的人倾向于工作,他的态度很冷淡并且不喜欢与别人分享感情。

在你与别人沟通的时候,是更直截了当(D列的总分较高),还是更拐弯抹角(I列的总分较高)呢?直截了当的人性格外向,并且非常强烈地表达他们的思想和感情。拐弯抹角的人性格抑郁,并且显得更加内向。直截了当的人十分果断甚至非常自信,而拐弯抹角的人则相反,他们不太果断甚至很被动。

这四种不同的沟通类型可以通过你的直截了当和坦率的程度辨别出来。如果你在这两方面得了最高分,你就是一个果断的并且倾向于人际关系的社交者。如果你在沉默寡言和直截了当方面得到的分数最高,说明你是一个果断的并且倾向于工作的领导者。如果你在拐弯抹角和沉默寡言方面得分最高,说明你是一个倾向于工作但不够果断的思想家。如果你在拐弯抹角和坦率方面得分最高,你就是一个不够果断并且倾向于人际关系的健谈者。

管理游戏

归队

目的:沟通与协调。

人数:不限。

工具:笔、纸、眼罩、粘贴纸。

规则:

1. 将队员分组、编号。

2. 将队员与同队队员位置错开,分别站到不同的指定位置,戴好眼罩,所有队员不许说话,队员在听到教官发出开始的口令后,开始寻找自己的队友,按编号站好。

3. 安全示范:一只手放在眼前30厘米的位置,掌心向外,一只手放在小腹前30厘米处(女生放在胸前),掌心向内。

4. 开始计时,用时最少的队获胜。

回顾与分享:

分享团队合作活动中过程如何沟通。

案例聚焦

一次绝妙的推销

法兰克.贝德佳是美国一名保险推销员。

一天傍晚,贝德佳接了朋友一个电话,得到一个重要的商业信息:纽约一位名叫布斯的巨商向银行申请了25万美元的贷款,但银行要求他必须同时投保同等数额的保险。

贝德佳立即拨通布斯先生的电话,约定次日上午10点45分会面。

第二天,贝德佳先到纽约最负盛名的健康咨询中心,替他的准客户布斯先生预定了11点30分的健康检查。然后在10点45分,准时来到布斯先生的办公室。

"您好,布斯先生。"

"您好,贝德佳先生。"

布斯打过招呼后,回到自己的办公桌前,一边翻阅着文件,一边等着贝德佳说话。但贝德佳没有吭声,他耐心地等待着自己的客户首先说话,这是他的谈话策略。

"贝德佳先生,恐怕你会浪费时间而毫无收获!"布斯先生终于耐不住了,他指着桌上的一大叠保险企划书说,"你看,全纽约的保险公司都把我这儿当作战场了。我已经打算在纽约三大保险公司中选一家投保。当然,贝德佳先生,如果你仍想介绍贵公司的服务,请留下你的保险企划书,也许两三个星期后,我才会决定投保哪一家公司。不过,坦白地说,我觉得我们彼此正在浪费时间……"

"布斯先生,如果您是我的兄弟,我实在是急着想告诉您一些坦白的话。"贝德佳表情诚恳地说。

"哦——,是什么话?"布斯果然走进了贝德佳设下的"圈套"。

贝德佳趁势加大了进攻的力度:"我对保险业很熟悉,如果您是我的兄弟,我建议您将这些企划书统统丢到废纸篓去。"

布斯先生大为诧异:"此话怎讲?"

"布斯先生,为了帮助您做出最佳的选择,我可否先问您几个问题"

在多年的推销生涯中,贝德佳练就了一套提问的技巧,他往往提出一连串的问题,使客户连连作出肯定的回答,进而在不知不觉中把谈话引向对自己有利的一面。现在,他又要使用这一技巧了。

"请说。"贝德佳的故弄玄虚,果然勾起了布斯的兴趣。

"据我所知,贵公司正打算贷款25万美元拓展业务,但贷方希望您投保同额的保险,是这样吗?"

"没错。"

"换句话说,只要您健在,债权人便对您的公司信心十足,但万一您发生了意外,他们就无法信任您的公司。是这样吗?"

"嗯,可以这么说。"

"所以,您要立刻投保,把债权人所担心的风险转移给保险公司。否则,债权人很可能会减少贷款金额,或者干脆拒绝贷款,您说呢?"

"我不知道,但很有可能。"

"所以您要尽快取得保证自己健康的契约,这个契约对您而言就相当于25万美元的资金。"

至此,贝德佳通过这一连串的提问,一环紧扣一环,层层深入,巧妙地将客户是否尽快投保与能否得到25万美元贷款划上了等号。这样就击中了客户的要害,给自己在后面的交锋中创造了优势。

"那你有何建议?"

"布斯先生,现在我为了您,正要安排一项别人做不到的事。"

"哦——"

"今早,我已替您约好11点30分去看卡拉伊尔医生。他可是纽约声誉极高的医疗检验师,他的检验报告获得全国保险公司的信任。所以,如果您想只作一次健康检查,就能签订25万美元的保险契约,他是唯一的人选。"

"其他的保险经纪人难道不能替我安排这件事吗?"布斯怀疑贝德佳是否"别具用心"。

"当然,谁都可以办到。但他们没办法安排好您今早立刻去做检查。这些经纪人肯定是先打电话跟一向合作的医疗检验师联络,这些人可能只是一般的检验师。因为事关25万美元的风险,保险公司必定会要求您到其他有完善设备的诊所做更精确的检验。如此一来,25万美元贷款便要拖延数日,您愿意浪费这些时间吗?"

"我一向身体硬朗。"布斯仍下不了最后的决心。

"可是,我们难保自己不会在某天早晨醒来时,忽然喉咙痛或者患了流行性感冒等病痛。即使您在保险公司所能接受的程度内很快恢复了,也难保他们不会说:'布斯先生,您似乎已康复了,但您已留下头痛的记录,在未确定您的病因是暂时性或长期性之前,我们想请您暂停投保3～4个月。'这样,您又可能失去这笔贷款。"

在这里,贝德佳抓住客户迫切希望尽早获得贷款的欲望和害怕失去贷款的恐惧心理,故意制造紧迫感,从而"逼"客户立刻做出投保的决定。

"是有可能。"布斯开始动摇了。

贝德佳故意看了看表,说:"已经11点10分了,如果我们立刻出发,就可以依照约定的时间抵达卡拉伊尔医生的诊所。如果您检查结果正常,您就可以在48小时内签定保险契约。布斯先生,您今天早上看起来精神非常好。"

"是呀,我感觉很好。"

"既然如此,您为何不现在就去做检查呢?"

布斯陷入沉思。但没过几秒钟,他便取下衣架上的帽子,说:"好,我们走吧!"

就这样,贝德佳这位"保险行销教父",仅用25分钟就谈成了25万美元的保险业务。

(资料来源:一次绝妙的推销.管理智慧学堂[EB/OL],2015-12-20)

问题讨论:从沟通的技巧出发,分析贝德佳营销成功的原因。

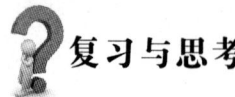 **复习与思考**

1. 沟通的过程是什么?
2. 社会知觉的偏差有哪些?
3. 人际关系的种类有哪些?
4. 影响人际吸引的因素是什么?
5. 管理沟通的障碍有哪些?
6. 促进沟通的途径有哪些?

参考文献

[1] 陈国海.组织行为学[M].4版.北京:清华大学出版社,2013.

[2] 陈春花,杨忠,曹洲涛.组织行为学[M].3版.北京:清华大学出版社,2013.

[3] (美)斯蒂芬·P.罗宾斯,蒂莫西 A.贾奇.组织行为学[M].12版.北京:清华大学出版社,2015.

[4] 段万春.组织行为学[M].2版.北京:高等教育出版社,2015.

[5] 肖余春.组织行为学[M].2版.机械工业出版社,2016.

[6] 袁凌,吴文华,熊勇清.组织行为学[M].北京:高等教育出版社,2015.

[7] 苏勇,罗殿军.管理沟通[M].上海:复旦大学出版社,2014.

[8] 黄国庆,巢莹莹.管理学概论[M].2版.北京:清华大学出版社,2014.

第 9 章 权力与政治

一切有权力的人都容易滥用权力,这是亘古不变的经验。放至滥用权力的方法,就是以权力约束权力。

——法国著名思想家　孟德斯鸠

学习目标

1. 理解组织中权力的概念。
2. 掌握权力的五种类型和基础。
3. 了解组织中权力的产生本质及权术的应用。
4. 理解组织中政治行为的概念。
5. 掌握组织政治行为产生的原因及结果。
6. 掌握在组织中应用印象管理的技巧。

基本概念

权力 Power
正式权力 Formal power
非正式权力 Informal power
法定性权力 Legitimate power
强制性权力 Coercive power
奖励性权力 Reward power
专家性权利 Expert power
权术 Power tactics
组织政治 Organization politics

 **导入案例**

上海家化控制权之争

2013年,上海家化集团董事长葛文耀和大股东平安信托之间的控制权之争,引起了广泛关注。

上海家化作为我国首家的化妆品企业上市公司,在如今国内市场被外国品牌占领的情况下能够屹立不倒并且迅速的发展壮大的确让我们眼前一亮。年过六旬的葛文耀作为上海家化的核心管理层和精神领袖,从1985开始担任家化厂的负责人,把当时仅有400万元固定资产的小厂变成了现在近百亿元的集团公司,其强势和能力让人侧目。但在2013年5月13日,市场突现重磅消息,平安宣布免去葛文耀上海家化集团董事长及总经理一职,9月下旬,葛文耀卸任。

上海家化联合股份有限公司(简称"上海家化")的前身是1898年成立的香港广生行,借助花露水品牌"双妹",广生行迅速成为民族化妆品业的领头羊。几经变革与发展,到1990年时,上海家化已位居全国化妆业之首,其中美加净系列产品成为民族化妆品第一品牌,并创下多项全国第一。经过1991年外资合作风云,到1995年上海家化成功回归,开始按当时全球领先的市场管理模式推行品牌经理制度,为转变为现代企业奠定了重要基础。至2000年,上海家化集团诞生。

2001年3月,上海家化在A股主板上市,由于运营管理仍然带有鲜明的国有特色,进行改制一直是上海家化的迫切的愿望。2010年12月6日,上海家化发出公告停牌一天,正式拉开了改革的大幕。2012年1月,平安以51亿元的价格100%进驻上海家化。上海家化的最大股东中国平安持有27.6%的股权。

作为财务投资者而非产业投资者的中国平安,追逐利益是其最大的目标,所以在进驻上海家化后很可能将其转手于出价更高的其他企业。这和一心想把上海家化做大做强的葛文耀及其管理层的利益就产生了分歧,这就为以后的控制权之争埋下了伏笔。

先是双方就收购海鸥表厂的这个投资项目有了分歧。葛文耀2012年11月19日在微博中提到,希望平安可以尊重公司的独立性,并指出:"你收的只是集团,间接拥有上市公司27.5%的股份,我这董事长才是代表广大股东利益。"接着,上海家化在2013年5月11日召开的临时董事会上罢免了葛文耀的董事长和总经理职务,改由家化集团董事、平安信托副总张礼庆接任董事长。对此平安的解释是,自当年3月以来,集团陆续收到内部员工举报管理层存在私设小金库、侵占公司利益的不法行为,并表示具体事项在进一步调查中。平安和家化走到现在孰是孰非众说纷纭。

对于这次风波主要有两种看法:第一种看法是罢免葛文耀的背后是为平安套现家化集团清障。而家化集团对这样的变现十分反感,平安曾向董事会递交一份如何处理集团资产的建议书,正是由于葛文耀等人的反对,最终未能形成书面文件。第二种看法是平安要出售上海家化的控制权。对于葛文耀及其管理层来说这是绝对不能接受的,葛文耀虽然接近暮年,但一直是雄心勃勃想把上海家化做大做强,将其打造为具有国际竞争力的日化巨头。这种价值观与平安的理念是相悖的,葛文耀因此出局。

2013年9月下旬,葛文耀宣布因"年龄和身体原因",申请退休,卸任上市公司董事长一职。至此,上海家化的董事长葛文耀和大股东平安信托的矛盾终于画上了一个句号。

附表:上海家化控制权争夺时间表

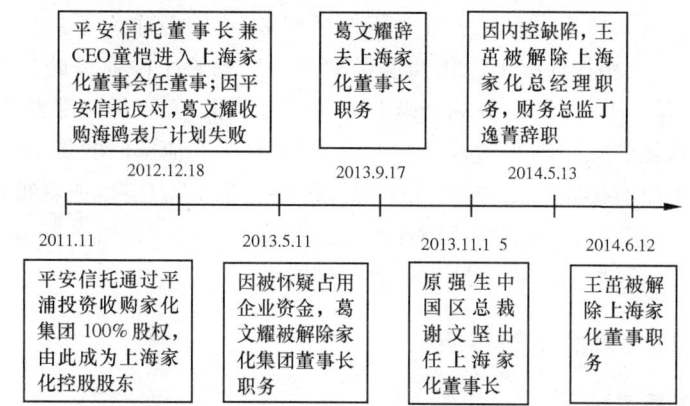

无论是所传言的因为平安为套现家化集团清障还是因为对公司的发展战略的意见不同,总的来说上海家化动荡的实质就是控制权之争。

引例充分说明组织中存在权力斗争和政治行为。在本章中,我们将集中探讨组织中的权力与政治行为。企业员工必须善于运用权力、通过适当的政治手段来达到组织和个人的目标,我们应该尽量避免以不公平的方式运用权力,尽量避免政治行为对个人和组织的伤害。为了使管理者和员工充分地理解组织行为,了解权力和政治行为是必需的。

9.1 权力

说到权力,人们就会将它与政府、政治、政客,甚至一些权术和阴谋联系在一起,很少会认为它和企业组织之间有着密切的关联。但是,我们会看到,在企业组织里,有的人利用权力攫取个人私利,利用权力操纵别人的职业生涯、升迁去留;有的人在权力的争夺中拼得你死我活,完全不顾及组织利益;有的人拼命追逐名利,面孔虚伪,却又假装对它不屑一顾。

近二十年来,越来越多的学者认识到组织中的权力在组织运作、组织目标的实现以及提高组织绩效方面扮演着重要的角色。

9.1.1 权力的定义

权力是人们在日常经济和政治生活中经常遇到并切身感受到的一种社会现象。

在组织中,权力是指个人或群体(A)影响或控制其他个人或群体(B)行为的能力。不管这些人(B)是否愿意合作,都会依照(A)所希望的去做。例如,如果雇员的受雇佣与否、绩效工资的高低等方面受到雇主的控制,那么恰好公司在其他岗位欠缺人手,即使被调配岗位的员工因为上班路远,或者其他什么原因不愿意去,但仍要服从公司所作出的职位调换的安排,除非辞职。

从另一个方面来说,权力并不是绝对的,而是动态的。它会随着个人和环境的改变而改变。例如,某些权力是赋予某个职位或职务的,一旦个人不再拥有这个职务,那他就失去了与之相伴的权力。比如说保险公司里分管个险业务的分管总,一旦被调任分管银行保险业务,那么他对个险业务的所有决策、人事任免都失去了权力。另外,部门的主管能够控制和影响自己的下属,但是对于其他部门的员工可能只产生间接的影响,或者没有影响。比如,公司里财务部门员工工作怠慢,或者报销刁难,影响了市场部的工作进展,但是市场部经理不能控制或者影响到该财务部员工,最多只能通过财务部经理反馈问题,改善结果,间接影响。

9.1.2 依赖:权力产生的本质

1. 依赖的基本原理

权力关系产生于相互依赖,也就是说,权力的关键是依赖。B 对 A 的依赖程度越高,则 A 对 B 的控制力越大,那么 A 对 B 拥有的权力也就越大。

(1) 依赖程度与物品的供给量成反比。古语云:"在失明者的国度里,独眼者就是国王。"如果你拥有别人所需要的资源,而你是唯一的控制者时,不对称的依赖格局就产生了,你就拥有了对他人的权力。反之,如果他人不受你的控制或影响,而自由选择或决定自己的行为,依赖程度弱,则你对他人的权力就越弱。这也解释了为什么这么多人渴望得到经济的独立,因为只有经济独立,才会减少来自他人的控制。

(2) 依赖性与个体还有其他可替代性资源(即摆脱依赖的可能性)成反比。在组织中,如果下属认为上司控制着自己渴望得到的晋升机会、培训机会、加薪、发展前途等资源,那么该上级对下属所具有的权力就越大。如果下属更注重于自己的选择,设法保持自己在多个组织机构中的受欢迎程度,那么上级对他所具有的权力就会大幅度减少。比如,业务部门里的某个员工工作能力强,人缘也好,平时也有意注重跟其他部门领导加强沟通交流,不只是在本部门得到认可,在公司内其他部门也能获得认可,那么如果上司在分配资源时对该员工予以控制,对他而言,可以申请调换到其他部门其他岗位,摆脱对其上司的依赖。对下属而言,这是一个非常有利的策略,因为下属手中掌握的可替代资源越多,上司手中的权力就越小。它减少了下属对组织机构的依赖性,因此,组织机构对他的权力也相应地减少了。

2. 依赖产生的原因

依赖是如何产生的?当你控制的资源是重要的、稀少的且不可替代时,别人对你的依赖性就产生了。而资源的重要性、稀少性和不可替代性三者共同决定了权力与依赖关系的性质和强度。

(1) 重要性

如果没人想要你手中的东西,就不会产生任何依赖,因此,想要取得别人对你的依赖,就必须控制别人认为是重要的东西。在组织中,那些能够消除或避免组织不确定性发生的个人或群体,被认为是控制了重要的资源,从而增加了组织对他们的依赖性,提高了他们的权力。比如,在英特尔——一个技术飞速更新的公司里,要依靠工程师来保证其产品质量,因此,在英特尔公司,工程师显然是举足轻重的群体;而对于宝洁公司来说,市场是竞争的重中之重,所以市场开发人员就显得更重要些。这些例子充分说明:如果能够降低企业的不确定因素,一个群体的地位就可以得到提升。

此外,重要性依情境的不同而有所变化。不同的组织情况重要性不一样,即使是同一组织在不同的情况下,重要性也会发生变化。比如,工会在工人罢工时肯定比平时拥有更大的权力。

资料卡

乔易斯·菲尔德的重要性

乔易斯·菲尔德(Joyce Field)给我们提供了一个很好的事例,说明依赖在一个群体或组织中究竟起着什么样的作用。1975年她在时代镜像公司(Times Mirror)的洛杉矶总部谋得一份工作,此后晋升很快,最后当上了公司的财务主管。她在时代镜像公司所取得的成就包括建立了全方位的财务借贷制度,从收集和谈判10亿美元的信贷款到资助公司的广告费用。

1988年,菲尔德的丈夫被提拔为设在纽约的超级通讯公司(Paramount Communications)的首席财政官员。这个机会来之不易,不能轻易放弃,于是夫妻俩决定将全家迁至曼哈顿。但时代镜像公司不希望因此而把菲尔德拱手让给纽约的一家公司。因此,考虑到她的重要性,最高管理层决定将公司的整个财务部横跨大陆也迁到纽约去。

---

(2) 稀缺性

常言道"物以稀为贵",说的就是这个道理。因稀缺而产生的依赖关系在职业分类中起着重要的作用。对于某一职业来讲,假如人才供给低于市场需求,人们就业时可以在工资和福利方面提出更多的要求,力争获得更多的利益;反之,在人才供给充足的职业中,人们则缺乏这种权力。比如,每年春节过后,珠三角等地劳动密集型产业就会出现"用工荒",企业需求量大,而返城工人少,那么拥有技术的工人就可以跟企业谈判争取更多的利益。

(3) 不可替代性

一种资源越是没有替代品,那么由于实现对它的控制而带来的权力就越大。假如企业中某一部门的功能可以由其他部门、个人、或者企业外部某些机构来承包或者完成,外包程度越高,那么,该部门潜在的权力就越小。

如果在组织中,某个部门越能够解决重要问题,而它所具有的专业知识和技能越独特且不可替代,组织内部其他部门对它的依赖程度就越高,则拥有该知识技能的个人或部门就会获得更大的权力,且对组织决策也会具有较大的影响力。

9.1.3 权力与领导力

权力与领导力是密切相关的两个概念。领导力是指影响一个群体实现目标的能力,而权力是指影响他人行为的能力。领导者会使用权力作为实现群体目标的手段。他们之间的联系表现在以下两方面:

第一,领导者同时也是权力的拥有者。企业的领导者拥有招聘、解雇员工、决定员工升职加薪的权力,同时也拥有企业经营决策权等权力。

第二,领导过程的实现依赖于权力的存在。领导者支配和影响组织中个体和群体的行为必须有合法权力做保障,组织正式的运作也是建立在合法权力的基础之上的。试想,企业的领导者如果不拥有合法权力是很难维持组织正常运作、实现领导过程的。

虽然二者之间有联系,但是也存在显著的不同。

第一,权力存在的前提是依赖性,并不一定要求双方有可兼容的目标。而领导则要求领导者和被领导者具有一致的目标。

第二,二者强调的影响方向不同。领导强调的是向下属施加影响,平行或上行的影响则较少,而权力则不然。

第三,权力与领导力的研究侧重点不同。领导力研究大多强调领导风格、领导方式,而权力研究主要集中在权力的获得及赢得个人或群体服从的权术方面。

权力的研究不仅仅在个体的层面,还可以运用到团体、组织和国家等群体,因为群体一样能够运用权力控制其他个体或群体。

9.2 组织中权力的来源及权术的运用

9.2.1 组织中权力的来源

组织中权力来自于哪里?是什么令个体或群体能够对他人施加影响?关于权力的经典分类源于社会学家约翰·弗伦奇(John French)和伯特伦·雷文(Betram Raven),他们认为权力有两大来源：基于职位的以及基于个人的，即正式权力和个人权力[1]。

1. 正式权力

正式权力由个人在组织中的职位决定。它源于行政力量，表明了领导者行使权力的合法性以及在职权范围内的支配地位。组织中的正式权力包括法定性权力、强制性权力、奖赏性权力三种。

(1) 法定性权力

在正式的群体和组织中，通过组织职位所拥有的法定权力即为法定性权力。领导者以其法定权组织或影响他人，使组织成员工作并完成组织目标。这种类型的权力也称为"制度型的权力"，因为它源于管理人员在组织机构中的职位结构，是最普遍的权力来源。职位权威的另一个重要的构成要素就是拥有惩罚与奖励的手段，也就是说，法定权实际上已包含强制性权力和奖赏性权力在内，但是，法定权的涵盖面比强制权和奖赏权更为宽泛。具体来说，它包括了组织成员接受某个职位的权威这个前提。比如，当校长在讲学校的发展规划时，教师等人通常会听从他的指挥。

(2) 强制性权力

强制性权力主要是指通过使用威胁或使用惩罚手段来影响他人的能力，它建立在畏惧的基础之上。这种权力取决于权力主体拥有使权力客体的身心受到伤害的能力。例如，当领导者不满意下属的工作成果时，对下属责骂、批评、扣奖金等形式的惩罚，就是强制性权力的运用。在组织水平上，这些惩罚可能是分配对方不喜欢的任务、对其进行严密监控、严格强调工作规范、述职、调职，也可能是在对方很在乎工作的情况下对其进行降级、停职或者解雇。但不论施予何种惩罚，强制性权力的使用都会使人受到伤害，产生敌意、愤恨甚至报复，破坏信任和人际关系。例如，根据绩效目标不达标而被要求当众述职的个体，因为爱面子免于受到惩罚，会伪造绩效报告；被分配到次级任务的个体为了避免受到惩罚，会做出拒绝执行任务、经常缺勤等行为。

在权力的各种来源中，强制性权力常常是遭人非议的，并且也最难控制。大多数人对于权力的负面印象，在很大程度上就是源于这种权力形式。许多组织的行为都可以用强制权来解释。

与法定性权力相同，强制性权力也不是领导者的专属，被领导者也可能运用强制权影响领导者，这种影响在被领导者在其他同事中拥有很强的参照权的情况下尤其显著。例如，部门里某个员工在资历、德行、专业能力方面都对其他员工有很强的参照权，如果领导者因某些原因对该员工运用了强制权，导致该员工产生了抵抗行为，那么该部门领导在部门的其他员工眼中的威信势必大打折扣，管理也不会顺利了，这

---

[1] J. R. P. French Jr. and B. Raven, "The Bases of Social Power," in D. Cartwright(ed.), Studies in Social Power(Ann Arbor, MI: University of Michigan, Institute for Social Research, 1959), pp. 150-167.

个部门的组织氛围、工作氛围都将会受到严重的破坏。

(3) 奖赏性权力

与强制性权力相对的就是奖赏性权力。即通过使用奖赏的能力来影响他人,当你拥有别人期望得到的东西时,你就拥有了权力。在组织中,当领导者拥有足以控制他人的具有价值的事物时,如薪资、晋升、福利、名望、地位、休假、培训等,领导者就拥有了奖赏权。

奖赏权认为员工之所以会服从管理者的某些影响,是因为他们希望通过服从而获得奖励。要使奖赏权成立,权力实施对象必须重视这些奖赏,因此,接受方的知觉最重要。如果管理者给下属提供自认为是奖赏的事物(如晋升、更多的责任、更大的成长空间),但下属并不看重它们,那么管理者就并不真正拥有奖赏的权力;同样,管理者可能并不认为在对下属给予奖赏(比如平静地倾听下属的抱怨),但如果下属认为这是奖赏,那么管理者就具有奖赏权。所以,只要下属认为他们的上司拥有奖赏权,那么上司就真的拥有这种权力。由于个体对这些奖赏的追求程度不同,能否收缩自如地进行奖赏,就取决于管理者对个体的理解程度。当然,奖赏权不仅仅局限于物质的范围,像认可、友好、激励、赞扬等也是奖赏。而这些并不仅仅只有领导者才能给予,组织中任何一个人都可以使用。

2. 个人权力

组织中还存在另外一些人,他们不一定具有正式的职权,也不一定有较高的级别,但是看上去却似乎拥有更多的权力,这种权力来自个体的人格、技巧和能力,与职位无关,是个人权力,我们也把这种类型的权力称为非正式权力。组织中的个人权力包括专家性权力、参照性权力两种。

(1) 专家性权力

专家性权力是基于个体拥有被人认可的技能、天赋或专业知识。在组织中,如果管理者相对于下属在任务的执行、分析、评估和控制等方面表现出优势,则他就拥有专家权。专业知识和技能是专家性权力的主要来源。随着世界科技的发展,专家意见已成为极具影响力的方式之一,通常是越专精化或技术取向越强的工作,就越需要具有专家性权力的成员。

专家性权力具有高度选择性的。专家性权力要被认可,就要使权力运用对象知觉到权力代表者是可靠的、值得信赖的、具有相关性和有用性的。可靠性来自具有可信的资格,个体必须真的知道他所谈论的问题并能够出示表明其知识的证据;可依赖性指具有专家权的人必须具有诚实的声誉,没有信誉的人他所拥有的专业知识也会受到他人的怀疑;此外,还须具有相关性和有用性,在组织中,专业人员在自己的领域具有专家性权力,但在其他领域则不具备。比如,医生在医疗领域拥有专家权,但是在投资金融方面就不具有专家权。

资料卡

巴菲特的午餐

巴菲特午餐会始于2000年,迄今已举行16年,据统计,包括今年在内拍卖共计筹集了约2014万美元。在全世界16个获此殊荣的人中,有三个是中国人。2006年,步步高电子工业有限公司董事长段永平以62.01万美元成为首个与巴菲特共进午餐的中国人。2009年赤子之心中国成长投资基金创办人赵丹阳以211.01万美元的高价拍得共进午餐的机会。

2015年沃伦·巴菲特慈善午餐拍出234万美元的天价(折合人民币约1450万元),被中国一家开发网络游戏的公司——天神娱乐董事长朱晔成功竞标,赢得本年度与"股神"巴菲特共进午餐的机会。

投资者们为什么热衷花巨资与巴菲特共进午餐,他们究竟获得哪些收益?

日前,段永平在美国做投资做得风生水起,用他的话讲自己投资股票得益于巴菲特的著作,言外之意,"巴菲特午餐"似乎作用有限。而赵丹阳则表示,他当时有很多问题,可能要花二三十年,经历很多经济周期,买入很多公司才能得到答案,但是与巴菲特共进午餐后,在短短三个小时里他就得到了答案。巴菲特的回答让他少犯了很多错误。

(2) 参照性权力

参照性权力的基础是对于拥有理想的资源或个人特质的人的认同。参照性权力基本上是透过认同而来,如果你认同、欣赏某人到了想仿效他的态度与行为时,此人对你就有了参照权。例如,下属对上司的认同,往往是形成参照性权力的基础,这种认同就包括下属想仿效上司的愿望。一个年轻的管理者可能会模仿一名年长的、受人钦佩的、有经验的管理者,那么,这名年长的管理者就具有参照权。

参照性权力通常属于那些具有令人钦佩的人格特征、个人魅力或享有声望的人,所以,通常政治领导人、明星、运动健将或其他名人具有这种权力。这也解释了为什么在商业炒作中,企业会花重金请名人来做代言。广告中的名人策略就是利用这种类型的权力。

表9-1有助于我们来理解不同的权力来源。

表 9-1 权力基础的测定

一个人具备一种还是多种权力基础?对下列问题的确定性反应可以回答这个问题	
根据某人的地位和你的工作职责,他有权要求你按照他的意愿行事	法定性权力
这个人可以使事情变得非常难办,而你又想避免让他或她生气	强制性权力
这个人能够给他人好处或奖赏,而你发现取悦他或她对你会有益处	奖赏性权力
某人凭借他的经验和知识赢得你的尊重,在某些方面你愿意听从他的判断	专家性权力
你欣赏某人且愿意为他或她做事	参照性权力

9.2.2 组织中最有效的权力来源

在法定性、强制性、奖赏性三种正式权力来源与专家性、参照性两种个人权力来源之中,哪一种权力来源对我们来说是最重要的呢?研究结果表明:个人权力的效果是最好的。专家性权力和参照性权力与员工对上司的满意度、组织承诺水平和员工绩效水平呈现正相关性,员工对工作更加负责,带着强烈的愿望努力去完成工作任务,即使加班也不在乎。而奖赏性权力和法定性权力则与这些结果无关,员工仅仅是服从上司的命令去完成任务,但不会为此做出多余的努力和牺牲。强制性权力反而有负相关,员工的潜在反应是抵制上司的指令,表现在拒绝执行上司的命令或刻意推迟行动、敷衍了事等方式表达对上司的不满。

从组织行为角度对这五种权力进行分析比较,得出权力的影响效果见图9-1。

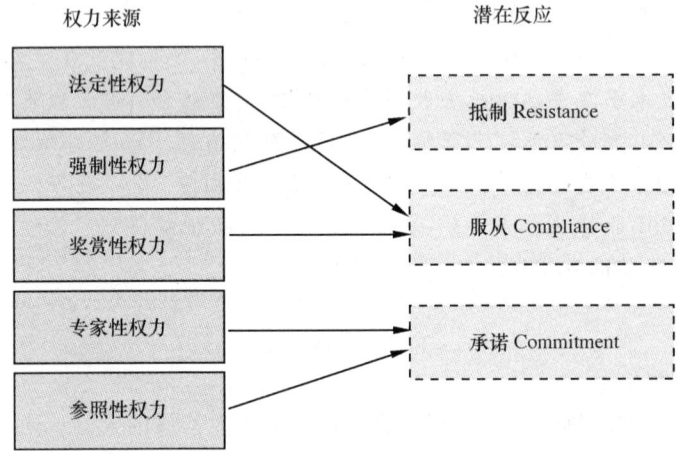

图 9-1 个体对权力来源的潜在反应

9.2.3 权术

权术是人们运用权力并将其转化为具体行动的方法和技巧,也可称为权力的战术。人们通过调查研究发现,组织中常见的权术影响策略共有 9 种,依据不同时期组织的不同目标和下属对象的不同而区别采用,如表 9-2 所示。

表 9-2　　　　　　　　　　　9 种权术影响策略

权术影响策略	定义	举例
法定性	依赖自己的权威地位或者要求他人遵从组织的政策或规章	我是 HR 管理岗负责人,这个方案符合总公司的组织发展要求
理性说服	利用逻辑分析和事实依据来支持某个合理的要求	应用这项新技术可以使我们的市场份额扩增 10%

续表

权术影响策略	定义	举例
鼓舞式诉求	从被影响者的价值观、需求、理想和志向角度来激发热情	你不是一直想在项目中独挡一面吗？刚好有这个机会，为什么不试试呢
协商	在规划策略、活动、变革时鼓励广泛参与，以此获得支持	总公司这个方案怎么推行下去，大家一起来讨论一下
交换	提供利益作为酬劳，以使其同意某个请求	帮我把电脑整一下吧，我请你下午茶
个人魅力	利用他人的忠诚度或与自己的友谊	咱俩谁跟谁啊？帮个忙吧
逢迎	在提出请求之前先用奉承、称赞或者其他友善行为作铺垫	这次庆典活动办得很成功，大家都看到了你的组织能力
施压	采用警告、反复要求或威胁等手段	如果这个月业务再不达标，你这个营销部经理就别干了
联盟	获得更多其他人的帮助并以此来劝服被影响者同意自己	老板也非常支持我的提案，所以请你配合我的行动

这9种权术影响策略的有效性并不是完全相同的。理性说服、鼓舞式诉求和协商是最有效的方法，尤其当被影响者对决策结果非常感兴趣时效果更加明显。而施压通常是9种权术策略中效果最差的一种，往往会产生反面效果，引起人们强烈的反感。这些权术策略不仅可以单独使用，也可以几种结合在一起使用，只要相互间不产生冲突即可。例如，当被影响者对决策结果不太关心时，可以同时使用逢迎和法定性两种权术来降低独裁的印象。

在这些权术影响策略中，面对不同的情境和影响对象，权术影响的效果也不同。表9-3就是面对不同影响方向的优选权术。

表 9-3　　　　　　　　不同影响方向的优选权术

从下到上的影响	从上到下的影响	平行影响
理性说服	理性说服	理性说服
	鼓舞式诉求	协商
	施压	逢迎
	协商	交换
	逢迎	法定性
	交换	个人魅力
	法定性	联盟

在表9-3中，理性说服是跨组织层级的影响中唯一有效的策略。鼓舞式诉求和施压在上对下的关系中才有效，个人魅力和联盟在平行关系中最有效。其他影响效果的因素还包括各种策略的使用次序、使用技巧及组织文化等。

一开始采用依靠个人权力的"软性"策略往往更有效，例如对个人进行鼓舞式诉求、理性说服和协商等。如果这些策略不管用了,则可以逐步过渡到"硬性"的策略,例如交换、联盟、施压等,这些"硬性"策略更侧重正式权力,并且往往会招致更高的成本和风险。

一个孤立的软性策略比一个孤立的硬性策略有效的多,而将两种软性策略合并使用或者将软性策略和理性说服合并使用的话,其效果好于任何孤立的策略或者硬性策略的各种组合方式。

> **资料卡**
>
> **"办公室最毒的关系是男女关系,办公室最狠的人是中层"**
>
> 电影《华丽上班族》是由香港导演杜琪峰执导,杜琪峰、张艾嘉联合监制,周润发、张艾嘉、陈奕迅、汤唯联袂主演的舞台剧。影片于2015年9月2日在中国内地上映。影片故事背景起源于2008年,讲述了一个刚刚步入社会成为上班族的年轻人李想(王紫逸饰),莫名被卷入一场公司利益博弈的故事。众信集团董事长何仲平(周润发饰)凭着一身干劲、独到眼光及运用权术策略的高超手腕,还有集团CEO张威(张艾嘉饰)的大力协助,让公司业务迅速发展。表面上准备公司上市,实则利用金融危机,成功地实行了公司管理层的清洗,生动地上演一场办公室的权力与政治。影片中展示了不论是上级对下级、还是下级对上级,以及平级同事之间都运用各种权术策略,所以才形成这样一个精辟的观点"办公室最毒的关系是男女关系,办公室最狠的人是中层。"

9.3 政治

人们聚集在一起时,权力就开始发挥作用了。人们总是试图打开一个缺口以便施加影响、赚取好处或者扩展事业。组织中的员工实施权力的时候就是他们投身政治中的时刻。所以,我们说,组织中的政治就是权力实施的过程。员工要想在组织中获得快速提升和发展,必须掌握一定的政治行为和权术。

9.3.1 政治行为的定义

组织中的政治行为是指那些不是由组织正式角色所要求的,但又影响或试图影响组织中利害分配的活动(罗宾斯,2015)。这个定义包含了大多数人对组织内政治关系的理解。政治行为是一个人特定工作要求之外的行为,此种行为具有一定目的性,需要施加某种权力。政治行为会影响组织内利益分配,包括影响目标、标准、要付出的努力或者决策制定的过程,例如拒绝给决策人提供重要的信息、对任何事都不屑一顾、满腹牢骚、揭发、传播流言、泄露组织机密、结党营私、游说他人赞同或反对某人或者某个决定。

> **资料卡**
>
> ### 办公室政治
>
> 办公室政治是一个从美国华尔街缘起的词,简单来说,就是职场上人与人的不同。观念的差异、利益的冲突都可以看成是办公室政治的表现。它等于人与人之间的交流和关系,多少带着些尔虞我诈的感觉。但是现实生活中谁都逃不开这一切,想要明哲保身、图个清静的上班族最终的结果除了远离是非圈,也可能会莫名其妙丢了工作,因为"办公室风暴"从来不长眼睛,弄得不好自己就成了风暴中心。所以,与其刻意躲避,不如好好享受"办公室政治"。放下所有的不屑和无奈,多结交应交的朋友,少在同事间结怨。
>
> 办公室政治的表现形式有以下几种:
>
> (1) 划小圈子。因为利益、职级、性别、年龄、学历、工作年资背景及意识形态之不同,分门分派。
>
> (2) 魔鬼化。魔鬼化就是丑化对手,达到孤立对方,使之失去同事周边支援,使之工作表现差,最后使之在组织内外失势,甚至消失、下岗。
>
> (3) 白色恐怖。它的目的是排除异己及内奸。
>
> (4) 边缘化对手。它是通过各种手段架空对手,最后达到边缘化对手的目的。
>
> (5) 知信架空。组织开会,使对手不知情。企业有新方向,使对手又不了解。
>
> (6) 权力架空。让其他人以为某人不负责某些关键的工作,使之权力真空化,白做一些不被赞赏、没有贡献的工作。

9.3.2 引发政治行为的因素

组织中引发政治行为的因素往往可以从组织情况和员工个体特征两个维度来进行考察。组织情况包括有组织环境、组织文化、组织结构、政治管理等方面,而员工个体特征往往和个体差异、权力需求、控制地位、冒险倾向等因素相联系。

1. 个人因素

不同的人从事政治行为的几率也不尽相同,某些人很可能比其他人会更多地从事政治行为。就性格特征而言,有高度自我监督、内控型性格及高度权力需求的人,比较可能从事政治行为。此外,个人对组织的投入、感知到出路的多寡,以及对政治行为是否成功的预期等因素,都会影响其采取不正当政治行为的意愿。

易引发政治行为的个人因素主要有以下四种:

(1) 为达到目的而不择手段的倾向。马基雅弗利(N. Machiavelli)是15世纪意大利著名的政治思想家和哲学家,其思想在西方政治思想史上占有很重要的地位,其主要理论是"政治无道德"的政治权术思想。许多世纪以来,人们把那些为达到自己目的,缺乏对常规道德的关心,而不惜在人际关系中使用欺诈和机会主义手段,审视和摆布别人的人称为"马基雅弗利主义者",也就是为达到目的而不择手段者。有研究表明,在组织中马基雅弗利主义与政治行为高度相关,它是许多组织中具有政治行为的有效的预警器[1]。

(2) 对权力的需求。权力需求是指影响、控制他人的动机或基本需求。不同的人对权力的需求程度也有所不同。权力需求较高的人往往表现出对支配他人、征服他人有更强烈的欲望,喜欢对别人"发号施令",其追求地位和权力的过程中极易产生政治行为。

(3) 控制点。根据控制点可将人们分为内控型和外控型两类。内控型的人认为,事情的结果基本上都由他们自己的行为所决定,他们往往乐于假定自己的努力会成功。而外控型的人认为,事情的结果并非由他们的行为所决定,而是由外部的其他因素(如环境)所决定。因此,内控型的人比外控型的人对于从事政治活动的偏好更为强烈,更可能试图去影响他人。

(4) 冒险倾向。从事政治活动往往要冒风险,它可能会带来与当初目的相反的结果,因此,具有明显冒险倾向的风险爱好者更愿意从事政治行为。

2. 组织因素

虽然个体差异会影响组织政治行为的程度,但是,有研究表明,组织特定的情境和文化也会助长政治活动。罗宾斯(2015)认为,滋生政治行为的组织具有如下七个特征:

(1) 组织信任度低。组织中政治行为发生的频率和组织信任度成反比。如果组织缺乏信任,员工人人自危,出于本能会设法采取行为来保护自己,容易卷入组织政治,非法的政治行为相应地也就越多;反之,高信任度的组织可以抑制政治行为,特别是非法的政治行为。

(2) 角色模糊。如果组织对员工行为范围、职权缺乏明确界定,那么,员工的政治行为的范围和功能几乎也不会受到什么限制。因为政治行为是指那些正式角色要求范围之外的行为,角色越模糊,越容易使人卷入政治行为而不易被察觉。

(3) 绩效评估系统不清晰。组织在绩效评估中所用的主观标准越多,且注重单一的评估结果,或者绩效评估的间隔或周期拖得过长,则员工参与政治行为且蒙混过

---

[1] (美)斯蒂芬·P.罗宾斯,蒂莫西 A.贾奇.组织行为学精要[M].郑晓明,译.北京:机械工业出版社,2015.

关的可能性就越大。

(4) 非得即失的零和报酬分配体系。非得即失的零和报酬分配方式是把分配量看成固定的数额，任何个人或群体的所得必须以另外一个人或群体的所失为代价，即我得你必失。这就使得人们总是力图使自己显得劳苦功高而贬低他人，容易产生政治行为。

(5) 民主式决策。民主式决策可以降低组织的专制程度。管理者为了谋取权力往往绞尽脑汁，付出高昂代价，必然不愿意与他人分享权力，实现民主化决策。这样就导致领导者有可能利用团队、委员会、讨论大会和小组会议作为他们施展手腕、玩弄权术的竞技场。

(6) 高度绩效压力。工作压力的大小也与政治行为有着同向的密切关系。当组织成员必须对自己的工作负责时，他们就可能采取政治行为来掩饰实际的工作表现，以确保结果对自己有利。

(7) 高层管理人员行为示范。上层管理者热衷于政治行为，并获得成功和一定回报，那么组织中就会形成接受和支持政治行为的氛围。当情况如此时，员工也许就会被诱导去从事政治行为，以获得某些好处。换言之，高层管理者采取政治行为的做法相当于默许基层员工也可以采取政治行为。

9.3.3 组织政治行为的结果

对采取政治行为的个体而言，组织政治行为可能是有利的，但对大多数人来说，他们不愿意做政治游戏或者缺乏政治技巧，那么组织中的政治行为就会带来负面的影响。图9-2是归纳了大量关于组织政治和它对个体产生的各种影响的研究结论，我们可以看到政治行为往往会导致以下几个负面的结果：

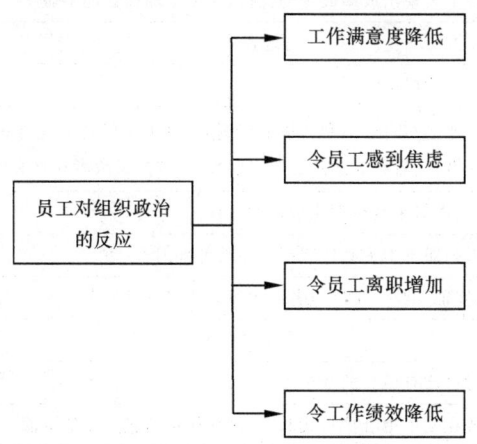

图9-2 员工对组织政治的反应

(1) 工作满意度降低。很多研究表明，对组织政治的感知与工作满意度成反比。当员工认为组织的奖励受政治行为影响时；当员工认为组织中存在着利益群体或者帮派时;当员工认为其同事经常从事政治行为时;当员工感觉到政治行为影响到组织职能的正常发挥时,员工就会产生不满情绪,导致工作满意度降低。

(2)焦虑增加。组织中政治行为会导致员工焦虑感和压力的增加,因为如果不参与政治行为,那些积极参与政治行为的人可能会损害到自己的利益,但是如果被迫参与,又不得不绞尽脑汁去应对政治行为,额外增加压力。

(3)离职增加。过多的政治行为会使员工认为所处的政治环境是不公平的,导致满意度降低,压力、焦虑感增加,当员工感到无法应付频繁、复杂的政治行为时,就会选择离职。

(4)工作绩效降低。组织中的政治行为导致员工感觉到所处的环境不公平,从而使其不愿意再对组织投入感情,工作就开始敷衍,那么个人绩效势必就会降低,从而就影响到组织绩效。

当人们把政治行为视为一种威胁的时候,为了回避参与活动、受到责备和可能的变化,他们常常会采取自我防卫行为,例如过度遵从、推诿责任、装聋作哑、明哲保身、拖延时间、虚报信息等等,表9-4就是这类行为的例子。

表9-4　　　　　　　　　　　　　自我防卫行为

规避行为	
过度遵循规定	过分严谨地解释自己的责任。例如,"关于这件事,制度里已经规定得很清楚……""公司一向是这么处理的……"
推诿	将执行一项工作或者做决策的责任推给别人
装聋作哑	谎称不知情或者没有能力而避免接受一件自己不想承担的任务
拖延	有意延长任务期限,从而显得自己很忙。例如,将1个月的项目拖延到3个月完成
搁置搪塞	在公开场合下表现出或多或少的支持,而私下却什么都不做
逃避责任	
谨小慎微	这里指的是自我保护
过分保守	回避一切可能会对自己不利的情形。例如,只承担成功可能性很高的任务,将有风险的任务留给别人做;或者在表达意见时用模糊的言辞,又或者在冲突中采取中立的态度等
自我辩护	用各种解释、借口来减少理应承担的责任
归咎外因	将负面结果归罪于本无必然因果关系的外部因素
误传错报	通过曲解、修饰、欺瞒、挑拣或者混淆等方式来操纵信息
规避变革	
避免变革	试图避免对自己有威胁的变革发生
自我保护	用各种方式在变革中维护自我利益,例如保护信息或其他资源

这些自我防卫行为从短期来看似乎保护了员工的自我利益,但是从长期来看,则会增加他们的厌烦感,而且过多的自我防卫行为还会让员工失去来自上司、同事以及客户的支持与信任。

9.3.4 印象管理

印象管理(Impression Management,IM),是指人们有意识地控制他人对自己印象的形成过程。古语云:"女为悦己者容",就是说女性的化妆打扮,所做的一切装饰自己的行为都是为了让自己在别人心中更具有吸引力。

一些学者认为,印象管理从根本上讲是负面的东西,是对人的欺骗和操纵,应该舍弃;而另外一些学者则认为,印象管理是组织中普遍存在的现象,是所有人际关系互动过程中的基本组成部分,印象管理可以作为一种社会润滑剂来缓和人际交往中的相互摩擦,有利于建立和谐的人际关系,人们可以积极主动地运用印象管理来帮助自己实现个人的、群体的以及组织的目标。所以,在别人的心目中形成正面的印象会为组织中的人们带来益处。

印象管理是一种特定的政治行为,其目的是为了改变他人对我们的直接感知印象。有证据显示,印象管理技巧的效果好坏取决于情境因素,比如说,自我推销的做法在面试中就比在绩效评估中更有效。因为面试官之前并不了解你,通过自我推销突出自己的成就,制造一种能力卓越的印象,从而能够顺利得到职位。而在绩效评估中应用自我推销的技巧就有反作用了,因为你的上司对你的工作状况很清楚,他的工作就是观察你的工作能力,如果过分吹嘘自己的成绩,反而会给上司留下虚伪、不诚实的印象,弄巧成拙。因此,印象管理技巧的使用一定要根据情境来选择。高度自我监控者最关心印象管理,因为他们善于解读情境,并根据不同的情境来调整自己的形象和行为。

罗宾斯(2015)认为,印象管理技巧有如下一些方法,我们在此基础上进行了阐述,详情见表9-5。

表 9-5　　　　　　　　　印象管理技巧

印象管理技巧	定义	举例
顺从	为了获得他人的赞同和认可而顺从他人的意见,这是一种逢迎的做法	一名经理对他的上司说:"开辟农村市场这个营销策略,毫无疑问是当下最正确的选择,我绝对赞成您的想法。"
恩惠	对他人做一些有利的事情以获得好感,这也是一种逢迎的做法	一名销售人员对潜在的客户说:"本周六晚我们将在外滩游艇俱乐部举办一场高端客户答谢酒会,我只有两张入场券,送给你了,就当感谢您一直以来对我工作的支持。"
借口	解释造成困境的原因,以降低他人对事态的严重性的估计	一个销售经理对上司说:"我们没能及时在报纸上登广告,但反正也没人会认真看那些广告。"

续表

印象管理技巧	定义	举例
道歉	为不理想的结果承担责任,同时希望得到原谅,这是一种自我防卫式的印象管理技巧	一个员工对上司说道:"对不起,我在报告中犯了个错误,请原谅我吧!"
自我推销	突出一个人的优点而隐瞒缺点,要求别人注意自己的成就,这是一种以自我为中心的印象管理技巧	求职者对面试官说:"虽然开发这个项目很辛苦,但是我和我的团队不畏艰难、夜以继日,终于把这项核心技术给研发出来了。"
夸大	对有利的事进行解释,以扩大对自己有利的影响,这也是一种以自我为中心的印象管理技巧	一名销售人员对上司说道:"小王跟这个客户三年了,都没把合同签下来,而我只用了半年的时间就把他给拿下了。"
奉承	恭维他人,使他人觉得自己有眼光,并得到他人的青睐。	一个新员工对同事说道:"你这个系统分析表简直是做得太完美了,难怪领导老是表扬你,我可做不了那么好。"
例证	做一些本来不必要的工作来显示自己特别的尽心和努力	一名员工加班到很晚才给上司发邮件,这样上司就知道他在加班工作

资料卡

让别人喜欢自己的方法

卡耐基在其《如何赢得朋友并影响人们》一书中提出了六条让别人喜欢的方法:

——真诚地对别人感兴趣
——微笑
——要记住名字是一个人所有语言中最美、最重要的声音
——做一个好的聆听者、鼓励别人谈论他们自己
——谈论别人感兴趣的事
——真诚地使别人觉得他是重要的

9.4 政治行为的道德规范

在进行政治行为时,你应当考虑下面一些问题。例如,参与政治活动有什么用处?采取政治行为你得到了好处,而他人是否会因为你的行为受到伤害?比如说抢了别人的功劳盖在自己头上,从而获得升职加薪。或者是方案做错了,就把责任推到项目组其他成员身上而把自己择出来。还有一点,政治行为是否违背公平公正的

原则?

图 9-3 提供了一个从道德角度判断政治行为的模型。第一个问题是个人利益是否与组织利益一致,道德的行为是否与组织的目标保持一致。比如,在同一家保险公司里,个险渠道营销人员对银行保险渠道的客户说他们购买的银保产品有缺陷,如果目的仅仅是为了抢夺客户,那么这种行为就是不道德的。但是,如果他指出银保产品的缺陷在于不能够满足客户所有的保障需求,而需要个险做个补充,最终实现客户二次开发,为公司贡献了业绩、留住了客户,个人利益与组织利益一致,这就与道德无关了。

第二个问题就是这种行为是否有损相关的其他人员的权利。比如说,市场部经理让两个员工针对一款新产品的推广同时设计营销方案,而甲利用乙外出午餐的时间偷看乙的电脑,剽窃了相关营销策略,并在公开展示时优先展出设计方案,那么甲的行为就是不道德的。因为他剽窃了乙的创意。

第三个需要考虑的问题就是政治活动是否符合公平与公正的标准。比如说,部门经理对喜欢的下属夸赞有加,而对看不顺眼的下属百般刁难,前者获得升职加薪,而后者什么都得不到,这种做法对不受偏爱的员工就是不道德的行为。

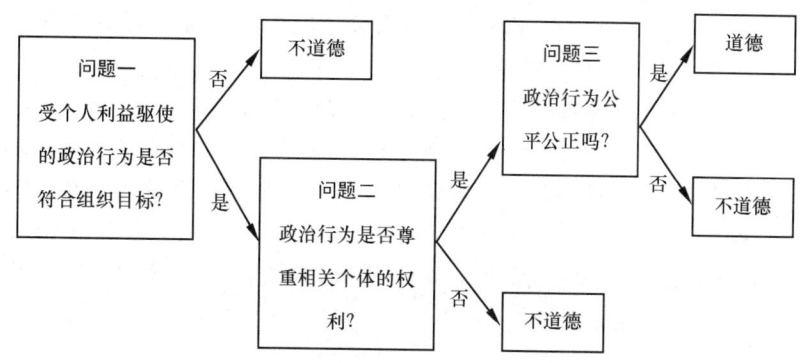

图 9-3　政治行为是否符合道德标准

遗憾的是,对这些问题的回答常常是颠倒黑白的。比如,有权力的人会把他自谋私利说成是为了组织的利益。他们也会巧言如簧地把不公平的行为说成是公平公正的。因为,那些不守道德的人几乎可以对任何一种行为都能自圆其说。

虽然没有一种明确的界限可以区分政治行为是否道德,但是,还是要提出一些道德标准以供参考。而且,一个优秀的管理者有责任和义务采取行动,以减少这种不道德的行为的发生。为了帮助克服组织内政治行为对组织道德的负面影响,可以参照下面的原则来行事:

第一,保持沟通渠道公开;

第二,塑造道德行为而不是政治行为的角色模型;

第三,当心那些只采取利己行为的人;

第四,保护个人的正当利益;

第五,总是使用价值判断,经常问:"这样公平吗?"

当你要面对一个和组织政治有关的道德难题时,要三思是否值得冒险去玩弄政治权术?在这一过程中是否会有人受到伤害?如果你拥有权力,那么一定要意识到权力可能会导致腐败,可能会导致身败名裂。相反,无权的人更容易保持道德,因为,这一类人往往缺乏政治行为的余地。

资料卡

新东方高层内斗

新东方教育科技集团成立于1993年11月16日。经过十多年的发展,成为一家以外语培训和基础教育为核心的大型综合性教育科技集团,培训涉猎范围广泛。2006年9月7号,新东方教育科技集团在美国纽约证券交易所成功上市,成为中国第一家在美国上市的教育机构。在2010年度的《中国品牌500强》排行榜中排名第94位,品牌价值已达64.23亿元。

但是这样一个价值超过60亿元的企业,曾经差点因为高层内斗而分崩离析。

创办新东方的"三驾马车"——俞敏洪、王强还有徐小平。

俞敏洪,现任新东方教育科技总公司总裁,新东方学校的创办人;王强,现任新东方总公司董事长,回国之前在美国贝尔实验室任高级电脑工程师;徐小平,新东方二次创业的功臣,曾经是新东方公司"二把手"、董事、副总裁,如今已然出局,在公司中无任何职务。掉出了权力核心,只有一个更多是"干活的""虚职"——新东方学校副校长。

剧震

民营企业进入鼎盛时期后,一般难以逾越"排座次、论荣辱、分银饷"的"水浒模式"。在以俞敏洪牵头的股权改革中,大家理解成这是俞敏洪"明分暗收"高度集权的一场阴谋,于是,王强提出辞职,在紧急召开的临时董事会上,徐小平为了加码支持王强也提出了辞呈,随后,监事会主席包凡一讲,如果王强离开他也会离开,一场临时董事会竟演变成了董事辞职会。"三驾马车"中三去其二,新东方的未来命运会如何?最终,在后来的股东大会上的表决结果是,徐小平的董事职务被罢免了。

在"水浒模式"下,几乎所有的企业都会沿着一个大家十分熟悉的道路向下滑行。但新东方经过这次剧震后,却如凤凰"涅槃"般地再生了。

新生

为使新东方向"现代企业"转型,在发展的前提下平衡利益,摆脱随时可能分崩离析的危险局面。俞敏洪提出辞去新东方董事长兼总经理的职务,由王强接任。因为他相信王强对公司的"战略、长远规划"更有利于新东方的发展,而且他认为他不能权力太过于集中。

徐小平也在一封信中分析和反思:假如新东方是一艘大船,掌舵人俞敏洪迷失方向,是这场改革艰难与痛苦的最主要根源。但是,徐小平也慷慨激昂地说道:"只要记住共同理想、共同追求,共同利益,只要记住当年合作的共同友谊,我觉得天下没有不能共同共事的团队。"

升华

徐小平说:"新东方的内斗,不是权力的斗争,而是关于发展思路、战略、公司治理结构、节奏的斗争,当然还有股东利益,因为在斗争过程中没有一个股东提出要什么职位、工资、股份的。"徐小平强调,这是理解新东方内斗的灵魂,也是新东方处在分崩离析的边缘得以走上正轨的理由。在这次内斗中,徐小平是出局了,但是他认为他升华了,像烟火一样被俞敏洪一不小心点着了,焚烧了他自己,但照亮了别人。

新东方重新洗牌,救了徐小平,更救了新东方。

从一个个体户到现代公司,从一批文人到一批职业商人,新东方"教书一流"、"办学校一流"、"管理公司尤其是现代公司却不入流"的一批人完成了蜕变和升华过程。

新东方股东的共同利益,不能以兄弟情谊来维系,但可以用共同利益来维系兄弟情谊,这是新东方改革最宝贵的收获之一。

一场复杂的内斗,只是验证了一个简单的道理。

本章小结

本章主要对权力和组织政治的基本内容进行了探讨。如果一个人想在组织中成就事业,就必须拥有权力。权力是组织中的重要方面,它的本质是依赖。在了解了权力的概念后,又讨论了权力和领导力的区别与联系。接着,介绍了组织中正式权力——法定性权力、强制性权力、奖赏性权力和个人权力——专家性权力、参照性权力的权力来源,以及法定性、理性说服、鼓舞式诉求、协商、交换、个人魅力、逢迎、施压、联盟等九种权术影响策略。

组织中离不开权力的运用,而权力运用的过程往往就是组织中政治行为产生的过程。组织中的政治行为是指那些不是由组织正式角色所要求的,但又影响或试图影响组织中利害分配的活动。在本章中介绍了组织政治行为的概念、产生的原因以及引起的结果,以及八种应用印象管理的技巧——顺从、恩惠、借口、道歉、自我推销、夸大、奉承、例证等。最后,讨论了判断组织政治行为是否合乎道德的标准。

心理测试

9-1：看看你的权力欲望有多重

大多数做上司的,都是愿意在更重要的位置上发挥自己更大的能力,以便为社会、为他人做出更多的贡献。但也有一部分人热衷于权势在手,陶醉于对下属吆五喝六的威风之中。你想当领导吗?你有当上司的梦想吗?你希望自己做个人上人吗?下面的测试就会告诉你哦!凭借第一印象,请做出你的选择。

想脱逃时,下列4个东西中,只能带一个走,你选哪一个?

A. 十字钩

B. 短刀

C. 现金100万元

D. 磁铁

答案揭晓：

A. 十字钩

你的思考与实行间有一段距离,是个计划者而不是实践家。很会判断情况,是你得到器重的原因。

B. 短刀

反抗心很重,但不是无理的反抗权力。只要能沟通,你会是个很温和的人。

C. 现金100万元

你是一个致力于权力的人,虽有顺从权力的倾向,但判断力相当好,随时处在优势,即使情况不好,也不会自毁立场。

D. 磁铁

有人帮助时,可以充分发挥自己的能力。但在权力下,不能施展实力,也没有反抗的热情,才华容易被埋没。

9-2：组织政治状况的快速测定法

组织中或多或少都会存在政治,通过以下选项可以确认组织的政治化程度。根据问题,请做出你的选择。

1. 决定一个人升迁的因素是个人偏好而非绩效。
2. 不管你的工作质量如何,如果你是个老好人那么你也能呆下去。
3. 存在妨碍工作绩效的小集团或非正式组织。
4. 鼓励员工大胆发表言论,即使这一言论与组织现有观念相悖。
5. 组织里没有唯唯诺诺者的市场,只要是好建议,就算和上司的意见冲突,也会被采纳。

你所在组织的政治化程度如何？根据以上的问题回答如下的5个选项。

SD＝强烈反对；D＝反对；U＝不确定；A＝赞成；SA＝极力赞成

评分：1、2、3项若选SD，则得1分；选D，得2分；选U，得3分；选A，得4分；选SA，得5分。4、5项刚好相反，选SD，得5分，以此类推，选SA，得1分。总分越高，则说明组织政治状况越严重。

管理游戏

9-1：选拔公司部门副经理

场景设计：部门副经理跳槽离开公司，需要选拔一位新的副经理。

选拔流程：部门经理推荐，人力资源部经理民意调查、考核，呈送意见给总经理，总经理呈送意见给董事长，然后由上面再反馈给经理，下发新选拔的副经理的任命书。

1. 董事长、董事长夫人、总经理、总经理夫人、人力资源部经理、部门经理、员工五名以上。

2. 每位员工都希望自己能胜任。

3. 由学生扮演不同的角色，台词对话自行设计。

4. A、B、C、D、E五名员工各有不同的特点：A员工资历高，已在公司工作了15年，且任劳任怨，但能力平平；B员工是总经理夫人的侄子，在公司工作3年，但人缘不好；C员工技术和管理能力很强，但有点不服从领导的管教；D员工是董事长夫人的外甥，刚来公司1年，学历高，硕士毕业，有点儿自视清高；E员工工作努力，能力也不错，但家里有个6岁的小孩需要照顾，且丈夫经常出差。

分享：角色扮演后分享自己对权力与政治的体会，谈谈公司内各种政治因素对副经理选拔的影响。

9-2：影视拓展(《华丽上班族》

目的：了解公司里的办公室政治以及权术的运用

材料：剪接电影《华丽上班族》中何总利用张威应对金融风暴，管理公司的部分片段

时间：50分钟

问题讨论：

1. 谈谈张威的个性特点以及她运用了何种权术？

2. 谈谈何总运用了何种权术？

3. 张威的权力运用对组织的影响，以及下属对此有何反应？下属采用了何种权术。组织里有没有政治行为？有哪些？可举例。

 **案例聚焦**

股权争夺战：谁的万科？

2016年的7月，最热门的新闻便是关于万科、王石、田朴珺、宝能系的各种消息，其中还穿插着万科独董华生的三篇公开信，万科大股东华润的两篇声明。最重磅的，当然是宝能系发表逼宫宣言，要把王石、郁亮等一干董事统统赶下台。

众所周知，王石是房地产龙头企业万科股份有限公司的创始人，并任集团董事会主席，兼任中国房地产协会常务理事。作为一家上市公司的董事长，王石一年中有近1/3的时间在外登山、跳伞，玩极限运动，前往美国、英国游学等，生活极其潇洒，因此也有股民批评他"不务正业"。但是在过去的一年里，王石却经历了一场职场控制权的纷争。

据王石回忆说："1988年万科股份化改造，4 100万元资产做股份，40%归个人，60%归政府，明确资产的当天我放弃了自己个人拥有的股权，一直到今天我在万科拥有极少的股份。之所以放弃资产，我觉得这是我自信心的表示，我选择了做一名职业经理人，不用通过股权控制这个公司，我仍然有能力管理好它。"而当时的社会环境对于国企掌门人通过股权改革夺取企业的控股权这种做法是非常严厉的，因此王石放弃股权也有顺势而为的原因在里面。

1988年万科股改导致股权分散，给了资本狙击方可乘之机，这一后果在几年后的君安证券与万科之争中充分显露，而对此王石后期一直没有进行有效的改善。

2015年7月股灾之后，万科宣布了百亿元的回购预案，如果按预案回购并注销股本，万科的总股本将减少，股东持股比例则相应上升。万科股东之一的万科合伙人若在回购中不减持，回购后的持股比例将从4.14%上升至4.43%。数据显示，截至11月底，万科回购的A股数量约为1248万股，仅占总股本的约0.113%，耗资仅1.6亿元。这一举措，一是晚了，二是无补于大局，结果没过多久，宝能系就来了。

下图是万科股权的"全景图"：

万科股权"全景图"			
Aemc ukn emc sg ;92。24wnn emc			
	持股数	占A股股本比例	占总股本比例
宝能系	28.043亿股（A股）	28.83%	25.40%
华润	16.827亿股（A股）	17.30%	15.24%
恒大	7.527亿股（A股）	7.74%	6.82%
安邦	6.817亿股（A股）	7.01%	6.18%

续表

万科管理层	国信金鹏资管计划	4.569亿股（A股）	4.70%	4.14%
	招商德赢资管计划	3.293亿股（A股）	3.39%	2.98%
	（注释：市场疑似金鹏和德赢两股资管构成一致行动人，万科对此并未做披露，并表示两个计划互相独立。）			
万科工会		6716.85万股（A股）	0.69%	0.61%
中国证券金融股份有限公司		3.303亿股（A股）	3.40%	2.99%
刘元生		1.338亿股（A股）	1.37%	1.21%

H股总股本：13.14亿股

	持股数	占H股股本比例	占总股本比例
香港中央结算（代理人）有限公司	13.149亿股（H股）	100.00%	11.91%

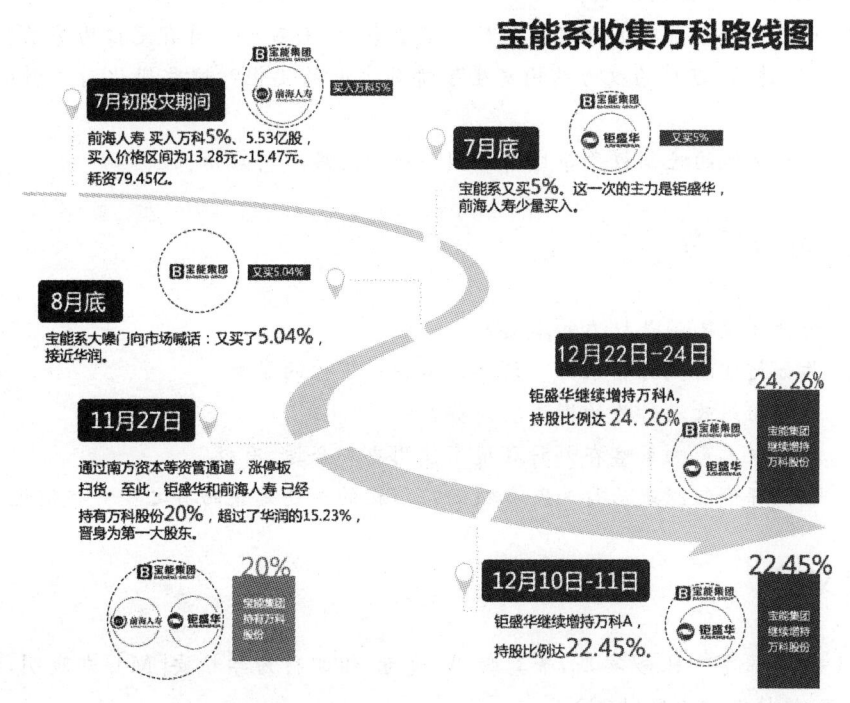

公开信息显示，根据创始人王石的设计，万科是一家股权较为分散的公司，原第一大股东华润当甩手掌柜。尽管万科宣称公司无控股股东、实控人，但实际上，万科管理层是万科的实控人。

据长江商报报道，一名知情人士称："作为管理层，跟股东抗衡会处于弱势地位。"在他看来，作为职业经理人的管理层，在作出决策前，一定程度上并不会完全代表股东利益，相反，管理层甚至会挟持公司要挟股东，这在道义上说不过去。在这场宝万之战中，宝能系无疑做好了充分准备。在2015年7月，万科宣布启动百亿元回购之后，宝能系开始在二级市场上增持。短短两个月，宝能系三次举牌，均未引起万科重视,直到9月所持股权超越华润,而多年的大股东华润也只是象征性的增持,这给了宝能系入侵的契机。

"无论王石怎么奔走,最终会难逃出局的命运。"该知情人士称,万科高层中王石与郁亮也存在分歧,王石的闲云野鹤并未让万科真正强大起来,导致股价长期低位徘徊。在他看来,高度分散的股权结构并没有错,错在管理层没有用心经营。

这是一场职业经理人与大股东关于上市公司实际控制权的争夺战,战斗的最后结局,或将是王石出局。

(资料来源:毛志清.股权争夺战:谁的万科?[EB/OL]. http://finance.sina.com.cn/stock/s/2015-12-22/doc-ifxmszek7578307.shtml,2015-12-22)

问题讨论:

1. 万科股份有限公司的权力结构有何特点？这种权力结构对企业管理和经营产生哪些正面和负面的影响？

2. 作为万科股份有限公司的创始人兼董事长,王石对公司有无权力影响？宝能进行资本运作后,万科的权力结构发生了哪些方面的变化？这些变化对万科的发展有何影响？

3. 万科宝能的控制权争夺战对中国企业的发展有何启示？

复习与思考

1. 为什么说依赖是权力的本质？
2. 你如何理解权力的来源？请举例解释一下你的了解。
3. 引发组织政治行为的因素有哪些？
4. 各种权术影响策略在哪种环境下使用更加合适、有效？
5. 如何评价组织政治行为？积极的？消极的？还是兼而有之？并举例说明。

参考文献

[1] (美)斯蒂芬·P.罗宾斯,蒂莫西 A.贾奇.组织行为学精要[M].郑晓明,译.北京:机械工业出版社,2015.

[2] (美)卡耐基.人性的弱点:如何赢得朋友和影响他人[M].杨庆芳,译.北京:企业管理出版社,2004.

[3] 陈国海.组织行为学[M].4版.北京:清华大学出版社,2013.

[4] 袁凌,吴文华,熊勇清.组织行为学[M].北京:高等教育出版社,2015.

[5] 陈春花,杨忠,曹洲涛.组织行为学[M].2版.北京:机械工业出版社,2015.

[6] 闫海峰,郭毅.组织行为学[M].3版.北京:高等教育出版社,2010.

[7] 乔尹.职场达人志[M].北京:中国发展出版社,2009.

[8] 杨俊杰.公司权力游戏的底线[J].经理人,2005(5):2.
[9] 赵国平.上海家化控制权之争[J].财会月刊,2014.7
[10] 许兵.巴菲特午餐[EB/OL]. http://top. sina. cn/finance/2015-09-11/tnews-ifxhupir7050096. d. html? vt=4&pos=17,2015-06-08.
[11] 王方剑.新东方高层内斗.[EB/OL].经济观察报,http://www. douban. com/group/topic/28520239/,2002-05-08.
[12] 毛志清.股权争夺战:谁的万科?[EB/OL]. http://finance. sina. com. cn/stock/s/2015-12-22/doc-ifxmszek7578307. shtml,2015-12-22.

第 10 章 领导职能

如果发展自我,你会获得个人成功。
如果发展团队,团队会取得进步。
如果发展领导者,组织会获得爆炸性增长。

——约翰·麦克斯韦尔

学习目标

1. 明确领导的概念、职责和作用。
2. 区分领导者与管理者。
3. 掌握领导理论的三大部分及其代表理论。
4. 把握领导艺术的重点。

基本概念

领导科学 Leadership Science
领导艺术 Leadership skill
交易型领导 transactional leadership
魅力型领导 Charismatic Leadership;
企业领导力 Enterprise Leadership
领导品质理论 Trait theories of leadership
领导行为理论 Behavior theories of leadership
领导权变理论 Situational theories of leadership)

 **导入案例**

董明珠:2016年全球50大最具影响力女性

日前,《财富》杂志发布了"2016年全球50大最具影响力女性",格力电器董事长董明珠等12位大陆女企业家榜上有名。

董明珠,1954年出生于江苏南京一个普通人家庭,毕业于安徽省芜湖干部教育学院统计学专业,1975年在南京一家化工研究所做行政管理工作。董明珠的丈夫在儿子两岁时病逝,这一事件成为董明珠人生的转折点。

1990年董明珠来到珠海并且加入格力。当时已经36岁的她,到了格力公司,从一名基层业务员做起。不知营销为何物的她,凭借坚毅和死缠烂打,40天追讨回前任留下的42万元债款,令当时的总经理朱江洪刮目相看。靠着勤奋和诚恳,董明珠不断创造着格力公司的销售神话。1992年,董明珠在安徽的销售额突破1600万元,占整个公司的1/8。随后,被调往几乎没有一丝市场裂缝的南京,并签下了一张200万元的空调单子,一年内,个人销售额上蹿至3650万元。

1994年底,在格力电器最困难的时候,董明珠接过了经营部长一职。同年,格力内部出现了一次严重危机,部分骨干业务员突然"集体辞职",董明珠被全票推选为公司经营部部长。1996年,空调业凉夏血战,已升为销售经理的董明珠宁可让出市场也不降价,她带领23名营销业务员奋力迎战国内一些厂家成百上千人的营销队伍。8月31日,董明珠宣布拿出1亿元利润的2%按销售额比例补贴给每个经销商,促使该年格力销售增长17%,首次超过春兰。董明珠自1994年底出任经营部部长以来,领导的格力电器从1995年至2005年,连续11年空调产销量、销售收入、市场占有率均居全国首位。

2007年,出任格力电器股份有限公司总裁。2012年5月,格力电器宣布,公司总裁董明珠正式被任命为格力集团董事长。7月荣获石川馨—狩野奖,成ANQ首位获此殊荣女性。2013年位列福布斯亚洲商界权势女性榜第十一名。

提起董明珠,竞争对手是这样评论她的:"董明珠走过的路,寸草不生。"36岁前,董明珠的人生平淡无奇,但36岁后的她,用自己的坚韧和执着走出了一条别人无法复制的路。

(资料来源:董明珠——2016年中国最具影响力女性[EB/OL].
http://news.haiwainet.cn/n/2016/0916/c3541839-30328005.html,2016-9-16)

在整个管理过程中,领导职能是连接计划、组织及控制等各个管理职能的纽带,是实现组织目标的关键。领导职能的功效就是对组织中的全体成员辅以指导与领导,进行沟通联络,运用恰当的激励手段,对下属施加影响力。

10.1 领导与领导者

领导是管理职能中一项非常重要的职能,是管理工作中的一个重要组成部分。无论在社会的任何组织中都需要运用领导职能,在人类的社会实践活动中,这一职能不可或缺。有些组织朝气蓬勃、蒸蒸日上,有些组织如日暮西山、死气沉沉,有些组织甚至无法生存。虽然各有不同的原因,但是必然有一个共同的关键因素,即领导者的能力。经常将出色的领导者比作交响乐队的指挥,他能影响乐队中的每个成员,在他的指挥和统帅下,整个乐队协调配合,从而能奏出和谐自然、优美动听的乐章。领导人不具备这种能力,即使该组织拥有许多优秀人才,也很难发挥其整体效能。

10.1.1 领导的概念

"领导"在汉语中可以作为动词使用,即率领并引导朝一定方向前进的行为过程,也可以作名词用,即担任领导的人,领导者。在管理学中作为一项重要的管理职能,更多的是考虑前者。曾经有许多关于领导的不同角度的定义,各有其侧重点。其中最具影响力的领导的定义是由美国管理学家孔茨、奥唐奈和韦里奇提出的:"领导是一种影响力;是引导人们行为,从而使人们情愿地、热心地实现组织或群体目标的艺术过程。"在这个定义中包含了三个层次的含义:

1. 揭示领导的本质即影响力

领导的本质是影响力。依据影响力,领导者把组织中的成员吸引到自己的身边;依据影响力,领导者获取身边组织成员的信任;依据影响力,领导者在组织中实施领导行为;依据影响力,组织中的成员心甘情愿追随领导者。所以这种影响力能够引导组织成员的行为。

2. 明确领导是一个过程

领导是一个过程,是领导者对组织成员施加影响的过程。领导者在施加影响的过程中身处千变万化的内外组织环境中,面对的是各种各样的人,他们的身份、背景不同,接受的教育、文化程度不同,他们的动机、希望满足的需要各异。因此,在引导组织成员过程中,更多地需要依靠领导艺术。因此,也有将领导定义为影响力,是影响人们心甘情愿和满怀热情地为实现组织的目标而努力的艺术或过程。

3. 突出领导的目的

领导是一个目的性很强的行为过程,其目的在于使人们情愿地、热心地为实现组织的目标而努力。理想的情况是,鼓励组织成员不仅要提高工作的自愿程度,而且情愿以满腔热忱和满怀信心来工作。热情奋发是在工作中表现出来的旺盛的热情、诚挚和干劲;信心则反映了经验和技术才能。领导者应在组织成员身前,促动成员前进,鼓舞他们为实现组织目标而努力。

10.1.2 领导的职责和作用

领导是管理的一个重要方面。领导的职责和作用主要表现在两个方面,即指导和服务。

1. 领导的指导职责和作用

领导的指导职责和作用是指领导者有责任指导各项活动的开展和协调。这项职责和作用包括领导者需要负责指导组织成员制定组织明确的目标、相应的计划,明确组织成员职责,建立组织的制度、规范、政策;负责指导职能部门进行有效地选人用人;负责指导进行调查研究,了解组织和环境正在发生、可能或将要发生的变化,向组织成员解释这种变化;负责随时阐明具体的工作内容和方式的调整;负责指明组织成员互相配合、互相协调、有效地开展工作;并以高超的领导艺术和细微的洞察力来诱发组织成员的事业心、忠诚感、献身精神和热情,鼓舞群众情绪高涨地开展工作。

2. 领导的服务职责和作用

领导的服务职责和作用是指领导者有责任为组织的各项活动的开展提供条件和帮助。领导的主要目的是为了保证组织目标的实现。组织目标是组织全体成员利益的总体体现,领导者的领导工作正是通过服务于组织目标的实现而为组织全体成员服务的。同时,领导者在对员工进行指导的同时,要为员工提供良好的工作环境,减少并恰当处理成员之间的纠纷。在组织中建立公平、公正的绩效考核和奖惩制度。提供接受申诉并及时、满意地处理等各方面的服务,促使在实现组织目标的同时,使组织中成员的个人目标得到满足。

领导的指导和服务职责与作用相辅相成的,服务职责和作用发挥得越好,指导职责和作用就越能有效地实现。

10.1.3 领导者与管理者的区分

在生产力较为落后时,领导和管理常常是合二为一的。领导从管理中独立出来是社会分工的结果。随着生产力的发展达到一定水平,社会活动日趋复杂,领导作为一种组织内部特殊的活动,不断从管理中分化出来。管理强调的是计划、预算和组织的各项资源(人力资源和其它资源等),并进行适当的控制,解决各种管理问题。而领导则强调的是提供方向,影响组织成员,增强组织成员的凝聚力,以及激励和鼓舞人。可以认为领导是管理的一个方面,属于管理活动的范畴。但是管理除了领导之外,还包括计划、组织、控制等其他内容。

有时我们很难准确区分领导者与管理者,而将两者混淆起来。事实上,领导者并不一定是管理者,管理者也并不一定是领导者。领导从本质上讲是影响力,是追随关系。只有人们认为某个人能实现他们的愿望、满足他们的需要,愿意追随他,才使他成为一名领导者。因此,领导者可以存在于组织之中,也可以存在于一定的群体中;可以存在于正式组织中,也同样可以存在于非正式组织之中。管理者是组织中有一定的职位并承担某项责任的人,他存在于正式组织中,依据组织赋予他的职位和权力开展管理工作。当管理者利用职权迫使组织成员从事某项工作时,他便不是一个领导者。或者某人拥有经理的头衔,但是很少影响他人的行为和工作,那只能称他为管理者而非领导者。相反,某人虽然没有正式职权,没有经理的头衔,却能够在工作中以他个人的感染力影响他人的行为,那么他虽不是一名管理者,却是一名领导者。为了使组织更有成效,每一名管理人员都应该努力争取成为一名好的领导者。

资料卡

领导者与管理者的区别

曾率领英国第14军参加第二次世界大战重大战役的元帅威廉·士林姆爵士曾说过:"管理者是必须的,而领导者则是根本的。'领导'是精神型的,它需要责任心和目标;管理者是头脑型的,它离不开精确地计算、统计数字、方法、日程表和常规程序。"

领导者与管理者之间的主要差别,主要如下:
- 管理者好于管束;领导者善于革新。
- 管理者是模仿者;领导者是原创者。
- 管理者因循守旧;领导者追求发展。
- 管理者依赖控制;领导者营造信任。
- 管理者目光短浅;领导者目标远大。
- 管理者问怎样做和如何做;领导者问做什么和为何做。
- 管理者只顾眼前;领导者放眼未来。
- 管理者接受现状;领导者挑战现状。
- 管理者是听话的士兵;领导者是自己的主人。
- 管理者习惯正确地做事;领导者注重做正确的事。

10.2 领导理论

领导理论是研究领导的有效性的理论,研究影响领导有效性的因素,以及为提高领导有效性应采取的措施。领导理论可分为三大部分,即领导品质理论、领导行为理论、领导权变理论。

10.2.1 领导品质理论

领导品质理论,又称为领导特性理论,是着重从领导者的品质、素质、修养的研究出发来探索领导有效性的理论。

领导品质理论可以分为传统的领导品质理论和现代品质理论。传统的品质理论典型的即是"伟人论",认为领袖都是天生的,而不是后天造成的,并且只要是领袖就一定具备超人的素质。现代的领导品质理论则认为领导者的品质和特征是在后天的实践环境中逐步培养、锻炼出来的。

1. 斯托格迪尔的领导个人因素论

斯托格迪尔(R. M. Stogdill)在查阅整理有关论述领导者素质的50 000多种有关书籍和文章后,归纳了领导者的个人因素包括五项身体特征、十六项个性特征、六项工作特征、九项社交特征和两项社会性特征。

(1) 五项身体特征,如精力、外貌、身高、年龄、体重等;

(2) 十六项个性特征,如适应性、进取心、热情、自信、独立性、外向、机警、支配力、有主见、急性、慢性、见解独到、情绪稳定、作风民主、不随波逐流、智慧等;

(3) 六项工作特征,如责任感、事业心、毅力、首创性、坚持、对人的关心等;

(4) 九项社交特征,如能力、合作、声誉、人际关系、老练程度、正直、诚实、权力的需要、与人共事的技巧等;

(5) 两项社会性特征,如社会经济地位、学历等。

2. 吉赛利的领导品质论

吉赛利(E. Ghiselli)将个人性格与管理成功的关系,按照重要性进行了分类。他重点研究了十三种特性,以及这些特性在领导才能中体现的价值。如表10-1所示。

表 10-1　　　　　　　　领导个人特征价值表

重要特征	重要性价值	个性特征
非常重要	100	督察能力(A)
	76	事业心、成就欲(M)
	64	才智(A)
	63	自我实现欲(M)
	62	自信(P)
	61	决断能力(P)
	54	对安全保障的需要少(M)
	47	与下属关系亲近(P)
次重要	34	首创精神(A)
	20	不要高额金钱报酬(M)
	10	权力需求高(M)
	5	成熟程度(P)
最不重要	0	性别(男性或女性)(P)

> **资料卡**
>
> ### 高尚＋"破坏今天"＋"T"形知识结构：领导特有素质
>
> **超人的品德**
>
> 对领导的素质要求是多方面的，但品德素质始终是首位的。所谓超人的品德就是领导的品德必须超过被领导的下属，越是高层，品德要求越高。这是因为：(1)领导的品德直接影响着决策心理和决策行为；(2)领导的品德直接影响着其推动下属实施决策的效果，即影响着下属执行决策的心理和行为。
>
> **"T"形知识结构**
>
> 要真正成为"内行"的领导，必须具备"领导知识"。所谓"领导知识"，就是必须具备的知识素质，即"T"形知识结构，也就是一般所说的通才型知识结构。"T"形是用字母"T"来形容，上面一横是指知识的广博性，下面一竖是指应有的以软科学为主的专业知识。
>
> （1）广博的知识。人的知识结构有专才和通才之分。所谓专才就是掌握一两门技术专业的知识和技能的专门人才。除此以外，还掌握邻近学科知识、哲学、自然科学、社会科学的一般知识，特别是现代科学技术的一般知识的就是通才。
>
> （2）专业知识必须是以软科学为主的知识。所谓软科学是相对于硬科学而言的，传统的能够精确定量又有严格因果关系的硬科学，如工程技术、数学、物理、化学。而软科学则是不能精确定量又没有严格因果关系的，不能用传统的数学方法和逻辑方法来处理的科学，如管理科学、心理科学、领导科学、社会科学等等。而领导的非程序化决策正是需要这些科学。
>
> **"破坏今天"的创新意识与发现型智力结构**
>
> 智力和知识是不同的，知识是指实践经验和理论知识，是人类认识世界的结果。智力是指聪明、智慧，是人类认识世界和改造世界的能力，或者说是获得知识和运用知识的能力，即人的创造力。
>
> 领导是决策者，不是执行他人决策，更不是执行中的操作者；决策就是提出新思想、新设想，中外历史上许多著名决策，在军事、政治、经济和科学技术各个领域，无不是借助想象力，甚至违背常识、不顾权威、公理提出的创造性设想。

10.2.2 领导行为理论

领导行为理论是着重分析领导者的领导行为和领导风格对其组织成员的影响，从而指出能导致领导有效性提高的领导行为和领导风格的理论。

1. 勒温理论

心理学家勒温(K. Lewin)以权力定位为基本变量,通过各种试验,把领导者在领导过程中表现出来的极端的工作作风分为三种类型,即专制领导作风、民主领导作风和放任自流的领导作风。

(1) 专制领导作风。是指权力定位于领导者个人手中,以权力服人,靠权力和强制命令让人服从的领导作风。专制领导作风的领导者通常表现为独断专行,从不考虑他人的意见,由领导者自己作出所有的决策;领导者亲自设计工作计划,指定工作内容并进行人事安排,下属没有机会参与决策,只能奉命行事;领导者与下属保持一定的心理距离,很少参加群体活动,与下属缺乏感情交流;领导者主要靠行政命令、规章制度来管理,很少奖励。

(2) 民主领导作风。民主领导作风是指权力定位于群体,以理服人、以身作则的领导作风。民主领导作风的领导者主要表现为领导者鼓励、协助由群体讨论决定组织的政策;领导者分配工作时会尽量照顾个人的能力、兴趣,工作安排不非常具体,下属有较大的工作自由,较多的选择性和灵活性;领导者主要以非正式权力使人服从,多使用商量、建议的口气;领导者与下属无任何心理上的距离,积极参加团体活动。

(3) 放任自流的领导作风。放任自流的领导作风是指权力定位于每个组织成员手中,工作事先无任何布置,事后无检查,一切悉听自便,毫无规章制度的领导作风。放任自流的领导作风的领导者在组织内实行的是无政府管理。

在实际工作中,三种极端的工作作风并不常见,采用的往往是处于两种极端类型之间的混合型,例如介于专制作风和民主作风之间的多数裁定的原则、介于专制作风和放任自流作风之间的家长式作风、介于民主作风和放任自流作风之间的没有领导的讨论。

勒温于1939年对这三种不同的领导作风的群体影响进行了试验研究。试验结果表明:放任自流领导作风的领导者工作效率最低,所领导的群体在工作中只达到了社交目标,而没有达到工作目标,产品的数量和质量都很差。民主领导作风的领导者工作效率最高,所领导的群体在工作中不仅达到了社交目标,也达到了工作目标,工作积极、主动,显示出较高的创造性。专制领导作风的领导者,借助于严格的控制,达到了工作目标,但人际关系紧张,组织成员的消极态度和对抗情绪在不断增长,争吵和挑衅的事件频繁发生,成员满意度低。

2. 利克特的领导方式研究

美国密歇根大学的利克特(Rensis Likert)等对领导者的领导类型和领导方式进行了近30年的认真研究,并于1961年和1967年分别提出研究报告。他们认为,领导方式和领导方法大体可分为四种基本的类型。

第一类是极端专制独裁型——权力高度集中,领导者非常专制,对下级很少信任,独自决定一切与工作有关的事宜,然后下命令执行,达不到要求者将受到惩罚。

第二类是仁慈的专制型——领导者性格仁慈,对待下级采用父母对子女的方式,权力仍高度集中,由领导者作出决策,并要下级相信和接受决策,允许下级提出一些看法和意见,但已作出的决策不会因此而受到动摇。

第三类是民主协商型——领导者对下级有相当的信心和信任,能在决策方面和大家进行协商,大家可以提出各种意见和建议,并会被相当程度的重视和采用,但重大决策仍由高层作出决定。

第四类是民主参与型——领导者对下级有充分的信心和完全的信任,互相有着大量的交往和合作。积极征求和采用下级的看法和意见,下级广泛参与重大决策的过程,领导和下级关系融合、平等友善。

利克特的研究表明,民主参与型和民主协商型的领导方法比极端专制独裁型和仁慈的专制型的领导方法更能促进生产效率的提高,因此突出强调"参与管理"的重要性。

3. 领导行为的四分图理论

美国俄亥俄州立大学的领导行为研究小组对和领导行为有关的1000多种因素进行了分析整理,最后归纳出影响领导行为的因素主要来自两个方面:一是以人为重,领导者关心体贴组织成员,尊重他们,听取他们的意见;二是以工作为重,领导者认为组织纪律能带来效率,倡导有纪律的行动,主张发号施令和服从命令。

研究表明,两方面的因素对促进改革领导有效性带来很好的影响。以人为重可促进上下关系的改善,彼此信任和尊重,人心稳定、工作积极、效率上升;以工作为重可促使工作开展有条不紊,维持总体的协调,确保工作的进度。两方面因素常同时存在,但可能强调的侧重不同,两因素还互相影响,因此形成四种情况,即四分图。如图10-1所示,表明了四种不同的领导行为或风格。

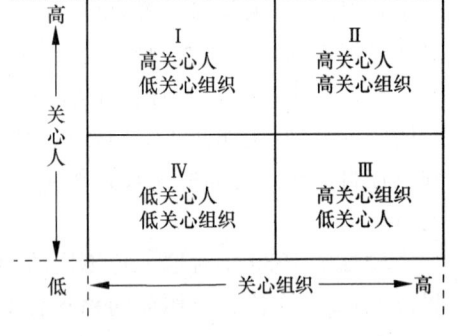

图10-1 领导风格四分图

"Ⅰ"表示较多强调以人为重而较少强调以工作为重的领导行为。

"Ⅱ"表示既较多强调以人为重又较多强调以工作为重的领导行为。

"Ⅲ"表示较多强调以工作为重而较少强调以人为重的领导行为。

"Ⅳ"表示较少强调以工作为重同时也较少强调以人为重的领导行为。

4. 管理方格图理论

工业心理学家布莱克(Robert Blake)和穆顿(Janes Mouton),在四分图理论的基础上加以发展,于1964年提出了管理方格图理论。图的纵坐标表示领导者对人的关心程度,图的横坐标表示领导者对工作、生产的关心程度。每个坐标轴都分为九等分,这样就把领导者的领导行为划分为不同类型。如图10-2所示。

图中包含了五种典型的领导方式。

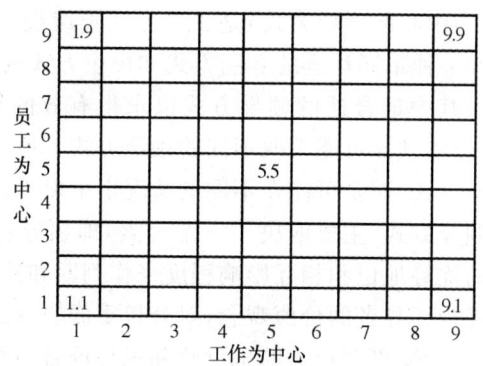

图 10-2　管理方格图

1.1 型——这是一个软弱无能不称职的领导者,他对人和生产均不关心,是一个饱食终日,无所用心的人,实行的是贫乏管理。

9.1 型——这是一个任务第一的领导者,只关心生产不关心人,实行的是任务管理。

1.9 型——这是一个乡村俱乐部式的领导者,只关心人,注意搞好人际关系,关心和体贴组织成员,但对生产、对完成任务的效率漠不关心,实行的是俱乐部式的管理。

5.5 型——这是一个一般化的领导者,对人的关心一般化,对生产的关心也同样,都过得去,不突出,实行的是中间式管理。

9.9 型——这是一个有战斗性的领导者,关心人、关心生产做得都好,生产任务完成出色,士气旺盛,实行的是强有力的管理。

前四种领导方式从长远看都有弊病,不是最理想的领导方式,而采用 9.9 型领导方式对加强现代化企业制度,贯彻员工参与的民主管理有现实意义。领导方格图理论是培养有效的管理者的有用的工具,提供了一种衡量管理者所处领导形态的模式,可使管理者清楚地认识到自己的领导行为,指明改进的方向。

10.2.3　领导权变理论

领导品质理论和领导行为理论有一个共同的缺陷,那就是忽视了环境因素的影响,从而造成理论和实际的脱节。因为领导品质和领导行为能否促进领导有效性,受环境因素影响很大。一种成功的领导行为,在时移势易的环境下再来运用,并不一定有同样的功效。领导权变理论正是要着重研究影响领导者行为和领导有效性的环境因素的理论。

1. 领导连续统一体理论

坦南鲍姆(Robert Tannenbaum)和施米特(Warren Schmidt)在 1958 年提出了领导连续统一体理论。他们认为专制的领导方式(即以上级为中心的领导方式)和民主领导方式(即以下级为中心的领导方式)是领导方式连续统一体的两个极端点,在这两点之间还存在着许多种不同程度的专制方式和民主方式的混合形式。如图10-3所示。领导者总是选择其中最合适的领导方式以求得有效的领导。在不同的情况下,领导者为了取得有效的领导可能采取不同的领导方式。换言之,一名领导者并不一定有一种固定的领导方式,而是可能在不同的情况下采取不同的领导方式。

领导者选择哪种领导方式,主要取决于三个因素,即领导者、下级和环境。依据这三个因素各自所处的优势地位和相互影响程度来作判断和抉择。

领导者的影响表现为领导者的价值观念,对分权委派职责的倾向的平衡,对组织目标的理解和认同程度,接受更多权力的乐意感和思想准备,对参与组织决策和解决问题的期望和兴趣程度。

坦南鲍姆和施米特早期对领导连续统一体理论的阐述主要停留在以上两点。在1973年,他们修改了这一理论,强调了组织环境和社会环境对领导方式产生的影响,从而体现了在一个开放系统中领导方式的变化规律。

环境的影响表现在时间的压力和限期、高层领导所提出的要求、组织结构是集权式还是分权式的形式、工作团体的相互协作配合和效率以及解决某些特殊问题所需要的专门知识和经验。

正确的领导方式,正是从以上三个因素的综合考虑来选择适宜的领导方式,在一系列的领导方式中任选其一。因此,不能硬性来判定哪一种领导方式总是正确的,哪一种领导方式总是错误的。

2. 菲德勒的随机制宜领导理论

伊利诺大学的菲德勒(Fred E. Fiedler)经过长达十五年的调查研究,提出了一个"有效领导的权变模式",被称为菲德勒模式。在这个模式中包含了两种基本的领导方式和三种环境影响因素。

菲德勒把领导方式假设为两大类:一类以工作为主,主要的是关心任务,采取这种方式的领导者,从工作任务的实现中得到满足;另一类则以人为主,主要关心的是良好的人际关系和个人的声望。为了判断领导者采取的是哪一类领导方式,菲德勒编制了"最不受欢迎共事者的问卷"(least-preferred co-worker scale),简称LPC问卷,交由领导者来填写,表明他们对下级的评价,从而衡量领导风格的倾向。菲德勒认为,如果领导者在表中对下级的优缺点能作出中肯的批评和评价,他便是属于以人为主的领导方式;如果领导者在表中对下级批评得体无完肤,则便是属于以工作为主的领导方式。

菲德勒认为,环境影响因素主要表现在以下三个方面:

(1) 职位权力,指由于领导者的职位权力而使被领导者服从领导的有效程度。调查表明,职位权力越高,追随的人也会越多,领导也显得比较有效。

(2) 任务结构,指被领导者任务的常规性、例行性和明确性。任务清楚,组织纪律明确,则工作质量比较容易控制,领导也会更加有的放矢,效果显著。

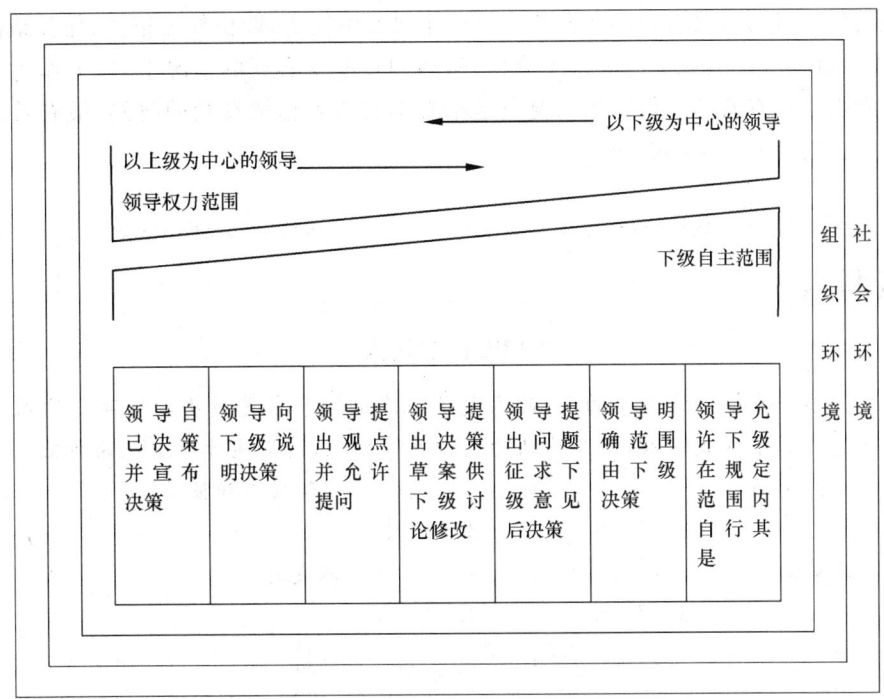

图 10-3 领导连续统一体

（3）上下级关系，指领导者得到被领导者的拥护和支持的程度。职位权力和任务结构可以通过从上到下来决定和贯彻，而上下级关系则极大地依赖于下级对领导者的拥戴、信任和甘心情愿地追随的程度。

这三种因素的影响各有好差、明确不明确、强弱之分，可以排列出八种不同的情况。如表 10-2 所示，每种情况可以确定其应采用的领导方式。

表 10-2　　　　　　　　　　领导权变理论

序号	1	2	3	4	5	6	7	8
工作环境	最有利 →							→ 最不利
上下级关系	好				差			
任务结构	明确		不明确		明确		不明确	
职位权力	强	弱	强	弱	强	弱	强	弱
应采用的领导方式	工作为主	工作为主	工作为主	以人为主	以人为主	以人为主	以人为主	工作为主

从表 10-2 中发现在"最有利"和"最不利"这两种极端的情况下，以工作为主的领导方式是最有效的。换言之，当职位权力和任务结构都很不清楚，而领导者与其下属之间的关系又很恶劣的情况下，领导者所处的环境是很不利的，在此情况下，以工作

为主的领导者将是最有效的。同样在另一个极端情况下,职位权力很高、任务结构清晰、领导者与其下级成员的关系十分良好,亦即在非常有利的情况下,以工作为主的领导者也是最有效的。但是当情况只是稍微不利或者稍微有利的时候,最有效的领导者往往是以人为主的领导者。

资料卡

LPC 问卷格式

设想一个最不能共事的人,此人是你现在的同事或是过去的同事。这人不一定是你最不喜欢的人,而是你认为最难共事的人,请描述你对这人的印象。

令人舒服	—:—:—:—:—:—:—:—:	令人不舒服
	8 7 6 5 4 3 2 1	
友好	—:—:—:—:—:—:—:—:	不友好
	8 7 6 5 4 3 2 1	
冷漠	—:—:—:—:—:—:—:—:	热情
	8 7 6 5 4 3 2 1	
疏远	—:—:—:—:—:—:—:—:	接近
	8 7 6 5 4 3 2 1	
讨厌	—:—:—:—:—:—:—:—:	有趣味
	8 7 6 5 4 3 2 1	
自信	—:—:—:—:—:—:—:—:	犹豫
	8 7 6 5 4 3 2 1	

3. 领导生命周期理论

这一理论由俄亥俄州立大学的卡曼(Karman)创立。卡曼认为,人们在考虑领导行为有效性的时候,应该把"工作行为"、"关系行为"与被领导者的成熟程度结合起来。所谓成熟程度,是指被领导者具有的知识技能和经验的多寡,以及独立工作能力,承担责任的态度和对成就的向往等。面对分别处于不成熟→初步成熟→比较成熟→成熟这四个阶段的员工,领导行为不能一成不变,而应随他们成熟度的变化而变化,这就是领导生命周期理论的精髓,如图 10-4 所示。

图中第 1 象限表征的是命令式。有效的领导行为要能适应特定环境的变化。当员工的平均成熟度处于不成熟阶段时,领导者应采取"高任务、低关系"的行为,即命令式。命令式即领导者以单向沟通方式向部属规定任务:干什么,怎样干。

图中第 2 象限表征就是说服式。面对处于初步成熟阶段的员工,领导者应采取任务行为和关系行为均高的领导方式，即说服式。说服式即领导者与部属通过双向沟通，互通信息，达到彼此支持。

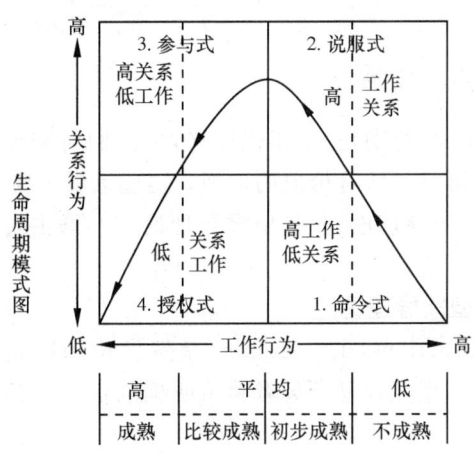

图 10-4　领导生命周期图

图中第3象限表征的是参与式。当员工进入比较成熟阶段时，领导者的任务行为要适当放松，关系行为要加强，即形成参与式。参与式与说服式有一定相似之处，一方面领导者与部属相互沟通，另一方面领导鼓励部属积极参与管理。

图中第4象限表征的就是授权式。当员工发展到成熟阶段时，领导者应采取低任务、低关系的领导方式，即授权式。授权式是领导者给部属以权力，让他们有一定自主权，"八仙过海，各显神通"，而领导者本人只起检查监督作用。

4. 道路-目标理论

道路-目标理论（path-goal theory）又叫目标导向理论，由加拿大多伦多大学豪斯（R. J. House）创立。豪斯认为，领导者的行为只有在帮助部属实现他们的目标时才会被部属接受。因此，如果部属认为领导者正在为实现某种目标而和自己一道工作，而且那种目标能为自己提供利益，那么这种领导者就是成功的。由于部属的需要是随着新情境变化的，领导者必须调整自己的行为以适应部属需要。

在豪斯看来，领导者在应付每一种情境的时候，可以采用下列四种风格的领导行为中的一种：工具的、支持的、参与的和成就定向的。

工具风格（instrumental style）的领导者对员工的活动进行计划、组织和控制。支持风格（supportive-style）的领导者关心员工。参与风格（participative-style）的领导者与同工分享信息，并让他们参与决策。成就定向风格（achievement-oriented style）的领导者为员工设定挑战性目标，并加强对成就的奖励。

每一种领导风格都只能用于特定情境，而且有赖于部属的能力和任务的结构化程度。一般来说，部属能力水平越高，领导者的指导越少。同样，任务非结构性越强，领导者应有的指导越多。

有鉴于此,豪斯等认为,为了提高效率,领导者应该:认清部属的需要,并努力满足之;奖励达成目标的部属;帮助部属识别用于达成特定目标的最好道路;扫清道路以便员工达成目标。

10.2.4 领导理论的新发展

进入20世纪70年代,特别是80年代以来,学者们对领导权力的来源和运用做了一定的研究,并都取得了一些有价值的进展。这些进展主要有归因理论、魅力型领导理论交易型和变革型领导理论、愿景型领导理论。本章主要介绍交易型和变革型领导理论、魅力型领导理论。

1. 交易型与变革型领导理论

交易型领导(Transactional Leadership)是贺兰德(Hollander)于1978年所提出。Hollander认为交易型领导是领导者藉由明确的任务及角色的需求来引导与激励部属完成组织目标。

交易型领导的特征是强调交换,领导给部下提供报酬、实物奖励、晋升机会、荣誉等,以满足部下的需要与愿望;而部下则以服从领导的命令指挥,完成其所交给的任务作为回报。交易型领导建立在领导者职权的权威和合法性基础上,并没有在追随者内心产生一股积极的热情,其工作的内在动力也是有限的,因此,交易型领导不能使组织获得更大程度上的进步。

20世纪80年代,美国政治社会学家詹姆斯·麦格雷戈·伯恩斯提出了变革型领导(Ttransformational Leadership),他将其定义为领导者通过让员工意识到所承担任务的重要意义和责任,激发下属的高层次需要或扩展下属的需要和愿望,使下属为团队、组织和更大的政治利益超越个人利益。变革型领导行为的方式可概括为以下四个方面:

(1) 智力激发(intellectual stimulation),它超越了交换的诱因,通过对员工的开发、智力激励来鼓励员工为群体的目标、任务和发展前景而超越自我的利益,实惠预期的绩效目标;

(2) 理想化影响力(idealized influence),集中关注较为长期的目标,强调以发展的眼光,鼓励员工发挥创新能力,并改变和调整整个组织系统,为实现预期目标创造良好的氛围;

(3) 个性化关怀(individualized consideration),引导员工不仅为了他人的发展,也为了自身的发展承担更多的责任。

(4) 鼓舞性激励(inspirational motivation),变革型领导能在组织中制造兴奋点,产生强大的影响力和冲击力。也能帮助个人发现工作与生活的价值与兴奋点。但如果其目标和价值体系与文明社会基本准则相反,则会对社会构成极大威胁。

具备这些因素的领导者通常具有强烈的价值观和理想,他们能成功地激励员工超越个人利益,为了团队的伟大目标而相互合作、共同奋斗。

表 10-3　　　　　　　　　　　　交易型与变革型领导的区别

交易型领导强调	变革型领导强调
计划	愿景、使命
分配责任	传达愿景
控制和问题解决	引起动机和激发鼓舞
创造例行事项和均衡	创造变革和革新
权利维持	赋予成员自主力
创造顺从	创造承诺
强调契约性责任	刺激额外的努力
重视理性、减少领导者对成员的依附	对成员感兴趣，并靠直觉
对环境的回应	对环境有前瞻性的做法

2．魅力型领导理论

魅力型领导理论(Charismatic Leadership Theory)脱胎于马克斯·韦伯的领导魅力理论，1977年，罗伯特·J·豪斯(Robert J. House)在《1976年的魅力型领导方式理论》中提出了魅力型领导理论，认为魅力型领导是指对下属的情感产生深刻影响的领导者，下属不仅仅把他们当做上级看待，而且把他们当做一个英雄或楷模式人物。从20世纪80年代起，该理论日益受到研究者的重视。这是因为随着经济全球化的发展，市场竞争日趋激烈，各类组织迫切需要魅力型领导者的改革和创新精神，以对应环境的挑战。

豪斯认为，在领导者及行为方面，魅力型领导具有包括自信、坚定的价值观、影响他人欲、支配性、创造性、冒险性、社会敏感性等个性特征。在领导者与追随者的关系方面，他阐述到：具有领导魅力的领导者引导团队走向新的远景目标的时候，它们通过被广泛认同的信仰、价值观念和目标确立自己对追随者的吸引力，使下属无条件地接受、热爱并服从领导者，对组织目标的实现产生使命感。魅力型的领导善于凭借独特的行为方式来影响和激励员工。

(1) 鼓励参与。美国通用电器公司(GE)的前总裁杰克·韦尔奇善于鼓励员工参与：他让员工思考大组织理念，让他们习惯于反省自己的工作，经常组织全公司的辩论来探讨GE的价值观。通过鼓励员工参与讨论和贯彻公司的价值观，韦尔奇在不断地影响员工的自我概念和自我意识，在员工的自我概念中形成"我的所作所为要符合公司的企业文化和主流价值观"这样一种意识，激励员工多从组织利益的角度思考问题，希望员工能多为组织着想，鼓励他们表现出更多的组织公民行为。

(2) 尊重下属。IBM拥有的三条准则之一就是"尊重个人"，这条原则早在

1914年老托马斯·沃森创办IBM公司时就已提出,小托马斯·沃森在1956年接任公司总裁后,将该条原则进一步发扬光大,上至总裁下至普通员工,无人不知无人不晓。这也成为他们独特的魅力型领导风格的体现,有效地激励了下属。显然沃森父子深知,领导者尊重每一位下属的行为,能让员工充分感受到公司对他们的重视。每个人都有自尊,希望得到别人的重视,而自尊得到满足的员工都会更加自觉地努力工作,所以,尊重和信赖员工,换来的将是员工的信赖和肯定这一令人满意的激励效果。

(3) 甘当表率。沃尔玛的总裁罗伯森·沃尔顿为了激励员工实现利润率突破8%的目标,穿着草裙,戴着花环,在一群跳呼啦圈舞的队伍陪伴下,在华尔街上跳舞进行促销。应该说这种举动很难与一位高居世界知名企业的总裁挂上钩,但正是沃尔顿这样一种充满魅力的行为方式对于激励员工起到了意想不到的效果。沃尔顿把公司要突破8%利润率这样一个目标,不仅仅作为自己的决策目标,也不仅仅是对员工的一种要求,他用自己的行为给员工做出了表率,让员工看到一个说话算话、愿意与下属一起奋斗,富有激情的魅力型领导者,员工自然也愿意追随和信任沃尔顿。

(4) 关心下属。曾是"全美最佳首席执行官"的西南航空公司的总裁凯勒尔,经常和搬运工一起喝啤酒,或到机舱口协助空姐办理登机手续。细心的人会注意到,在西南航空的订票处和维修间里,挂了不少凯勒尔的画像。在美国这样一个对个人崇拜极度反感的社会,这种现象十分耐人寻味。外界经常把凯勒尔形容为魅力型领导者,他的魅力型领导行为特征之一就是对下属的关心,凯勒尔对员工有随访随谈、来者不拒的原则,任何时间都可以给他打电话,如果事情紧急,他会在15分钟内回电话。这种平易近人的领导方式,营造出一种舒适、愉快、友好的氛围,增强了追随者对领导者的好感,使员工希望得到领导关心的需要得到满足,从而有效地激发出员工的奉献牺牲精神,提升了员工的忠诚度。

(5) 充分授权。魅力型领导另外一个重要的激励技巧就是充分授权。万科的董事长王石是国内公认的魅力型企业家,他可以去登山,去跳伞,可能一年中几个月都不在企业中,但是企业依旧运转正常,在行业中遥遥领先。魅力型领导者乐于和追随者分享领导权,听取他们对重大决策的见解,向他们公开奋斗目标,邀请他们发挥创造力,共同找出方案。与一般的授权行为不同的是,在此过程中,魅力型领导者尤其善于表达出下属能力的深信不疑,允许他们自行决定行动方案,并将完成任务所必需的人、财、物等权力完全交给下属,对他们创造条件,克服困难,完成任务表达高期望。魅力型领导者通过授权,激励下属保持最佳的工作状态,在完成任务的过程中充分发挥自己的能力和长处,取得超过预期的成绩。

资料卡

马云：典型的魅力型领导

自信、疯狂、执着

一个领导者的疯狂与执着是可以感染到身边的人的，"无论什么时候看到他，你在他眼中看到的都是自信，和一定能赢的信心。你跟他在一起就充满了活力。"十八罗汉之一的阿里巴巴副总裁戴珊如是说。"在你绝望的时候能让你看到希望，能跟着走。"刘伟也如此评价。

眼光、胸怀、实力

马云是一只骄傲的孔雀，言谈中总能流露出我行我素和不羁。而马云之所以每次都能够那样自信地出言不逊是因为他有预见性的眼光。曾经，阿里巴巴的投资者中有些人曾质疑过阿里巴巴模式，马云在接受采访时说："投钱给我的创投基金，从第一天开始就听不懂我的话，但还是每年投钱进来，现在他们都说：'Jack，我不跟你吵，你去干吧！'"

对权与钱敢收敢放

创业的时候马云强调："现在、立刻马上！"后来虽然还是强调执行能力，但马云也信任自己的员工，只要是在公司价值观的基础上做事，马云不会干涉太多，他懂得尊重内行和每一位普通员工。当一个人的心境宽广了，他的生活状态也会不一样。

社交能力极强

他们通过"朋友遍天下"促进事业的发展，马云的快乐与激情也让他的社交能力极强，他和比尔·盖茨是好朋友，这也是一种非常重要的资源。在如诗如画的西湖边共商互联网的发展对策，这就是日后互联网界一年一度的"西湖论剑"。除了这一行业顶级人物的聚会以外，马云又发起了"网商大会"，将各路IT英雄每年聚拢在阿里巴巴的周围。

表达能力很强

马云的英语学得特别好，因此在接受采访时动不动就拿出来炫一下，然而，马云讲话的内容和风格很中国化，含蓄、幽默与机智，这使得外国人喜欢听他讲话。这种语言天赋是极具煽动力的。与雅虎的强强联合，与软银的六分钟融资，还有众多的国际投资与马云的巡回演说有着密不可分的关系。

浪漫

美丽西湖畔的商业论坛，江湖气十足的办公室文化，六一、感恩节等众多节日给员工们的惊喜……作为一个企业家，每天在金钱和数字中打转没有改变马云的理想主义，梦想是一个美好的东西，是用钱买不到的。

10.3 领导艺术

领导者的工作成效在很大程度上取决于掌握的领导艺术。所谓领导艺术是领导者为了达到预期目标灵活运用的各种技巧和手段,是领导者智慧、学识、胆略和经验的综合反映及其素质、能力在领导方法上的体现。领导职能归纳起来是处理三面的关系,即处理与人的关系、与事的关系和与时间的关系。领导者在处理这些关系应注意讲究领导艺术,提高领导有效性。

10.3.1 处理与人的关系

领导工作首先是做人的工作。在组织的所有资源中,人力资源是处于首位的。领导者面对的是人,需要采取一系列的措施,了解、掌握组织成员的各种需要,有目的地引导、指挥和协调他们的行为,提高对组织的满意度,从而调动成员的积极性。领导者在处理与人的关系中,主要应注意两个方面,即知人、自知。

1. 知人

领导者必须充分了解组织成员,熟悉他们的特长、不足,明确他们的需要,才能将工作的需要和个人的能力很好地结合起来,才能使组织内的每个成员能够在各自的工作岗位上兢兢业业,积极进取。因此,领导者应善于与人交流,倾听下属的心声。在交流中要悉心倾听,仔细观察,不随意插话,打断对方的思路;不妄加评论,以势压人。同时注意灵活地运用各种交流手段,达到有效沟通的目的。除此之外,需要领导者能够"换位思考",换言之,能够注意从他人的角度,处于他人的位置进行思考,处理问题。

2. 自知

(古希腊)特尔裴的碑文中刻有这样的神谕:"了解你自己。"而了解自己是我们每人面临的最困难的任务。除非真正了解了自己,了解了自己的长处和短处,知道了自己想做什么和为什么想做,才能有所成功,否则将一事无成,或只能得到些浮光掠影的成功之感。领导实质是影响力,领导者需要依靠影响力,引导组织成员的行为。因此,领导者必须不对自己说谎,对自己有特别清醒的认识;了解自己的个性、偏好、弱点;了解自己的言行对组织成员产生的影响。另外领导者必须在日常的工作中,善于控制自己的情绪,能够冷静地处理各种问题,不感情用事。一个有远见的领导者应能够以自身对组织前景的热情感染周围的组织成员。

10.3.2 处理与事的关系

领导者常常面对的是大量的工作,如果不能有效地处理,便会使自己身陷于日常事务的重负之中,而不能自拔。为了使工作更加有效,领导者应坚持合理的工作次序,需要建立一套判断标准,确定什么事应自己做,什么事应由他人做;什么事应先做,什么事可以稍后做。所以在处理大量的工作中,领导者应遵循例外原则,进行恰当的授权。

授权是放权或赋予组织成员一定的权力,使他们有权力、自由、知识和技能去做决策以及有效地做好工作。领导者应把组织成员视为有能力的、成熟地个人,相信他们能够成功地完成各项任务,能够有效地控制自己的工作过程。通过授权,能够帮助领导者从日常琐碎的事务中解脱出来,有精力处理重大的、例外的问题;通过授权使组织成员在拥有权力和自由的同时分担了责任,有助于增强他们的工作责任心;通过授权,也使组织成员有机会独立的解决问题,从实践中提高管理的能力,有助于组织管理人员的培养,对组织长远发展意义深远。

10.3.3 处理与时间的关系

时间是无法再生,是稀缺资源,时间没有任何的替代物,一旦流逝无法挽回。时间对于每个人来说也是公平的,每人一天只有二十四小时。因此"时间就是金钱","时间就是生命"已广为人知。领导者应珍惜时间,做自己时间的主人,合理地利用时间。

1. 记录时间

领导者要珍惜时间,合理地使用时间,首先需要对自己每天的时间安排充分的了解。因此,要求领导者养成记录自己时间消耗情况的习惯。每做一件事就做记录,写清楚几点到几点做什么。

2. 分析时间

每隔一段时间,将自己的时间消耗记录情况进行分析,找出在时间利用上的不合理之处,进而提出改进措施。找出应由他人做的事,以后请该做的人做;找出浪费时间的事,以后不再做。特别应注意由于缺乏合理的计划、制度或缺乏预见性造成时间浪费的因素和因为组织不健全而造成时间浪费的因素,着手改进。

3. 合理安排时间

在分析了时间利用情况,消除了时间浪费的各种做法和因素后,找到自己可以自由利用的时间,进行合理安排,用于解决真正重要的问题上。

资料卡

向曹操学习领导力,让羊群变成狮群之力

商战中,竞争双方力量对比往往非常微妙,一方看似强大无比,另一方好像不堪一击,但转眼间,局势就会发生彻底改变。

弱者可以变为强者，强者也能变为弱者，而决定这一变化的正是双方的领袖人物。正如让一只羊领导一群狮子，那么这群狮子迟早会变为羊；但如果让一只狮子领导一群羊，羊也迟早会变成狮子。

向曹操学习领导力

最为经典的一个"强弱变化"案例发生在三国早期，也就是袁绍与曹操之间的力量转化。

最早看出这个变化趋势的是曹操的谋士郭嘉。他认为曹操的实力虽然暂时不如袁绍，但从长远来看，曹操一定能吞掉袁绍，因为"绍有十败，操有十胜"，曹操具备了一个优秀领导者必备的素质。

所以他鼓励曹操说：绍有十败，公有十胜，绍兵虽盛，不足惧也。

1. 绍繁礼多仪，公体任自然，此道胜也；
2. 绍以逆动，公以顺率，此义胜也；
3. 桓、灵以来，政失于宽，绍以宽济，公以猛纠，此治胜也；
4. 绍外宽内忌，所任多亲戚，公外简内明，用人惟才，此度胜也；
5. 绍多谋少决，公得策辄行，此谋胜也；
6. 绍专收名誉，公以至诚待人，此德胜也；
7. 绍恤近忽远，公虑无不周，此仁胜也；
8. 绍听谗惑乱，公浸润不行，此明胜也；
9. 绍是非混淆，公法度严明，此文胜也；
10. 绍好为虚势，不知兵要，公以少克众，用兵如神，此武胜也。

公有此十胜，于以败绍无难矣。

商场如战场，作为一个领导者，可以向曹操学习自己的领导艺术，努力完善自己，便可立于不败之地。具体来说，就是上述十项内容：体任自然、顺乎常理、雷厉风行、任人惟贤、行为果断、以诚待人、体恤下属、兼听则明、制度严明、精于商战。

本章小结

"领导"既可作动词也可作名词。领导是管理的一个重要方面，其职责和作用体现在指导和服务两方面。领导者与管理者常被混淆。事实上，领导者并不一定是管理者，管理者也并不一定是领导者。领导者的权力包括正式的权力和非正式的权力两方面。

领导理论是研究领导有效性的理论，可分为三大部分，即领导品质理论、领导行为理论和领导权变理论。各有其代表理论。

领导艺术是领导者为了达到预期目标灵活运用的各种技巧和手段,是领导者智慧、学识、胆略和经验的综合反映及其素质、能力在领导方法上的体现。领导者在处理与人的关系、与事的关系和与时间的关系时应注意讲究领导艺术,提高领导有效性。

心理测试

领导风格测试

据PDP组织29年的研究和实践,以及全球1600万人次的使用案例,PDP系统将领导者分为五大类型,并用5种动物来形容:老虎型、孔雀型、猫头鹰型、考拉型、变色龙型。

完成以下组题,每题按非常满意计5分,比较同意计4分,差不多计3分,一点同意计2分,不同意计1分,按规则统计得分,便可知晓你的领导风格。

1. 你做事是一个值得信赖的人吗?
2. 你个性温和吗?
3. 你有活力吗?
4. 你善解人意吗?
5. 你独立吗?
6. 你受人爱戴吗?
7. 做事认真且正直吗?
8. 你富有同情心吗?
9. 你有说服力吗?
10. 你大胆吗?
11. 你精确吗?
12. 你适应能力强吗?
13. 你组织能力好吗?
14. 你是否积极主动?
15. 你害羞吗?
16. 你强势吗?
17. 你镇定吗?
18. 你勇于学习吗?
19. 你反应快吗?
20. 你外向吗?
21. 你注意细节吗?
22. 你爱说话吗?
23. 你的协调能力好吗?

24. 你勤劳吗？
25. 你慷慨吗？
26. 你小心翼翼吗？
27. 你令人愉快吗？
28. 你传统吗？
29. 你亲切吗？
30. 你工作足够有效率吗？

测试得分：

把第 3、6、13、20、22、29 题的分加起来就是你的"孔雀"分数；请把分数列出：

把第 5、10、14、18、24、30 题的分加起来就是你的"老虎"分数；请把分数列出：

把第 2、8、15、17、25、28 题的分加起来就是你的"考拉"分数；请把分数列出：

把第 1、7、11、16、21、26 题的分加起来就是你的"猫头鹰"分数；请把分数列出：

把第 4、9、12、19、23、27 题的分加起来就是你的"变色龙"分数；请把分数列出：

测试分析：

假若你有某一项分远远高于其它四项，你就是典型的这种属性，假若你有某两项分大大超过其它三项，你是这两种动物的综合；假若你各项分数都比较接近，恭喜你，你是一个面面俱到近似完美性格的人；假若你有某一项分数特别偏低的话，想提高自己就需要在那一种动物属性的加强上下工夫了。

类型	老虎型	孔雀型	猫头鹰型	考拉型	变色龙型
一句话	爱拼才会赢	给点阳光就灿烂	实事求是	家合万事兴，路遥知马力	凡事皆留有余地
个性特征	企图心强烈，喜欢冒险，积极自信，竞争力强，喜欢掌控全局发号施令，不喜欢维持现状，行动力强，目标一经确立便会全力以赴	高表达力，社交极强，流畅口才，热情幽默，容易广结善缘、建立知名度。乐观与和善，有同情心和感染他人，在以团队合作中，会有最好的表现	很传统，注重细节，条理分明，责任感强，重视纪律。保守、分析力强，精准度高，喜欢把细节条例化，个性拘谨含蓄	很稳定，够敦厚，温和规律，不好冲突。行事稳健、强调平实，有过人的耐力，温和善良	中庸而不极端，没有原则就是最高原则，凡事不执着，韧性极强，擅于沟通，天生的谈判家，能充分融入各种新环境新文化且适应性良好，在他人眼中会觉得他们"没有个性"，他们懂得凡事看情况看场合

续表

类型	考虎型	孔雀型	猫头鹰型	熊猫型	变色龙型
工作风格	目光接触;有目的性且迅速行动;说话快速且有说服力;运用直截了当的实际性语言;办公室挂有日历、计划要点	运用快速的手势;面部表情特别丰富;运用有说服力的语言;工作空间里充满了各种能鼓舞人心的东西	很少有面部表情;动作缓慢;使用精确的语言、注意特殊细节;办公室里挂有图表、统计数字等	面部表情和蔼可亲;说话慢条斯理,声音轻柔;用赞同型、鼓励性的语言;办公室里摆有家人的照片	看似没有凸出个性,但擅长整合内外资;没有强烈的个人意识形态,是他们处事的价值观。具有高度的应变能力。他性格善变,处事极具弹性,能为了适应环境的要求而调整其决定甚至信念
管理方式	重目标管理	重愿景管理	重风险管理	重团队管理	重社交管理
适合人群	有新员工多的团队中	有目标明确的团队中	员工成熟多的团队中	整合团队	冲突环境中
优点	善于控制局面并能果断地作出决定的能力;用这一类型工作方式的人成就非凡	生性活泼,使人兴奋,高效工作,建立同盟或搞好关系来实现目标。适合需要当众表现、引人注目、态度公开的工作	天生就有爱找出事情真相的习性,因为他们有耐心仔细考察所有的细节并想出合乎逻辑的解决办法	他们对其他人的感情很敏感,这使他们在集体环境中左右逢源	善于在工作中调整自己的角色去适应环境,具有很好的沟通能力
缺点	重视速度容易忽视细节,不顾自己和别人的情感。要求过高、好胜,会成为工作狂	因其跳跃性的思考模式,常无法顾及细节以及对事情的完成执着度	把事实和精确度置于感情之前,这会被认为是感情冷漠。在压力下,有时为了避免做出结论,他们会分析过度	很难坚持自己的观点和迅速做出决定。不喜欢面对与同事意见不和的局面,他们不愿处理争执	从别人眼中看变色龙族群,会觉得他们较无个性及原则
代表人物	毛泽东、朱镕基、撒切尔夫人、韦尔奇	马云、史玉柱	包青天(包拯)	温家宝	周恩来、美国前国务卿基辛格、诸葛亮

 **管理游戏**

同心协力

这是一个很有意思的游戏,它可以调动参与者的兴趣,并且能让他们从游戏中体会友谊和协作的乐趣。另外,这个游戏还可以在培训中场或结束时使用,既可以活跃课堂气氛,还能帮助学员放松神经,增强学习效果。

参与人数:5人以上一组为佳

时间:5~10分钟

道具:无

场地:空地

应用:(1)了解团队协作的重要性;(2)增强团队成员的归属感

游戏规则和程序

1. 将学员分成几个小组,每组在5人以上为佳。
2. 每组先派出两名学员,背靠背坐在地上。
3. 两人双臂相互交叉,合力使双方一同站起。
4. 以此类推,每组每次增加一人,如果尝试失败需再来一次,直到成功才可再加一人。
5. 培训者在旁观看,选出人数最多且用时最少的一组为优胜。

相关讨论

1. 你能仅靠一个人的力量就完成起立的动作吗?
2. 如果参加游戏的队员能够保持动作协调一致,这个任务是不是更容易完成?为什么?
3. 你们是否想过一些办法来保证队员之间动作协调一致?

总结

1. 别看这个游戏简单,但是依靠一个人或几个人的力量是不可能完成的。因为在这个游戏中,大家组成了一个整体,需要全力配合才可能达到目标。它可以帮助学员体会团队相互激励的含义,帮助他们培养团队精神。

2. 另外,这个游戏还考验每个小组的领导者,看他怎么指挥和调动队员。因为这个游戏不但需要大家通力合作,还需要每个参与者的密切配合。如果步调不一致,大家的力气再大也不可能顺利完成。这种情况下,作为小组的领导者,应该想一些办法来解决这个问题。比如可以让大家以他马首是瞻,跟随他的动作;更有效的就是想出一个口号,既可以鼓舞士气又能统一大家的节奏。

3. 无论队员还是领导者都应该明白,任何一个人的不配合都会对小组的行动产生负面效果。因此,培训者应注意,在游戏结束后,要帮助完成效果不好的小组找出原因。帮助他们树立团队意识,引导他们总结自己的失误。这对学员的素质提高有很大帮助。

案例聚焦

解读乔布斯的领导真经

史蒂夫·乔布斯的人生是一部传奇神话。无论是他在世时,还是辞世后,人们都试图从他身上获得一些有益的启示。作为乔布斯本人授权的传记作者,沃尔特(艾萨克森无疑对乔布斯一生的方方面面有更深入、更全面的了解。艾萨克森认为,乔布斯的成功离不开以下要素。

专注

专注是乔布斯个性的一部分,如果他认为某件事会让他分心,就坚决不会去考虑。

简化

乔布斯会本能地简化一切事物,他会抓住事物的本质,去除不必要的部分。在苹果的第一本宣传册上写着这样一句话:"至繁归于至简。"

全程负责

乔布斯和苹果对用户体验全程负责。从 iPhone 的 ARM 微处理器性能,到用户在苹果专卖店购买 iPhone,用户体验的每一个环节都紧密相扣。

落后就奋起超越

创新型企业不仅第一个提出新理念,还知道在落后的时候如何奋起超越对手。乔布斯在开发最初的 iMac 时就是这样。

产品先于利润

乔布斯说过:"我致力于打造一家经久不衰的公司,员工们努力开发卓越产品。其他一切都是次要的。当然,能赚钱最好,有了钱你才能生产出卓越产品。但动力应该来自产品,而不是利润。"

不要盲信焦点小组

深入关切顾客想要什么,与不断问顾客想要什么,存在很大的不同,前者需要你发挥直觉和本能,预见顾客尚未形成的需求。乔布斯解释说:"我们的任务是读出那些还没写在纸上的东西。"因此,他不断磨练自己与顾客共鸣的能力。

扭曲现实

乔布斯很擅于敦促别人去完成不可能完成的任务。与乔布斯共过事的人都承认,这种特质可能让人窝火,但他们也确实因此创造了非凡的业绩。

灌输

乔布斯知道,人们都是根据产品或公司的呈现和包装方式,对它们做出评判的。因此,他会利用产品设计向用户"灌输"一种信号。

力求完美

几乎在开发每一种产品时,乔布斯都会在某个时刻"按下暂停键",回过头去看最初的设计，因为他觉得产品不够完美，甚至连那些看不到的部位都不马虎。

只容忍A级人才

乔布斯虽然脾气暴躁、态度严厉，但他这样做是为了追求完美，防止出现"庸人泛滥"。而且，乔布斯很会激励人。他让员工充满了激情，使他们致力于创造突破性的产品，并相信自己能够完成看似不可能完成的任务。

面对面交流

乔布斯认为面对面交流非常必要。他说："在这个网络时代，我们往往认为通过电子邮件和iChat，我们照样能开发出创意。这种想法太离谱了。创造力来自自发的碰面，来自随意的讨论。"

大小兼顾

兼顾大局和小节事无巨细，乔布斯都会积极投入。有些CEO善于做长远规划，有些则明白贵在细节，而乔布斯两者兼顾。

融合文理

乔布斯贯通文理、创造力和技术、艺术和工程。虽然在技术上胜过他的不乏其人，也有比他更优秀的设计师和艺术家，但在我们这个时代，能够创造性地将诗意和处理器连接在一起的，可以说无人能出其右。

"求知若渴，虚心若愚。"在乔布斯的职业生涯中，他一直践行着这句话。在他人生的每个方面，他的行为都反映出了这样一种变化：从冲突、合流，到最终所有这些不同方面的融合。

（资料来源：解读乔布斯领导真经[EB/OL]. http://www.ceconline.com/leadership/ma/8800063981/01/? a_xihuan. 2012-5-29.）

问题讨论：

1. 乔布斯的个性特征与领导力之间的关系是什么？
2. 将乔布斯和国内某一著名企业的领导者进行比较，分析其领导行为特点。

复习与思考

1. 什么是领导？领导的职责和作用如何体现？
2. 如何区分领导者与管理者？
3. 什么是领导品质理论？有何代表理论？
4. 什么是领导行为理论？有何代表理论？
5. 什么是领导权变理论？有何代表理论？
6. 交易型领导与变革型领导的区别是什么？

参考文献

[1] House Robert J. A 1976 Theory of Charismatic Leadership[M]. Southern Illinois University Press ,1977.

[2] 陈国海.组织行为学[M].4 版.北京:清华大学出版社,2013.

[3] 陈春花,杨忠,曹洲涛.组织行为学[M].3 版.北京:清华大学出版社,2013.

[4] (美)斯蒂芬·P.罗宾斯,蒂莫西 A.贾奇.组织行为学[M].12 版.北京:清华大学出版社,2015.

[5] 段万春.组织行为学[M].2 版.北京:高等教育出版社,2015.

[6] 肖余春.组织行为学[M].2 版.机械工业出版社,2016.

[7] 袁凌,吴文华,熊勇清.组织行为学[M].北京:高等教育出版社 2015.

[8] 董明珠—2016 年中国最具影响力女性[EB/OL]. http://news.haiwainet.cn/n/2016/0916/c3541839-30328005.html,2016-9-16.

[9] 解读乔布斯领导真经[EB/OL]. http://www.ceconline.com/leadership/ma/8800063981/01/? a_xihuan.2012-5-29.

[10] 李林,左晓琳.魅力型领导行为特征及其对绩效影响研究——一个文献综述[J].现代商贸工业,2013(17).

[11] 聂海珍.跨文化背景下西方领导理论的适用性和局限性[J].法制与社会,2009(28).

[12] 姚艳虹,荆延杰.中国文化背景下企业交易型领导的结构研究.湖南大学学报:社会科学版,2008 年 4 期.

第 11 章 冲突与谈判

我们要避免我们的义务与我们的利益发生冲突,避免从别人的灾难中期望自己的幸福。

——法国启蒙思想家、哲学家、教育家、文学家　卢梭

学习目标

1. 定义冲突。
2. 指出不同冲突观的差异。
3. 概括冲突的过程、冲突产生的原因。
4. 冲突管理。
5. 定义谈判、比较分配谈判和综合谈判。
6. 应用谈判过程的五个步骤。
7. 谈判的方法。

基本概念

冲突 Conflict
建设性冲突 Constructive conflict
破坏性冲突 Destructive conflict
竞争策略 Competing strategy
回避策略 Avoiding strategy
妥协策略 Compromise strategy
迁就策略 Accommodating strategy
合作策略 Cooperating strategy

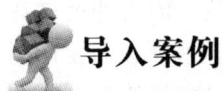 **导入案例**

Coach 再次关闭天猫店　背后有怎样的利益冲突?

Coach 在 2015 年 8 月底再次入驻天猫后恰好一年之际,再一次悄然关店。该品牌在天猫的两次开店、两次关店均历程极短,更重要的如此反复的情况对于知名品牌和天猫都尚属首次,这其中存在怎样的利益冲突呢?

2011 年底,双方第一次合作,并郑重其事地向媒体发布公关稿,可想而知,双方都把这个当做一个大事。一个是淘宝这个被认为略"LOW"的平台迎来了奢侈品牌,一个是美国奢侈品拥抱电商。对于两间公司都非常具有宣传意义。

不过,这个合作两个月后宣告夭折,尽管 Coach 解释称,这是基于双方打假合作的附加合作,协议就是开两个月。

但是,业界普遍认为,淘宝并没有履行帮助 Coach 在淘宝打假的承诺,所以 Coach 一怒之下关闭店铺。

(数据来源:南方企业新闻网. Coach 再次关闭天猫店　背后有怎样的利益冲突? [EB/OL]. http://www.senn.com.cn/fz/2016/09/13/161955.html,2016-9-13)

11.1　冲突概述

11.1.1　冲突的定义

斯蒂芬·P.罗宾斯认为,冲突是一种过程,这种过程是起始于一方感觉到另一方对自己关心的事情产生消极影响或将要产生消极影响。从这一概念,可以看出冲突包含了两层含义:其一,要有对立的双方;其二,要出现能被感知到的妨碍彼此行为的举动。只有这两层含义同时满足时,冲突才能凸显出来,并产生影响。

这是一个广义的定义,它描述了相互作用变成相互冲突时,所出现的各种活动。它包括在组织中人们经历的各种各样的冲突,如目标不一致、对事实的解释存在分歧、在行为期望方面的不一致等。另外,这一定义还非常灵活,它可以涵盖所有的冲突水平:从公开、暴力的活动到微妙、意见不一致的形式。

尽管冲突总是令人感到不舒服,它的确是组织生活中不可避免的部分。因此,如何建设性处理冲突将使个人、群体和组织受益。

11.1.2　冲突观念的变迁

人们对组织冲突的认识有一个变化的过程,关于冲突的本质及特征的认识是随着社会实践的发展和认识的提高而逐步变迁的,概括起来分为以下三种主要观念。

1. 传统观点

在传统理论中,冲突总是被认为是有害的,它是导致组织动荡不安、混乱乃至分裂的主要原因之一。在20世纪30—40年代,这种观点占主导地位。因为冲突破坏组织的和谐与稳定,影响组织决策目标的实现,因此是必须加以克服和予以否定的因素。J.A.塞勒认为组织跟个人一样,精力是有限的,如果这些精力大都消耗在与别的组织群体的勾心斗角和相互倾轧上,那就很少有精力来履行组织的主要职责。基于这种认识,组织领导者从来都将防止和反对冲突作为自己的主要任务之一,并将化解冲突作为寻求维系现有组织的稳定和保证组织的连续性、有效性的主要方法之一。

2. 人际关系观点

这种观点认为,对于所有的群体和组织来说,冲突都是与生俱来的。由于冲突无法避免,人际关系学派建议接纳冲突,使它的存在合理化,冲突有时还有利于群体的工作绩效。40年代至70年代中叶,这种观点在冲突理论中占主导地位。

3. 相互作用观点

这种观点对组织冲突的看法有了根本的改变。由于在组织运行的过程中,冲突是不可避免的,而且它并不总是起阻碍作用。如果能将冲突保持在合理的程度和有限的重要事件上,则冲突能使组织更有效地运行。

第一,冲突可以为组织变革提供激励因素。当群体间没有冲突时,群体可能不会进行自我评估和分析,无法发掘潜力,而冲突会刺激组织在工作中的兴趣和好奇心。组织成员间在观念和方法上的分歧迫使他们提出论据,从而不断加深对自己和别人的认识,提高群体成员和整个组织系统的创新水平。

第二,冲突可以促进联合,求得共同生存。组织内的冲突能消除成员间的隔阂,寻求团体的共同生存。比如,当群体遭到更强大的外来力量的袭击时,群体很容易形成联合体来抵御对手。

因此,按照现代冲突观,管理者不应不惜代价去压制个人和群体间的冲突,而是应该鼓励冲突,管理者的工作应该是设法以加强组织有效性且不产生更深敌意或破坏性行为的方式去管理冲突。作为管理者,他们应该受到奖赏的是诊断和管理冲突的能力,而不是看他所管理的单位是否平静。

11.1.3 冲突的类型

根据冲突的影响,可将其分为建设性冲突与破坏性冲突。建设性冲突是指对组织有益的冲突。研究表明,冲突的积极影响表现在:提高生产率;促进更好沟通;改进决策过程。破坏性冲突是指对组织有害的冲突。例如资源浪费、绩效下降、士气低落、压力增大等消极影响。

根据冲突的内容,可将冲突分为目标冲突、认知冲突、感情冲突和程序冲突四种。目标冲突是指双方预期的结果不一致,如双方的价值观、需求互不相容等。认知冲突是指双方的思想、观点和意见互不相容。感情冲突是指双方在情绪上相互对抗,如互不喜欢、缺乏信任等。程序冲突是指双方在解决问题的程序上看法不一致。

根据冲突的范围,可将冲突分为人际冲突、群际冲突和组织间冲突。人际冲突是指两个或两个以上的个体之间的冲突。群际冲突是指两个或两个以上的群体之间的冲突。组织间冲突是指两个或两个以上的组织之间的冲突。

资料卡

大学生舍友间人际关系冲突案例

2013年4月1日,复旦大学的黄洋饮用饮水机中的水后出现中毒症状,后经医院救治无效于4月16日去世,这起舍友投毒案再次将社会各界的目光聚焦在大学生这一特殊的群体,人们开始更加关注大学生心理健康与大学生宿舍人际关系。这起事件也让人们再次联想起19年前,相似惨剧也曾发生在清华大学女生朱令身上,如今朱令全身瘫痪、双目近乎失明、大脑迟钝,如果不是当年的铊中毒事件,她也许将拥有截然不同的人生。让人们想起的还有2004年2月14日发生的震惊全国的云南大学马加爵故意杀人案和2009年11月吉林农业大学发生的郭力维杀害寝室舍友案。这数起案件均发生在大学生宿舍舍友间,乃至在网上流传并转发着"感谢当年舍友的不杀之恩"的微博感慨,这句话虽有调侃之意,但充分说明,大学生几乎都有与舍友人际关系紧张的经历。大学生舍友之间的人际关系冲突的发生较为突然且信息封闭,学校管理者不易及时发现,主要依靠大学生自我调节,但是大学生自我调节能力有限,因此问题并不能妥善解决。这为新的矛盾留下了隐患,给大学生正常的学习生活和身心健康造成了较大的负面影响,也给高校学生之间的人际关系带来了诸多挑战。

11.2 冲突的产生

11.2.1 冲突产生的原因

1. 经营目标的不一致

它可能是造成群体间冲突的最主要的原因。每个部门的经营目标反映了其成员正在努力实现的确定目标,一个部门目标的实现可能会影响另一个部门目标的实现。比如,市场开发部力图增加满足各种消费者喜好的产品系列,这意味着更短的生产周期,生产部门必须加班加点,承担更高的成本。实际上绝大多数组织的部门间都存在着目标不一致的问题。

2. 任务的依存性

任务的依存性是指一个部门在材料、资金和信息方面依赖另一个部门,因此要求双方成员花时间来协调和共享信息。部门之间必须经常沟通,关于目标的不同和合作态度的不同要表现出来,冲突也特别容易在协调不能一致的时候发生。更大的依存性意味着部门经常有一种要迅速做出反应的压力,因为它必须为另一个部门服务。

3. 资源稀缺

组织内各部门分享着有限的资金、物质设备和人力资源等。由于实现目标的需要,各部门都想尽可能多地占有资源,导致冲突的产生。部门管理者或许还会做出超出工作所需的预算或做幕后交易,以实现所希望的资源水平。此外,组织内部资源的多寡还象征着权力和影响,获得资源的能力可以提高声望,各部门都认为自己对增加资源的要求是合理的,争夺的结果会导致冲突发生。

4. 权力分配

即使在组织图中处于同一水平的部门也会产生出权力差别。有些部门提供更有价值的服务或为公司减少关键的不确定性。例如,在销售部和市场部之间,有时会因为权利的差别而产生冲突。在过去的10年中,市场营销的作用发展到战略计划的领域,这意味着市场部更多地与高级管理层一起分析竞争局势,而销售的重点则在消费者的需求上,在某些公司,市场营销发展的影响力将市场部和销售部的冲突提高到为争夺支配权而进行的搏斗。权利的差别经常成为冲突的一个基础,尤其是当真实的工作关系不能反映出可以感受到权利的时候。

5. 不确定性

另一个造成部门间冲突的因素的不确定性和组织的各部门所经历的变化。当活动可以预知时,部门知道他们的立场。他们可以依据规则或以前的决定来解决产生的争端。当环境正在迅速变化的时候或当不好理解的问题出现的时候,各部门或许就不得不重新就各自的任务进行谈判。管理者必须选出处理问题的办法。部门的边界或权限变得模糊。成员可能要承担更多的责任,因而使其他团体感受到侵犯。在一项针对医院的采购决策的研究中可以看到,管理者报告上来的冲突在非例行采购时多了许多。一般来说,随着部门关系不确定性的增加,冲突也会随之增加。

6. 文化差异

企业组织中国际环境重要性的提高是带来组织内部冲突的另一个来源。企业的组建方式中合资企业比例增加,雇员构成趋于复杂,来自不同地域的管理者和雇员带来了不一样的思想和文化,文化差异提供了产生组织内部群体之间冲突的滋生地。对管理活动有影响的文化层面有以下几个方面。

(1) 不确定规避。一些文化中的雇员推崇明确,并非常乐意接到其主管的具体指令,这些雇员有很高的不确定规避,偏好于回避工作中的模棱两可。而有些雇员则以相反的方式进行反应,因为模棱两可并未威胁到他们对稳定和安全的较低需要,这些雇员甚至可能会对工作中的不确定性如鱼得水。

(2) 个人主义和集体主义。重视个人主义的文化强调个人的权力和自由,形成松散的组织关系和社会关系,对本人的职业和个人报酬极其关注。集体主义着重强大团队并推崇成员之间的和谐,个人感情服从团体利益,保全脸面在集体主义文化中至关重要。

(3) 时间取向。某些文化推崇诸如未雨绸缪、节俭等价值观,非常重视历史,对传统具有深厚的敬意,注重社会责任,他们具有长期取向。而有些文化更重视的是现在,强调组织一定要适应社会的变化,他们具有短期取向。

文化差异在企业合并的时候尤其突出。合并的公司的雇员或许有完全不同的工作作风和价值标准,尽管管理者可以整和财务和生产技术,但是难以整和不能用文字表达的规范和价值观,这是造成许多合并失败的原因之一。

7. 报酬系统

报酬系统在一定程度可以控制群体之间相互合作或冲突的程度。比如有一个针对学生团体的实验说明了报酬激励体系是怎样影响冲突的。有一些团体是合作性的,每个学生的成绩都是团体项目的成绩;另一些是竞争性团体,学生的成绩要根据个人对团体项目所做的贡献而定。每个学生都单独给成绩,而且不考虑团体整体的成绩,学生可以得高分或低分。

这些激励手段的结果对冲突的影响很大。当激励系统因成员完成了团体目标而奖励他们时,成员间的协调和沟通就变得更好,生产力提高,团体产品的质量也提高。当根据个人对团体的贡献给个人打分时,他们之间的沟通就减少,而冲突增多。成员们试图保护自己,而以牺牲他人来获得成功。团体项目的质量和生产力因此下降。

激励手段对企业的部门间的冲突有相似的影响。当部门管理者由于实现总体组织目标而不是部门目标而获得奖励时,部门间的合作便会加强。例如一个部门根据本部门利润目标的实现情况向部门管理者提供奖励办法。不管该管理者的部门做得如何好,只有公司运行得好才能获得奖励。这种激励制度激励部门管理者之间彼此相互合作。如果部门仅仅由于部门的业绩便能获得奖励的话,就会激发管理者以其他部门的代价来取胜。

11.2.2 冲突的过程

管理学家斯蒂芬·P.罗宾斯提出五阶段冲突理论,把冲突的过程分为五个阶段,如图 11-1 所示。[1]

阶段 1:潜在的对立或失调

产生冲突的第一步是存在可能产生冲突的条件,这些条件并不必定导致冲突,但他们是冲突产生的必要条件。这些前提条件被视作冲突的来源,可概括为三类:沟通、结构和个人因素。

1. 沟通

沟通失效的因素来自误解、语义理解上的困难以及沟通渠道中的"噪声"。沟通的增加在达到一定程度之前是功能性的,超过这一程度就可能是过渡沟通,将导致冲突可能性的增加。另外,沟通渠道也影响到冲突的产生。人们之间传递信息时会进行过滤,来自于正式的或已有的渠道中的沟通偏差,都提供了冲突产生的潜在可能性。

---

[1] 斯蒂芬·P.罗宾斯.组织行为学[M].北京:中国人民大学出版社,2014.

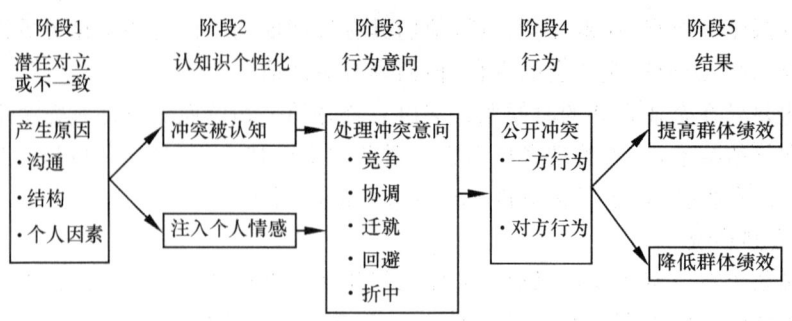

图 11-1 罗宾斯对冲突过程的分析

2. 结构

群体规模越大,任务越专门化,则越可能出现冲突。如果群体成员都很年轻,并且群体的离职率又很高时,出现冲突的可能性最大。

由谁负责活动的模糊性程度越高,冲突出现的可能性就越大。管辖范围的模糊性也增加了群体之间为控制资源和领域而产生的冲突,组织内不同群体有着不同目标,群体之间目标的差异是冲突的主要原因之一。

3. 个人因素

个人因素包括价值系统和个性特征,它们构成了一个人的风格,使得他不同于其他人。有证据表明,具有特定的个性特质的人,将导致冲突,而价值系统的差异,也是导致冲突的一个重要原因。

阶段2:认知和人格化

如果阶段1产生挫折,那么在阶段2,潜在的敌对就可能转变为现实,先前的条件(将在一方或多方受冲突影响和认识到冲突的情况下)导致冲突。冲突定义中提到人只是必要条件,冲突的一方或多方必须意识到上述条件的存在,而且只有进一步引起情感上的冲突,即当个体有了感情上的投入,双方都体验到焦虑和紧张、挫折或敌对时,潜在冲突方才可能成为现实。

该阶段有两点需要注意:

第一点,在阶段2冲突问题变得明朗化,在这一过程中,双方将决定冲突是什么性质。冲突的界定非常重要,它勾勒出解决冲突的各种可能方法。

第二点,情绪对知觉的影响有着重要作用。比如,研究发现消极情绪会导致过于简单地处理问题,降低了信任感,对对方的行为也会做出消极的解释。相反,积极情绪则增加了问题的各项因素中发现潜在联系的可能性,以更开阔的眼光看待情境,所采取的办法也具有创造性。

阶段3:行为意向

介于一个人的认知和外显行为之间,指采取某种特定行为的决策。行为意向之所以作为独立阶段划分出来,是因为行为意向导致行为。很多冲突之所以不断升级,主要原因在于一方对另一方进行了错误归因。另外,行为意向与行为之间也存在着很多不同,因此一个人的行为并不能准确反映它的行为意向。

阶段4:行为

当一个人采取行动去阻止别人达到目标或损害他人的利益时,就处在冲突过程的第4阶段。这种行为必须是有企图的和为他们所知的。在这一阶段,冲突会公开化。这一阶段是一个动态的相互作用过程。公开的冲突包括行为的整个过程,从微妙、间接、节制,发展到直接、粗暴、不可控的斗争。

阶段5:结果

冲突双方之间的行为——反映相互作用导致了最后的结果。如果冲突能提高决策的质量,激发革新与创造,调动群体成员的兴趣与好奇,提供公开问题、解除紧张的渠道,培养自我评估和变革的环境,那么这种冲突就具有建设性。如果冲突带来了沟通的迟滞,组织凝聚力的降低,组织成员之间的明争暗斗成为首位,而组织目标降到次位,那么这种冲突就是破坏性的,在极端的情况下,会威胁到组织的生存。

资料卡

滴滴出资1亿元建出租车与网约车融合发展基金

2016年6月28日,滴滴出行在京举办"出租车与网约车融合发展研讨会",在会上,滴滴出行方面表示,滴滴正在从流量融合、服务融合、技术融合三个方面,积极探索出租车与网约车融合发展之路。据悉,滴滴出行将投入1亿元人民币,建立出租车与网约车融合发展基金,用以扶持出租车和网约车的融合发展。

从最早的出租车的信息化,到后来推出专车、快车、顺风车等越来越开放的产品,以滴滴为代表的网约车丰富了人们的出行选择。作为最早将国内整个出租车行业互联网化的移动出行平台,目前滴滴已拥有3亿注册用户,近1500万注册司机。凭借大数据驱动的智能匹配调度体系以及领先的规模优势,滴滴出行目前日完成订单已突破1400万元。

北京祥龙出租公司的总经理吴亦军在发言中说,出租车在所有的市场要素和经营管理要素方面都没有自己的主动权利,都是由行政配置的。包括出租汽车运价,车辆的车型,承包定额以及司机的劳动合同和社会保险上交比例等等一系列市场要素都由行政配置,造成了出租汽车企业在企业资本和经营管理上的脱离,出租车行业目前缺乏投资的动力,技术装备升级的动力,而且在制度、创新管理方面缺乏动力和活力。

吴亦军指出,作为一个出租汽车企业,现在已经没有抱怨的时间了,我们应该顺应大势,跟更多的网约车平台深入合作。

滴滴出行首席发展官李建华在会上指出,网约车的发展已经深刻改变了人们出行方式,也不可避免地对传统出租车运营模式带来影响。对于出租车在近期发展中面临的困难和问题,滴滴出行作为网约车的典型代表,有义务,有能力,也有决心引领出租车与网约车融合发展道路。

滴滴出行副总裁张贝透露,滴滴正在从流量融合、服务融合和技术融合三个方面进行探索,试图把网约车的制度优势、管理模式以及应用成熟的技术经验,逐步融合到出租车体系中,通过网约车的量入口为符合条件的出租车引流,同时用智能拼车算法进一步提高出租车的运营效率。滴滴方面还特别强调,将投入1亿元人民币建立出租车与网约车融合发展基金,主要用于对出租车服务转型升级进行资金补贴,在加大对司机的关爱力度的同时,对积极参与社会公益、见义勇为司机进行表彰。

实际上,在滴滴平台,出租车与网约车的融合早已开始。早在今年4月26日,滴滴出行正式与上海"海博出租"签署战略合作协议,首批500辆海博网约车加盟滴滴专车,线下车辆、司机和运营资质由海博负责,而线上订单派接、用户运营、支付等由滴滴出行负责。在外界看来,这一出租车与专车融合发展新模式,正是"互联网+"思维下,传统出租车获得改革突破的一种途径。

数据来源:宋馥李.滴滴出资1亿元建出租车与网约车融合发展基金.经济观察,2016-06-29.

11.3 冲突管理

11.3.1 冲突管理策略

美国行为科学家托马斯提出了冲突处理的二维模式,以合作性为横坐标,坚持己见为纵坐标,定义了冲突行为的二维空间,并组合成五种冲突处理策略,如图11-2所示。

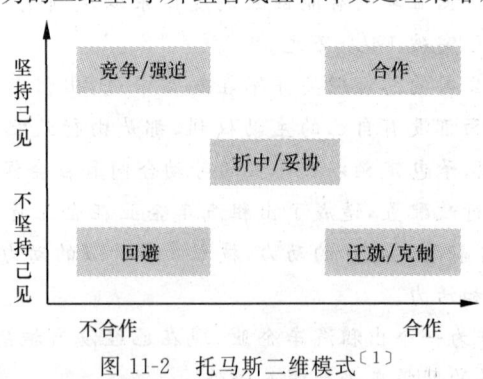

图11-2 托马斯二维模式[1]

---

[1] 斯蒂芬·P.罗宾斯.组织行为学[M].北京:中国人民大学出版社,2014.

1. 竞争/强迫策略

当一方在冲突中寻求自我利益的满足,而不考虑冲突对另一方的影响时,他就是竞争。例如,当你参与一次只有一个人胜出的比赛时,你就是在竞争。

2. 回避策略

既不与对方合作,也不坚持己见,试图将自己置身于冲突之外,以保持中立的态度。有关回避的例子包括:竭力忽略冲突;回避与自己存在意见分歧的人。

3. 迁就/克制策略

考虑对方的利益或是屈从于对方的意愿,压制或是牺牲自己的利益及意愿。实行迁就策略的人可能是为了维持相互关系并与对方长期合作,或是不得不屈服于对方的势力。比如:你愿意支持某个人的观点,尽管你对该观点持保留意见,这就是迁就。

4. 折中/妥协策略

这折中做法中,没有明显的赢家或输家。冲突双方都在一定程度上放弃某些东西而共同分享利益,从而达到双方都可以接受的目标,折中策略能够有效避免和减少冲突。

5. 合作策略

当冲突双方希望充分满足双方的利益时,他们就会开展合作,并寻求共同受益的结果。在协作中,双方通过澄清差异与分歧,试图通过一个"双赢"的方法而不是迁就各种不同的观点来设法解决该问题。

伯克于1970年曾对以上五种策略的有效程度做过调查,发现使用合作策略常常能有效解决问题,竞争的效果很不好,回避和克制策略一般较少使用,使用时效果也不好。如表11-1所示,妥协策略只能部分满足双方的需求,但妥协策略却是常用并且也容易被人们接受的一种处理冲突的策略。因为它具备以下两个优点:一是尽管它部分地阻碍了对手的行为,但仍然表示出合作的姿态;二是它反映了处理冲突问题的实际主义态度。

表 11-1　　　　伯克关于各种冲突解决策略有效性的研究[1]

冲突处理策略	有效	无效	冲突处理策略	有效	无效
回避	0.0%	9.4%	竞争	24.5%	79.2%
迁就	0.0%	1.9%	合作	58.5%	0.0%
折中	11.3%	5.7%	其他	5.7%	3.8%

一般来说,成功的管理者比不成功的管理者,高效率的组织比低效率的组织更多地采用合作策略来处理冲突问题。因为合作能使双方产生满足感,而其他策略在一定程度上使冲突的一方要求不能得到满足,从而产生挫折感,为以后的冲突埋下了伏笔。

[1] 资料来源:斯蒂芬·P.罗宾斯.组织行为学[M].北京:中国人民大学出版社,2014.

11.3.2 冲突管理技巧

对于组织来说,理想的状态是只有适度的群体间的冲突和竞争。管理者不能让冲突过于激烈而造成太大损失,应尽可能地激励群体间的合作来实现组织目标。因此管理者对冲突的处理技巧就显得非常重要。

1. 对话和谈判

当冲突双方直接接触来解决分歧时,便会有对话。在对话的过程中双方互讲条件的过程就是谈判,它使双方有条不紊地找到解决问题的方法。对话和谈判都有某种风险,因为不能保证讨论集中于某种冲突,也不能保证双方都能控制住情绪。但是,如果人们能够在面对面讨论的基础上解决冲突,他们就会发现彼此间新的一面,进一步的合作将变得容易。通过直接的谈判可能会开始相对持久的态度转变过程。

2. 正式的权力

使用规章制度赋予不同的部门以合法权力,为冲突管理提供了正式的途径。比如,广告部和销售部的对广告策略的看法不一致。广告部喜欢利用广播和电视,而销售部希望直接与客户打交道,这类冲突可以通过将问题交给负责市场营销的副总裁来解决,这是组织内合法的权力安排。这种方法的不利之处在于它并不能改变对合作的态度,只能处理临时的问题。当成员们对某种特定冲突的解决方案没有一致意见时,正式权力是有效的。

3. 第三方管理

当双方冲突激烈并持续时间较长时,部门间的成员就会多疑并不合作,这时,可以由第三方作为顾问来管理冲突。第三方顾问应该是行为问题方面的专家,他们能被冲突双方接受。第三方并不是要判断双方的是非曲直,而是要让双方了解其相互依赖的关系。通常组织中冲突调解的第三方由双方的共同上级充当。为了使双方合作,第三方需要做好以下工作:保证双方有良好的动机;使双方把注意力转移到问题的解决上来;使双方在冲突中保持权力的平衡,因为如果双方地位不对等,那么公开的交流、信任和合作是不可能的;增加双方之间的透明度,并使双方在高透明度下不会受到对方的伤害。

4. 群体的整合

将发生冲突的部门代表结合在一起是减少冲突的一个有效办法,这些代表可以是项目组和超出边界的项目经理。通过设置一个专职整合员与各部门成员交流信息来实现协调。该整合员必须能懂得各部门的问题,必须能提出双方都可以接受的解决方法。

作为团队和任务组的进一步发展,今天许多组织正在构建多重约束的、自我管理的工作团队,与以往注重职能的组织不同的是,工作团队更注重横向结合。实践表明,工作团队能减少冲突促进合作,因为它们将不同部门的人整合到了一起。

5. 设置超级目标

超级目标的作用在于使冲突双方的成员有紧迫感和吸引力，然而任何一方单凭自己的资源和精力又无法达到目标，只有在相互竞争的群体的通力合作下才能实现。在这种情况下，冲突双方可以相互谦让和做出牺牲，共同为这个超级目标作出贡献，从而使原有的冲突与超级目标统一起来。为了保证有效性，超级目标的设置必须很实在，要使群体成员认为在一定的时间内通过合作确实能达到该目标。最有力的超级目标当然就是组织的生存。当组织的生存受到威胁，群体会忘记它们的差别，并试图拯救组织。

6. 群体间的轮换和培训

这种方法是由 Robert Blake、Jane Mouton 和 Richard Walton 等几名心理学家发展起来的。当其他的方法不合适或无法解决问题时就应该对群体成员进行特殊的培训。这种培训要求群体成员离开他每天面对的工作到其他的工作场所，即实现岗位的短期轮换，在此期间要安排各种活动，目的是让冲突的群体感知到它们之间的差异。群体间培训的工作步骤如下：

（1）将冲突的群体分开，让每个群体讨论并列出对自己和对方团体的感知；

（2）召开交流会议，当两个群体列席时，由各群体代表公开各自对自己和对方群体的认识，双方应尽可能准确地向另一群体报告对方在本群体内形成的形象；

（3）实行部门交换之前，各个群体回到本部门消化、分析所听到的内容，大多数情况下，自己对自己的看法和对方对自己的看法是有分歧的；

（4）通过再一次交流会议，共同探讨所暴露出来的分歧和造成分歧的可能原因，分析真实的可观察到的行为；

（5）综合探讨如何处理双方未来的关系以促进群体之间的合作。

7. 敏感性训练

敏感性训练是为了加强不同群体成员对不同文化环境的反应和适应能力，促进不同文化背景的成员之间的沟通和理解。具体措施是将不同文化背景的管理者和雇员结合在一起进行多种文化培训，通过角色扮演、案例分析、小群体讨论等方式，有效地打破成员心中的文化和角色束缚，加强不同文化成员之间的合作意识与联系。

资料卡

啤酒厂内的冲突

某啤酒厂有两个车间：酿造车间和啤酒车间。酿造车间主要生产黄酒、配酒和醋，这些产品生产成本高、利润低。车间职工每月工资约600元。啤酒车间采用自动化生产技术，工作条件好，工作比较轻松。由于啤酒销路好，该车间职工的月工资在 1000 元左右。另外，在啤酒生产过程中，如果蒸汽不够，大米、大麦、啤酒花等原材料发酵不好，或是电力不足，啤酒在过滤时制冷不够，会出现啤酒沉淀或细菌超标，整条生产线上啤酒都要报废，因此，一旦电力或蒸汽不足首先要无条件地保证啤酒车间的电力和蒸汽供应。酿造车间的职工很不服气，觉得不公平。他们工作条件更恶劣，工作更辛苦，报酬却不如啤酒车间的职工。而且，遇上能源供应不足，他们还必须让路，这也是对他们工作的轻视。因此抵触情绪很大。与啤酒车间的职工经常发生争吵。

11.4 谈判

11.4.1 谈判的含义

谈判是化解冲突的有效方法，现实中谈判无处不在，只是一些谈判正式而明显，如国家就贸易摩擦进行的谈判；另一些谈判则不那么明显，如销售员与顾客之间就商品退换问题进行的谈判等。

关于谈判的定义有很多，本书采用罗宾斯的定义，即谈判是双方或多方互换商品或服务并试图对他们的交换比率达成协议的过程。对于谈判的含义可以从几个方面去理解：谈判是由两方以上参与的交际活动；谈判是为了满足双方的需要；谈判是不断调整利益需求的过程。

11.4.2 谈判战略

1. 分配谈判

分配谈判是指在资源给定的情况下，谈判双方为了尽可能多地获得资源，在相互对立的情况下所进行的协商。也就是说，一方所获得的任何收益恰好是另一方所付出的代价。分配谈判的典型例子就是劳资双方的工资谈判。

2. 综合谈判

综合谈判是指为了促进谈判双方事先共赢所进行的谈判。综合谈判通常能够使双方都比较满意，能够促使双方进行长期合作。但是，综合谈判的成功需要双方都满怀诚意、相互信任，并且都具有一定的谈判技巧。

分配谈判和综合谈判各有不同的特点，如表 11-2 所示。

表 11-2　　　　　　　　　分配谈判和综合谈判比较

谈判特点	分配谈判	综合谈判
目标	本方获得尽可能多的"蛋糕"	把"蛋糕"做大，是双方能获得满足
动机	零和	双赢

续表

谈判特点	分配谈判	综合谈判
焦点	立场（"对于这个问题，我必须坚持这个立场"）	利益（"你能解释一下为什么这个问题对你如此重要吗？"）
利益	争锋相对	存在共同利益
信息共享	低（信息共享会让另一方占优势）	高（信心共享可以让双方找到满足各自利益的方法）
关系持续时间	短期	长期

11.4.3 谈判过程

罗宾斯(2015)提出谈判包括五个阶段：准备与计划；界定基本规则；阐述与辩论；讨价还价与问题解决；结束与实施。

1. 准备与计划

在谈判之前需要做一些必要的准备工作。需要明确自己想从谈判中得到什么，目标是什么。以下做法会对你有所帮助：把你的目标写下来，找到自己所能接受的范围，并把精力集中在这上面。你需要评估以下，对方对自己的谈判目标有何想法、可能会提出什么要求、坚守立场的程度、有哪些隐含的重要利益、希望达成怎样的协议等。你还要明确各方达成协议的最低接受方案。本方的最低接受方案决定了可接受的最低水平，只要得到的报价不低于此水平，谈判就不会陷入僵局。同样，如果本方报价低于对方的最低接受方案，就别指望谈判能成功。

2. 界定基本规则

制定出计划和策略之后，你就可以和对方就谈判本身的规则和程序进行协商：如谁将进行谈判、在哪里进行谈判期限、谈判陷入僵局后遵循怎样的程序等。在本阶段，谈判各方面将交流最初报价及基本要求。

3. 阐述与辩论

各方交换了最初意见后，就开始就本方的提议进行解释、阐明、澄清、论证及辩论。本阶段不一定是对抗性的，它可以成为各方就一些问题交换信息的机会，如为什么某些问题较重要、怎样让对方达成最终协议等。在本阶段，各方将交换支持本方观点的材料，为下一阶段做准备。

4. 讨价还价和问题解决

谈判就其实质而言，就是一个为达成协议而相互让步、妥协的过程，在本阶段中，除了据理力争就是如何有目的有计划地让步，以期在达成协议的前提下，使本方利益最大化。

5. 结束与实施

在讨价还价并达成协议之后,就是将达成的协议规范化,并为实施和监控制订出所有必要的程序。在本阶段中,需要在订立正式协议的同时敲定各项细节,为协议的执行完成所有需要的准备工作。

11.4.4 谈判的方法

1. 零和谈判

零和谈判是传统"一赢一输"谈判方式,即一方的得恰是另一方的失。谈判各方对于一份固定利益或固定资源的分配进行协商,谈判各方在谈判过程中关注的焦点是如何在有限资源分配过程中最大限度地扩大自己的收益,因为谈判双方中的任何一方所获得任何收益,恰恰是另一方所付出的代价。这种谈判必然导致谈判双方艰难的讨价还价和紧张的竞争。具体方法包括以下几种。

(1) 心理战。主要以扰乱对方心理或感情为目的,比如诱使对方发脾气、产生负罪感或进行人身攻击等,从而促使对方让步的谈判策略。

(2) 疲劳战。谈判一方反复说理、无休止地拖延时间,使对手疲劳生厌,产生急躁情绪,等对手精疲力尽时再展开反攻。

(3) 声东击西。在谈判中,一方出于需要而有意识地将议题引到对己方不重要的问题,分散对方的注意力,延缓对方在主要问题上所要采取的行动,以实现自己的目的。

(4) 白脸红脸。本方人员在谈判过程中扮演不同的角色,先由唱白脸的人出场,其强硬无理、毫不妥协,让对手产生反感;当谈判陷入僵局时,红脸人出场,放弃某些苛刻的条件,作出一定的让步,最终促使交易的达成。

(5) 最后期限。谈判一方向另一方提出达成协议的期限,若超过此期限,提出者将退出谈判,给对方以压力,扰乱对方的谈判计划,加快谈判的进程。

(6) 出其不意。谈判的一方掌握令对方惊奇的事实、材料与信息,在关键时刻呈现给对方以压力,从而得以控制整个议程,取得谈判的主动权。

(7) 得寸进尺。得寸进尺又称蚕食,在对方作出让步的基础上,再次要求对方在关键问题上作出妥协,步步为营。

2. 双赢谈判

双赢谈判,即"整合谈判",谈判双方并不局限于固定利益的讨价还价,而是双方本着"合则两利"的认识,互相考虑对方的需求和利益,确认共同烦人利益所在,整合双方的利益和目标,使之服从于共同的更大利益和更多目标。通过合作、互利、注重共同问题的解决,做到"赢—赢"的结果。具体的方法有以下几种。

(1) 开诚布公。谈判人员在谈判过程中,均持诚恳、坦率的合作态度向对方吐露己方的真实思想和观点,客观地介绍己方情况,提出要求,以促使对方进行合作。

(2) 休会。谈判的进行遇到某种障碍或在谈判的某一阶段,谈判一方或双方提出中断谈判。这样,谈判人员有机会重新思考和调整对策,促进谈判的顺利进行。

(3)假设条件。在谈判的探测阶段,提出某种假设条件,来试探对方的虚实。但是,在提出假设条件之前,应对假设成真后可能产生的结果有正确的估计,以防假设条件成为现实,使自己处于被动的地位。

(4)感情联络。谈判人员在相互交往过程中,相互馈赠礼品,态度诚恳,以表示友好和联络感情的策略。

(5)有限权力。一般而言,受到限制的权力的谈判者比大权在握的谈判者处于更有利的地位,即当对方提出的要求超出己方的要求时,可以以超出权力范围为由加以拒绝。

(6)留有余地。即使谈判中对方提出的要求合情合理,也不要立即答应,否则容易使对方认为很容易而提出更多的要求。

(7)对事不对人。谈判中区分人与问题,把对谈判对手的态度和讨论问题的态度区分开来,就事论事,不要因人误事。

因此,零和谈判是在资源有限,而每一方都希望最大限度地分享这些资源时发生的行为,而双赢谈判是当双方都希望达成对各方都有利的结果时适用。

本章小结

冲突是一种常见的社会现象,普遍存在于社会关系的各个领域,是人类社会关系的一个组成部分。组织行为学主要研究广泛存在于组织各项活动中,影响和制约着组织和组织成员的行为倾向和行为方式的冲突。

冲突的早期观点认为所有的冲突都是不良的、消极的,它常常作为暴乱、破坏、非理性的同义词。冲突的人际关系观念认为:对于任何组织、群体和个人而言,冲突是与生俱来的、无法避免的。冲突既无法避免也不可能彻底消除,但冲突并非传统观念认为的那样一定是坏的、消极的、破坏性的。第三阶段提倡的是冲突的相互作用观念,该观念始于20世纪70年代后期,是积极的冲突观,是当代冲突理论中的主流学派。

根据冲突的影响,可将其分为建设性冲突与破坏性冲突;根据冲突的内容,可将冲突分为目标冲突、认知冲突、感情冲突和程序冲突四种;根据冲突的范围,可将冲突分为人际冲突、群际冲突和组织间冲突。

有关冲突形成过程分析影响最大的理论是管理学家斯蒂芬·P.罗宾斯提出的五阶段冲突理论,把冲突的过程分为五个阶段:潜在的对立或不一致;认知和个性化;行为意向;行为;结果。

五种冲突处理策略有竞争/强迫策略;回避策略;迁就/克制策略;折中/妥协策略;合作策略。

冲突管理技巧有对话和谈判;正式的权力;第三方管理;群体的整合;设置超级目

标;群体间的轮换和培训;敏感性训练。

谈判几乎渗透到组织和群体中每一个人的相互作用中。本章对比了两种谈判策略:分配谈判策略和综合谈判策略。谈判是一个系统而复杂的过程,需要有计划地来完成。谈判的基本过程包括五个阶段:准备与计划;界定基本规则;阐述与辩论;讨价还价与问题解决;结束与实施。

心理测试

11-1:冲突忍耐力的测试

为了了解个人的冲突忍耐水平,请根据以下的陈述表明你的观点:同意、不确定或不同意(计分方式为:3—同意;2—不确定;1—不同意)。

1. 必要时我会毫不犹豫地在争论中坚持自己的立场。
2. 我认为,群体中的小冲突可能带来激励和兴奋。
3. 每当我不同意他人的观点时,我总是不隐讳自己的看法。
4. 我对事物的看法通常比较固执,并且会让他人知道我的看法。
5. 当我与他人意见不同时,我通常试图向他们证明我是对的而他们是错的。
6. 即使面对威胁,我也坚持自己的立场。
7. 我喜欢就有争议的问题进行辩论。
8. 在有必要争论时,我会坚持立场并且不让感情因素妨碍我。
9. 受压力时,我会顶回去。
10. 发现有不同意见时我会感到振奋并且热衷于讨论。

加总得分。10—16分代表你对冲突感到不安并且希望回避;17—23分代表你对冲突具有中等的忍耐;24—30分代表你对冲突具有高水平的忍耐力。

11-2:冲突处理风格调查问卷

序号	个人观点
1	会向员工表明自己的立场和观点的益处
2	当其他员工与自己有分歧时,愿意将问题公开说出,以便进行讨论
3	会尽量说服员工,找一个折中的解决冲突的办法
4	在某些员工被伤害之前,争取远离争执
5	力求不去伤害其他员工的感情
6	总是千方百计赢得自己的立场
7	如果有时间,会尽量找位有渊博知识的同伴来帮助解决冲突

续表

序号	个人观点
8	总是提出中间观点作为解决冲突的方案
9	总是避免被"置于负责地位"
10	相信"以溺爱来害你的是敌人"这一古老的格言
11	特别喜欢竞争,为了获胜而不择手段
12	会多角度考虑其他看法的优点
13	总是努力寻找一个介于我和其他员工之间的立场
14	常常想方设法避免引发矛盾
15	非常在意其他员工的愿望
16	当必须在一个冲突情境中取胜时,会表现出有很强的竞争性
17	为所有冲突各方谋取最大利益,是自己所努力争取的
18	总是力求找到一个公平的结合点,尽量能兼顾到冲突双方的利益
19	认为对员工之间大多数的差异不值得担忧
20	如果能让其他员工开心,也许会同意他们的观点
21	有时会巧妙地利用争辩的方式,使自己的观点让员工知道
22	在说出自己的观点之前,更愿意倾听其他员工的想法
23	甘愿放弃一些东西来赢得员工的支持
24	往往推迟处理冲突,直到有足够的时间来考虑此事
25	为了团队的利益,愿意放弃自己的观点
26	将捍卫自己作为组织成员的权利
27	对任何不一致的意见,喜欢跟员工进行直接的、客观的讨论
28	总是设法寻求一个解决冲突的妥协方法
29	避免处理冲突是自己的习惯
30	有的观点即使不同意,但如果员工特别赞同,也会遵从它
31	总是坚定不移地追求自己的既定目标
32	喜欢公开解决冲突,绝不隐瞒分歧
33	在管理争端的努力中,会与员工进行讨价还价
34	当员工们在讨论一个严重的问题时,常常保持安静
35	在解决冲突时,通常会考虑到员工们的观点

续表

序号	个人观点
36	始终坚持推销自己的观点
37	希望让所有冲突各方一起研究出备选方案
38	努力寻求满足所有员工需求的解决冲突的方案
39	最希望让其他员工担负解决冲突的责任
40	通常都是听从其他员工的愿望
41	为使自己的主张得以实现,偶尔也会运用技术知识或动用权力
42	总是认真对待自己和员工都共同关心的问题
43	为了得到公平的解决冲突的方案,总是想办法去平衡得失
44	凡是能引起矛盾的态度和行为,总是努力避免
45	对于细微的事情,宁愿让步而不争辩
46	对自己所关心的事,总会按自己的方式努力去做
47	深信一个组织总比个体更能找到较好的解决冲突的方案
48	深信互让是解决冲突的好办法
49	时常会放弃某些观点,转为支持其他观点
50	较之谈判差别,更强调那些一致性很明显的方面
51	总是努力做到自主行事
52	总是希望对问题进行直截了当的讨论
53	如果其他员工愿意让步,本人也愿意让步
54	刻意避免给自己和其他员工造成不愉快
55	为实现他人的愿望,有时会牺牲自己的意志
56	会为自己的观点辩护并极力推行它
57	喜欢检查争执中的所有问题
58	情愿满足于一个折中的解决冲突的方案
59	会尽力避免采取可能会引起争议的立场和观点
60	更愿意安慰其他员工的感情,以维护大家之间的关系
61	在争执中通常会坚持自己的观点
62	总喜欢让他人参与讨论自己的问题,这样可以共同解决冲突
63	为自己找到折中方案而自豪

续表

序号	个人观点
64	总喜欢做一些必要的事情,以避免不必要的紧张情绪
65	如果其他员工的观点对他本人来说很重要,我会尽力满足他的意愿
66	运用自己的影响来使自己的观点被接受
67	总是努力设法满足员工所有的愿望
68	常常建议员工,凡事都采取中立态度
69	努力避免会引起矛盾的言论
70	宁愿强调双方都同意的事情,而不愿就双方有分歧的问题进行协商
71	总是坚持阐明自己的观点
72	希望用最短的时间解决双方之间的冲突
73	特别喜欢解决问题的折中方式
74	常常将观点藏在心里,而不喜欢散布分歧
75	在谈判时,会尽量考虑到其他员工的愿望

计分规则:

依次每5道题为一组,如只选出其中一道是最符合自己情形的,则该题计5分,其余计0分;如选出2道,则最符合的一道到计3分,另一道到计2分,其余3道到计0分;以此类推。

试题分类:

风格类型	竞争型	合作型	妥协型	逃避型	通融型
	1	2	3	4	5
	6	7	8	9	10
	11	12	13	14	15
	16	17	18	19	20
	21	22	23	24	25
	26	27	28	29	30
	31	32	33	34	35
	36	37	38	39	40
	41	42	43	44	45
	46	47	48	49	50
	51	52	53	54	55
	56	57	58	59	60
	61	62	63	64	65
	66	67	68	69	70
	71	72	73	74	75
总分					

处理冲突不同风格类型的特点：

类型	风格特点
竞争型	行为不合作和武断，缺乏协同精神，但非常有决断力，总想取代别人的想法，努力达到自己的目标而不考虑他人。使用强力、技能或权威以赢得冲突
合作型	强的合作和武断的行为，兼具协作精神和决断力，通过分析差异，发现并解决问题，力求最大可能地满足所有人关心的事情，实现所有人的共赢。协作涉及分析冲突性的差异并最终解决问题，以求所有人的共赢
妥协型	合作和不武断的行为，有很强的协作精神但缺乏决断力，完全被别人的愿望所束缚，掩饰或忽视差异以求融洽，减少冲突。妥协代表了一个不自私的行为，一个长期被他人所鼓励的合作策略
回避型	不合作和不武断的行为，缺乏协作精神和决断力，。远离冲突，逃避现实，忽视争执，忽视差异，或保持中立，为维持中立而不惜代价。装作冲突没有实际发生过
折中型	中等水平的合作和武断行为，适度的协作精神和决断力，为大家都可接受的条件而讨价还价，各方都有得有失。当冲突的每一方能为对方放弃一些有价值的东西时，便会出现折中。折中是一种广泛使用和普遍接受的解决冲突的办法

各风格类型的适用环境：

类型	适用环境
竞争型	①紧急情况需要迅速行动。 ②为了组织的长期有效和生存，必须采取不受欢迎的行动。 ③个体需要采取行动来保护自我和阻止他人利用自己
合作型	①按个体差异区别对待需要太多时间精力，而这些时间精力消耗是有意义的。 ②充分的权力均势便于相互影响，无需顾忌上下级关系。 ③长远看，双赢解决冲突能互利互惠。 ④组织充分支持，便于投入时间精力以该方式解决冲突
妥协型	①个体处于潜在的爆发性的情感冲突中，用掩饰使情境变得稳定。 ②短期内保持协调和避免分裂格外重要时。 ③冲突主要基于个体的人格而且不能轻易消除时
回避型	①问题很小或只有短暂的重要性，不必花费时间和精力去面对。 ②当时没有足够的信息来有效处理冲突。 ③个体权力太小没有机会来形成有效的力量。 ④其他人可以更有效地解决冲突
折中型	①一致使每个人都较好，或至少不差于没达成一致的情况。 ②达到全部双赢完全不可能时。 ③冲突的目标或对立的利益阻止了对个人提议达成一致

 **管理游戏**

解手链

形式:10人一组为最佳。

时间:20分钟。

材料:无。

适用对象:全体人员。

活动目的:让学员体会在解决团队问题方面都有什么步骤,聆听在沟通中的重要性,以及团队的合作精神。

操作程序:

1. 老师让每组围着站成一个向心圈。

2. 先举起你的右手,握住对面那个人的手;再举起你的左手,握住另外一个人的手;现在你们面对一个错综复杂的问题,在不松开的情况下,想办法把这张乱网解开。

3. 告诉大家一定可以解开,但答案会有两种。一种是一个大圈,另外一种是两个套着的环。

4. 如果过程中实在解不开,可允许学员决定相邻两只手断开一次,但再次进行时必须马上封闭。

小组讨论:你在开始的感觉怎样,是否思路很混乱?当解开了一点以后,你的想法是否发生了变化?最后问题得到了解决,你是不是很开心?在这个过程中,你学到了什么?

 案例聚焦

揭秘携程去哪儿谈判细节:庄辰超或妥协出局

携程2015年10月26日宣布与百度达成一项股权置换交易。交易完成后,百度将拥有携程普通股可代表约25%的携程总投票权,携程将拥有约45%的去哪儿总投票权。这意味着携程继控股老竞争对手艺龙后,再次联手劲敌去哪儿,在线旅游市场的疯狂烧钱战争也将告一段落。这一令人意外的合作消息宣布后,百度、携程、去哪儿股价均出现大涨。

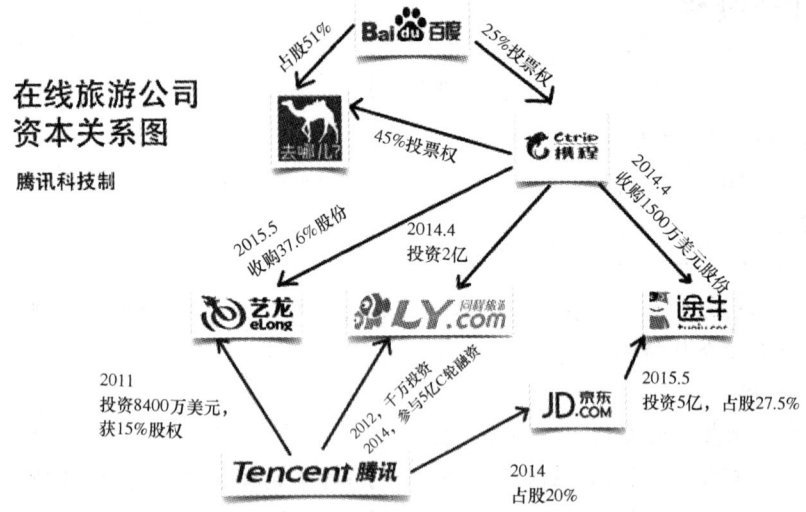

在线旅游复杂资本关系（腾讯科技配图）

而仅仅半年前，去哪儿还正式书面拒绝携程收购所有流通股要约，今年6月，去哪儿还以47.5美元的发行价完成8亿美金融资计划，准备持续烧钱大战。

到今年9月，去哪儿还宣布组织架构调整，建事业群，更将董事会扩容，百度还把百度糯米总经理曾良等拉入去哪儿董事会，外界都以为百度和去哪儿会在地图和O2O领域深入合作。

同一时间，携程转过身又控股了老对手艺龙，在被去哪儿"打脸"后，携程更表示基于去哪儿最近的业绩表现和公司行为，携程不再保留与去哪儿继续探讨可能的投资机会的兴趣。

过去几年，携程和去哪儿合作谈判已进行过多次，每次都是无疾而终，为何这次携程能成去哪儿大股东？接近交易人士对腾讯科技表示，重要原因是形势比人强，三方都不得不做出选择。

携程与百度的股权置换交易宣布后，携程和去哪儿两个多年的对手由此从相杀到相爱，这也成为继阿里巴巴收购优酷土豆、美团和点评合并后，国内资本市场发生的又一重大交易。

知情人士对腾讯科技表示，5月份时携程同时和百度、去哪儿谈判，并给百度、去哪儿提供了两种不同的方案，但作为控股股东的百度很大程度上并没有考虑到去哪儿管理层的利益。

百度是先和携程谈好方案，再告知去哪儿，这引发去哪儿CEO庄辰超强烈反对，最终携程和去哪儿合并失败。携程转身各个击破，在拖住百度和去哪儿同时，趁势联手腾讯控股艺龙。

一位投资行业人士指出，百度更妥当的做法应该是，先与去哪儿管理层进行协商，在征得管理层的同意后，再与携程进行谈判，这样就不会遭遇以庄辰超为首的去哪儿管理层团队反对。"比如，百度应该先和去哪儿协商庄辰超的去向问题，携程和去哪儿合并后，庄辰超如果要退，是百度出让一部分溢价给庄辰超，还是由梁建章给予足够补偿，庄辰超要留又如何解决。"

造成百度和去哪儿长期无法得到有效沟通的原因是，庄辰超和百度的管理层之间存在矛盾，甚至可以说，两者之间的关系在很长时间很不愉快，其中，百度的一些做法让庄辰超不满。

庄辰超对百度不满的原因有几点：

1. 作为百度控股的公司，百度在旅游搜索领域的资源整合方面没有特别的倾向去哪儿，还拿了不少携程的内容；

2. 去哪儿的酒店等业务与百度的地图、团购等业务存在一定的冲突；更重要的是，百度控股去哪儿后彼此沟通依然不畅通。

这就使得庄辰超在拒绝携程的收购方案后，很快从外部获8亿美元的融资，准备大干一场。

交易完成后，去哪儿董事会成员分别是，百度CEO李彦宏、庄辰超、梁建章、携程COO孙洁、携程副总裁、大住宿事业部CEO孙茂华、携程副总裁、机票事业部CEO熊星。

去哪儿董事会另外几个人是金沙江创业投资基金创始人林仁俊、纪源资本合伙人符绩勋、前网易CFO李廷斌，这三人是投资人代表，均是去哪儿的独立董事。

再看看携程董事会名单，分别是梁建章、携程副董事长范敏、兰馨亚洲投资集团的执行董事李基培、启明创投董事总经理甘剑平、红杉资本中国基金创始及执行合伙人沈南鹏、华住酒店集团创始人季琦，加上百度系的李彦宏及百度副总裁及投资并购部负责人叶卓东。去哪儿的9人董事会中携程高管人员占据4席，去哪儿系高管则没有一人进入携程董事会。

一位行业内资深人士指出，携程成去哪儿最大股东还只是第一步，去哪儿还是单独运营，这只是满足了一部分股东的需求，还有另一部分股东利益存在冲突，双方还可能进一步整合。

上述人士指出，百度最好做法是整合携程和去哪儿，合作前两者估值和是140亿美元，百度持去哪儿价值30亿美元股份，若再拿60亿美元置换携程股份，就可控制整体70%的股份。

这一逻辑的理由是，BAT三家中腾讯掌握娱乐、阿里掌握购物、百度掌握的是信息，在移动互联网时代，百度的信息，也即搜索能拿到的蛋糕有限，当前百度只有500亿美元的盘子。

百度要想在移动互联网时代在BAT中不掉队，就必须在原有的盘子之外，再生长出一个大的生意，百度最好的选择是电商，电商的机会已不大，但O2O和在线旅游还有机会。

实际上,美团和点评合并前,曾有投资行业人士多次建议李彦宏死磕下美团,阻止两者合并。更在若干年前,百度曾经多次考虑投资大众点评,可惜的是,百度一次又一次错失机会。

错过美团后,百度在 O2O 领域的态势很危险,在线旅游就成新选择。一位投资人士指出,只要百度彻底拿下携程和去哪儿,就可能诞生一个市值 500 亿美元生意,占稳第一阵营位置。

(资料来源:雷建平,韩依民.揭秘携程去哪儿谈判细节:庄辰超或妥协出局.腾讯科技,2015-10-27.)

问题讨论:

1. 造成百度和去哪儿长期无法得到有效沟通的原因是?

2. 携程同时和百度、去哪儿谈判,有哪些地方的做法引起了冲突,可以如何避免或化解?

复习与思考

1. 分析不同冲突观的差异。
2. 列举冲突产生的原因。
3. 举例说明解决冲突的 5 种策略。
4. 比较分配谈判和综合谈判异同。
5. 简述应用谈判过程的五个步骤。

参考文献

[1] Steward R. Clegg, Cynthia Hardy, Walter R. Mord. Handbook of Organization Studies[M]. Thousand Oales:Sage Publications,1996.

[2] Norman,W, MacDonald,C. Conflict of Interest. The Oxford Handbook of Business Ethics,2010.

[3] Guzzetta,G. Legal Standards and Ethical Norms:Defining the Limits of Conflicts Regulations. Conflict of Interest and Public Life:Cross-national Perspectives,2008.

[4] Tjosvold,D.,Hui,C,Yu,Z. Conflict Management and Task Reflexivity for Team In−role and Extra-role Performance in China. International Journal of Conflict Management. 2003.

[5] Wang,G.,Jing,R.,Klossek,A. Antecedents and Management of Conflict:Resolution Styles of Chinese Top Managers in Multiple Rounds of Cognitive

and Affective Conflict. International Journal of Conflict Management,2007.

[6] De Dreu,C. K. W. , Van Vianen, A. E. M. Managing Relation-ship Conflict and the Effectiveness of Organizational Teams. Journal of Organ Disfunction,2001.

[7] 斯蒂芬·P. 罗宾斯.组织行为学［M］.北京:中国人民大学出版社,2014.

[8] 张德,陈国权.组织行为学[M].2 版.北京:清华大学出版社,2011.

[9] 关培兰.组织行为学[M].3 版.北京:中国人民大学出版社,2011.

[10] 陈春花.组织行为学［M］.北京:机械工业出版社,2009.

[11] 南方企业新闻网. Coach 再次关闭天猫店 背后有怎样的利益冲突？［EB/OL］. http://www.senn.com.cn/fz/2016/09/13/161955.html,2016-9-13)

[12] 雷建平,韩依民.揭秘携程去哪儿谈判细节:庄辰超或妥协出局.腾讯科技,2015-10-27.

第 12 章 组织设计与优化

> 组织的目的是让平凡的人做出不平凡的事。
> ——现代管理大师 彼得·德鲁克

学习目标

1. 了解组织设计的任务。
2. 认识影响组织设计的主要因素。
3. 理解组织设计的关键问题。
4. 明确管理幅度和管理层次的含义及其关系。
5. 认识组织结构的基本形式。
6. 明确部门划分方法及优缺点。
7. 了解组织设计优化的趋势。

基本概念

组织结构 Organizational structure
部门化 Departmenta lization
命令链 Chain of command
命令统一性 Unity of command
控制跨度 Span of control
集权化 Centralization
分权化 Decentralization
正规化 Formalization

 **导入案例**

海尔:从"正三角"到"倒三角"

传统的企业组织结构,如同一个"正三角":管理者在最高层,员工在最底层,就像一个金字塔。这种组织形式很稳定,但是缺少活力。员工根据领导的指令才能感知市场需求的变化,这显然不能适应瞬息万变的用户需求。

海尔所探索的,就是把"正三角"变成"倒三角"。员工在最上面,直接面对用户需求;领导在下面,提供资源和平台,帮助员工去满足用户需求。通过近七年的探索,海尔集团成为全球第一家采用"倒三角"组织结构的大型跨国公司。

从1984年创立至今,海尔的员工人数从不到1000人,发展到现在的近6万人。海尔所探索的"倒三角"自主经营体组织结构,就是让每一个海尔员工通过为客户创造价值而体现自身的价值。海尔的探索已经获得众多国际商学院的关注,并得到高度的认可。美国沃顿商学院是这样评价海尔探索的让员工自主经营的管理模式:"这不是方法,是管理的颠覆。"

"倒三角"不稳定,静态的"倒三角"立不住,就像陀螺,必须转动起来才能不倒,而且要不停地转。让"倒三角"持续不停转动需要两个力,分别是外驱力和内驱力。经过长期的探索和实践,海尔形成了四大核心机制,这四大机制构成了让"倒三角"组织有效运转的外驱力和内驱力。

顾客驱动机制

这一机制是"倒三角"组织的外驱力。在海尔,企业由三类自主经营体组成。一级经营体处于市场一线,对于是否开发某项产品或服务拥有决策权。他们可以倒逼二级经营体,让其提供资源和流程支持。同理,二级经营体也可以倒逼三级经营体。三级经营体不再"发号施令",而是要保证不同经营体之间能有效协同,同时要注意大的趋势,发现战略性的机会。通过建立顾客驱动机制,海尔希望能够实现"与顾客零距离"。

契约机制

这一机制是"倒三角"组织内驱力的重要来源。在海尔,不同经营体之间互为客户,每个经营体既服务于其他经营体,也享有其他经营体的服务。连接自主经营体之间的关系不是传统意义上的上下级关系,而是契约关系。在契约关系中,"适者生存"是最高法则。一名员工表示:"在海尔,每个人都必须找到自己的顾客,都必须创造价值。"通过建立契约机制,海尔希望能够实现"内部协同零距离"。

"人单酬"机制

这一机制和契约机制有机地协同起来,成为"倒三角"的内驱力。在海尔,每个自主经营体和个人都是价值创造过程中的一个节点,其存在的基础是"单",即目标。每个节点都需要明确自己的顾客,把顾客需求转化成自己的"单",然后根据"单"的完成情况获得薪酬。此机制包含两个关键的环节：第一个环节是预酬，即事先算赢。第二个环节是"关闭差距"，即关闭现状与目标的差距。通过建立"人单酬"机制，海尔希望能够实现"闭环优化"。

"官兵互选"机制

"官兵互选"在"倒三角"组织中建立了上下互动的驱动机制，这是"倒三角"内驱力的另一个重要来源。在海尔，领导者不是由上级来任命，而是采取"官兵互选"来筛选和优化，任何人都可以拿出实施方案，公开竞聘经营体长。经营体长被选出后，可以组建自己的团队。如果经营体没有实现预期目标，员工有权力让体长"下课"。"去领导化"是海尔组织变革的重要课题，而"官兵互选"则是"去领导化"的重要手段。

组织的目标、计划制定出来以后，一个重要的问题就是如何把它们变成现实，这就需要管理者按照组织目标和计划所提出的要求，设计出合理的、高效的、能保证计划顺利实施的组织结构和体系，合理安排和调整各种资源，以保证计划和组织目标的顺利完成。

12.1 组织设计的基础

组织是人类社会最常见、最普遍的现象。企业、工厂、学校、医院、各级政府部门、党派和政治团体都是组织。本书认为组织是静态结构和动态运行的统一。从静态的角度看：组织是通过组织活动而形成的功能相关的群体的集合，具有体现分工、协作以及相应权责关系的结构模式。从动态的角度看：组织是按照一定的目的、任务和形式，对做事的人进行编制并形成工作秩序。

12.1.1 组织设计的基本任务

组织设计，就是对组织开展工作、实现目标所必须的各种资源进行安排，以便在适当的时间、适当的地点把工作所需的各方面力量有效地整合到一起的管理过程。

1. 组织设计的基本要点

组织设计是一个动态的工作过程，其基本功能就是要协调组织中人员与目标任务的关系，使组织成为一个既具有凝聚力又具有很强适应性的有机整体。因此，在组织设计中应注意以下几个基本要点：

第一，组织设计是管理者根据目标一致、效率优先的原则，在组织中把任务、权责进行有效组合和协调的有意识的过程。

第二，组织设计是管理者在既考虑组织内部要素，又充分考虑组织外部环境因素之后进行的。

第三，组织设计的最终结果是组织结构系统图、职务说明书和组织手册。

2．组织设计的任务

设计组织的结构是执行组织职能的基础工作，其任务主要提供组织结构系统图、职务说明书和组织手册。

第一，组织结构系统图。它一般用树形图的形式表示组织内部的职权关系和主要职能。图中常以方框来表示职务或部门，方框的垂直排列位置说明该职务或部门在组织层级中所处的位置，而上下两方框间相连的线条，表示这两个职务或部门之间的隶属和权力关系，如图12-1所示。

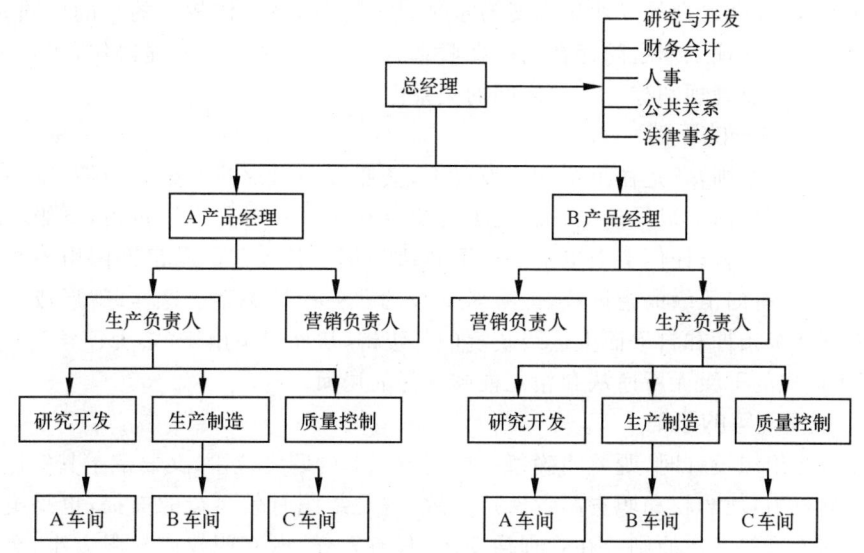

图 12-1　组织结构系统示意图

第二，职务说明书。它一般用文字的形式规定某一职位的工作内容、职责和职权，与组织中其他职务或部门的关系，以及该职务承当者所必须具备的任职条件，如基本素质、学历、工作经验、技术知识、处理问题的能力等。职务说明书是一个组织建立的细胞，它能够缩短新聘员工对工作的熟悉过程，也可以抑制员工辞职对组织运行中断带来的伤害。

第三，组织手册。通常是组织结构系统图与职务说明书的综合。它表示各部门的职责与职权，每一职务的职责与职权，以及各部门、主要职务之间的相互关系。

12.1.2　组织设计的原则

虽然组织制定的战略、发展的规模、所处的环境、采用的技术不同，所需要的职务和部门及其相互关系也不同，但任何组织在进行机构和结构的设计时，都需要遵循一定的共同原则。

1．战略目标原则

任何组织都有其特定的战略及目标。组织结构设计只是一种手段，其目的是为了保证战略的顺利实施和目标的实现。因此,一个组织在进行组织设计时,首先要明确组织的发展战略及目标是什么,并以此为依据,分析确定组织内应设什么机构、建立什么部门、拟定什么职务以及选用什么人等问题。做到因事设职、因职选人,这是组织设计的前提。

2. 分工与协调原则

现代组织分工细密,协作关系复杂,要实现组织目标,在组织设计中应坚持分工协作原则。即从各项管理职能的业务性质出发,在管理组织之间进行合理的分工,划清责任范围,提高管理的专业化程度与水平,以达到提高工作效率的目的。同时,应注意各项专业管理工作之间存在的内在联系,在分工的基础上加强协作,相互配合,妥善处理好专业管理和综合管理之间的关系。

3. 命令统一的原则

命令统一原则,就是在组织结构设置上,按照管理层次建立统一指挥、统一命令的系统。要求任何下级只接受直属上级的命令和指挥并对其直接负责,下级不能越级向上级请示报告,任何上级也不得向下越级指挥。各级职能参谋部门由各级领导直接指挥,没有向下级的指挥权,但有对下级的业务指导关系。这样,就形成了一条自上而下逐级指挥和自下而上逐级负责的等级链,从而避免由于"多头领导"和"政出多门"所造成的下级无所适从和相互推卸责任的局面。

4. 权责对等的原则

在进行组织设计时,既要明确每一部门或职务的职责范围,又要赋予其完成职责所必须的权力,使职权和职责两者保持一致,这是组织有效运行的前提,也是组织设计中必须遵循的基本原则。在管理活动中,只有责任,没有职权或权限太小,会严重束缚组织成员的积极性和主动性;反之,只有职权而无责任,或者责任程度小于职权,则会导致组织中出现滥用权力和推卸责任的现象。

5. 稳定性和适应性相结合的原则

为保证组织的各项工作正常进行及秩序的连贯性,组织结构不应频繁调整,要保持相对的稳定性。但组织是一个开放的有机系统,所确定的发展战略、目标、任务等都会随环境条件的变化而调整。因此,组织结构的稳定是相对的,它是为组织战略和目标服务的,应有一定的适应性,使之能够随组织环境及战略目标的变化而做相应的调整。

资料卡

ABC授权法则:避免独裁

尽管刘强东看起来就是霸道总裁,但是最近几年,刘强东和京东高管们一直在学习如何放权和授权。

刘强东认为，每个中高级管理人员，直接管理的下属为 8~12 人为宜，如果直接管理人数过多，则需要增设平级的管理人员。而中低层的基层管理人员，管理的人数则在 20 个为宜。

从刘强东的演讲来看，京东基本上还算是典型的 U 形层级管理体系，这种管理体系的最大缺陷可能就是过度的中央集权导致独裁。其实刘强东早已认识到这一点，他曾说，"京东在战略上由我独裁，我们的战略能不能及时到位，或者说战略错误都可能导致企业的失败，我认为这是最大的风险。"因此，京东推出了 ABC 原则来缓冲独裁风险。

所谓 ABC 原则，即将整个公司的权力分成：人权、财权、事权，并以 ABC 的方式逐层汇报审批，C 向 B 汇报，A 向 B 汇报，但是，对 C 的管理，比如涉及到薪酬、奖罚、处分、开除等重大决策，其实是由 A 和 B 一同来决策，以此来避免专断独行，则意味着公司的高层向下管理的级别是顺延两个层级，以刘强东为例，他不会管理到总监级别的员工，这样的管理原则有助于提高效率。

12.1.3 组织设计的影响因素

组织总是处在不断变化的环境之中，一个组织要生存和发展，就必须适应环境，根据一定的依据和原则，结合所处环境来设计和调整组织结构。不仅外部环境外，组织内部中的许多因素，也对组织结构有着重要的影响。

1. 组织战略的影响

任何一个组织结构都是为组织目标和战略的实现服务的，而组织目标又源于组织的总体战略。不同的组织战略，需要有与其相适应的组织结构。当组织战略发生了变化，组织的结构也应作出相应的调整。这些调整会表现为组织中一些部门的重新划分、新增或撤退，一些权责关系的变动和工作内容的重新设计。只有这样，组织战略才能更有效地执行，才能取得竞争优势。

2. 组织规模的影响

随着组织规模的扩大、工作地点的分散、工作内容的不同、工作人数的众多，都会对组织结构产生各种影响。其中，组织规模的扩大对组织结构的影响最为显著。首先，组织规模直接影响组织结构的复杂性程度。组织规模扩大，意味着人数的增加，组织内的分工程度提高。这将导致组织内横向差异和纵向差异的变大，从而使监督、协调和控制的难度加大，整个组织结构的复杂性程度也随之增大；其次，组织规模影响组织结构的规范化程度。组织规模的扩大，管理者要么采用加强直接控制的办法，减少管理幅度增加层次，但会造成管理成本的增加；要么采用规范化的管理办法，通过制定更加严密的规章制度规范员工的行为，这样会导致组织结构规范化程度的提高。再次，组织规模影响组织结构中的集权和分权。组织规模扩大，组织内的管理业务量大幅度增加，高层管理者很难直接监控下属的一切行为，就有必要委托他人来加强管理,这样就造成分权。通常情况下,组织规模越大,分权程度就越高。

3. 组织环境的影响

任何组织作为社会的一个组成部分,都存在于一定的环境中,组织外部的环境必然会对内部的结构形式产生一定程度的影响。按照环境的不确定性程度,组织所处的环境是不相同的。在稳定的环境条件下,组织适合采用比较规范化、集权化的组织结构;在变迁的环境条件下,组织虽然仍基本适用规范化和集权化的组织结构,但须加强对环境的关注,适当增强组织结构的弹性;在动荡的环境条件下,组织必须建立畅通的信息渠道,采用分权化的形式,整个组织具有很强的弹性,以对多变的环境作出迅速反应。

4. 组织技术的影响

任何组织的活动都是投入与产出的转换过程,这就必然需要采用一定的技术和活动方式。技术以及技术设备的水平不仅影响组织活动的效果和效率,而且对组织结构产生一定的影响。组织结构必须与之相适应才能使组织更有效率。当组织的技术状况发生变化,新机器、新设备、新工艺、新方法的引进,都会对组织结构产生很大影响。这不仅表现在工商企业中,也表现在军队、医院等组织中。

12.1.4 组织设计的关键技术

组织管理作为一项重要的管理职能,就是通过设计和维持组织内部的结构和相互之间的关系,使人们为实现组织的目标而有效地协调工作的过程。罗宾斯(Stephen P. Robbins)认为,管理者在设计适当的组织结构时需要回答的 6 个关键问题:工作专门化、部门化、命令链、控制幅度、集权和分权、正规化,如表 12-1 所示。

表 12-1 　　　　　　　组织结构设计的六个关键问题

关键问题	答案提供
1. 把任务分解成相互独立的工作单元时,应细化到什么程度?	工作专门化
2. 对工作单元进行合并的基础是什么?	部门化
3. 员工个人和群体向谁汇报工作?	命令链
4. 一名管理者可以有效指导多少员工?	控制跨度
5. 决策权应该放在哪一级?	集权与分权
6. 规章制度在多大程度上可以知道员工和管理者的行为?	正规化

1. 工作专门化

小型组织的工作种类很少,员工可以在不同工作之间来回变换,这样他们会变得一专多能。随着组织规模扩大和工作种类增多,雇员就似乎只能专攻某项工作。专门化指组织有多少种不同专家职能的程度:专家职能数量越多,专业化程度越高。专业化也指雇员从事相似或关联度高的任务组合的程度。这被成为"工作专门化"。当工作被分拆成很多部分,每个雇员只做其中一部分或几个部分而不是整个工作时,那么这种工作专业化就出现了。高度专业化好处在于雇员可以获得很高的工作效率，另外工作被严格规范，所以控制起来相对简单。弊端是，当员工的工作总是简单重复，会形成一种僵化的氛围，降低了他们的工作满意度。

2．部门化

部门化是将实现组织目标所需进行的业务工作加以科学、合理的归类，分别设置相应的部门来承担。部门化是建立组织结构的首要环节和基本途径，其根本目的在于有效地分工。分工的标准不同，所形成的管理部门以及各部门之间的相互关系也不同。

（1）职能部门化是将相同的或类似的业务活动归并在一起作为一个管理部门，这是一种适用于各类性质组织的部门划分方法，如图 12-2 所示。

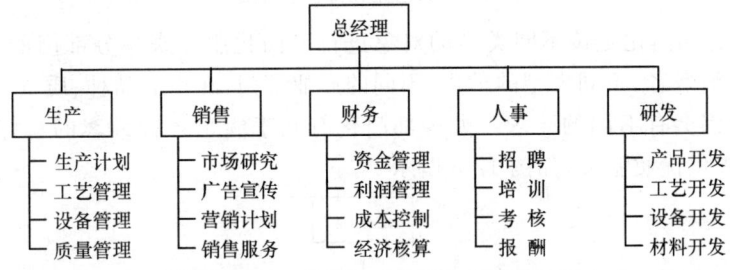

图 12-2　职能部门化示意图

职能部门化是一种传统的、普遍的组织结构，因为职能是划分活动类型、从而设立部门的最自然、最方便、最符合逻辑的标准。

（2）产品部门化是按组织向社会提供的产品来划分部门的一种方法。这种划分部门的方法，适用于产品种类较多的大型企业，如图 12-3 所示。

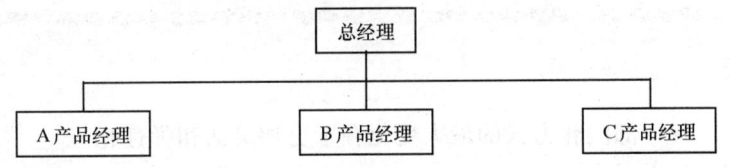

图 12-3　产品部门化示意图

（3）区域部门化是把本组织在同一地区内发生的各种业务活动并入同一部门，然后再根据实际需要，设置相应的职能机构的一种划分方法。这种划分部门的方法在政府机关、银行系统、邮局、军队、跨地区大公司等组织都可采用，如图 12-4 所示。

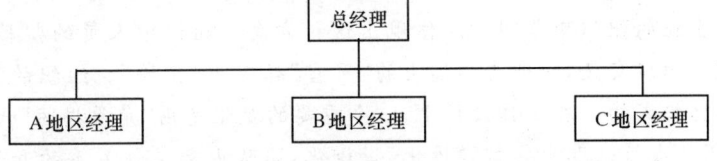

图 12-4　区域部门化示意图

（4）工艺流程部门化是许多制造业厂商以及连续生产型企业常用的一种划分方法。这种部门化的特点是把完成任务的过程分成若干阶段，以此来划分部门，如图12-5所示。

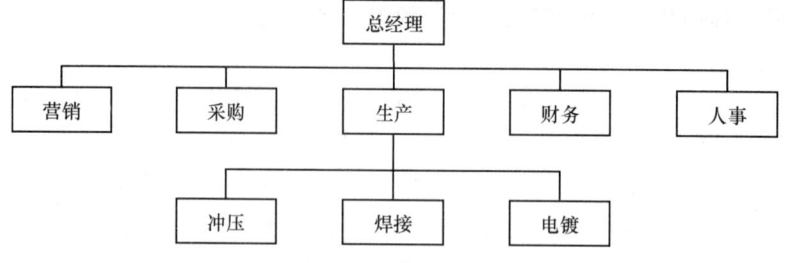

图12-5　工艺流程部门化示意图

（5）顾客部门化是按不同类型的对象进行专门化服务来划分部门的一种方法。不同类型的消费者、不同类型的学生、不同的产业部门，在产品品种、质量、服务要求、价格策略上都会有不同的要求。顾客部门化有利于满足各种顾客的喜好和特殊要求，为他们提供优质服务，如图12-6所示。

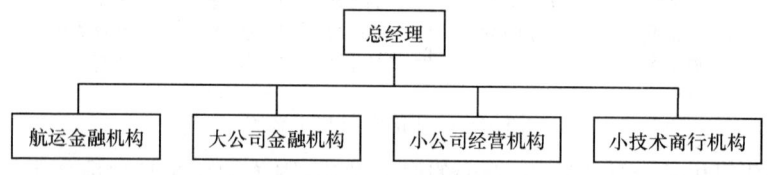

图12-6　顾客部门化示意图

> **资料卡**
>
> ### 部门化方式的最大变化在于更加灵活和弹性化
>
> 在组织和工作设计上，传统的企业往往强调以职能和事业部为主的正规的部门化方式，采用直线式的内部指挥链，组织的沟通方式主要是垂直型的。在工作设计上，以规范的工作说明书和任职资格书来界定岗位的工作职责、工作标准、在岗员工的资格要求。在团队工作方式的背景下，组织的部门化方式的最大变化在于更加灵活和弹性化，矩阵制组织结构将被大量地运用。实际上，许多世界著名的企业的组织变革明显地体现出这种方向。组织中人员的归属弹性化，人员管理上出现交叉，管理者由过去的"军官"转变为"交警"。组织的沟通大多是横向和网络式的。在工作设计上，一个重要的变化是用"角色描述"代替"工作描述"。团队成员的职责安排弹性化、模糊化，团队内部工作关系的和谐依靠的不是明确的职责安排，而需要成员间的"默契"与合作意识。

3. 命令链

命令链是一种连续的权力链条,从组织的最高层延续到最底层。它明确无误地规定谁向谁汇报工作,以及在工作中负责命令监督哪些人。与此相关的一个概念是命令统一性(unity of command),它意味着一个人应该对一个主管,并且只对一个主管负责。如果命令的统一性遭到破坏,下属就要应付多个主管的命令,容易导致冲突和混乱。

4. 管理幅度

在组织设计中,部门化为组织结构解决了如何将组织整体划分为若干个部分的问题,而一个部门主管究竟能直接领导多少下级,以及由此带来的组织纵向层次数的问题,归纳起来就是怎样解决管理幅度和管理层次的问题。

(1)管理幅度和管理层次的含义。所谓的管理幅度,是指一个管理人员能直接有效地领导和监督的下级人员数。而管理层次则是指组织内纵向管理系统所划分的等级数目。

(2)管理幅度和管理层次的关系。在组织规模一定的条件下,管理层次与管理幅度成反相关关系,主管直接领导的下属人数越多,所需的管理层次就越少,相反,管理幅度减少,则管理层次增加;在管理幅度一定的条件下,管理层次与组织规模大小成正相关关系。组织规模越大,包括的成员越多,所需的管理层次就越多。

(3)影响管理幅度的因素。管理幅度和管理层次的关系,尽管是一种相互制约的关系,但起主导作用的是管理幅度,因此,确定管理幅度,要了解影响管理幅度的因素,如上下级双方的素质程度、授权的明确程度、计划的周密程度、信息沟通的灵敏程度等。

5. 集权与分权

集权和分权是职权在整个组织中集中化和分散化的结果。集权是指决策权在组织系统中较高层次职位的一定程度的集中;分权是指决策权在组织系统中较低管理层次职位的一定程度的分散。影响集权和分权的因素主要有:

(1)决策的风险程度。决策风险程度越大,由组织较高层来做决策的的可能性就越大。

(2)政策的一致性要求。如果组织认为政策的一致性非常重要,这种情况下,组织易倾向于集权;如果组织认为除重大问题外,应鼓励多样性,提倡管理上的创新、进步和竞争,提高士气和效率,激发更多的管理人才的涌现。

(3)组织的规模。组织的规模越大,需要作出的决策也就越多,从而加大了协调、沟通及控制的难度。因此,组织应适当地分散权力。

(4)控制技术的状况。一个管理人员在无法知道某项权力是否会恰当运用的情况下,就不会授权。

6. 正规化

正规化是组织趋向于建立和实施明文规定的、确保工作得以执行的政策、规章与程序的程度。

（1）劳动高度专门化对制定劳动规则和条文是非常必要的。工作专门化程度较高，留给劳动者思考判断的余地就越小。

（2）授权程度高需要对权力的使用进行检查。这样，组织就会对决策制定进行规范，并要求汇报权力的运用情况。

（3）职能部门是由相似度很高的工作组成的，由于工作的相似性以及这些部门工作的明确性，管理者可以形成条文来规范这些工作。

（4）宽的控制跨度不鼓励一对一的监督。管理者的下属太多，就没有一对一进行监督的基础，因此，管理者要形成条文来监督他们。

> **资料卡**
>
> **任正非讲话：让听得见炮声的人来决策**
>
> 我们后方配备的先进设备、优质资源，应该在前线一发现目标和机会时就能及时发挥作用，提供有效的支持，而不是拥有资源的人来指挥战争、拥兵自重。谁来呼唤炮火，应该让听得见炮声的人来决策。
>
> 努力做厚客户界面，以客户经理、解决方案专家、交付专家组成的工作小组，形成面向客户的"铁三角"作战单元。
>
> 基层作战单元在授权范围内，有权力直接呼唤炮火……一线的作战，要从客户经理的单兵作战转变为小团队作战，而且客户经理要加强营销四要素（客户关系、解决方案、融资和回款条件、以及交付）的综合能力。
>
> 我们机构设置的目的，就是为作战，作战的目的，是为了取得利润。平台的客户就是前方作战部队，作战部队不需要的，就是多余的。

12.2　组织结构的类型选择

组织结构是一个组织内各构成部分及各部分之间所确立的关系。每个组织由于其所处的内外部环境不同，组织目标也不一样，每个组织都有各自的特点，为了有效地实现组织的目标，必须建立与其相适应的组织结构。

12.2.1　直线制

1. 直线制组织结构的特点

直线制是一种最早也是最简单的组织形式。它的特点是企业各级行政单位从上到下实行垂直领导，下属部门只接受一个上级的指令，各级主管负责人对所属单位的一切问题负责。厂部不另设职能机构（可设职能人员协助主管人工作），一切管理职能基本上都由行政主管自己执行，这种组织结构一般只适用于规模小、生产过程简单的企业。直线型的结构形式如图 12-7 所示。

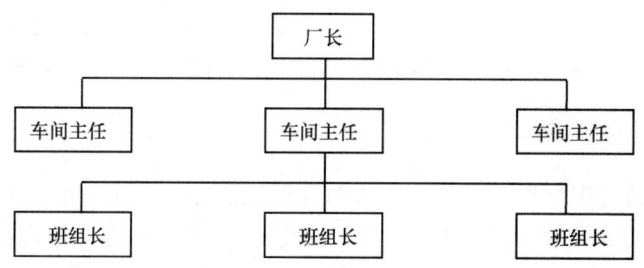

图 12-7　直线型结构示意图

2．直线制组织结构的优缺点

这种组织结构形式的优点是权力集中，职权和职责分明、命令统一，信息沟通简捷方便，便于统一指挥，集中管理。不过这种组织结构显著缺点是，各级行政首脑必须熟悉与本部门业务相关的各种活动（尤其是最高行政首脑，必须是全能管理者）；缺乏横向的协调关系，没有职能机构作为行政首脑的助手，容易使行政首脑产生忙乱现象。所以，一旦企业规模扩大，管理工作复杂化，行政首脑可能由于经验、精力不及而顾此失彼，难以进行有效的管理。

12.2.2　职能制

1．职能制组织结构的特点

职能制组织结构亦称 U 形组织又称为多线性组织结构，它是按职能来组织部门分工，即从企业高层到基层，均把承担相同职能的管理业务及其人员组合在一起，设置相应的管理部门和管理职务。职能制组织的主要特点：各级管理机构和人员实行高度的专业化分工，各自履行一定的管理职能。由于各个职能部门和人员都只负责某一个方面的职能工作，惟有最高领导层才能纵观企业全局，所以，企业生产经营的决策权必然集中于最高领导层，主要是经理身上。职能制结构主要适用于中小型的、产品品种比较单一、生产技术发展变化较慢、外部环境比较稳定的企业。职能制的结构形式如图 12-8 所示。

图 12-8　职能型结构示意图

2. 职能制组织结构的优缺点

职能制组织结构的优点是以职能部门作为承担项目任务的主体,可以充分发挥职能部门的资源集中优势;同一职能部门内部的专业人员便于相互交流、相互支援,对创造性地解决技术问题很有帮助。其缺点是当项目需要多个职能部门共同完成,资源的平衡就会出现问题;权力分割不利于各职能部门之间的沟通交流、团结协作。

12.2.3 直线职能制

直线职能制组织结构是一种将直线制和职能制结合起来的组织形式。这种组织形式在各级直线领导者之下,按照分工不同设置相应的职能机构,从事各种专业活动。管理人员分为两类:一类是直线人员,具有一定的决策权,对下级实行指挥和命令,并负完全责任;另一类是职能或参谋人员,对下级只提供建议和业务指导。它主要适用于企业、学校、医院和政府机构等各类组织。直线职能制的结构形式如图12-9所示。

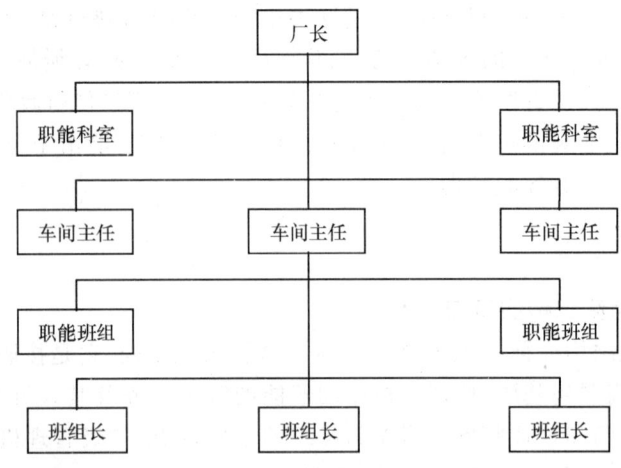

图 12-9 直线职能制结构示意图

直线职能制结构的优点是组织结构分工细致,任务明确,部门职责界限清晰,便于建立岗位责任制;由于各级领导者都有相应的职能机构做参谋和助手,可以克服领导者个人知识范围有限的弱点,使管理能够适应组织活动日趋复杂化的特点;有利于充分发挥组织的集团效率,增强适应外部环境变化的能力。其缺点是各部门由于分管的业务工作不同,观察和处理问题的角度不一致,容易产生矛盾和摩擦,协调工作就比较困难;管理人员比较重视与自己有关的业务知识学习和能力培养,从而不利于培养综合型管理人才。

12.2.4 事业部制

事业部制组织结构是由美国通用汽车公司总裁斯隆于1924年提出来的,故被称为"斯隆模型",是目前欧美、日本各大企业普遍采用的一种组织形式。事业部制的管理原则是"集中政策,分散管理"。各事业部实行独立经营,独立核算。公司最高管理结构保留投资决策、资金统一调度和监督检查等大权,并利用利润指标对事业部进行控制。事业部的领导人则具有对本部门相对独立的生产经营管理权。事业部制的结构形式如图 12-10 所示。

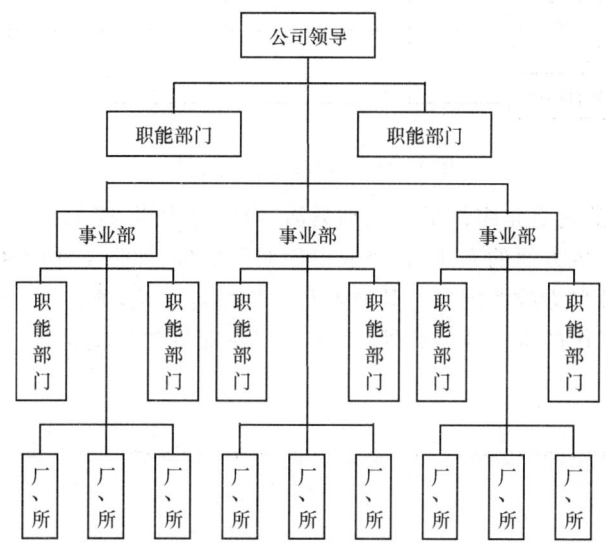

图 12-10　事业部制结构示意图

事业部制的优点是把专门化管理和集中统一领导结合起来,上下之间形成明确的责、权、利关系;事业部具有一定的决策权,有利于增强管理人员的责任感,使之能根据市场需求结构的变化,及时调整生产方向,从而提高公司的适应性;各事业部能相对独立地从事业务活动,有利于培养综合高级管理人员。其缺点是各事业部拥有各自独立的经济利益,特别容易给人员交流、科学技术及管理方法的交流带来困难,从而产生内耗,公司的协调任务加重;由于各事业部均设置相应的职能部门,易造成管理费用上升。

12.2.5　矩阵制

矩阵制是在直线职能制垂直指挥链系统的基础上,再增设一种横向指挥链系统,形成具有双重职权关系的组织形式。矩阵制如图 12-11 所示。

矩阵制组织的管理方式是:为了完成某一项目,从各职能部门中抽调完成该项目所必须的各类专业人员组成项目组,配备项目主管来领导他们的工作。这些被抽调来的人员,在行政关系上仍属于原所在的职能部门,但工作过程中要同时接受项目主管的指挥,因此他实际拥有两个上级。项目组任务完成以后,便宣告解散,各类人员回到原所属部门等待分派新的任务。

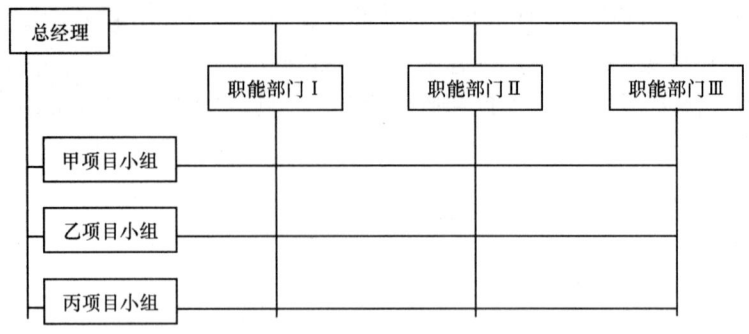

图 12-11　矩阵制结构示意图

矩阵制组织的优点是组织形式机动灵活，应变能力强，能加快项目开发与完成的速度；有利于集中各方面的人才，容易取得创新性成果；加强了横向联系，克服了职能部门相互脱节、各自为政的现象。其缺点是机构稳定性差，项目成员容易产生临时观念，从而降低了工作的责任性。另外，工作中存在双重领导关系，大家有时会感到无所适从。

资料卡

组织变局后的尴尬中层

围绕着"大企业病"，国内外企业都在努力找出药方，从 M 形组织（事业部制）到矩阵形组织再到网络型组织，以及目前流行的平台型组织和阿米巴型组织，如何既保持大企业的规模优势，又保持小企业的机动灵活，成为企业组织创新最重要的驱动力。

不可否认，"大企业病"的载体便是企业中层和职业经理人，因此中层也往往被贴上官僚化的标签，成为广受诟病的对象。然而，将"大企业病"完全归咎给中层，特别是认为中层是企业业绩下滑，乃至是阻扰改革的落后群体，则既不公允也不明智。

以近两年，国内企业界最为热门的三大组织结构转型途径为例，其一是与舶来品日本"经营之圣"稻盛和夫的"阿米巴经营"随生的阿米巴组织，将大企业划分成为独立核算、自主经营、全员参与、自由复制和分裂的类似于单细胞动物阿米巴的小集体；其二是万科公司推出的事业合伙人制，在项目层面通过跟投制度与股票制度，原则上要求项目所在一线公司管理层和项目管理人员跟随公司一起投资，实现职业经理人与公司整体利益更好的结合；其三是海尔集团开创的企业平台化，将组织架构改造成为平台型组织，将企业金字塔型的组织结构打破，转变为互联网化的平台主、小微主和创客。

12.3 组织设计优化

随着世界经济全球化,越来越多的企业面临着全球竞争的问题,科技特别是通信领域的飞速发展使全世界各地员工之间的距离前所未有的接近。在全球竞争的背景下,企业的组织结构需要做出相应的改变,一些新的组织形态开始出现。

12.4.1 组织设计的新趋势

1. 分权化

在现代组织中,权力的分散是一种必然趋势,它反映了组织管理的基本原理。在组织规模较小时,为提高效率而集权是必须的,但随着组织规模的扩大,要使组织生存和发展下去,分权就成为必然。实现权力分散的基本途径是制度性分权和授权。

制度性分权是组织设计过程中,根据组织内外环境因素和组织活动的特征,在工作分析和层次、部门、职位设计的基础上,结合各管理岗位的工作性质和任务要求,从而规定各部门、各种职位的必要职权。授权则是上级管理者,为充分利用专门人才的知识和技能,或出现新增业务的情况下,将部分解决问题、处理新增业务的权力委托给某个或某些下属。制度性分权和授权是相互依存的关系:制度分权是授权的保证,授权是在实际工作中对制度分权的补充。

制度性分权和授权的含义不同,决定了它们具有下述区别。
(1) 制度分权具有一定的必然性,而授权则有很大的随机性。
(2) 制度分权是将权力分配给某个职位,而授权则是将权力委任给某个下属。
(3) 制度分权是相对稳定的,而授权则是临时的,或者是长期的。
(4) 制度分权主要是一条组织工作的原则,而授权主要是领导者在管理工作中的一种领导艺术。

应指出的是,作为分权的两种途径,制度分权与授权是互相补充的——制度分权是授权的保证,授权是在实际工作中对制度分权的补充。

2. 扁平化

随着社会的发展和时代的变迁,特别是经济全球化进程的加快和市场竞争的加剧,迫使企业经营者在管理上进行持续的创新才能适应形势的需要。反映在组织设计上,越来越多的企业正努力扩大管理幅度,拓宽到10~12个下属,同时对下属的要求也不断提高。因此受过良好训练、经验丰富的下属管理者,主管可以在更宽的管理幅度下开展工作。

到20世纪90年代掀起了声势浩大的"企业再造"运动,使企业组织结构的扁平化成为主流趋势。企业再造使企业内部的业务流程和管理流程进一步合理化,大大加快了信息流转的速度,缩短了生产周期,精简了管理机构和人员,可节约管理费用,也密切了上下级之间的关系;使高耸的金字塔式的组织结构逐步趋向扁平化。但由于管理幅度过大,也会存在一定的局限性:上级缺少对下级工作有效的指导和监督,容易造成管理上的混乱;要求下级人员有比较高的素质,否则,会降低组织计划和目标实现的效果。

3. 柔性化

柔性化组织是指企业以一些临时性的、以任务为导向的团队结构来取代以前一部分固定正式的组织结构。团队结构可作为典型的官僚结构的补充,既可以获得官僚结构标准化的好处,提高运行效率,又能因团队的存在而增强灵活性。在柔性化组织中,集权和分权相结合,稳定性与变化性相统一,灵活性和多样性相协调,保证企业充分利用资源,为企业提供了应变内外部环境变化的能力,从而提高了组织的竞争力。20世纪90年代许多大公司在组织内部广泛建立项目式的团队结构很好地说明了这种趋势。

4. 网络化

随着市场竞争的日趋激烈,越来越多的大公司认识到,庞大的规模和臃肿的机构设置不利于企业的竞争力的提高。因此,许多大公司裁员、精简机构和缩小经营范围的基础上,对企业的组织结构进行重新构造,突破层级制组织类型的纵向一体化的特点,组建了由小型、自主和创新的经营单元构成的以横向一体化为特征的网络制的组织形式。企业组织结构的网络话具有两个根本特点:一是用特殊的市场手段代替行政手段来联结各个经营单位之间及其与公司总部之间的关系,二是在组织结构网格化的基础上形成了强大的虚拟功能。

12.4.2 组织结构的新类型

1. 无边界组织

所谓无边界组织是指边界不由某种预先设定的结构所限定或定义的组织结构。边界通常有横向、纵向和外部边界三种。横向边界是由工作专门化和部门化形成的,纵向边界是由组织层级所产生的,外部边界是组织与其顾客、供应商等之间形成的隔墙。

美国通用汽车公司前任董事会主席杰克·韦尔奇(JackWelch)首先使用了无边界组织这一术语。韦尔奇力求取消公司内部的横向和纵向边界,并打破公司与客户和供应商之间存在的外部边界障碍。在今天动态的外部环境下,组织为了更有效的运营,就必须保持灵活性和非结构化。为此,无边界组织力图取消指挥链,保持合适的管理幅度,以授权的团队取代部门。

罗恩·阿什克纳斯在与他人合著的《无边界组织:打破组织结构的锁链》一书中对四种边界进行了分析界定。

(1) 就纵向关系而言,通过运用跨层级团队或参与式决策等手段,取消组织的纵向边界,使组织结构扁平化;各个层次及各种头衔人员之间的界限已经打破,垂直上下之间的界限不再僵硬难破,而变得具有弹性和可渗透性,从而有助于更快、更好地决策和行动,也有利于组织方便地从各层次人员那里获得知识信息和创新灵感。

(2)就横向关系而言,管理者可以通过跨职能团队以及围绕工作流程而不是职能部门组织相关的工作活动等方式,以取消组织的横向边界;各职能部门不再有自己独立的山头,部门间的相互渗透,有关领地管辖的争执,被探讨怎样才能最大限度地满足客户需求所替代。

(3)就企业与外部供应商、客户的关系而言,通过与供应商建立战略联盟等,取消组织的外部边界。企业与供应商已由通过谈判、争吵、高压技巧、封锁信息,甚至相互拼斗方式的生意人之间——"我们"与"他们"的关系,转化为一种共创、共享、互利、双赢的价值链关系,彼此之间成为一个战壕里的战友。高效的创新方式一经发现,就可以很快被引入整个产品或服务企业联合价值链中来,为大家所共享。直接无偿投资支持供应商和经销商,也开始成为一种高效的经营方式。企业联盟不仅是一种战略,而且成为一种价值观念。

(4)地点、文化和市场的边界也开始被打破。源自强调国民自尊心、文化差异、市场特殊性的观念,往往将创新和效益的观念孤立起来,并导致总部与工厂、销售市场之间的分离和矛盾。这已不再适应全球化统一市场的企业经营和发展。人才、资金、材料供给已全面向本地化方向发展推进。将跨国企业定义为某国某地的企业已不再有任何意义,在何处经营,在何处纳税,也就是何处的"公民"。

资料卡

无边界组织的16个特征

罗伯特·史雷特在《通用商战实录》一书中就无边界组织的界定做了更细致的描绘,从速度、弹性、整合程度和创新四个方面,对四种关系进行了分析。他认为无边界组织具有以下16个特征。

• 纵向关系的速度特征为:大多数决定由那些最接近客户的人现场做出,不过这些决定一般只奏效数小时而不是数星期、数月。

• 纵向关系的弹性特征为:各级管理者不但肩负日常的一线管理责任,而且承担有更为广泛的战略责任。

• 纵向关系的整合程度特征为:关键问题由多层次的团队共同解决,其成员的努力不再受组织中的级别限制。

• 纵向关系的创新特征为:针对要解决的问题,经常通过跨层次的头脑风暴法来发掘新注意、新思路,并现场决策,不再来回地申报审批。

• 横向关系的速度特征为:新产品或服务以越来越快的速度推向市场,一发掘出客户价值,就以最快的速度呈献给客户。

- 横向关系的弹性特征为：各种资源的饿占有已打破单位、部门之间的块块分割,能够根据需要快速、经常、无阻碍地在专家和操作部门之间流转。
- 横向关系的整合程度特征为：日常工作可通过流水作业的团队予以解决,非常规性工作由从响应单位、部门抽调力量构成项目组来处理。
- 横向关系的创新特征为：经常举办由感兴趣的人自主参加的跨单位、跨部门,甚至是跨企业的专题研讨会、报告会,或问题攻关小组活动,以横向团队的形式自发地去探索新主意、新思路、新技术和新方法。
- 企业伙伴关系的速度特征为：对于客户和合作伙伴的要求和投宿,能预先采取措施,并适时答复。与客户的关系也是一种合作伙伴关系。
- 企业伙伴关系的弹性特征为：战略资源和重要的管理者可以在企业伙伴之间流动,甚至无偿地"借给"客户和供应商使用。
- 企业伙伴关系的整合程度特征为：供应商和客户经理在设计企业运行和战略选择的团队中居于核心地位,并发挥主导作用。
- 企业伙伴关系的创新特征为：能从供应商和客户那里经常获得大量的新产品和新工艺的建议和思路。
- 空间区域关系的速度特征为：最好的经验得以在与自己企业结成企业联盟关系的范围内传播,甚至直接跨地区、跨国界地传播。
- 空间区域关系的弹性特征为：企业领导者,包括企业下属区域公司领导人,定期参与在不同地区、不同国家的区域业务营运会议及决策。
- 空间区域关系的整合程度特征为：在企业联盟内部的各国业务之间存在标准的产品平台、统一的行动和分享的经验。
- 空间区域关系的创新特征为：新产品的建议能放到其母国以外的环境里评价其适应性。

2. 虚拟组织

虚拟组织是一种区别于传统组织的以信息技术为支撑的人机一体化组织。其特征以现代通讯技术、信息存储技术、机器智能产品为依托,实现传统组织结构、职能及目标。在形式上,没有固定的地理空间,也没有时间限制。组织成员通过高度自律和高度的价值取向共同实现在团队共同目标。

(1) 虚拟组织具有较大的适应性,在内部组织结构、规章制度等方面具有灵捷性。虚拟组织是一个以机会为基础的各种核心能力的统一体,这些核心能力分散在许多实际组织中,它被用来使各种类型的组织部分或全部结合起来以抓住机会。当机会消失后,虚拟组织就解散。所以,虚拟组织可能存在几个月或者几十年。

(2) 虚拟组织共享各成员的核心能力。虚拟组织是通过整合各成员的资源、技术、顾客市场机会而形成的。它的价值就在于能够整合各成员的核心能力和资源,从而降低时间、费用和风险,提高服务能力。如波音777型客机开发小组的某些成员具有互补性核心能力,某些成员具有协同操作能力,而另一些成员则能提供进入非波音公司市场的途径。

现在,建立这样一个特殊工作团体并非难事,把实现既定目标所需要的理想资源整合到一起,又不改变团体成员的生活方式,象组成体育运动队中的全明星队那样集中了各代表队中最优秀的运动员,去应付每天的变革所带来的挑战。显然,在相同的市场机会下,虚拟组织会优于各成员公司。对于顾客而言,整合的特征是无形的、无边界的。

(3) 虚拟组织中的成员必须以相互信任的方式行动。合作是虚拟组织存在的基础。但由于虚拟组织突破了以内部组织制度为基础的传统的管理方法,各成员又保持着自己原有的风格,势必在成员的协调合作中出现问题。但各个成员为了获取一个共同的市场机会结合在一起,他们在合作中必须彼此信任,当信任成为分享成功的必要条件时,就会在各成员中形成一种强烈的依赖关系。否则,这些成员无法取得成功,顾客们也不会同他们开展业务。

有些企业通过拥有突出的能力处于虚拟组织的中心,并对其他成员产生有力的影响,使虚拟组织的协调变得相对容易。如耐克公司凭借设计和营销方面的卓越能力,将负责生产的亚洲的合作伙伴紧密地联系在一起,实施有效的控制和协调。

3. 流程型组织

流程型组织结构模式是20世纪90年代,随着信息科学技术的发展,为了适应竞争激烈、变化急速的市场需要而出现的一种全新的以业务流程为中心的组织结构模式。流程型组织结构模式的主要特点是:以提高对顾客反映的速度与效率,降低对顾客的产品或服务供应成本为目标;管理者有很大的职权,业务流程较长,实行全程式管理;纵向管理链较短,横向管理链较长。

4. 多维立体式组织

多维立体组织结构模式又称多维组织、立体组织、多维立体矩阵制,它是矩阵组织的进一步发展,它把矩阵组织结构形式与事业部制组织结构形式有机地结合在一起,形成了一种全新的管理组织结构模式。多维立体组织结构模式受到很多跨国公司和大型跨地区企业的青睐。

主要的优点是能够使产品事业部、地区事业部、专业职能参谋部门三方面都能从整个组织的全局考虑问题,从而减少部门间的摩擦,互通信息,集思广益,共同决策;能够最大限度满足客户的要求,多维立体组织形成了以产品划分的事业部,即产品利润中心,以职能划分的专业职能参谋机构,即专业成本中心,以及以地区划分的管理机构,即地区利润中心,能够最大限度为顾客服务。

资料卡

真正吸引顾客的是虚拟组织天衣无缝的合作。购买了福特汽车的顾客不会了解是一个虚拟设计工作室在负责福特汽车的款式设计,它通过电子手段将世界各地的设计人员组合在一起,这些人中实际上分属福特的 7 个设计中心。越来越多的航空公司,如美国航空公司与英国航空公司,西北航空公司与荷兰皇家航空公司,联合航空公司与汉莎航空公司正在整合他们的飞行业务,以便向乘客提供更多的飞行航线。对于顾客来说,一体化实现以后,他们在面对的好像只是一家航空公司。

本章小结

组织设计,就是对组织开展工作、实现目标所必须的各种资源进行安排,以便在适当的时间、适当的地点把工作所需的各方面力量有效地整合到一起的管理过程。组织设计的任务主要是提供组织结构系统图、职务说明书和组织手册。组织设计的原则包括

管理者在设计适当的组织结构时需要回答的 6 个关键问题:工作专门化、部门化、命令链、控制幅度、集权和分权、正规化。在实践中,常见的组织结构形式有直线制、职能制、直线职能制、事业部制和矩阵制等组织结构。

现代组织结构设计的趋势是分权化、扁平化、柔性化和网络化,伴随着新趋势产生了新型的组织结构形式:无边界组织、虚拟组织、流程型组织和多维立体式组织等。

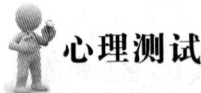 心理测试

官僚化倾向测试

说明:对于每一个小题,对照"非常同意"和"非常反对",标出符合你的情况的选择。

1. 我认为工作中的稳定性很重要。
2. 我喜欢可预测性强的组织。
3. 对我来说,最好的工作是未来不确定的工作。
4. 在政府工作是件美差。
5. 规则、政策和程序使我有挫折感。
6. 我愿意在一个员工超过 85000 人的跨国企业工作。
7. 做自己的老板对我来说风险太大,我不愿意这样做。

8. 在接受一份工作之前,我希望能见到准确的工作说明书。

9. 我更愿意做一个自由的房屋粉刷工,而不是汽车配件商店的员工。

10. 决定薪资和晋升时,资历同绩效一样重要。

11. 如果在一家处于同行业最成功的公司中工作,我会感到很自豪。

12. 如果让我选择,我宁愿去做一个年薪40 000元的小公司副总,而不是年薪45 000元的大公司职员。

13. 我认为戴上标有号码的员工工卡有降低身份的感觉。

14. 公司中的停车位置应基于个人在公司中的职位来分配。

15. 如果一个会计为大型组织工作,他就不可能成为一个真正的专业人员。

16. 在接受一份工作前,我希望知道公司的员工福利待遇是不是特别优厚。

17. 如果一个公司不制定清晰明了的规章制度,它可能就无法取得成功。

18. 对我来说,工作时间、假期安排按部就班比工作刺激更为重要。

19. 对不同职位的人应予以不同的尊敬程度。

20. 规章制度早晚要被抛弃。

请根据下面的答案给你对每一项陈述的选择打分,相符的得1分。

1. 非常同意	11. 非常同意
2. 非常同意	12. 非常反对
3. 非常反对	13. 非常反对
4. 非常同意	14. 非常同意
5. 非常反对	15. 非常反对
6. 非常反对	16. 非常同意
7. 非常同意	17. 非常反对
8. 非常同意	18. 非常同意
9. 非常反对	19. 非常同意
10. 非常同意	20. 非常反对

15分以上表明你喜欢在官僚机构中做事;5分以下则表明你在官僚机构尤其是在大型官僚机构中会受到挫折。

管理游戏

天才的猎取

形式:集体参与。

时间:45分钟。

材料:大的彩色纸或轻优质纸板、毡头记号笔。

场地:不限。

应用:员工激励。

目的:
- 确定和认同每一个团队成员的能力。
- 确保团队成员的能力在团队中得到开发。
- 对成员带给团队的力量表示赞许。

程序

1. 让团队成员写下每个团队成员的名字,在每个名字下面建立他(她)的能力和才干的清单。强调一下成员们在日常基础工作中可能未曾用到的、包括才干在内的重要性。

2. 在房间四周为每个团队成员张贴一张大彩纸。在每张纸旁边放一支毡头记号笔。

3. 让团队成员拿着他们建立好的清单,并将他们已确定的那些才干描述誊写到大彩纸上。

4. 以组为单位检查这些列表并确保每张列表中的每个力量都被注意到。用心去做这件事——这是对团队成员的贡献的一个小小的庆祝。询问正在讨论其才干的成员,他们是否有什么才干被忽视了。如果是这样,将它们添加上去。对每一张列表确定:

a) 团队正在全力开发的才干;

b) 团队未在全力开发的才干。

5. 为每个团队成员至少选择一个未在全力开发的才干,并向小组询问:"团队如何更好地使用此才干?"

6. 让团队提出关于他们怎样保持团队成员的才干超前于团队的建议,并在目前正在实施的基础工作中更好地利用它们。

7. 对行动的每一条建议依次提出这些问题并检查多数人的意见。

提示:将成员们各自的才干表给他们自己保管。建议他们将这些纸或其小一点的形式张贴起来,以提醒他们自己充分利用他们的这些才干。

讨论

1) 你清楚团队中其他成员的才能吗?尤其是他们的潜能吗?

2) 怎么做才能让我们更好的了解队友?和让队友了解我们?

总结与评估

团队常常只挖掘出团队成员的一小部分的潜能;只用到需要完成团队成员的工作的一些基本技能。效率高的团队成员相互间知道对方的能力,寻找机会利用那些力量,并祝贺他们的成功。

案例聚焦

化繁为简:图解世界 500 强公司组织结构

Web 设计师 ManuCornet 在自己的博客上,画了一组美国科技公司的组织结构图在他笔下,亚马逊等级森严且有序;谷歌结构清晰,产品和部门之间却相互交错且混乱;Facebook 架构分散,就像一张散开的网络;微软内部各自占山为王,军阀作风深入骨髓;苹果一个人说了算,而那个人路人皆知;庞大的甲骨文,臃肿的法务部显然要比工程部门更加重要。

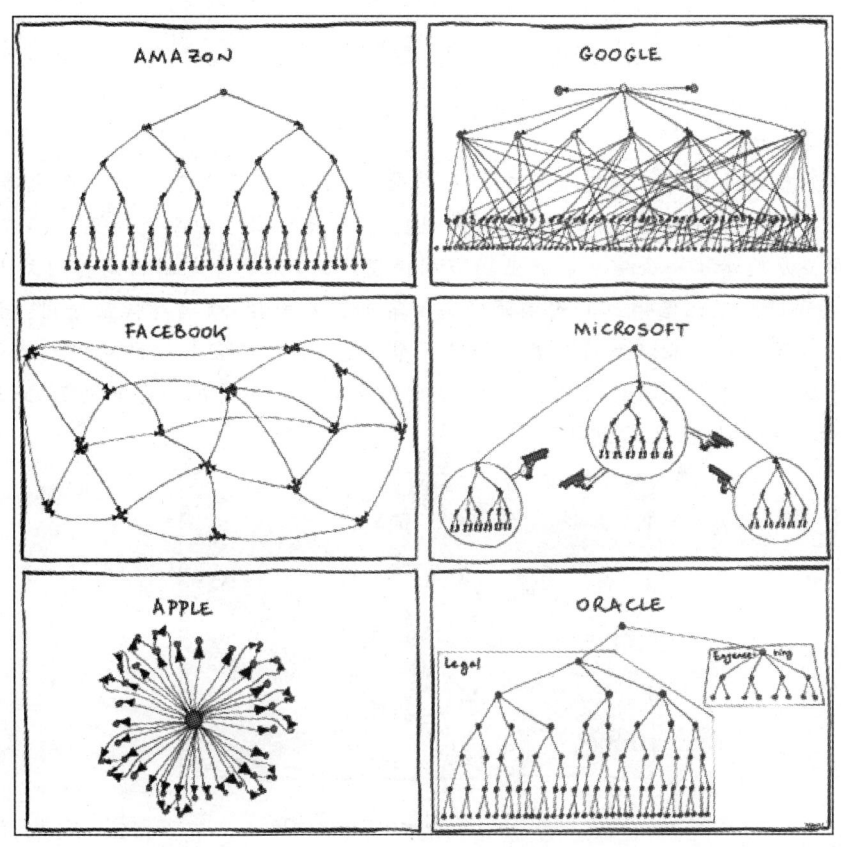

图 12-12　国外六大科技公司组织结构图

据此,第一财经周刊也尝试着炮制了一份中国主要的科技公司的结构图:百度、腾讯、华为、联想、阿里巴巴和新浪。结果发现,它们也是彼此风格迥异不同的公司成长历史不同的业务架构和不同的管理风格,让它们的架构图也呈现出明显的不同。

华为

华为与很多强调组织结构稳定的企业不同,华为建立的是一种可以有所变化的矩阵结构换句话说,华为每次的产品创新都肯定伴随组织架构的变化,而在华为每3个月就会发生一次大的技术创新这更类似于某种进退自如的创业管理机制一旦出现机遇,相应的部门便迅速出击抓住机遇在这个部门的牵动下,公司的组织结构发生一定的变形流程没有变化,只是部门与部门之间联系的次数和内容发生了变化但这种变形是暂时的,当阶段性的任务完成后,整个组织结构又会恢复到常态。

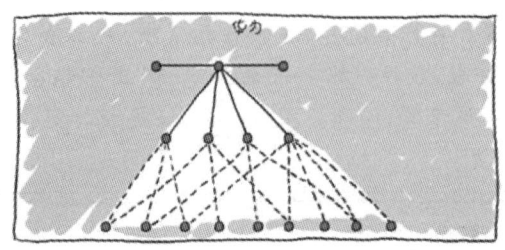

图 12-13　华为组织结构图

阿里巴巴

你能想象没有马云的阿里巴巴吗?尽管 2007 年阿里巴巴 B2B 业务上市后,马云开始练太极习道学悟阴阳,但是,在阿里巴巴马云的影子似乎无时无处不在现在,他又向公众展示了一条完美的产业链万网提供域名,并量身定制出两套网站 B2B 和 B2C,再通过阿里巴巴网站和淘宝商城淘宝集市三大平台,精确对接细分用户散在全国的 7 个百万平方米以上的阿里大仓若干个小仓,由物流宝打通的从供应商到阿里大小仓直至用户之间的物流数据流,囊括大阿里战略中所有的业务而马云,正如他自己所说,已经融化在这家公司里。

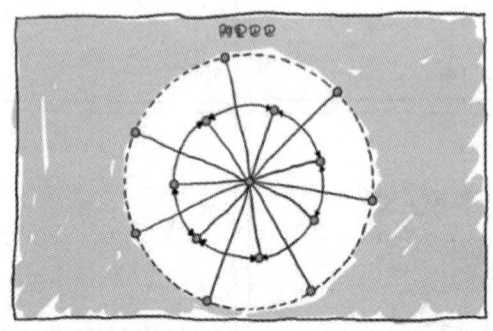

图 12-14　阿里组织结构图

新浪

2009 年新浪收入下滑了 3%,但这一年新浪推出了微博,不到两年,这个产品就成为新浪最重要的增长引擎,活跃用户过亿,股价翻了两倍分析机构上海睿析科技估计,新浪拥有中国 57% 的微博用户和中国 87% 的微博活动都说华尔街喜欢听故事,这一次新浪 CEO 曹国伟用微博讲了一个诱人的故事与过往新浪推出的产品不同,微博既有媒体的属性也有互动的属性,可以发生内容,同时又是很好的传播平台如果说此前新浪的用户大多数以浏览性为主,看完就走,那么从微博开始,用户开始沉淀下来了图中虚线所圈部分即表示新浪依托微博画了一张大饼,只是现在还没有实现,而且它还要面对腾讯和搜狐的竞争。

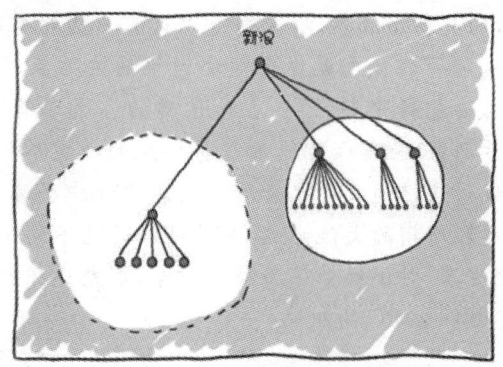

图 12-15　新浪组织结构图

百度

百度前任 COO(首席运营官)叶朋称,百度崇尚简单这话同样可以套用在百度的组织结构上百度看上去是一家只需要 CEO 就够了的公司在叶朋 2008 年 4 月担任 COO 之前,这个职位空了一年之久当他 2010 年离职后,这个职位一直空缺至今而回过头去看百度的发展历史,COO 职位已经出现三次为期不短的真空期了同样的遭遇也发生在 CTO 职位上而在 2008 年,这家公司竟然同时缺失 COOCFO(首席财务官)和 CTO(首席技术官)一些分析师认为,出现这种情况,是因为内部清洗和股票禁售到期两股力量同时夹击但是互联网观察家谢文却认为,百度在找高管方面判断有些失误,他建议百度应该下决心把管理班子弄好,它还是需要一个 5 到 7 人各有专长的核心高管团队。

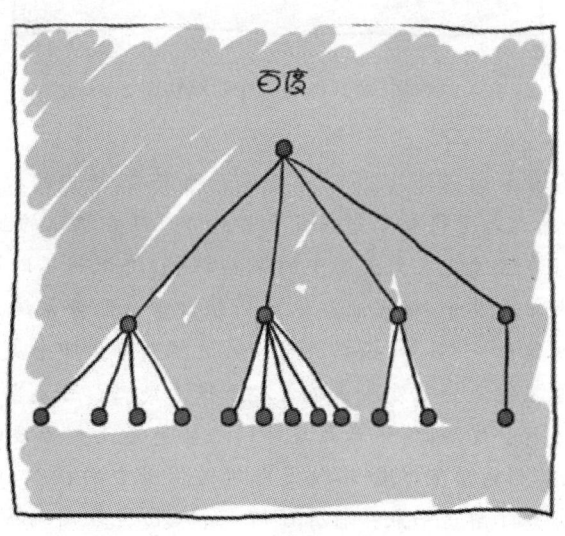

图 12-16　百度组织结构图

联想

与很多公司一样,联想希望能够大小通吃,既做好消费者市场,又出击商用市场前者是以渠道为核心的交易型业务,后者则是以大客户为对象的关系型业务一家公司同时做这两块业务,某种程度上就像金庸小说里的左右互搏联想COO刘军则将此比喻成长枪与短刀,要想舞得好,就要在价值链的各个环节做到合理的区分与整合,并细致地平衡各方利益,化解模糊地带容易发生的冲突举例而言,与双模式相对应,联想国内的生产线供应链的设计也兼顾了大客户和中小客户的采购特点联想中国有两类生产线,一类即所谓的大流水线,一台PC通过不同工序多人组装,这种模式适合大批量规模化生产;对小批量多品种的订单,联想则采用单元式的生产线,由一位工人从头到尾完成一台PC的组装。

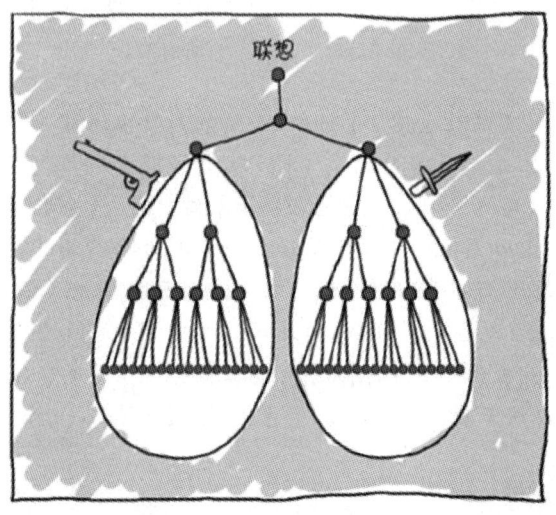

图 12-17　联想组织结构图

腾讯

腾讯是个令人费解的内外两重世界,就像一堵围墙,墙内的人觉得公司简单欢快如大学校园,墙外的人却觉得企鹅彪悍且来势汹汹反映在腾讯的业务和组织架构,这种矛盾性也处处存在经过几次大大小小的架构调整,腾讯将不断增设的新部门重新归类后细分为八大单元其中,根据业务体系划分出四个业务系统无线业务互联网业务互娱业务网络媒体业务;另外,根据公司日常运转划分出四个支持系统运营支持平台研发行政等职能系统及企业发展系统看起来很清爽吧?可是当找出腾讯的产品与服务结构图来比较就会发现,腾讯产品与部门之间有着千丝万缕的关系而此中的原因便是,作为腾讯盈利的法宝,QQ不仅是即时通信平台的核心,也搭载或捆绑着腾讯诸多产品与服务想了解这一点?打开任何一个QQ互联网端界面就知道了。

(资料来源:第一财经周刊.图解国内六大著名科技公司组织架构[EB/OL],http://www.beiwei35.com/article/714.2015-4-4)

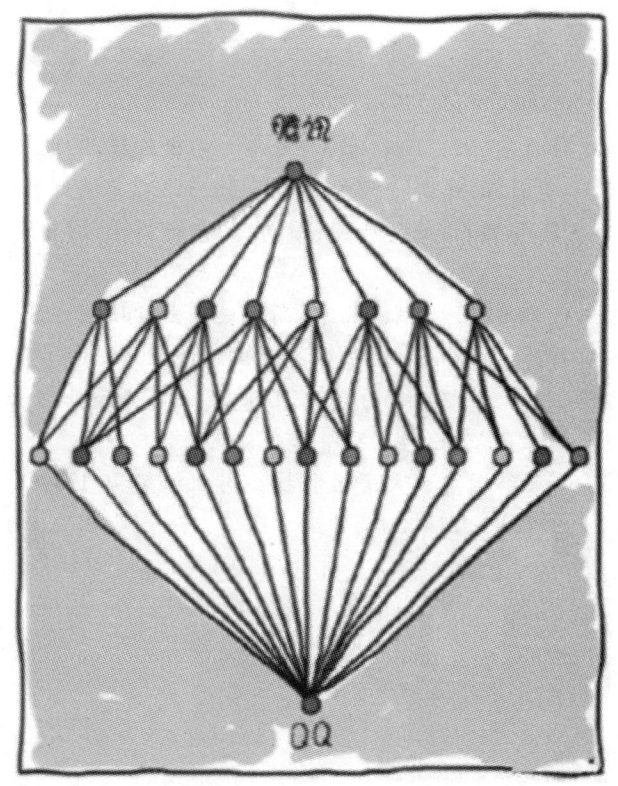

图 12-18　腾讯组织结构图

问题讨论：

比较国内六大科技公司的组织架构图，分析每种结构的利弊，讨论组织环境变化对组织结构的影响。

复习与思考

1. 组织设计的主要任务是什么？
2. 组织设计的依据和原则有哪些？
3. 什么是管理幅度和管理层次？影响管理幅度的主要因素有哪些？
4. 在实际中组织常用的结构形式有哪些，各有何优缺点？
5. 不同部门化的优缺点是什么？
6. 现代组织结构的变化趋势是什么？

参考文献

[1] 陈国海.组织行为学[M].4版.北京:清华大学出版社,2013.
[2] 陈春花,杨忠,曹洲涛.组织行为学[M].3版.北京:清华大学出版社,2013.
[3] (美)斯蒂芬·P.罗宾斯,蒂莫西 A.贾奇.组织行为学[M].12版.北京:清华大学出版社,2015.
[4] 段万春.组织行为学[M].2版.北京:高等教育出版社,2015.
[5] 肖余春.组织行为学[M].2版.机械工业出版社,2016.
[6] 袁凌,吴文华,熊勇清.组织行为学[M].北京:高等教育出版社,2015.
[7] 解读海尔的"倒三角"理论[J].网印工业,2015(4).
[8] 第一财经周刊.图解国内六大著名科技公司组织架构[EB/OL],http://www.beiwei35.com/article/714.2015-4-4.

第 13 章 组织文化

那些未达的领导者、伟大的公司、伟大的组织之所以未达,不仅仅因为他们所具备的能力,还是因为他们的个性。

——卡莉·费奥瑞纳

 学习目标

1. 组织文化的概念。
2. 组织文化的结构和类型。
3. 组织文化的类型组织文化的建设与维护。
4. 组织文化与组织绩效之间的关系。

基本概念

组织文化 Organizational culture
俱乐部式文化 Club culture
学院式文化 Academy culture
棒球式文化 Baseball team culture
堡垒式文化 Fortress culture
跨文化管理 Cross-cultural management

 导入案例

微软:别具一格的文化个性

20世纪末,微软(Microsoft)公司令人吃惊的成长速度,引起世人的广泛关注。通过辉煌业绩,我们不难发现其成功不仅在于科技创新和友谊的经营管理,更重要的是创立了知识型企业独特的文化个性。

知识型企业的一个重要特征就是拥有一大批具有创造性的人才。微软文化能把那些不喜欢大量规则、组织、计划，强烈反对官僚主义的 PC 程序员团结在一起，遵循"组建职能交叉专家小组"的策略准则；授权专业部门自己定义他们的工作，招聘并培训新雇员，使工作种类灵活机动，让人们保持独立的思想；专家小组的成员可在工作中学习，从有经验的人那里学习。经理人员非常精干且平易近人，从而使大多数雇员认为微软是该行业的最佳工作场所。这种团队文化为员工提供了有趣的不断变化的工作及大量的学习和决策机会。

世界已经进入学习型组织的时代，真正创建学习型组织的企业，才是最优活力的企业。微软人通过自我批评、信息反馈和交流而力求进步，向未来进军。微软在充分衡量产品开发过程的各要素之后，极力在进行更有效的管理和避免过度官僚化之间寻求一种新的平衡；更彻底地分析与客户的联系，视客户的支持为自己进步的依据；系统地从过去和当前的研究项目与产品中学习，不断地进行自我批评；通过电子邮件建立广泛的联系和信任，盖茨及其他经理人员极力主张人们保持密切联系，加强互动式学习，实现资源共享；通过建立共享制影响公司文化的发展战略，促进公司组织发生变化，保持充分的活力，使公司整体结合得更加紧密，效率更高地向未来进军。

组织文化是指组织成员的共同价值观体系，它使组织独具特色，区别于其他组织。每个组织都有自己的文化，这种文化对组织成员的态度和行为产生显著影响，但每种文化对组织的影响力度是不同的。通过本章学习，掌握组织文化的内涵、类型、特征、功能、结构以及传播途径，了解组织文化相关的代表性理论。同时，还需掌握组织文化建设以及企业组织跨文化管理的内容与方法。

13.1 组织文化概述

13.1.1 组织文化的含义

组织是按照一定的目的和形式而建构起来的社会集合体。由于每个组织都有自己特殊的环境条件和历史传统，也就形成自己独特的意识形态、价值取向和行为方式等，于是每一种组织也都形成了自己特定的组织文化。

有人曾对组织文化的定义做过统计，共有 180 多种，几乎每一个管理学家和组织文化学家对于组织文化都有自己的理解。

埃德加·沙因（Edgar Schein）认为组织文化是在组织成员相互作用的过程中形成的，为大多数成员所认同的，并用来教育新成员的一套价值体系（包括共同意识、价值观念、职业道德、行为规范和准则等)。[1]

彼得·德鲁克认为,组织文化是一系列经营原理,包括做什么与不做什么以及如何认识顾客等价值观,这种价值观决定了组织的成长空间(P. F. Drucker,1994)。

霍夫斯泰德认为,组织文化是一种"组织心理"及组织的潜意识,它一方面在组织成员们的行为中产生,另一方面又作为"共同的心理程序"引导这些成员的行为(G. Hofstede,1980)。[2]

综上所述,组织文化(organizational culture)是组织在长期实践中形成的被成员普遍认可和遵循的价值观念及行为方式的总和。组织文化有如下特点(J. Keyton,2011)[3]:第一,组织文化与组织的成员密不可分,组织文化体现在组织全员的行为之上;第二,组织文化是动态的,而非静态的,组织文化是组织成员为了更好地在环境中生存而做出的行为,随着环境的改变,文化也会随之改变;第三,组织文化需要包含有竞争力的价值观,这种价值观是成员行为及组织竞争力的重要基础;第四,组织文化需要得到员工的认同,否则就无法发挥作用;第五,组织文化代表着组织内的社会秩序,即组织成员的沟通环境,组织文化会在组织成员沟通互动的过程中形成并发展。

13.1.2 组织文化的结构

组织文化的结构,是指组织文化各种内容和形式之间的层次关系。如果把组织文化体系看成是一个由于内向外辐射的球形体的化,并将其逐级解剖,组织文化大致上可以划分为三个层次:表层文化、中层文化和深层文化,如图13-1所示。

1. 表层文化

表层文化又称实体文化,是指具体、直观、外在化、形式化的组织文化的结构,它由企业员工创造的产品和各种物资设施等所构成。作为组织文化系统的重要组成部分,组织的表层文化通常包括厂容厂貌、产品样式和包装、设备特色、建筑风格、文化娱乐设施等。

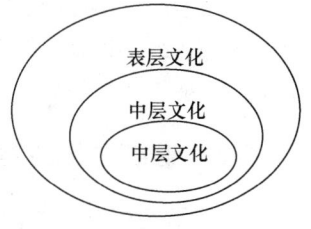

图 13-1 组织文化构成

组织表层的物质文化是组织和员工的理想、价值观、精神面貌的具体反映,它集中体现了组织在社会上的外在形象。

---

[1] Schein E H. Organizational Culture and Leadership[M]. San Francisco:Jossey Bass,1982.
[2] Druker P F. The Theory of the Business[J]. Harvard Business Review,1994,72(5):95-104.
[3] Keyton J. Communication & Organizational Culture:A Key to Understanding Work Experiences[M]. California:SAGE Publications,2011:35-40.

> **资料卡**
>
> **松下的公司歌曲**
>
> 　　日本松下公司是在美国第一家有公司歌曲的企业。公司的信条是只有通过每个员工的协力和合作才能实现进步和发展。因此,通过公司歌曲向员工灌输公司的精神价值观:工业报国,光明正大,团结一致,奋斗向上,礼貌谦让,适应形势,感恩报德。公司一名高级管理人员说:"这在西方人看来可能是愚蠢的,但在每天早晨八点钟时,好像我们已经融为一体了。"

2. 中层文化

中层文化又称制度文化,是指组织内部的各种规章制度、行为习惯、经营风格、行为规范、员工修养以及组织内部的一些特殊典礼、仪式、风俗等。这些内容以固定或者不固定的方式为组织所有的员工在工作中所遵守。

3. 深层文化

深层文化又称精神文化,是指组织在生产经营活动过程中形成的具有组织特征的文化观念和意识形态。深层文化是凌驾于组织文化主体(个体与群体)分散的、自主意识之上的,可以脱离表层文化而独立发展的企业经营思想、意识、价值观念的综合。它包括组织精神、组织哲学、价值观念、组织道德、组织风气、组织目标等。精神文化往往是一个组织长期积累和沉淀的结果。

13.1.3 组织文化的类型

1. 按照组织文化的内在特征分类

美国爱莫瑞大学的桑楠菲尔德(J. A. Sonenfeld,1954—)通过对不同组织结构的研究,提出了一套标签理论(学院型、俱乐部型、棒球队型、堡垒型),用于分析和认识组织文化之间的差异。彼得·圣吉在《第五项修炼》一书中提出了学习型组织的概念(圣吉,2002)[1]。由此,可将组织文化氛围学院型、俱乐部型、棒球队型、堡垒型和学习型等五种类型。

(1) 学院型文化

学院型组织是为那些想全面掌握每一种新工作的人而准备的地方。在这里他们能不断地成长、进步。这种组织喜欢雇佣年轻的大学毕业生,并为他们提供大量的专门培训,然后指导他们在特定的职能领域内从事各种专业化工作。例如,IBM公司、可口可乐公司、宝洁公司等的文化就属于学院型组织文化。

---

[1] (美)彼得·圣吉.第五项修炼[M].上海:上海三联书店,2002.

资料卡

可口可乐公司如何做"氛围感召式"新人培训

凡是曾经或正在可口可乐公司工作的员工都可能会觉得可口可乐公司的培训别具一格。如果你有幸被该公司录取成为一名员工,该公司一般选取公司开重要业务讨论会的这一天叫你来公司报到,然后,总经理(或经理)会在会议之前非常热情地将你向所有的各部门经理(或各位主管)进行隆重推介。这种推介不只是简单地告诉他们你将担任什么工作,而是首先会将你在原来的工作经历中的一些重要或者可圈可点的工作业绩以及个人特长,热情洋溢地传达给大家。为使你不过于紧张,一般不会提问题让你来答或者可能还不会让你发言。但会叫主持人或者上台陈述的人尽量多用眼神与你交流,使你得到所有人的尊重,让你觉得一进来就是一个重要任务,从而这种氛围会一直萦绕着你,将你紧紧地捆住,不能自拔。(谭长春,2007)

(2) 俱乐部型文化

该类型组织非常重视适应员工的忠诚感和承诺,在公司资历是关键因素,年龄和工作经验也非常重要,这种公司按照通才型方向培养员工。俱乐部型组织的例子有:政府机构、军队、美国贝尔公司和 UPS 公司就属于这种类型。

(3) 棒球队型文化

该类型组织是冒险家和创新者的天堂,组织从不同年龄段和不同工作阅历的人群中寻求合适的人选,根据员工的实际产出状况支付报酬。由于组织一般会给予工作出色的员工以丰厚的报酬、较高的奖励和较大的工作自由度,员工的工作积极性发挥得比较好。在会计、法律、投资银行、咨询公司、广告公司、软件发展商等行业和领域。这种类型组织较为普遍。Google、Facebook、摩根士丹利银行和瑞士信贷第一波士顿就是典型例子。

(4) 堡垒型文化

该类型组织主要将工作中心放在组织的生存方面,由于这种类型的企业以往大多是学院型、俱乐部型或者棒球队型的,但是现在衰退了,现在尽力来保证企业的生存。这种类型的组织工作安全缺乏保障,但是对于喜欢挑战的人来说,却是一个令人兴奋的工作环境。堡垒型组织包括大型零售店、林业产品公司、天然气探测公司等。

(5) 学习型文化

学习型组织这一概念主要来自管理学者彼得·圣吉,其著作《学习型组织的艺术与实践》提出了学习型组织所需的五项修炼,分别为:自我超越、改善心智模式、系统思考、建立共同愿景、团队学习和系统思考。学习型组织就是指组织成员能够有意识地、系统地、持续不断地以个体、团队及组织的方式进行学习，以不断获得新的知识、技能、信念与思维方式，改善个体、团队与组织的行为，实现个体、团队与组织的共同进步，共同实现组织目标的组织。

这种类型的组织文化是比较理想的，因为它集中了上述四种类型的优点。英国壳牌公司就是这方面的典型例子。

许多企业组织不能完全归为上述五种类型中的一种。有的是一种混合文化，比如通用电气，不同的部门就有明显不同的文化。苹果电脑公司的企业文化起初为棒球队型，后变为学院型。中国联想集团公司的企业文化属于棒球队型和俱乐部型的混合。

> **资料卡**
>
> ### 美国通用电气公司的混合文化
>
> 美国通用电气公司(GE)是一个多元化经营的跨国公司，在它的各个主要业务中均有工人的世界领先地位。当被问及"这样一个庞大机构是如何在全球众多的多样化市场上一直保持优秀的业绩，且以两位数不断增长"时，公司前总裁杰克韦尔奇的回答令我们深思："虽然持续的增长是这一模式的产物，但驱动这一模式前进的动力是我们的文化，也就是我们的行为模式。"
>
> 具体而言，GE公司的这种价值理念是通过三项行为规范得到实施的，即无边界、速度和竭尽全力。企业文化的激励并不否认物质激励手段的现实作用，相反，两者有效结合，其激励作用更加显著。根据GE公司的经验，如果要将言论变成现实，加强管理评价和奖励系统是至关重要的。公司采用了全方位管理评价制度，这一制度使领导注重发现和奖励那些具有使公司每个人每天都不懈地挖掘新创意、寻求更好办法的能力的人；同时，公司用工资和奖金奖励那些创新的思想和优异的表现，其中更多的是奖励发现和分享这些创意，而不仅是创意本身。过去，只有数百人因分享创意得到股票认购权，现在又22000万名GE员工得到了这种股票认购权。这极大地促进了大家共同学习、共同分享，从而进一步激励大家竭尽全力，以无边界行为进行学习，并迅速地将这种学习转变为现实生产力，为公司赢得竞争优势。

2. 按照组织文化对其成员影响力的大小分类

Kotter 和 Heskett 依据组织文化对其成员影响力的大小，将组织文化分为三类：

(1) 强力型组织文化

在具有强力型组织文化的公司中，员工们方向明确、步调一致，组织成员有共同的价值观念和行为方式,所以他们愿意为企业自愿工作或献身,而这种心态又使得员工们更加努力。强力型组织文化提供了必要的企业组织机构和管理机制,从而避免了组织对那些常见的、窒息组织活力和阻碍改革的官僚们的依赖。因此,它可以大大促进组织业绩的提升。

(2) 策略合理型组织文化

具有这种组织文化的企业,不存在抽象的、好的组织文化的内涵,也不存在任何"放之四海而皆准"、适合所有企业的"克敌制胜"的组织文化。只有当组织文化适应于企业环境时,这种文化才是好的、有效的文化。不同的组织,需要不同的组织文化。只有文化适应于组织,才能发挥其最大的功能,改善企业经营状况。

(3) 灵活适应型组织文化

市场适应度提高的组织文化必须具有同时在公司员工个人生活中和公司企业生活中都提倡信心和信赖感、不畏风险、注重行为方式等特点,员工之间相互支持、勇于发现问题、解决问题。员工有高度的工作热情,愿意为组织牺牲一切。

13.1.4 组织文化的影响因素

组织文化的影响因素主要包括社会文化背景、组织创业者和领导者的素质、组织成员的素质、组织特征以及管理过程。

1. 社会文化背景

任何组织都存在于特定的社会环境中,组织文化是整个社会文化的一部分,在很多方面是一脉相承的。社会主流的价值观、道德取向都直接反映在组织文化的内容中。

2. 组织创业者和领导者的素质

组织创业者或者现行的领导者个人素质对企业文化的形成具有相当重要的影响。组织创业者的风格形成了相应的企业文化类型,并通过各种形式得以延续和流传。稳定的企业往往在一定程度上带有创业者的痕迹。创业者的教育背景、领导风格、处事的方式和作风决定了组织初期的组织文化。经过组织的生存和发展,使之不断延续到最后,并体现各个阶段领导者的风格。

3. 组织成员的素质

组织成员虽然是组织文化的受影响者,但反过来组织成员的素质状况也影响着组织文化的形成。组织成员的知识水平、文化素养决定了其工作的自觉程度和对参与决策的热情程度,这便想成了组织文化的重要内容。以知识型员工为主题的企业有不同于其他企业的文化特点,这是由知识型员工的知识型、创造性、灵活性等方面的特征所决定的。

4. 组织特征

组织文化也受组织特征的影响,如组织的规模和复杂性等。大型组织往往倾向于高度的专业化和非个人化。复杂的组织往往雇佣更多的专业人员和专家,这会改变问题解决的一般方式。另外,大型和复杂的组织还会制定出更多的规定和程序。

5. 管理过程

组织文化也会受到管理过程的影响。报酬和绩效直接挂钩的企业荣誉形成追求成功的文化;开发和自由的沟通制度容易促成参与和创造性的文化;对冲突的容忍度和处理风险的态度对团队工作有很大的影响,他们往往决定着企业革新和发明的数量。

13.1.5 组织文化的构成要素

为了准确地识别和解释组织文化的内容,需要进一步通过对组织文化的某些构成要素进行分析和推断。这些组织文化的要素可以被研究但很难准确地对其定义。一家公司的颁奖典礼和另一公司相同却可能会有不同的意义。组织文化的一些典型、重要、可观测的构成要素是经营目标和价值观、礼仪和仪式、英雄任务、故事和语言等。

1. 组织的经营目标和价值观

组织的价值观念是一个组织的共同思想和信念的集成,也是组织文化的核心。古往今来成功的企业均有被所有员工所认同和接受并且能够履行的组织价值观。一个组织的价值观是在多年的经营活动过程中逐步形成的。当组织的价值观一旦形成以后,组织的员工们就将其直接体现在自己的具体工作行为中,成为他们自身价值体系的一部分。此时员工一方面在组织工作,另一方面他们也为自己的理想、价值观的实现而努力,从而产生一种成就感。

2. 文化礼仪和仪式

礼仪和意识是组织文化的重要表征。这是指构成一个特别事件并经常以有益于观众的形式运作的精心设计、周详计划的活动。组织的文化礼仪活动一方面体现了组织对于员工的期望和要求,同时又以生动形象的形式向员工灌输组织的价值观念和经营理念。组织的管理者可以通过举行礼仪和意识来提供一个表达公司价值观的机会。这些活动是强化特定的价值观,分享重要的理念,在人与人之间建立一条纽带,塑造并祝贺那些使重要信念和行为具体化的英雄们的特殊机会。

3. 英雄人物

每一个组织都有自己的英雄人物,组织的英雄人物可以是组织的创始人或者领导人,也可以是工作出色的员工。作为组织的杰出代表,英雄人物赋予了超乎常人的经营智慧和能力,成为组织文化的气质,其一举一动、思想、行动乃至语言被组织信奉为至理名言,其本人被赋予组织行动的评判,具有裁决他人行动的权威。

4. 故事

每一个组织都有自己的故事,故事的内容大多是与组织的创业者、重大经营时间联系在一起的。通过适当的故事表达可以起到一般思想工作所无法取代的作用,同时也可以为贯彻组织的有关措施提供一定的解释和支持。

组织内的许多故事是关于那些符合公司文化标准和价值观的榜样化、偶像式的公司英雄人物的。一些故事被认为是传奇故事,因为这些事件是历史故事,而且可能加入了一些虚构的细节。另一种故事是神话,这些神话与组织的价值观和信念是一致的,但并没有事实根据。故事使公司的基本价值观保持长久活力,并且为全体员工提供了一种共享的理念。

亨利·福特二世在担任福特公司董事长时,他会经常骄傲自大地提醒下属"福特公司的大楼上写的是我的名字",其意义非常明确——主宰福特公司的是我福特二世。

资料卡

发生在沃尔玛公司的一则故事

沃尔玛公司在1980年销售额为24亿美元,不到竞争对手西尔斯公司的12%。但是在20世纪80年代,它却以每年25%的速度增长。目前,它的年销售额达2000多亿美元,成为全球最大的零售商。沃尔玛公司销售的是和同行一样的商品,为什么能够成功?它成功的真正秘诀是它的企业文化。创办者山姆·沃尔顿创立的企业文化,成为35万名员工共同承认的价值标准。这种文化强调低价格、低消耗、服务顾客。不管什么时候,你只要走进任何一家沃尔玛连锁店,肯定会找到价格最低的商品和你希望得到的真正的服务。在每一家连锁店,预见每一个销售员,你都会有种在自己家的感觉。这就是沃尔玛的企业文化。沃尔玛公司鼓励员工适当冒险,对待员工真正像自己的伙伴一样。有一则小故事可以说明这种文化。

1985年,在阿拉巴拿的一名商店经理助理约翰犯了非常愚蠢的错误,他订了商店销量的4~5倍的甜点。这种情况发生在别的企业,责任人必然被辞退。但在沃尔玛公司则不然,商店的经理告诉他:"约翰,发挥你的想象力,想出各种方法将它卖掉。"结果约翰想出了答案:在他的商店附近停车场举办第一次吃甜点世界冠军比赛。促销活动异常成功,以致这项赛事已成为该店每年一度的传统活动。

5. 语言

语言是企业成员用来相互表达和传递意思的口头或书面符号,也是传递价值观的重要工具。语言作为企业文化的一个载体,不同于一般意义上的交流语言,指的是企业内部广泛存在的各种隐语、口号、标语和其他特殊用语等。这些语言,既可以口头相传,也可见诸书面材料。大多数具有强势文化的企业,都有很多富有特色的语音。

13.1.6 组织文化的功能

组织文化对于组织行为的影响是无形而持久的,组织文化往往能在很大程度上影响组织成员的行为,甚至超过正式的权责关系、管理制度等发挥的作用。但组织文化也存在着与组织环境适应和匹配与否的问题,因而,组织文化对组织行为与绩效可以产生积极的影响,也可能产生负面的影响。

1. 导向功能

组织文化的导向功能是指它对组织行为方向所起的显示和诱导。组织文化的概括、精辟、富有哲理性的语言明示着组织发展的目标和方向,这些语言经过长期的教育、潜移默化,能够铭刻在广大员工心中,组织文化建立的价值目标能够使员工自觉地把行为统一到组织所期望的方向上去。在优秀公司里,因为有鲜明的指导性价值观念,基层的人们在大多数情况下都知道自己该做些什么。

2. 凝聚功能

组织文化可以增强组织的凝聚力,这是因为组织文化有同化作用、规范作用和融合作用。这三种作用的综合效果,就是组织文化的凝聚功能。这种功能通过以下两个方面得以体现:一是目标的凝聚,即通过组织目标以其突出、集中、明确和具体的形式向员工和社会公众表明组织群体行为的意义,使其成为组织全体员工努力奋斗的方向,从而形成强大的凝聚力和向心力;二是价值凝聚,即通过共同的价值观,使组织内部存在着共同的目的和利益,使之成为员工的精神支柱,从而把员工牢牢联结起来,为实现共同理想而聚合在一起。

3. 激励功能

组织文化是通过文化的塑造,使每个成员从内心深处自觉地产生现身精神、积极向上的思想观念及行为准则,形成强烈的使命感、持久的驱策力,成为职工自我激励的准绳,在组织成员的心理上持久地发挥作用,避免了传统激励方法的强制性与被动型并由此引起的各种短期行为和不良后果。

4. 约束功能

文化作为一种意义形成和控制机制,能够约束和塑造员工的态度和行为、价值信念、伦理规范、道德观念、风俗和谐,不因利益关系及个人习惯爱好的不同而发生矛盾。由于组织文化倡导沟通,倡导员工参与管理,倡导团结互助,所以产生摩擦的可能性小。

5. 辐射功能

这是指当一个企业形成较为固定的企业文化模式后,企业文化便不仅仅在企业内部发挥上述作用,它还会通过各种途径在社会上产生影响。这种影响体现在两个方面,首先是企业形象的辐射作用。具有优秀企业文化的企业,必将树立良好的企业形象,这种企业形象会对该企业的生产经营带来有形和无形的效益,也能使企业的知名度和信誉度得以大为提高。其次是企业员工对外交往时所产生的辐射作用。企业员工在对外交往过程中,包括销售人员的四处奔走、公关人员的各种应酬、企业员工在外的日常行为,这种种与企业外部解除的行为表现都反映了一个企业的文化特征,会在社会上留下各种印象,从而间接地影响企业获得竞争优势的能力。

13.2 组织文化的创立

组织文化创立是指一个组织在对本组织显示状况认识和评价的基础上,创立一种适合并有益于本组织目标实现的目标组织文化。目标组织文化则是指组织高层领导者正式提出并倡导的,以共同价值观、行为规范、经营哲学等为中心的组织文化。

13.2.1 组织文化创立的一般模式

在组织文化的创建过程中,组织创始人的价值观、性格特征、经营理念等对组织文化起着最主要的影响。组织创始人在创业阶段会开发并试图实施一个共同愿景和商业战略,如果在随后的实践中,这些愿景和战略被证明是成功的,组织成员就会在此基础上达成一致并以此来行动,这时他们也就分享了组织的知识和设想,进而组织文化就形成了。因此可以说,组织文化是组织创建者的价值观和组织成员自身经验相互作用的结果。科特和赫斯克特在《企业文化与经营绩效》中提出了组织文化产生的一般模式,如图13-2所示。

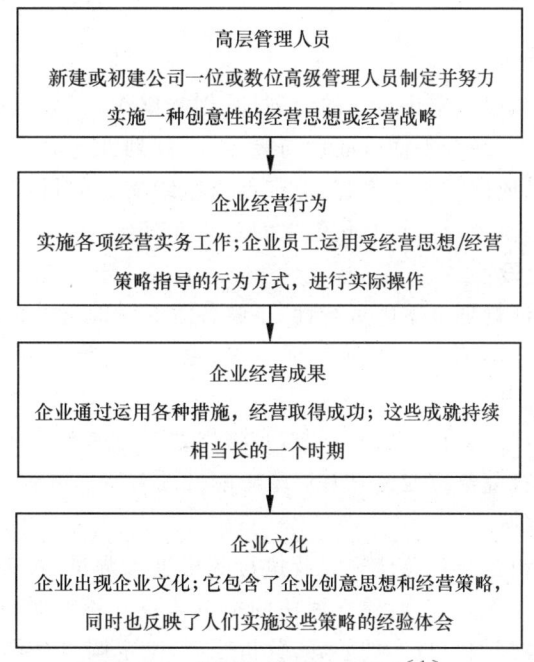

图13-2 组织文化的创立模式[1]

组织文化产生的必要条件在于企业成员能够在相当长的一段时间里保持相互间的密切联系或交往,并且该企业无论从事何种经营活动均获得了相当的成就。当他

---

[1] 资料来源:科特,赫斯克特. 企业文化与经营业绩[M]. 北京:中国人民大学出版社,2009.

们处理所遇到的问题时,不断重复使用的解决问题的方式方法就会成为他们组织文化中的一个部分。

有效使用的时间越长,它们就会越深入地渗透于组织文化之中。这些融入组织文化的价值观念或特定问题的解决方法可以从企业不同层次的人员中产生,它们可以是个人的或群体的,也可能源于企业基层或企业最高管理者。

13.2.2 组织文化创立的程序

文化设计价值观、行为方式、精神状态等各个方面,这些要素本身都需要经过归纳总结、培训指导、逐渐领悟到逐步运用等过程。组织文化的创立一般要经历以下六个阶段:

1. **调查分析阶段**

该阶段旨在客观、全面、准确地了解和分析组织现状、组织成员的心态和舆论状况等,为创立组织文化提供依据。除了新建企业以外,多数企业塑造自身的文化都是在原有"文化"的基础之上进行的。所以,塑造组织文化,应该首先搞好调查研究,把握企业现有的文化状况及影响企业组织的各种因素,为组织文化的总体规划做好准备。

2. **总体规划阶段**

该阶段旨在增强组织文化工作的计划性、创立组织文化的目标性与有效性。组织在设计其文化时,应综合平衡全面性与重点性、计划性与灵活性、独创性与连续性等关系的基础上,完成以下基本内容:拟定创立组织文化的目标和指导思想;提出准确的组织文化价值观;拟定组织文化创立的总体方案等。

3. **论证实验阶段**

该阶段旨在验证规划方案的可行性,了解各方面对拟定方案的认可和支持程度,及时发现并修改其中的不合理部分,完善方案,减少盲目性。

4. **传播执行阶段**

该阶段是创立组织文化的中心环节,是将规划变为现实,是创立组织文化过程中最关键、最费时间、既复杂多变又具有广泛影响性的阶段。

5. **评估调查阶段**

该阶段旨在对组织文化总体规划及执行效果进行测量、检查与评估,找准问题,调查偏差。其主要工作内容为:建立评估的指标体系和参照系;全面收集相关信息,把握真实状况;比较规划与现实的差异,分析原因,确定调整对象;有针对性地拟定调查措施并付诸实施。

6. **巩固发展阶段**

该阶段的工作重点是在已创建的组织文化基础上,采用切实有效的多种途径和措施,从精神层面、制度层面、行为层面和物质层面等多层面贯彻和渗透组织文化,稳定和巩固已取得的成果,进一步突出和弘扬组织文化个性,并以此推动组织的发展,在组织的进取发展中,使组织文化走向成熟。

13.2.3 组织文化的维系

组织文化形成或创建后,管理层就应当采取相应的、必要的人力资源管理措施,如组织的甄选过程、绩效评估标准、奖酬措施、培训和职业开发活动等,通过给组织成员提供一系列相似的经历来维系组织文化,使组织雇佣的员工与组织文化相适应,并保持组织文化的活力。图13-3勾画了组织文化的维系过程。在组织文化的维系过程中,有三个因素起着特别重要的作用。

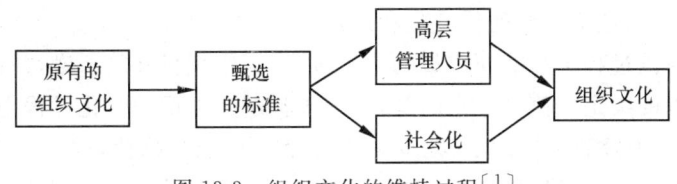

图13-3 组织文化的维持过程[1]

1. 甄选过程

甄选过程是指组织按照规定的甄选标准挑选和聘用适合在本组织工作的人员。好的甄选过程也是一种文化价值观双向选择过程:一方面,招聘工作者要认真判断应聘者的价值观与组织的价值观是否匹配,筛选掉那些可能对本组织核心价值观存在威胁的人;另一方面,应聘者也可在此过程中得到一些组织信息,若发现自己的价值观与组织的价值观相互冲突时,便可以自行退出候选人之列,从而起到维系组织文化的作用。

2. 高层管理人员

组织高层管理者的言行举止对组织文化也有重要的影响。他们的所作所为会告诉或暗示组织成员什么是可接受的行为,什么是不可接受的行为,鼓励什么行为,禁止什么行为,什么衣着得体等。高层管理者通过自己的所作所为,把行为准则渗透到组织中去,以维系组织文化。

3. 社会化

社会化是指个体学习组织的价值观、基本准则和必要的行为,组织允许他作为组织的一名成员参与活动的过程。新的组织成员对组织文化都有一个熟悉和适应的过程,他们总是容易干扰组织已有的观念和行为习惯。此外,一些老的组织成员有时也会因为多种原因,难以完全适应组织文化的要求。因此,帮助组织成员特别是新成员适应和奉行组织文化的过程,在维系组织文化过程中起着特别重要的作用。每完成一个组织成员的社会化过程,就进一步起到了维系组织文化的作用。在图13-4中可以看出,一个组织成员从"局外人"成为"内部人"需要经历社会化的四个阶段。

---

[1] 资料来源:陈春花,杨忠,曹洲涛.组织行为学[M].北京:机械工业出版社,2012.9:201。

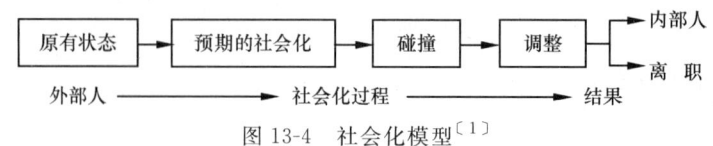

图 13-4 社会化模型[1]

第一阶段包括新成员进入组织之前的所有的学习活动以及因此而形成的价值观等;第二阶段为新成员对即将进入的组织的一种预期;第三阶段始于新成员进入组织之后看到了组织的真实情况,并可能面对个人期望与现实相脱离的问题;在第四阶段中,相对长期的变化发生了,新成员掌握了工作所需技能,成功地扮演了自己的新角色,并且调整自己适应组织的价值观和规范。

以上四阶段过程会影响新成员的生产效率、对组织目标的承诺,并最终影响其是否留在组织内的决定。值得注意的是,管理人员越是强调社会化过程中的正规化、集体化、固定化和有序性,那么成员之间的差异就越可能被抹掉,成员行为的标准化和可测程度就越高。通过控制新成员的社会化过程,管理人员可以造就循规蹈矩的顺从性员工,也可以造就富有创新精神的创造型员工。

13.2.4 组织文化塑造的误区

1. 形式主义

文化不是裱在墙上的东西,不是漂亮的形式,文化的使用价值体现在员工的行为以及产品和服务的品质之上。如三鹿集团就是一个典型的范例,尽管其也将核心价值观定位于诚信与责任,但这种形式性的文化却无法为组织带来竞争力。因此,正确的认识是,组织文化之所以可以带来竞争力并非仅仅是文化表述的差异,更重要的是文化在员工行为和产品品质上的体现如何,这是组织文化塑造的根本。

2. 时尚主义

有些组织在塑造文化的过程中,自身文化会追逐一些时髦的观点而经常发生变化,致使组织文化变得非常不稳定,同时对于文化的塑造而言可能会半途而废。因此,组织文化的塑造应避免一味地追求时髦,避免为了变化而变化,在充满"诱惑"的环境中坚守对于组织核心价值观的坚持。

3. 急于求成

组织文化的形成是一个需要持续沉淀的过程,在组织文化塑造的过程中,需要避免急于求成的心态。

4. 领导者职责混乱

常见的是,组织文化来源于领导者的个人喜好,而在组织文化的塑造过程中第一个打破和不遵守组织文化的有时也会是领导者。在组织文化塑造的过程中,领导者的正确责任时,基于组织如何在环境中取得竞争力而非个人喜好来判断组织文化,并

---

[1] 王晶晶.组织行为学[M].北京:机械工业出版社,2009.

在组织文化的塑造过程中要做第一个遵守并坚持组织文化的成员。

资料卡

我们可以列举出数不胜数的 CEO 因对组织环境缺乏了解而失败的案例。有时候,他们也可能取得短期的收获,但从长期的角度来讲,疏于对组织环境的了解绝对是个错误的选择。有"链锯"之称的阿尔·邓拉普(Al Dunlap)惯用的无情裁员和资产剥离等手段固然给他带来短期的成功,但最终还是难逃失败的厄运。

20世纪90年代罗伯特·霍顿(Robert Horton)也知识在英国石油公司做了三年的 CEO 和董事长。霍顿对于其聪明才智的展示有时候会让大家觉得他傲慢自大。在公司的策略方面,霍顿很清楚他的所作所为并不合适,但是他却始终不能引领他的团队回到公司的市民上来。他过度的独裁和专制风格根本不适合英国石油公司的文化。他也没有充分地融入公司的环境之中税负员工听从他的领导。

宝洁公司前 CEO 德克·加格(Durk Jager)是另一个因高高在上而失败的例子。批评者职责他所做的改变"太多太快"。最终,加格在任职不到 18 个月之后就被解雇了。之后,雷富礼(A. G. Lafley)接过帅印。后来有人评价雷富礼好像是想从加格的风格退出来,但实际上,雷富礼所做的每一点跟加格比起来都有过之而无不及。这与宝洁公司传统的"源于自我"理念完全相悖。

13.3 企业组织跨文化管理

13.3.1 跨文化管理的定义

跨国经营的企业是一种多文化的机构,其经营管理思想基本上是一个把政治、文化上的多样性结合起来而进行统一管理的哲学思想体系和办法。

跨国经营企业面临的是一个诸多差异之间进行生产经营活动的经营环境,企业经营环境的跨文化差异是企业跨文化管理的现实背景。一般来说,跨国经营企业所面临的经营环境包括经济环境、政治环境、法律环境、社会环境、文化环境等。

各民族的文化在客观上存在差别,不同国家、不同民族的风俗与习惯、道德与传统、生活与环境、风格与需求、物质与精神追求都不一样。企业跨文化管理就是把当地或成为本土文化理念融汇在经营管理之中,在企业跨国经营的资源整合、产品创新、品牌创立、市场营销诸方面更加符合本土化。通过跨文化管理,达到相互间的沟通和互融,消除文化障碍。

13.3.2 企业组织的跨文化冲突

文化冲突是指不同形态的文化或者文化要素之间的相互对立、相互排斥的过程。它既指跨国企业在海外经营时与东道国的文化观念不同而产生的冲突,又包含了在一个企业内部由于员工分属不同文化背景的国家或民族而产生的冲突,还可以指兼并后来自不同企业的员工的文化之间的冲突。

1. 跨文化冲突的原因

在需要涉及不同民族、种族、国家文化的组织之中,最主要以及最为显著的,往往就是文化冲突,其中尤以跨国经营公司最为典型。跨国公司因其经营方式的特点,不可避免地要面对不同民族文化之间的相互差异乃至冲突问题,这往往是其经营管理的重点也是难点问题。

同一个国家、同一个民族的人通常会用同样的方法解决难题,并形成各种外显的和内隐的行为模式,这些行为模式是通过符号习得和传播的,它们构成人类群体的独特成就。在文化的发展整合过程中,一些文化被选择、吸收,逐渐规范化、制度化、合理化,并被强化为人的心理特征和行为特征;另一些文化则被抑制、排除、扬弃,而正是在这个过程中渐渐形成了具有独特风格的内聚性文化行为模式,并被整个社会群体广泛认同和接受,成为社会群体共同的价值模式,这种文化模式具有很强的排他性,特别表现在对其他文化的吸收和融合上。而当这种千差万别的文化模式在某个特定环境中相遇时,文化价值观、行为模式、思想观念将难以达成共识,文化冲突将在所难免。因此组织中文化冲突根源于文化差异。

2. 跨文化冲突的后果

跨文化组织由于其员工来自不同的国家和地区,文化背景、经济条件、政治法律制度不同,从而形成的价值观、管理行为、决策方式等往往有很大差异,如果不加以协调整合,就会产生矛盾与冲突。过分的冲突意味着分歧与对抗,必然给组织和团体带来麻烦,影响组织目标的实现。在跨国公司中,如果对文化冲突不能给予及时的反应,进行妥善的处理,可能造成的不良后果将包括以下几点:

(1)极度保守。文化冲突将影响跨国经理与当地员工的和谐关系,经理们也许只能按照呆板的规章制度控制企业的运行,对员工更加疏远;与此同时,员工则对工作变得不思进取,经理的行动计划实施起来也十分艰难,结果双方都不会有所作为。

(2)沟通中断。当经理与职工的距离达到一定程度,自下而上的沟通变自然中断,结果经理人员无法了解真情,双方在不同的方向上越走越远。

(3)非理性反应。经理人员如不能正确对待文化冲突,就会凭感情用事。这种非理性的态度很容易引起员工非理性的报复,结果误会越多、矛盾越深,对立与冲突更趋剧烈。

(4)怀恨心理。对于发生的冲突结果,冲突双方如不耐心从彼此的文化背景中寻求文化"共享",而一味地抱怨对方的鲁莽或保守,结果只会造成普遍的怀恨心理。

企业跨国经营由于处于不同"文化编辑区域"所产生的文化冲突,对一个渴望实现成功经营的企业来说,无疑是巨大的挑战,如不有效管理,还会造成国际企业市场机会的损失和组织结构的低效率。在内部管理上,由于人们之间不同的价值观、生活目标和行为规范必将提高企业的经营管理成本,增大企业目标整合与实施的难度。

13.3.3 企业组织的跨文化管理方法

1. 建立跨文化的共同价值观

在企业内部建立的跨文化共同价值观,是一种比较持久的信念,它可以确定人的行为模式、交往准则,以及如何判别是非、好坏、爱憎等。不同的文化具有不同的价值观,人们总是对自己国家或民族的文化充满自豪,大多数人总是有意无意地把自己的文化视为正统,而认为外国人的言行举止总是稀奇古怪,而事实上,这些看似古怪的言行举止、价值观念对他国人们来说是再自然不过的。因此,我们要尽可能地消除种族优越感,尊重和理解对方的文化,以平等的态度进行交流。在此基础上,找到两种文化的结合点,发挥两种文化的优势,在企业内部逐步建立起统一的价值观。

2. 坚持管理本土化

越来越多的跨国公司已意识到本地化对于在异国投资取得成功的重要性。ABB公司是实施本地化战略的典范。尽管它在世界各地拥有1300家子公司,但它自称是一家"多国籍"的公司,它鼓励其子公司淡化母公司的民族背景,完全按东道国本地公司的方式运作。只有根据东道国的国庆,依靠东道国员工实行本地化管理,让本地的优秀人才参与各种管理活动,并不断地提供机会提高这些人才的管理能力,公司才能充满生机与活力。

3. 立足长期的共同目标

跨国经营中合作双方应该为了共同的利益,精诚合作,从整体利益出发,兼顾双方的需求,要有长期办好企业的共同目标,不能"捞一把就走"或"打一枪换一个地方",这样才能实现"双赢"目标。

4. 进行跨文化的员工培训

进行跨文化的员工培训师防止和解决文化冲突的有效途径。作为跨国经营企业,要解决好文化差异问题,搞好跨文化管理要有一批高素质的跨文化管理人员。因此,双方选派的管理人员尤其是高层管理人员,除了要具有良好的敬业精神、技术知识和管理能例外,还必须思想灵活、不守成规,有较强的移情能力和应变能力,尊重他人,平等意识强,能够容忍不同意见,善于同各种不同文化背景的人友好合作。在可能的情况下,尽量选择那些在多文化环境中经受过锻炼的人及懂得对方语言的人。

一般而言,跨文化培训的主要内容应包括:对对方民族文化及原公司文化的人事和了解;对文化的敏感性、适应性的培训;语言培训;跨文化沟通及冲突处理能力和培训;对于本方人员来讲,还需接受对方先进的管理方法及经营理念的培训。

本章小结

组织文化是一种从事经济活动组织内部的文化,它所包含的价值观念、行为准则等意识形态和物质形态均为该组织成员所认可。广义的组织文化是指组织物质文化、行为文化、精神文化以及制度文化的总和;狭义的组织文化是指以组织价值观为核心的组织意识形态。

组织文化可以划分为三个层次:表层文化、中层文化和深层文化。

组织文化分为学院型、俱乐部型、棒球队型、堡垒型和学习型等五种类型。

组织文化在组织中发挥着重要的作用,主要有以下五种功能:激励功能、凝聚功能、导向功能、规范功能及协调功能。

组织文化建设是组织有意识地培育优良文化、克服不良文化、完善组织文化的过程。塑造完善的组织文化主要包括改善组织内外部环境、培育优良的组织精神,建设稳定的组织制度文化以及组织社会化过程等方面。

心理测试

公司文化偏好测试

目的:该测验用于帮助你认识与你的价值观和假设最为接近的公司文化。

指示:认真阅读表13-1关于测试的每一对陈述,在每一对陈述中圈出一个你喜欢在其中工作的组织。每个人都做完后计分,然后全班集中讨论应聘者与组织的主流价值观相匹配的重要性。

表13-1　　　　　　　　心理测试问卷

我喜欢在某组织工作		
1a. 员工在团队中工作得很好	或者	1b. 它生产(或提供)高声誉的产品(或服务)
2a. 高层管理维持工作场所的秩序	或者	2b. 组织聆听顾客的意见并对他们的要求快速地做出反应
3a. 员工受到公平对待	或者	3b. 员工一直寻求办法提高工作效率
4a. 员工很快适应新工作要求	或者	4b. 公司领导努力工作以便让员工保持快乐
5a. 高级管理人员接受其他员工所没有的特殊津贴	或者	5b. 组织达到绩效目标是员工都很自豪
6a. 员工表现最好报酬最高	或者	6b. 高级管理人员受到尊重
7a. 每个人准时完成工作	或者	7b. 组织处于行业变革的前沿
8a. 员工接受帮助以克服个人问题	或者	8b. 员工遵守公司规定

续表

我喜欢在某组织工作		
9a.在市场中总是尝试新点子	或者	9b.为了顶峰绩效,期望大家投入110%
10a.很快地从市场中获益	或者	10b.员工总是被告知组织中正在发生的事情
11a.能够对竞争威胁快速地做出反应	或者	11b.大部分决策由高层管理人员做出
12a.管理使得各种事情处于控制和掌握之中	或者	12b.员工相互关心

记分

所圈的题号给"1"分,未圈的项目给"0"分。然后将各子量表的相应题号的分数相加。

控制文化:题号 2a,5a,6b,8b,11b,12a 分数之和。

绩效文化:题号 1b,3b,5b,6a,7a,9b 分数之和。

关系文化:题号 1a,3a,4b,8a,10b,12b 分数之和。

反应文化:题号 2b,4a,7b,9a,10a,11a 分数之和。

解释

上述四种文化可以在许多组织中存在,但它们仅代表诸多组织文化价值的四种。同样,必须记住这些文化没有好坏之分,在不同的情境下每种文化是有效的。

• 控制文化:该文化重视高层管理人员领导组织的作用,其目标是使每个员工按部就班,并处于控制之下。

• 绩效文化:该文化重视个人和组织绩效,并致力于提高组织效率和效果。

• 关系文化:该文化重视教养和人性,它把开放沟通、公平、团队工作以及分享当作组织生活的重要组成部分。

• 反应文化:该文化重视组织与外部环境保持协调的能力,包括竞争以及认识到新的机遇。

 管理游戏

公司氛围测试

公司氛围会决定人们之间的沟通与合作状况。舒适健康的氛围有助于公司成员的正常发挥,而压抑、独裁的工作环境则不利于人们发挥创造性和能动性。该测试可以帮助你了解你所处的公司氛围。

实训组织

参与人数:5人一组。

实训时间:30分钟。

实训场地:室内。

实训道具:纸和笔。

应用:(1)创造性解决问题

(2) 团队合作精神的培养

(3) 对于团队合作环境的思索

实训步骤

1. 将学员分成5人一组。给每个小组一些纸和笔,建议每个小组的人围成一圈坐在桌子旁。

2. 让他们分别列举出十个最不受欢迎和最受欢迎的氛围,例如:放任、独裁、轻松、平等、欢乐等。

3. 将每个小组的答案公之于众,然后让他们解释他们选择这些答案的原因。

4. 最后大家讨论一下,什么样的公司氛围才最适合公司的发展。

相关讨论

1. 理想的公司氛围反映了你什么样的价值观?

2. 你与你团队的意见是否相同?如果有什么相左的地方,你们是如何解决的?彼此应该怎样进行交流?

实训总结

1. 每个人理想的公司氛围一定反映了他的价值观和人生观,很难想象一个富有激情和活力的人会希望在一个机构冗杂、等级森严的公司中工作,同样大家对于一个公司的共同设想就反映了这个公司的理念和价值。

2. 在小组讨论的过程中,不同的人要扮演不同的角色,有些人更多地看中公司的文化信息,有些人更多地看中公司的竞争精神,最后将大家的意见综合起来,就有可能形成一个有关公司氛围的全面建议。

3. 作为一个组员来说,要尊重别人的意见,积极贡献自己的点子,讲究沟通与合作,获得整个小组的利益最大化。

 **案例聚焦**

松下公司的组织文化

在日本著名的旅游圣地琵琶湖畔,有一个美丽的花园式庭院,这就是松下商学院。

松下商学院是为松下集团培养销售经理的一年制商业大学。自1970年创办以来,为松下公司培养了3000多名专业人才。

商学院的教育方针和教学内容十分有趣。它熔中国儒家哲学与现代企业管理与一炉,对学员进行着严格的教育。

商学院的纲领是:坚守产业人的本分,以期改善和提高社会生活,为世界文化的发展作贡献。商学院的信条是:和亲合作,全员至诚,一致团结,服务社会。

商学院的研修目标是:中国古典名著《大学》中的"明德"——竭尽全力,身体力行,时间商业道德;"亲民"——至诚无欺,保持良好的人际关系;"至善"——为实现尽善尽美的目标而努力。

商学院的作风是:寒暄要大声,用语要准确,行动要敏捷,服装要整洁,穿鞋要讲究,扫除要彻底。

我们来看一下学院一天的学习和生活情况。

清晨5时30分,松下电气公司的旗帜冉冉升起。

6时,象征进攻性的"咚咚"的鼓声把大家唤醒。

6时10分,全员集合。点名之后,各个学员面向故乡,遥拜父母,心中默念:"孝,德之本也。身体发肤,受之父母,不敢毁伤,孝之始也。立身行道,扬名于后世,以显父母,孝之终也。"接着,做早操。然后,列队跑步3千米。

7时10分,吃早饭。每顿饭前,全体正襟危坐,双手合十,口诵"五观之偈":一偈"此膳耗费多少劳力",二偈"自己是否具有享用此膳之功德",三偈"以清心寡欲为宗",四偈"作为健全身心之良药享用此膳",五偈"为走人之正道享用此膳"。饭后,还要双手合十,诵念:愿此功德,广播天下,吾于钟声,共成道业。

7时50分,商业道德课。通常学习《大学》、《论语》、《孟子》和《孝经》,确立"经商之道在于德"的思想。

8时40分,早会。全体师生集合,站成方队,朗诵松下公司的"纲领"、"信息"和"精神",齐唱松下公司之歌。

9时,全体学院以班为单位,站成一圈,交流经验。

9时10分至下午4时,4节业务课。由讲师讲解经营之道,诸如经营思想、经营心理学、市场学以及顾客接待术和商品推销术。如何接电话、打电话,也是其中的科目之一。要求在接、打电话时,正襟危坐,聚精会神,不许吃东西,不许吸烟。听到电话铃响,马上曲解,要首先声音清晰、态度和蔼地表明自己公司的名称和所述部、课,并准确地记下电话内容,交由主管人处理。打电话时,内容力求简明扼要,拨通电话后,马上报出公司名称和所述部以及自己的姓名,在作简单的问候后,把要求和希望简要告诉对方。说话时,语气要委婉诚恳。讲完后,要说些"拜托了"之类的客气话才能挂上电话。

下午4时30分,自由活动。学员们有的到运动场打球,有的到卡拉OK厅唱歌,也有的到体育馆练柔道、剑道。

晚上6时50分,茶道。大家都换上和服,席地而坐,通过煮茶和品茶,追求形式上的完善、气氛上的和谐和精神上的享受。

晚上10时17分,点名。全体学院面壁思父母,感谢父母的养育之恩。

晚上10时20分,全体正襟危坐冥想,总结一天的收获。

晚上10时30分,一天的学习、生活结束了。

问题讨论:

1. 松下电器公司对销售经理的培养有什么特点?其指导思想是什么?
2. 松下电器公司试图培育一种什么样的企业文化?为什么?
3. 松下电器公司采用哪些方法和手段培育优良的企业文化?

4. 此案例对你有何启发？

复习与思考

1. 什么是组织文化？
2. 组织文化有那些内容和层次构成？
3. 组织文化的类型是如何划分的，分别举出相应的企业案例。
4. 组织文化有何代表性理论？
5. 组织文化有哪些主要的功能，如何对组织产生作用？
6. 组织文化如何影响组织绩效？

参考文献

[1] Hofstede G. Cultures and organizations[M]. New York：McGraw-Hill Book Company，1991.

[2] Hofstede G. Software of the mind[J]. Behavior Science Research，1983,18(4).

[3] Hofstede G. Bond M H. The Confucius Connection：From Culture Roots to Economic Growth[J]. Organizational Dynamics，1988,16(4).

[4] Hofstede G. Culture Constraints in Management theories[J]. Academy of Management Executive，1993,(7):91.

[5] Schein E H. Organizational Culture and Leadership[M]. San Francisco：，Jossey Bass,1982.

[6] Druker P F. The Theory of the Business[J]. Harvard Business Review，1994,72(5):95-104.

[7] Barney J Organizational culture：can it be a source of competitive advantage [J]. Academy of Management Review，1986,11(3):656-665.

[8] Keyton J. Communication & Organizational Culture：A Key to Understanding Work Experiences[M]. California：SAGE Publications，2011:35-40.

[9] 陈国海.组织行为学[M].4版.北京:清华大学出版社,2013.

[10] 陈春花,杨忠,曹洲涛.组织行为学[M].3版.北京:清华大学出版社,2013.

[11] (美)斯蒂芬·P.罗宾斯,蒂莫西 A.贾奇.组织行为学[M].12版.北京:清华大学出版社,2015.

[12] 段万春.组织行为学[M].2版.北京:高等教育出版社,2015.

[13] 肖余春.组织行为学[M].2版.机械工业出版社,2016.

[14] 袁凌,吴文华,熊勇清[M].2版.北京:高等教育出版社,2015.

第 14 章 组织变革与发展

> 革故鼎新——创造新的或重组旧的。
>
> ——迪斯尼公司　麦克·温斯

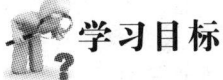

1. 理解组织变革的动力及阻力。
2. 了解卢因变革模式。
3. 明确组织发展的定义和过程。

组织变革 Organization change

组织发展 Organizational development

变革阶段 Change phases

学习型组织 Learning organization

组织变革过程 The process of organization change

他只改了2个字,让腾讯免去了灭顶之灾

封闭:曾经是腾讯深入骨髓的基因

2010年之前,腾讯的基因是"开放"的反义词"封闭"。封闭的后果让马化腾背负了"骂名"。有创业者把马化腾比喻成为"抄袭大王"、"创业者创新者的杀手"。只要互联网市场上有前景的创新,腾讯马上会模仿复制,然后借助它强大的用户资源迅速做大,让对方无路可走。极致之战是在2010年爆发的3Q大战。

2010年腾讯和奇虎360的爆发了3Q大战,竞争最后演变成两个公司争夺用户,让用户在使用360和QQ之间做一次二选一的选择。

恐龙曾经是地球上最为强大的物种,可是一夜之间全部灭亡。2010年开始的3Q大战,让如日中天的腾讯,也突然面临着恐龙式灭顶之灾。

腾讯上市以后,即夺得了中国互联网企业市值第一的头衔,但是3Q大战爆发以后,百度趁机超越,其市值达到460.72亿美元,超过了腾讯的445亿美元市值。

腾讯的更大的威胁不是来自竞争对手,而是来自正在失去用户的信任,3Q大战最终伤害了用户的忠诚度,腾讯帝国面临着瞬间土崩瓦解。

处于极度危机的腾讯等待着马化腾的抉择……

微信为何无条件免费开放平台?

打开手机微信,在钱包选项里第三方服务里面,可以看到姚劲波的58同城,进入吃喝玩乐,这里面连接的正是王兴的大众点评。另外,还有滴滴出行等,而点击屏幕上的购物,一下就进入到了京东的界面。

网络上曾经有一句逼格很高的话:"你选择平台,还是头牌,结果显而易见,当然是平台,有了平台就可以拥有资源,就可以垄断"。可是,现在的腾讯正将自己平台的所有接口都免费开放给这些企业,腾讯这是要干什么?

腾讯的平台开放并不不仅仅只给了58集团,大众点评这样的独角兽企业,所有人,所有的创业者都可以免费的享受到腾讯微旗下QQ、微信等平台带来的福利。如今的腾讯,几乎将自己的所有一切开放。

从"封闭"到"开放",是一次凤凰涅槃,浴火重生的过程。一个词的改变,也让腾讯的基因产生突变,从"利己"颠覆为"利他",腾讯的格局随之得到质的提升。

引例说明为了提高对市场的反应速度,企业必须要变革。现代市场经济中越来越多的诸如持续改进、企业再造战略联盟,一直到虚拟制造、外包策略、缩小规模,甚至于裁员并购、兼并重组等,无不牵涉到各种各样、程度不一的组织变革。面对纷繁复杂、变幻莫测、竞争激烈,不确定性和不安定感日益加剧的新世纪,企业唯一的生存法则就是创新与变革。

14.1 组织变革概述

14.1.1 组织变革的概念

组织变革(Organizational Change,OC)是组织为了提高效率,改变现有状态并朝预期状态不断前进而进行的一系列活动(珍妮弗·M.乔治,加雷思·R.琼斯,2010)。组织原有的稳定和平衡不能适应形势变化的要求了,就要通过变革来打破它们,但打破原有的稳定和平衡本身不是目的,目的是建立适应新形势的新的稳定和平衡。狭义的组织变革是指组织根据外部环境的变化和内部情况的变化及时地改变自己内在的正式结构,以适应客观发展的需要。广义的组织变革还包括行为变革和技术变革。

14.1.2 组织变革的压力和动力

组织变革的压力和动力主要体现在以下三个方面。

1. 社会环境的变化

(1) 通信的快速发展。比起资本和人员,信息更易于快速传递。现在,信息已经可以在瞬间传递到世界的任何一个角落。网络使得任何的设计、任何的流行、任何的构想,都可以在一顿饭功夫就传遍世界。

(2) 全球化战略。在关键的行业里,流行的是全球化战略。任何组织都用全球的观点整合自己的资源。企业追求的是一种世界化的产品,即可以在同一时间内送达任何地方,在更少的地方生产而销售给更多的市场,有全球的市场和购买力等。而这些大型国际化公司的全球化购买方式又迫使供应商不得不实施全球化的运营。

(3) 技术革新。随着现代科学技术的不断进步,机械化、自动化对于组织管理产生了广泛的影响,对组织结构、体制、群体管理和社会心理系统等提出了变革的要求,因此称为组织变革的推动力。机械化、自动化手段常常被用来取代以往通常由组织中层管理者承担的常规性工作,于是大量削减中层管理人员已经是必然的趋势。余下的中层工作人员主要是从事非结构性的群体间的信息沟通工作。例如在商业机构中原来由普通中层管理人员使用手工手段负责一般经营信息的收集、处理等工作,在此背景下组织的高层管理者往往需要相当长时间才能够得到组织运营的真实情况,于是经营决策中依靠过时的信息进行决策是普遍的事情,因此经营决策活动存在着严重的滞后性。另一方面,由于大量使用机械设备取代人力,企业所需的工作人员大幅度减少。此外,组织高层管理者对中下层管理者的依赖程度大幅度降低,将把主要精力放在如何确定组织目标以及如何妥善处理组织与外部环境的关系上面。

(4) 市场和竞争。随着全球化发展,竞争变得更加激烈,更多的世界级品牌出现。消费者面临更多的选择,他们开始更多地在世界范围内选择——不管他们是购买大型设备的企业,还是购买生活用品的个人。在供应链任何一点的企业都可以从它的位置跳出来,直接接触它们的最终消费者,从他们那里获得更直接的信息,即使它以前只是个幕后的制造商。

(5) 合作。为了在需求变化多端的全球市场赢得竞争优势,许多企业都选择了合作。合作帮助大型企业推行创新,那些大型企业通过与中小企业的合作,获得了本身没有的机动灵活性以及更为现代的企业文化。另一方面,小型企业也可以通过与大型企业建立战略同盟而获得竞争优势,如获得对方广泛、更深入的营销网络以及更多的知识。

(6) 多元化。全球化并不意味着同质化,它要求组织战略和策略都要适应多元化的环境。一些经营流程可能需要在全球范围内实现一致性,还有一些则需要实现地方化的差异。产品的生产、技术及供应等等更容易实现全球化,而产品的配送、销售可能要适应当地市场的结构,甚至产品和观念在消费者中的普及方式都要依赖当地的具体环境。

2. 工作生活质量的变化

工作生活质量是组织成员通过他们在组织的工作经历来满足人们需求的程度。组织最高管理阶层、组织工作成员,甚至政府有关管理部门开始重视提高工作生活质量,同时更进一步地提出了如何进行组织变革的规划设计。随着社会经济的发展和进步,工作岗位上的工作生活质量在不断地提高和改善,例如,企业的管理者开始改善工作环境,提高员工的生活待遇等。

组织成员的工作生活质量是与他们上下班的行为紧密相关的。通过改善工作生活质量,可以激发组织成员的工作积极性,提高他们的自尊心,提高他们对工作的满意感,并且愿意为组织的发展做出一定的贡献。组织通过改善工作生活质量,可以使组织成员得到更大的发展。最后,改善工作生活质量还可以降低成员的缺勤率和员工的流动率,提高产品质量和服务质量。

3. 劳动力素质的变化和提高

20世纪90年代以来,我国劳动力和劳动力素质发生了巨大变化,其中最主要的有:

(1) 农村劳动力大量涌入城市或沿海发达地区,劳动力素质大部分比较低,很多不能适应现代化工业生产的需要,企业主要是利用他们廉价的劳动力资源从事普通加工业的生产和经营。对此,企业必须对他们进行正规化的职业培训,才能适应工业生产的需要。

(2) 许多城镇正面临着产业结构调整和产业转型升级的局面,对劳动力的结构和质量提出了更高的要求。

(3) 随着经济改革的不断深入,出现了许多新的多样化生活方式和价值观念,人们对就业和生活的观念也不断地发生变化。劳动力在企业之间的流动性正在加大。

(4) 由于生产技术的不断进步,企业对员工的要求越来越高。

(5) 劳动力队伍中妇女和年轻人特别是新生代的比例大幅度提高。面对新生代员工,组织需要适当地加以适应和引导。

(6) 中国加入WTO以后,越来越多的外国人到中国来工作,因此员工队伍的多元化导致管理思想和方式的多元化。

14.1.3 组织变革的阻力

现代管理者的主要问题是如何适应不断变化的环境对管理的影响。成功管理者的成功之处就在于能够不断地探索出既能适应外部环境的变化,又能在一定程度上预测和积极地影响外部环境的组织结构。然而,虽然组织变革已经具备了一定的动力,但并不是说组织就可以顺利地进行变革了,很多组织在变革中都遇到了阻力。这些阻力主要包括组织内个体对变革的阻力以及组织对变革的阻力两个方面。

1. 组织内个体对变革的阻力

（1）有选择的注意力与保持力

对自己的注意力和保持力进行选择是大多数人处世的一种看法。一个人一旦确定了自己的态度后，不愿意随意对新事物作深入客观的了解。如果新事物不能基本符合他们原有的观点，便很容易对变革产生抵制。

（2）习惯

即工作和生活的习惯的影响力。人们在长期的工作和生产活动中，对外界环境的刺激做出条件反应往往会形成一种习惯性的力量。我们每天需要做出大量的决策，为了解决复杂性的问题，人们往往以习惯方式做出习惯化或者模式化的反应。不仅如此，它一旦形成就可以成为人们获取满足的来源。最为常见的是，员工的工资水平在中外任何国家都被认为是只能上升而不能下降，即我们常说的"刚性规律"。

（3）依赖性

由于任何人在其成长过程中都依赖别人满足他们的基本需要，因而他就在思想上接受了他人的价值观念、生活和工作态度、理想信念的影响。假如他没有在其成长过程中培养出一种独立的人格或品格，培养起自我尊重的价值观念，他对社会和他人的依赖就可能成为组织和社会变革的阻力。

（4）守旧感和安全感

变革往往使成员暂时处于不稳定的状态之中，带来某种程度安全感的丧失。变革过程中人们往往会寻找一些办法来保持所谓的安全感，这种安全感往往又与以往的传统有很大的关系。

2. 组织对变革的阻力

任何组织一旦形成或组成以后，就不再愿意进行任何的变革和创新。这是因为：第一，生产正规化的企业，其生产分工往往很细，而且配合紧密，如果这时进行任何变革都将会打破原有的生产秩序。所以组织可能会采用非常强烈的措施来阻碍变革的发生。第二，组织变革经常会影响到很多既得利益，或者触犯组织在某一时期建立起来的并且已经为大家接受的地区性权力或决策权限。

（1）对组织权力和影响的威胁

组织权力的来源之一就是对资源的控制。如果组织变革削弱了上述的权力，组织就会阻碍变革的发生。

（2）组织结构和文化

组织有其固有的机制以保持其稳定性，组织结构对组织内各项工作进行明确的规定。大多数组织的权力都掌握在拥有重要信息的人手里，任何人只要掌握了这些信息就可以利用它来控制别人。

此外，一个组织不是简单的个体组合，组织的功能与成员的共同标准、工作态度、经营目标、行为规范和领导者的胜任特征有着直接的关联。组织要维持平衡，就必须使得组织保持相同的行为。因此,一旦组织准备进行变革时,组织原有的文化就可能或多或少地阻碍这种变革。

由于组织文化非常难于修正,并且可能成为抗拒变革的一个因素,因而创建有效的组织文化就成为组织变革成功的关键。

(3) 资源的限制

组织变革需要组织拥有资本、技术、胜任的员工、上级主管部门的支持等众多要素。很多组织由于缺乏资源,原来设想的变革无法实现。改革开放以来,我国许多地区纷纷设立了大量的经济开发区、软件工业园,但是由于资源的限制,许多项目都未能顺利上马和完成。

(4) 经济原因

组织变革总是需要有一定的人力、财力、物力的投入。经济基础脆弱的组织对变革的承受力也弱。

(5) 组织之间的协议

组织间的协议通常给人们规定了道义上、法律上的责任,这种协议可以约束人们的行为。如终身雇佣制度、新劳动合同法以及政府的干预,使裁员难以进行。与其他组织签订了某种合同,要改变组织的目标就不那么容易。

资料卡

组织变革的十大挑战

著名管理大师彼得·圣吉在《变革之舞》一书中,总结了组织变革遇到的十大挑战。

(1) 无暇顾及:变革者没有充裕时间对变革产生的重大问题进行思考并反复实践。

(2) 缺乏帮助:变革者没有得到上级与有关方面必要的支持和帮助,也缺乏必要的培训、辅导和协助。

(3) 毫不相干:组织成员看不到变革计划能对企业、部门及个人带来实际好处。

(4) 言行不一:变革者所倡导的新价值观、新工作行为、新领导风格与他们的实际行动格格不入。

(5) 焦虑恐惧:变革者担心提出的变革措施可能会触及方方面面的利益,从而最终会影响自己的地位、前途以及与他人的关系。

(6) 此路不通:由于企业未能采取恰当的方法与程序测量变革所取得的进步,甚至对变革的结果作出负面评价,导致组织成员得出"变革之路不通"的结论。

(7) 傲慢孤立:组织的其他成员对变革者心存抵触情绪,甚至拒绝配合,使变革者陷入孤立无援的境地。

(8) 无人负责:变革者要求更多的自主权,但是上级担心权力失控而不愿分权,结果造成变革者不愿承担责任。

(9) 原地踏步:组织未能及时沟通变革信息,导致变革的经验无法推广,组织依然故我。

(10) 走向何方:组织向何处发展、有哪些新目标并不明确。由于企业的未来有许多不确定性,组织成员充满焦虑与不安。

14.1.4 克服组织变革的阻力

克服组织变革的阻力包括以下六种主要方法。

1. 运用力场分析方法,减缓组织变革的阻力

美国心理学家勒温认为,对组织变革中的阻力要采取"力场分析",即将组织内部支持改革和反对改革的所有因素进行分类,比较其强弱,通过增强支持因素,削弱反对因素,推进变革。

勒温认为,对于一项变革,组织中存在着两种力量:一种是推动力,是指有利于组织变革实现的力量,它能够引发一种变化或者使组织变革继续下去;另一种是抑制力,是指阻力或者降低变革的力量。当这两种力量相等时,就会达到平衡。

为了提高劳动生产率,或者推进某项变革,可以通过几个途径解决:增强推动力,降低抑制力,或者同时提高推动力或降低抑制力。

勒温指出,其他一些重要因素在克服变革阻力的过程中也发挥作用。例如,研究表明成功地处理变革的方法通常包括以下成分。

(1) 移情和支持。明白员工怎样体验变革是有用的。它有助于识别出那些受变革困扰的人和理解他们存在的问题的性质。当员工感到那些管理变革对他们的问题开放时,他们更愿意提供信息。这种开放性,反过来,有助于建立合作性的问题解决,帮助克服变革障碍。

(2) 沟通。当人们对结果不能确定时,更有可能抗拒变革。有效沟通能够降低流言蜚语和无根据的恐惧。充分的信息有助于员工准备好变革。

(3) 参与和卷入。或许克服变革阻力唯一的有效手段是让员工直接参与计划和实施变革。参与的员工更乐于承担义务去实施计划好的变革,比没有参与的员工更有可能保证他们工作。

2. 培育创新的组织文化

组织变革受到组织文化的强烈制约。只有切实在组织中形成勇于改革、创新的组织文化,并渗透到每个成员的内心中去才能使组织变革行为更为坚定、持久。

3. 合理安排组织变革的进程

首先,要选择变革的合适时机。在不同的时机或时间段推行改革,变革的动力和阻力可能会产生一定程度的变化。因此,要选择动力增加、阻力降低的时机进行变革。

其次,由于组织变革需要一定的时间来完成,因此适当地安排变革推行的时间就非常重要。一般来说,组织的管理者往往低估了充分实行组织变革所需要的时间,也没有认识到组织中大部分工作是密切相关的。组织的员工之间、员工与上级之间的合作关系需要相当长的时间才能建立起来。因此,管理部门和管理者都要清楚地懂得人际关系影响组织变革的速度,否则,即使推行了变革,今后还会需要更多的时间和精力解决以前遗留的问题。

4. 积极开展思想教育工作

组织在变革的过程中应该开展大量的沟通工作,通过思想教育活动,帮助员工充分了解组织变革的动因。如果员工能够了解有关事实,组织变革的阻力将会在一定程度上消除或减弱。教育活动可以通过个别交谈、小组研讨、大会等方式实现。

5. 扩大员工参与组织变革的过程

员工对于事件参与的程度越大,他就越容易承担相应的责任。个体一般很难抵制他们自己参与做出的决策活动,组织可以在变革决策之前,将持反对意见的人士吸收到决策过程中,这样一方面可以吸收员工的智慧,另一方面也可以减少组织变革过程中的思想阻力,有利于变革的顺利进行。

6. 正确运用群体动力

运用"变革的群体动力学",可以推动组织变革,主要是指利用群体来改变个体或者群体本身行为,从而在群体内部形成强烈的归属感,树立起群体的威望,影响群体成员的价值观、态度和工作行为,使得群体成员理解组织信息沟通的重要性。具体办法包括:①加强群体凝聚力;②增强组织归属感;③借助个人的威信;④促进认知的一致性。

14.2 组织变革模型

组织变革理论一般通过对于不同变革阶段的描述,来揭示变革对于组织内的影响和意义。本节将比较在组织变革领域中备受瞩目的三种组织变革理论:卢因变革模式、行动调查模式以及新行动调查模式。

14.2.1 卢因变革模式

库尔特·卢因给我们提供了一个计划变革的基本模式。他认为,变革是一种改变,它改变了保持系统稳定的力量,使得系统无法维持旧有的形态。任何时候,一组具体的行为都是两组力量相互作用的结果—努力维持组织状态的力量和积极推动变革的力量。当两组力量平衡时,当前的行为就保持在卢因所说的"准固定平衡装填"。为了改变这种状态,人们可以增强推动变革的力量,削弱维持当前状态的力量,或者以上两种方式的结合。卢因将变革过程分为以下三个阶段,如图 14-1 所示。

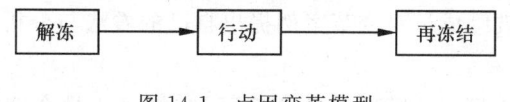

图 14-1　卢因变革模型

1. 解冻阶段

在这一阶段,维持组织当前状态的力量开始减弱。解冻通常通过一个"心理驳斥"的过程来完成。把组织成员期望的行为与他们当前表现出来的行为之间的差异传达给他们,能够激励组织成员参与变革。

2. 行动阶段

在这一阶段,组织、部门或个人的行为将上升到一个新的水平。组织可以通过推行变革,推进组织再造,流程重组,发展新的行为、价值观念和态度。

3. 再冻结阶段

在这一阶段,组织将会重新固定在一个新平衡位置,努力维持组织状态的力量和积极推动变革的力量在一个新的水平上取得了暂时的均衡。组织文化、规范、政策和结构的机制等维持组织状态的力量,将有助于巩固组织的新状态。

14.2.2　格雷纳模式

格雷纳(L. E. Creiner)依据组织内"权力分配丛集"来区分变革的方式,分为单方的权力、分享的权力和授权的权力。根据这三种权力的运用(变革的权力方式),又区分出七种不同的变革方式。

1. 单方的权力

单方的权力是指组织的领导者依靠职位的权力及权威,单方面提出变革。其中包括如下三种不同的方式。

(1) 凭借命令:由上级单方面宣布变革,传达至基层组织及职工。

(2) 更换人员:在与下级无磋商的情况下,以其他人代替一个或更多职位上的人员,借以增进组织绩效。

(3) 调整结构:通过改变组织的层级、部门等正式结构,来影响组织成员的行为及绩效。

2. 分享的权力

分享的权力是指在组织变革阶段,仍然注重职权和地位运用,并注意行使权力的主动与分享。主要有如下两种变革方式。

(1) 群体决策;组织成员参与选择预先由上级所拟定的多种变革方案。

(2) 群体解决问题:经由群体讨论的方法来确定组织存在的问题并提出解决问题的方法。

3. 授权的权力

授权的权力是指在变革阶段将变革的权力移交给下级主持变革。主要有如下两种方式。

(1) 案例讨论：鼓励成员对变革案例提出自己的看法与分析，并研究可取的变革方案。

(2) 敏感性训练：强调人际关系的相互了解，提高成员个性的自觉性，从而达到增进组织绩效的目的。

资料卡

美国国际航空公司的战略变革

美国航空公司之前曾一度展开过激烈的价格战，导致行业整体利润率下降。但不久，美国国际航空公司就开始变革，率先跳出恶性价格战的怪圈，通过实行旅客旅程累计积分打折的"贵宾卡"计划，革命性地改变了乘客与航空公司的关系；与此同时，这家聪明的公司马不停蹄地加大对航空系统电脑设备的投资，不断加高其他行业进入行业的技术壁垒。等到其他公司反应过来时，国际航空公司已经牢牢笼络了一大批"忠实乘客"，在竞争中超出对手一大截。

14.2.3 新行动调查模式

行动调查模式是当前大部分计划变革方式的基础，而且通常与组织发展的实践相一致。最近，行动调查模式已被扩展到了新的情境和应用上，因此组织发展学家已经对它的基本框架进行了必要的修改。

行动调查模式的应用涉及从组织内部的小单位到整个系统的运行。比起小范围的变革，行动调查在较大的环境范围内实施，更加复杂，更需要政治保障。因此，行动调查的循环贯穿复杂的变革过程，并且涉及形形色色的对组织感兴趣的利益相关者。

新行动调查模式最关键的一点变动是，当代的行动调查模式已经极大地提高了成员参与的程度。尽管咨询人员导向型变革仍旧是组织变革的主要模式，但是已经开始出现一个逐渐增长的趋势，即让组织成员参与变革，让他们了解他们的组织，了解如何对组织进行变革。这种计划变革方式也称为"参与变革调查""行动学习""自我设计"或"欣赏调查"。在这种变革过程中，组织变革咨询专家的职责是与成员合作以促进学习过程。双方在诊断组织、设计变革及实施和评估变革方面是"合作学习者"，任何一方都不主导变革过程。相反，每一方都拥有适用于该种情境下的特有信息和专有技能，并将这些资源结合起来，以便共同找到变革组织的方法。例如，咨询人员指导如何设计诊断方法和组织发展干预，组织成员清楚组织的运作方式。

计划变革侧重于组织成员的参与。

第一步,成员可以选择组织的一些高绩效行为,如寻找成功的男女合作(与性别歧视相对照)、良好的顾客满意(与顾客不满意相对照),尤其是有效的工作团队或快速的新概念产品开发过程。如果调查的焦点对于组织成员来说是真实的、至关重要的,则变革过程就会变得更有吸引力,组织成员参与变革的态度也就更加积极,而组织的积极属性也会得到加强。

第二步是收集关于组织中那些最佳绩效方面的数据。开发数据收集手段、收集信息以及分析信息需要大量的组织成员。

第三步,组织成员检验这些数据以找到内情(stories)。虽然内情可能很少,但描绘了未来振奋人心且具有潜在价值的宏伟蓝图。从这些内情中,组织成员开发了"可能性主张"——关于超越组织当前的最佳业务,以实现理想中将来组织业务的可能性。这种努力使注意力从"是什么"转向"可以是什么"。

第四步,相关的共同利益者聚集在一起以创建未来的发展蓝图,并为了向该方向改革而设计行动计划。这种蓝图成为"应该是什么"的一种表述。最后,实施那些计划后同样进入行动阶段以及前面所提到的行动调查的评估阶段。当成员促使组织朝蓝图的方向变革时,他们要进行变革、评估变革结果,并作出必要的判断。

14.2.4 管理变革过程

推行组织变革必然要求组织从现有状态转化到渴望的将来状态。这种转化不会立即发生,相反,如图14-2所示,它需要一种过程状态。在这个过程中,组织必须学会怎样去满足实现渴望状态所需要的条件。

图14-2 过程状态的组织变革

组织行为学专家贝克哈德(Beckhard)和哈里斯(Harris)指出,这种过程中的状态可能和组织的现状差别很大,因此可能需要特殊的管理结构和管理活动。他们提出了三种便于组织过渡的主要活动和机构:活动计划、承诺计划和变革管理结构。

1. 活动计划

这就好比为变革绘制一幅行程图,列举出为保证变革成功所必须进行的特定活动和事件。活动计划必须清楚说明每个变革任务,并排列实施的时间,还要把这些一个个的变革任务整合起来。同时,还必须把这些任务和组织变革的目标结合起来,并根据变革目标确定它们的优先权。活动计划还应该获得高层的批准,经济上必须是可行的,而且在变革过程中可随着反馈信息不断进行调整。

活动计划的一个重要特征是,与变革计划的实际实施相比,其愿景和渴望的将来状态可能概括性十分强。因此,填充一些中间目标作为活动计划的一部分是十分必要的。这些目标代表了组织当前状况和期望的未来状况之间的中间状态。它们为变革提供了更具体、更可控的措施和标准。活动计划可以使用中间目标来为组织成员提供他们所需要的对未来的指引和保证。

2. 承诺计划

这种活动包括识别出那些其承诺对变革的发生十分重要的关键性的人和集团，以及为获得他们的支持作出系统安排。尽管承诺计划通常是前面所述的寻求骤增至支持的一部分，但是仍然应该在变革过程的早期拟定专门的计划，并用它来发现关键的利益相关者和取得他们的承诺。

3. 变革管理结构

由于组织变革倾向于模棱两可、缺乏方向，有必要建立专门的机构来管理变革过程。这种机构应该包括有权调用资源来促进变革的人。可供选择的管理机构包括以下几种：

（1）最高领导管理变革工作。
（2）暂时任命一位项目管理者来协调变革过程。
（3）正式建立一个组织机构来协助组织的正常运行和管理变革工作。
（4）参与变革的各机构代表联合管理变革工作。
（5）选择受变革影响的大多数人信任的原有领导管理变革。
（6）代表不同职能部门和不同层次的交叉小组管理变革。
（7）首席执行官信任和以来的"咨询内阁"管理变革工作。

14.3 组织发展过程

14.3.1 组织发展的概念

组织发展（Organizational Development，OD）是组织的自我更新和开发，它是组织应付外界环境变化的产物，将外界压力转化为组织内部的应变力及解决问题能力，以改善组织效能。狭义的组织发展是指以行为科学研究和理论为基础，有计划、系统性地促成组织成员行为的变革。广义的组织发展还包括结构变革和技术变革。

组织发展具有以下八个特征，使其区别于其他的变革方法：①变革是有计划的、长期的，包括整个组织的各阶层；②注重群体和组织的过程，而不是在任务部分；③工作小组是组织发展工作的基本单元；④强调工作群体的协作；⑤采用行动研究模型；⑥有变革专业人员的参与；⑦必须得到最高层领导的支持；⑧目标在于开发组织解决实际问题的潜力，而不是亲自去解决或提建议。

14.3.2 组织发展的过程

1. 进入（entering）和签约（contracting）

进入（entering）和签约（contracting）是组织发展过程的第一步，内容涉及界定组织问题的性质、建立良好的合作关系。

（1）确定合作关系。组织发展过程一般始于某一组织的成员和 OD 专家进行接触，希望专家能够帮助解决组织遇到的问题。组织成员可以是管理者，也可以是普通员工。OD 专家通常是外部顾问，也可以是内部专业人员。

（2）签订正式合同。双方达成合作意向后，一般要签订书面合同。合同的内容应包括双方的权利与义务、项目完成的时间以及应注意的往年提（如保密）等。

2. 组织诊断(diagnosis)

诊断是指评估组织当前的状况，为制定变革措施提供必要信息的过程。

尽管诊断一词常常意味着发现问题，但是 OD 诊断不同于医学诊断，后者结束后开出药方，前者强调组织成员和 OD 顾问的合作过程，即双方一起收集信息、分析信息并得出问题的结论。下面先结算各种诊断模型。

（1）群体水平诊断。群体水平诊断是指对部门、小群体或团队的诊断（图 14-3）。下面从输入、设计要素、输出和匹配四个方面来说明。

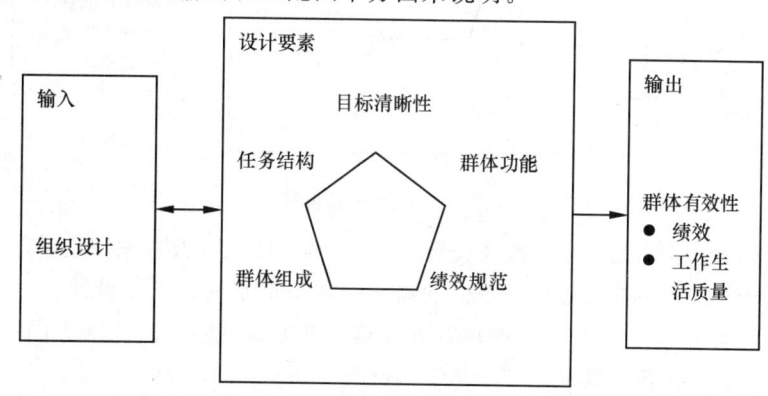

图 14-3　群体水平诊断模型

第一，输入。组织设计是群体设计的主要输入。其中，核心活动系统决定着群体任务的性质，结构系统影响着群体之间的关系，人力资源与测量系统影响着团队的功能。

第二，设计要素。群体具有五种设计要素：①目标清晰性(goal clarity)，是指目标是否具有中等难度，测量、监控目标完成情况的方法是否完善，群体成员是否都清楚群体的目标。②任务结构(task structure)，是指群体任务的设计状况，包括成员之间的协调和执行任务行为的调节两个维度。前者涉及群体任务的分派，后者涉及群体如何控制任务的完成。③群体组成(group composition)，是指群体成员的状况，如年龄、教育程度、经验、能力、技巧等。④群体功能(group functioning)，是指群体成员之间的关系状况，如是否相信信任、团结协作。⑤绩效规范(performance norms)，是指群体成员关于如何完成任务以及绩效应达到何种水平的共识。

第三，输出。群体有效性包括绩效和工作生活质量两个维度。绩效根据群体成功地降低成本、增加产量、提高质量等的能力来测量,工作生活质量涉及工作满意、群体凝聚力和组织承诺等。

第四,匹配。群体设计应当和组织设计相匹配。例如,如果组织结构的差别化低、整合性高,群体应当由技能高超、经验丰富的成员组成,以完成高度独立的任务。

(2) 个体水平诊断

组织诊断的最低水平是个体的工作或职位。下面从输入、设计要素、输出和匹配等方面来分析(图14-4)。

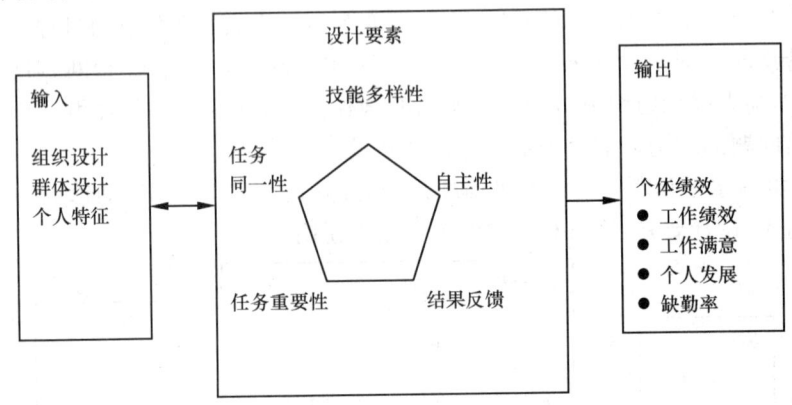

图14-4 工作水平诊断模型

第一,输入。除组织设计、群体设计,个人特征如年龄、教育水平、经验、技能、能力等,也会影响工作绩效。此外,个体的需要与期望也制约着工作设计。

第二,设计要素。个体的工作具有五种核心维度:技能多样性、任务同一性、任务重要性、自主性、结果反馈。

第三,输出。输出涉及工作绩效、工作满意、个人发展、缺勤率等几个方面的具体指标。

第四,匹配。工作设计应当和组织设计、群体设计相匹配。例如,差别化、整合性高的组织与群体要求工作自主性高、灵活性高、创新性强。工作设计还须和个体特征相匹配。例如,丰富性高的工作适合能力强、知识面广的员工。

资料卡

网络组织:企业内部组织结构重组

在以战略联盟进行外部组织结构重组的同时,国际大企业还普遍进行了内部组织结构重组。这种重组主要表现在管理结构的扁平化与多元化,组织形式的外部科层化与内部市场化。跨国公司的传统组织结构是典型的科层式结构。

层级众多、半径过长所引起的种种问题,在工业化大规模生产时代还不足以形成致命威胁,但到了竞争日益激烈、创新和更新日益迅速、小规模多品种代替大规模标准化的情况下,上述问题就足以使企业被市场淘汰。于是20世纪自90年代以后,跨国公司纷纷进行公司组织结构的改革与调整。

在管理结构扁平化与多元化方面,首先表现为跨国公司母公司或大企业总部的分权趋势,母公司和总部正在从传统的决策中心变为支持性机构。它把许多原来由自己做出的决策转给底层,自己转而主要负责规划整个企业系统的远景目标和战略,协调各成员的利益关系等重大决策。而具体的生产经营决策、子公司的发展和对市场变化的反应,都交由子公司独立负责。与此同时,对于那些从总部剥离而又不适于分散行使的职能,跨国公司设立了一些职能性专业机构。如负责零部件采购的总部、研发总部、销售公司等等,这些原属于母公司的职能转出后,更有利于总部对战略问题的协调。与此相对应,子公司的独立性和自主权得到扩大,公司与子公司等分支机构的关系从"命令—执行关系"演变为"协商—交易关系"。这样的组织结构调整,导致跨国公司管理体系呈现出扁平化的趋势。

跨国企业内部组织机构重组的另一方向是,组织结构的内部市场化与外部科层化。许多跨国公司开始注重建立企业内部市场化机制,以强化下级组织的企业家意识。随着子公司与母公司之间的"指令—服从"关系正在被讨价还价关系和激励刺激关系所取代,子公司之间也出现了竞争关系,这使得跨国公司系统内部的关系具有了市场关系的色彩。在外部组织结构的科层化方面,许多跨国公司除了通过股权关系控制自己公司系统的企业之外,还通过正式或非正式合同控制着巨大的"合同生资产",成为各种非股权关系的网络中心。通过这些网络,跨国公司建立起一个无形的"外部科层组织",它在很大程度上已经具有了与通过股权控制关系所建立的科层组织相同或相近的功能,如紧密协调、利益共享、风险共担等。跨国公司虽然不拥有外部科层系统企业的所有权,但同样能控制其行为,让它们为自己的战略目标服务,同样可以成为公司价值链的一部分。

跨国公司组织结构的外部科层化和内部市场化反映出一种趋势,即在知识经济和全球化的背景下,跨国公司在努力扩张其外部控制边界,提升内部活力。但这不是传统的资产规模扩大,而是控制规模的扩大。在此,企业关注的是控制权而不是所有权。只要能够通过控制力和影响力把外部资源纳入自己的控制体系,企业并不追求资产的所有权。同时,企业内部又必须化整为零,更加专业化、市场化,以便灵活机动地适应市场的变化、消费者的变化、技术的变化。

企业管理体系的扁平化趋势,外部科层化、内部市场化趋势,可以归纳为企业组织内部的网络化趋势。

3. 收集、分析和反馈信息

收集、分析和反馈针对信息是组织诊断的三个中心环节，下面分别予以说明。

(1) 收集诊断信息。收集信息涉及全面收集与组织问题相关的所有情况，包括输入、设计要素和输出等几个方面。常用的信息收集方法有以下四种。

第一，问卷。问卷法是收集信息最有效率的方式之一。问卷通常包含数个固定反应的问题，可同时发给大量人员。此外，由于可用计算机来分析，因此统计更方便、反馈迅速。

第二，访谈。访谈是 OD 中使用最广泛的信息收集方法。访谈可以是有结构的，也可以是无结构的。有结构的访谈通常根据诊断模型提出问题；无结果访谈则只能询问有关组织运作的一般问题，如组织的目标、优劣势、绩效水平等。

第三，观察。观察是指直接接触工作中发生的组织行为，如在工厂随意走走、统计一下电话铃响的次数等。观察的优点是能使 OD 专家掌握真实、具体的情况，缺点是观察的材料难以进行统计分析。

第四，查阅二手资料。二手资料包括缺勤记录、产品次品率、财务报表、顾客抱怨等，它提供了一种相对客观的信息，有助于准确的组织诊断。二手资料最大的问题是信息的有效性较差。

(2) 资料分析技术。资料分析技术分定性和定量两种类型。定性分析的方法通常由内容分析(content analysis)和力场分析(force-field analysis)两种。内容分析主要用于综合、概括定性资料，以便分门别类。

(3) 反馈诊断信息。组织诊断最重要的步骤是把收集的信息和分析的结果提供给客户。只有当组织成员拥有和使用适当的信息时，才能对组织变革产生影响。有效的反馈既以来于资料的内容，也依赖于反馈的过程。

调查反馈(survey feedback)是最主要的信息。主要步骤有：

第一，组织成员包括高级主管共同制定调查计划。此时，所有人员都清楚调查的目标十分重要。由于大多数调查都以某诊断模型为依据，组织成员应当赞同这一诊断模型。调查目标确定后，就应着手选择或开发调查工具。

第二，把调查工具分发给所有相关人员。理想的情况是把调查工具分给组织或部门的所有成员，但是，如果资金、时间有限，可考虑进行抽样调查。

第三，OD 顾问分析数据，得出诊断结果。

第四，自上而下进行信息反馈，使所有层次的所有群体成员都能收到适当的信息。一般来说，不同层次的群体成员仅分析和讨论与他们有关的数据。

第五，召开反馈会议。与会人员讨论、解释反馈的数据，诊断相应的问题，制定行动方案。会上，OD 专家应促进群体的讨论，帮助制定有效的行动计划。

4. 设计与执行干预措施

干预(intervention)措施是一套旨在提高组织有效性的有计划的行动或事件。有效的干预措施应当：①建立在关于组织运作的有效信息的基础上；②能够带来预想结果；③能够提高组织成员管理变革的能力。

OD干预措施可分成人类过程干预（human process interventions）、技术结构干预（technostructural interventions）、人力资源管理干预（human resource management interventions）、战略干预（strategy interventions）等四类。

5. 评估干预效果

评估干预效果涉及判断干预是否按计划执行，以及是否取得了预期结果。越来越多的管理者要求对OD干预进行严格的评估，以决定是否继续投资于变革项目。尽管OD评估倾向于使用态度结果如工作满意、组织承诺等，客观指标如生产率也是必不可少的。很明显，OD干预措施的执行应能提高员工满意和组织绩效。

14.4 组织发展干预技术

组织发展干预技术可分为人类过程干预技术、技术结构干预技术、人力资源管理干预技术和战略干预技术等四种类型。

14.4.1 人类过程干预技术

人类过程干预技术主要包括T小组、过程咨询、第三方干预、团队建设、组织面临会议、群际关系干预、大群体干预、方格训练等八种。本书着重介绍以下三种。

1. T小组

T小组又叫敏感性训练（sensitivity training），是开发最早的组织发展技术。T小组通常由10~15个陌生人组成，由专业培训师主持，通过实验学习共同探索群体动力、领导和人际关系。

2. 团队建设

团队建设是指一系列旨在提高团队完成任务的方式，提高团队成员人际与问题解决的有计划的活动。

3. 群际关系干预

群际关系干预技术包括微缩群体和群际冲突解决两类。微缩群体是指由若干与问题有关的有代表性的个体组成的群体，它常被用来解决沟通和种族关系问题。群际冲突解决的一个基本策略是消除彼此的误解，用以改进群际关系。

对于超过100名以上的组织成员的关系干预我们称为大群体干预可组织成员参加为期2~4天的大会。会上，成员们共同识别与解决整个组织面临的问题（如金融危机、削减预算、新产品上市等）、设计组织管理的新方法或提出组织未来的新方向等。

14.4.2 技术结构干预技术

常用的技术结构干预方法包括结构设计、裁员、平行结构、高投入组织、全面质量管理和社会技术系统等六种。本书主要介绍以下四种。

1. 结构设计

传统的组织结构包括职能结构、分部结构、矩阵结构和网络结构等,最近全球流行的是基于过程的结构。基于过程的结构是围绕组织核心过程,如产品开发、销售、顾客服务等,形成跨职能工作团队,它把生产一种产品或提供一种服务的所有相关职能集中起来,由"过程所有者"统一管理。

2. 裁员

裁员是一种旨在减少组织规模和员工数量的组织发展干预技术。裁员的主要方式有通过解雇、提前退休等方式减少员工人数,或通过外包、并购等方式减少部门或层次数目。

3. 高投入组织

高投入组织具有以下九个方面的特征:①扁平、精干的组织结构;②工作设计:员工的工作具有多样性、自主性、反馈及时等特征;③开放信息系统:为员工和团队提供参与所需的信息;④事业制度:提供各种咨询、信息帮助员工选择事业路径,以促进员工的事业发展;⑤选拔:招聘员工时提供真实的有关职位的信息,团队成员将参与选拔过程以发现合适人员;⑥培训:员工将获得参与决策所必需的知识与技能;⑦报酬制度:实行技能工资、收益分成、弹性福利等报酬制度,以提高员工的绩效;⑧人事政策:努力提高雇员的稳定性以增加员工的组织承诺;⑨物质布局:物质设计支持团队结构、减少地位差异以促进员工参与。

14.4.3 战略干预技术

常用的战略干预技术包括整合战略的变革、跨组织发展和组织学习等三种。

第一,整合战略的变革。整合战略的变革强调组织战略必须和组织设计一起变革以应对环境的威胁,提高组织的有效性。

第二,跨组织发展。跨组织发展旨在帮助组织制定与其他组织之间的合作战略,如合资、战略联盟等。

第三,组织学习。组织学习是指旨在帮助各类组织开发、使用各种知识以持续提高组织有效性的变革过程。

资料卡

经济裁员下的心理预防干预机制

金融危机真的像海啸一样,持续不断的朝在商海中的企业猛扑过来。大部分企业只得接受这个事实。对面向国际化的业务企业冲击相当大。作为企业来说首先做到的就是节流,因为在当前的情况下开源确实是一件很不容乐观的事情。当然在经济最低迷的时期也同样有生存的机会。企业老板为了保存能量,不得不缩减开支和成本,只能先从缩减办公成本、然后缩减人员成本去下手。等到裁员就已经下下策。但是不得不面临这样的事实。这样作为单位里面的弱势员工其实真的是很无奈。因为弱势员工对公司一般都有所寄托,而且自己的技能不是很高,大部分都是办事人员而不是专家级高手。特别是那些家庭压力比较大的弱势员工,又要还贷款又要养活家庭,真的是很不容易。正常上班的时候靠这点薪水还算凑活,如果三个月之内没找到工作简直是对身心的摧残。

因此,员工离职的时候一定要分析一下员工这些年在公司的成长经历、个人特长等优良品质,同时也务必要考虑一下员工的家庭,如果这个家庭只有这个员工一个人就业的话,应该在不得不解除的情况下帮助他找好下家,进行职业生涯的规划是很重要的。主要是这样的员工对公司的薪水实在太需要了,不然的话员工很难面对家庭的压力,特别是心理内向的员工,有可能会造成意外事故的发生,比如说员工过激行为、跳楼啊等等。一定在这个时候不要纯粹用冰冷的法律去执行。还有可能员工离职的时候会带来蝴蝶效应。一个人走了,可能会带走一批人。在职员工也可能人心不稳,需要真正做到"裁人不裁心"的原则。多让企业高层与员工进行沟通、采用不同的奖励模式、进行员工态度的培训、重振士气。从长远的角度考虑,企业应该采用不同的方式去抱团取暖,争取大家共度难关,在这个时候一定需要注意员工的心理问题。

本章小结

全球化的经济使得现今的组织更多地面临变革的压力,并且已经成为管理人员的日常事务。而组织中常见的变革阻力主要来自组织中的个人和组织本身。克服阻力的措施包括理解员工、加强沟通和参与管理。

变革的理论描述了如何为提高组织效率而采取必要的措施来调整战略、结构和程序。本章介绍的比较著名的变革模型有卢因变革模式、格雷纳调查模式和新行动调查模式。

组织发展是指全面应用行为科学的知识与技术,有计划地变革与开发组织的战略、结构、技术、人员和文化等,以提高组织有效性的过程。组织发展包括进入和签约、组织诊断、设计与执行干预措施、评估干预效果等几个阶段。

 心理测试

变革容忍度量表

目的：本测试在于帮助你了解人们对变革的容忍程度的不同。

指导语：阅读表中每个陈述，并圈出与你的实际看法最为接近的栏。

每个陈述在多大程度上描述了你的情况？在你同意水平的相应栏内画圈或打勾	完全同意	一般同意	稍微同意	中立	稍微不同意	一般不同意	完全不同意
1.不能给出明确答案的专家很可能是知之不多	1	2	3	4	5	6	7
2.我喜欢在国外待上一段时间	7	6	5	4	3	2	1
3.像问题得不到解决这样的事是不存在的	1	2	3	4	5	6	7
4.按日程生活的人们很可能错过大多数生活的事情	7	6	5	4	3	2	1
5.一份好工作是指一个人总是清楚地知道做什么以及怎样做	1	2	3	4	5	6	7
6.处理复杂问题比简单问题更有趣	7	6	5	4	3	2	1
7.从长远来看，处理小而简单的问题比大而复杂的问题会做得更多	1	2	3	4	5	6	7
8.最有趣和有鼓动性的人常常是那些不在乎与众不同和具有原创者	7	6	5	4	3	2	1
9.我们习惯于对新鲜事物表现出兴趣	1	2	3	4	5	6	7
10.坚持是或否答案的人正是不了解事物复杂性的表现	7	6	5	4	3	2	1
11.过着平静和有规律生活的人有许多事情很值得庆幸	1	2	3	4	5	6	7
12.我们的许多重要决策是在信息不足的情况下做出的	7	6	5	4	3	2	1
13.我喜欢参加那些大多数人我都认识的社交活动，而不喜欢参加那些大多数人我都不认识的社交活动	1	2	3	4	5	6	7
14.那些布置模糊作业的教师或导师让我的主动性和创造力得到发挥	7	6	5	4	3	2	1
15.大家越早获得相似价值观和理想，则越好	1	2	3	4	5	6	7
16.让你用自己的方式看问题的教师是好教师	7	6	5	4	3	2	1

记分：将你画圈或打勾相应栏中的数字全部相加起来即为你的得分。得分越高，说明你对不确定性或变革的容忍力越强。

管理游戏

变化

变化是世间万物的常态，静止只是相对的，流水不腐，户枢不蠹。一个企业只有不断地变化才能适应不断变化的外在环境，做到与时俱进。

参与人数：集体参与。

时间：30 分钟。

场地：室内。

道具：两个瓶子，气球。

应用：解释企业管理内涵，激励人们积极进取。

游戏规则和程序：

1. 教师首先拿出来一个圆鼓鼓的气球，然后再拿出一个开口很小的瓶子，然后问大家有没有什么办法将这个气球装在这个瓶子里面，但是注意不能将气球弄破。

2. 大家可能会想出各种各样的方法将气球塞到瓶子里面去。

3. 教师现在请一个人上来用这个瓶子做出五个动作，什么动作都可以，但不能重复。

4. 请参与者再做五个，但不要与刚才做过的重复。这样一直重复下去。

5. 教师从包里拿出一个开口很大的瓶子放在台上，指着那个装着球的瓶子说："谁能把它放到这个新瓶子里去？"

问题讨论：

1. 如果你没有解答出这个问题，想想是为什么？是什么阻碍了你思想的发展？

2. 看似简单的游戏揭示了什么样的道理？

案例聚焦

华为"不变"和海尔"之变"

华为公司取得的成绩似乎超越了任何一家中国企业，相比之下，2014 年利润增幅是收入增幅 3 倍的海尔公司，在 2015 年完成海外收购后，2016 年 1 季度营收同比下降 8.4% 的背景下，也能有"利润 16 亿元，同比增长达 48.1%"的报表，这一成绩也颇为可喜。

与任正非坚守"我的老师是 IBM"不同，海尔公司一直"求变"。从当初学德国制造、学日本精益化管理、学美国 GE 六西格玛管理，到现在学稻盛和夫的"阿米巴管理"，乃至张瑞敏甚至提出"人人是创客、人人都是 CEO"。

而华为真的不变吗？如果说华为不变，任正非当初确实要求"削华为之足适IBM履"，而且把人事罢免权交给IBM公司的顾问，导致直接由IBM顾问罢免掉的华为配合不积极的高级干部就有十数人之多。

"摸着石头过河"，不如"空杯心态"

其实，任正非非但没有僵化学习IBM的"不变"决心，而且在漫长的创业初期，尝试"摸着石头过河"。但是随着实践的变化，任正非改变了思路；与其"摸着石头过河"进行变革，不如以"空杯心态"。

如何充分汲取IBM从上世纪80年代的"巨无霸"在短短十多年内几近解体的教训，如何汲取IBM在涅槃重生经验的基础上，再根据自身和企业外部环境进行变革？这成为华为"跨越门槛"的学习圣经。

华为支付的高昂"咨询顾问费"

华为高成本、高风险、高收益的变革，同所在的行业的"高门槛"有直接关系。任正非说："我以为电信市场那么大，做一点点能养活我就行了。进来才知道电信不是小公司能干的，标准太高了，进步太快了。要活下来只有硬着头皮干到底，不然就干不下来了。"虽然，这句话有任正非自谦的说法，但电讯行业的"标准高，进步快"同时还有高安全性、高稳定性的要求，在一定程度上也决定华为公司的变革既要"高起点"、"高投资"、"高可靠性"，由此导致任正非一度需要借外债来支付高昂的"咨询顾问费"。

海尔的"折腾"与华为的"不变"

相比与华为的"不变"，以及专注学习IBM的管理模式，海尔似乎一直在"折腾"管理之道。"砸冰箱"来确立管理制度的权威性，这是"老皇历"了，还包括不断推进的"日事日毕，日清日高"、"市场链"管理、"人单合一"发展模式、六西格玛管理和"人人是创客"。

笔者反对一些学者从"发展速度、盈利能力"这两项指标来对比华为和海尔的观点，毕竟两者所经验的行业截然不同。更难苟同有人说"张瑞敏把管理当成了艺术，做给别人去看；而任正非却将自己的管理思想融入企业的各个角落，指引企业前进"。

如果说张瑞敏只是把管理当艺术，那么又有多少一把手能够在销售额大幅下降的情况下，利润大幅攀升？而有人认为华为的成功在于"聚焦"，试问同样"聚焦"空调业务的格力反而陷入更加困难的境地，是否打脸了？

华为和海尔看似不同，却有着相同的本质

其实，任正非的"不变"并不是一味僵化的不变。正如任正非提出的口号："先僵化后固化再优化"。"优化"是压轴也是点睛，这正说明了华为一直在变。

当初"削华为之足适IBM履"，主要为了避免企业膨胀陷入官僚，窒息公司的活力。后来任正非的"让一线直接呼唤炮火"，以及"华为可以试试人才'众筹'，实现优秀人才快进、快出，不扣住人家一生"，说明华为的"不变"和"变"都是围绕激活一线员工的力量。

而海尔从当初学德国制造、学日本精益化管理，更多也是汲取成功合作伙伴和顾问的经验,而后来学美国六西格玛管理、学稻盛和夫的"阿米巴管理",再到现在的"人人是创客、人人都是CEO",同样激活一线员工的强大动力。其实,华为和海尔表面不同,却有着相同的本质。

华为"优化"的目标就是不断解放各个层级员工的生产力;海尔从创业开始不断"对标"学习,同样也是根据企业内外部环境,不断继承先前变革的基础和成果上,保持、强化各层级员工的积极性。

当然,从媒体信息来看,华为公司在"基础理论研究"似乎先行一步,同样也是华为在特定行业发展到目前世界第一的特定阶段所催生的,这同样是"高风险、高回报"的事情。但是,只要一线员工能够"直接呼唤炮火"、"人人是创客、人人都是CEO",哪怕企业在某个阶段陷入方向战略的错误,"纠错"的能力和成本都是相对可控的。尽管华为和海尔所走过的路截然不同,但二者的成功却有着相似之处。

(资料来源:李长茂.中外管理杂志.2016/08/10)

问题讨论:

华为是新崛起的中国骄子,而海尔则是长盛不衰的传统楷模。从组织变革的角度谈谈你如何看待华为的不变与海尔之变,它对企业管理的启示是什么?

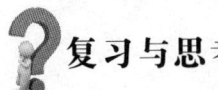
复习与思考

1. 什么是组织变革?
2. 为什么要进行组织变革?
3. 组织变革有哪些阻力?如何消除?
4. 什么是组织发展?
5. 组织发展包括哪几个阶段?
6. 组织变革与组织发展有何联系和区别?

参考文献

[1] Bunder,S. Intolerance of Ambiguity as a Personality Variable [J]. Journal of Personality,1962(30):29-50.

[2] Kotter, J. P. Leading Change [M]. Boston:Harvard Business School Press,1996.

[3] 孙优萍.组织行为学[M].杭州:浙江大学出版社,2007.

[4] 孔玲玲.横向并购的组织变革比较——以联想和惠普为例[C].北京:北京工商大学,2010.

[5] 理查德.达夫特.组织理论与设计精要[M].北京:机械工业出版社,2002.

[6] 马作宽.组织变革[M].北京:中国经济出版社,2009.